U0516880

中国—东盟区域发展协同创新中心委托课题应急重大委托项目（CWZD201508）

中央财经大学重大科研课题培育项目"金融发展中的结构变迁研究"（14ZZD004）

东盟十国

金融发展中的结构特征

▼ 李健

黄志刚 董兵兵 等

著 ▲

中国社会科学出版社

图书在版编目（CIP）数据

东盟十国金融发展中的结构特征／李健等著 . —北京：中国社会科学
出版社，2017.5
ISBN 978 - 7 - 5203 - 0150 - 3

Ⅰ.①东…　Ⅱ.①李…　Ⅲ.①金融业—经济发展—经济结构—研究—
东南亚国家联盟　Ⅳ.①F833.302

中国版本图书馆 CIP 数据核字（2017）第 070529 号

出 版 人	赵剑英	
责任编辑	喻　苗	
责任校对	胡新芳	
责任印制	王　超	

出　　　版	中国社会科学出版社	
社　　　址	北京鼓楼西大街甲 158 号	
邮　　　编	100720	
网　　　址	http://www.csspw.cn	
发 行 部	010 - 84083685	
门 市 部	010 - 84029450	
经　　　销	新华书店及其他书店	

印刷装订	北京明恒达印务有限公司
版　　次	2017 年 5 月第 1 版
印　　次	2017 年 5 月第 1 次印刷

开　　本	710 × 1000　1/16
印　　张	33.75
字　　数	536 千字
定　　价	128.00 元

前　言

　　中国与东盟国家是陆海相连的友好邻邦，双方互为天然的合作伙伴。从 1991 年中国与东盟开始对话进程开始至今的 25 年以来，中国与东盟的关系发展迅速，经贸合作不断推进，双边贸易额从 1991 年的 63 亿美元发展到 2015 年的 4720 亿美元，中国已连续 6 年成为东盟第一大贸易伙伴，东盟连续 4 年成为中国第三大贸易伙伴。东盟还是中国第四大出口市场和第二大进口来源地。2015 年底中国和东盟累计双边投资达到 1500 亿美元。中国和东盟区域经济合作一体化不断深入，2010 年 1 月 1 日建成的中国—东盟自贸区是发展中国家间最大的自由贸易区，惠及 19 亿人口，双方对超过 90% 的产品实行零关税，中国对东盟平均关税从 9.8% 降到 0.1%，东盟六个老成员国对中国的平均关税从 12.8% 降到 0.6%。目前，东盟 10 国与 6 个自贸伙伴（中国、日本、韩国、澳大利亚、新西兰和印度）间的区域全面经济伙伴关系协定（RECP）谈判也取得了积极进展，这个东亚规模最大、成员最多、影响最为深远的自贸区涵盖全球一半以上人口，经济和贸易规模占全球 30%，一旦建成会极大地优化本地区的生产网络和价值链，促进地区和平稳定与繁荣发展。

　　纵观世界经济发展态势，目前东亚是世界最具潜力和发展前景的地区之一，东亚国家间加强经贸合作、共同应对挑战对于促进本地区和世界经济稳定健康发展具有重要意义。目前，随着中国—东盟经济交往日益频繁，中国东盟自贸区经济发展迅猛增长，区域内金融业也相应得到了快速发展。但由于历史和发展条件的原因，东盟各国的经济和金融发展存在着较大的差异。特别是东盟各国的金融结构各有特色，相对发达和落后国家的金融发展及其结构差异还在拉大，由此带来许多问题和隐患，直接影响着中国—东盟地区经济社会的发展与中国—东盟自贸区的建设。因此，采用结构演进方法了解并刻画东盟各国金融发展中的结构特征，深入研究东盟国家金融结构的共性与个性，分析各国金融结构的形成原因与现实问题，有利于把握东盟国家金融发展的脉络与变化态势，探讨根据不同国家的实际情况选择最优区域金融结构和特色化金融发展模式，也有利于探讨中国与东盟各国金融合作的空间与路径，促进中国—东盟地区经济与金融的良性互动与和谐发展。

基于此，本书从结构视角入手，在分析东盟十国经济和金融发展的历史与现状基础上，重点从金融产业结构、金融市场结构、金融资产结构、融资结构和金融开放结构5个维度刻画了各国的金融结构状况，分析其结构特征；从政治局势、经济发展、金融政策、社会文化、外部环境等方面进行深度挖掘其金融结构的形成原因；从功能与效率的视角评估该国金融结构与本国经济发展的融合度、适应性和各部门对金融服务需求的满足程度，找出现存金融结构的不足之处和可改善空间；分析中国与该国在金融合作方面的现状问题，探讨未来金融合作的空间与路径。力图为深入了解东盟国家的金融发展提供相对全面而翔实的全景式描述，为解读东盟十国的金融功能与效率提供一种新的结构分析框架，为探寻未来东盟国家金融结构的优化思路和中国—东盟金融合作的可行路径提供理论依据和现实建议。

为了使本书的研究具有充足的资料和数据，增加作者对东盟国家的了解深度和切身感受，我们组织了较大规模的实地调查研究。首先是课题组9位成员于2016年6月深入到广西大学东盟研究院和国内科研机构的相关国别研究所进行书面与访谈相结合的调查研究。其次是课题组13位成员于2016年7月29日至8月13日组织了3个小分队分赴东盟9个国家进行实地调查研究，通过广泛走访各国的金融管理部门、东道国金融机构和中资在当地的分支机构、代表性企业、高等学校和科研机构，掌握了大量的第一手资料。课题组举行过12次会议进行了充分的讨论、分析与研究，撰稿的每位研究人员都是在亲赴该国进行调查研究的基础上进行的思考和分析，力图使对该国金融结构的刻画相对准确、分析有理有据、结论令人信服。当然，我们尽了最大的努力仍然有可能存在着不足与问题，期待读者的批评指正。

本书初稿的作者是第一章第一节：黄志刚，第二节：李健，第三节：

董兵兵；第二章：孙乃昆；第三章：马思超；第四章：徐可源；第五章：邹光妮；第六章：贾瑞；第七章：迟香婷；第八章：沈培逸；第九章：彭俞超、乔博；第十章：朱映惠；第十一章：田栋。书稿由李健、黄志刚和董兵兵老师负责修改总攒。

在本书的研究和写作过程中有太多需要感谢的人，回想起来每每令人感动。广西大学东盟研究院的范祚军教授对本书的研究框架思路提出了很好的建议并对我们的调查研究提供了巨大的帮助；东盟研究院的易引、罗传钰、何冠歧、李晓源、甘若谷老师和常雅丽、李雄狮、卢潇潇、李秋梅、蓝遥、郝梦雨、田芮凡等同学无私地提供了学术支持和相关资料；特别是易引老师为课题组的实地调研做了大量联系工作；博士生黄娴静同学为完善书稿提出了宝贵的意见并付出了大量时间精力。中央财经大学的硕士生王雪和李根通读了书稿并提出了中肯的修改意见。

我们非常感谢中国驻文莱大使馆经商处方家文主任、张隽随员，文莱金融管理局人力资源部主管 Bazilah Binti、国际政策部 Mahani Mohsin 等各部门负责人，文莱大学商学院院长 Masood Khalid 教授、副院长 Gamini Premaratn 博士、Sabrina Daud 博士等对我们在文莱进行实地调研时所提供的详细情况介绍和宝贵资料。

我们在印度尼西亚实地调研时，中国驻东盟使团经济商务参赞谭书富先生和张博秘书以及王泽亮先生、谢匡天先生和合作交流处主任马乃芳，中国工商银行印尼分行执行董事辛海燕女士和中国银行雅加达分行行助杜其奇、中国工商银行印尼分行副总经理梁钦俊、建设银行印尼公司总经理李国夫先生、中国出口信保印尼代表处负责人谢龙海先生、中国太平保险印尼有限公司总经理李松先生、国家开发银行印尼工作组负责人刘猛先生，印尼金融服务监管局（OJK）金融文化与教育部主任 Horas. V. M. Tarihoran 先生、印尼人民银行（Bank BRI）副总及投资者关系部主管 Ninis K. Adriani 女士、金融机构部主管 A. Hendy Bernadi 先生热情接待了我们并周到地安排了各种会议和访谈。

我们在菲律宾调研时，中国驻菲律宾大使馆朱珉秘书、张林秘书，菲中电视台施玉娥、庄琳琳女士，中国银行马尼拉分行的邓军行长和中国技术进出口总公司菲律宾代表处王勇总代表，湖南路桥建设集团、中工国际工程股份有限公司、广西水利电力建设集团等中资企业的负责人、菲律宾德拉萨大学金融管理学院院长 Tomas Tiu 教授、Lucio Blanco Pitlo 先生，雅典耀大学社会科学学院院长 Fernando T. Aldaba 先生、管理学院院长 LUIS 教授、中国问题研究项目组主任 Sidney Christopher T. Bata 为我们提供了许多帮助并提出了宝贵的建设性意见。

非常感谢在越南、新加坡和马来西亚调研中给予我们帮助的专家学者和朋友，他们是中国工商银行越南分行副总经理郭静林，中国工商银行越南分行办公室主任兼湄公河区域协调委员会秘书处副主任周昕，中国工商银行新加坡分行人民币业务研发部主管陈雷、金舒静，新加坡管理大学金融系主任王蓉、黄大山，马来西亚拉曼大学（UTAR）管理与金融学院欧阳慧妮院长、Mahmud Bin Hj Abd Wahab 副院长以及齐忠义、林忠恒、陈依琪、黄丽萍、丘庆达先生等，马来西亚中国总商会副会长郭隆生，马来西亚银行有限公司（Malayan Banking Berhad）前高级经理刘业成等。

非常感谢在柬埔寨、缅甸和泰国实地调研时给予过我们支持和帮助的专家学者和朋友。他们是柬埔寨大学校长、柬埔寨首相代表 Kao Kim Hourn，柬埔寨大学公共事务处主任 Nem Soowathey，柬埔寨大学教务处副主任 Y Ratana，缅甸中央银行外管局局长 Win Thaw、副主任 Aye Aye Mar，缅甸商务部 Thein Myint Wai，仰光远程教育大学经济学院院长 Daw Kyin Htay，仰光远程教育大学理事长 Kyaw Naing、教授 Win Thida，泰国开泰银行总经理助理 Thanyalak Vacharachaisurapol、开泰银行研究部主任 Siwat Luangsomboon、中文部主任黄斌，朱拉隆功大学亚洲研究中心主任 Nualnoi Theerat 以及 Ukrist Pathmanand，Sawai Visavanant（杨作为），Thavi Theerawongseri，Wannarat Tantrakoonsab（曾文妍）等教师与工作人员，同时也特别感谢东盟研究院留学生周楠成和泰露露在柬埔寨、泰国的陪同以及提供的帮助。

我们非常感谢中央财经大学金融学院院长李建军教授对课题研究工作给予的大力支持和帮助。感谢中央财经大学国际合作处的处长张晓燕女士、副处长李汉军先生、张小兵先生为我们顺利出国实地调研所做的一切和提供的宝贵指导。

难以想象，没有上述专家、学者、朋友的指点、帮助和支持，本书何以问世？在此，我们要向他们致以崇高的敬意并表达诚挚的谢意！

我们对于东盟各国金融发展和金融结构的研究其实也是刚刚起步，现在展现给读者的只是我们的初步研究成果，可能存在着很多不足和需要深入探讨之处，后续也还有很多需要深入研究的问题，我们期待着得到专家的指导和读者的指教。

李健、黄志刚、董兵兵

2016 年 11 月于北京

目　　录

第 一 章

导 论

东盟是东南亚 10 国组成的国家联盟，成员国包括：马来西亚、印度尼西亚、泰国、菲律宾、新加坡、文莱、越南、老挝、缅甸和柬埔寨。2015 年，东盟区内陆地面积 448 万平方公里，总人口 6.2 亿，GDP 总量 2.4 万亿美元。土地面积占全球 3.5%，人口占全球 8.6%，GDP 占全球 3.3%。东盟与中国土壤相连、商贸相通、人文相关，有着悠久的交往历史与密切的交流现实。本章主要从东盟十国的经济和金融发展、金融结构的总体特征、与中国的经贸与金融合作三个方面进行总体考察，以利于深入理解后续各章对东盟各国的分别刻画。

第一节 东盟国家的经济与金融发展状况分析

一 东盟国家的经济发展特征

在过去 30 年里，东盟各国经历了经济的高速增长，但也经历数次较大幅度的经济波动，如东南亚危机和国际金融危机期间，经济曾一度下滑。东盟各国的经济总量和经济发展水平、产业结构差异较大，部分国家产业格局单一。

（一）东盟各国经济总量和经济发展水平差异巨大

东盟各国的经济总量差异较大（如图 1—1 所示）。其中，GDP 总量最大的是印度尼西亚，2015 年为 8590 亿美元，占东盟经济总量的 35.3%。泰国的经济规模位居第二，为 3953 亿美元，占东盟总量的 16.2%。马来西亚、新加坡和菲律宾四国的经济总量相似，都接近 3000 亿美元，各自占东盟经济总规模的 12% 左右。越南经济规模处于中下等，GDP 为 1915 亿美元。缅甸、文莱、柬埔寨和老挝都是经济规模很小的国家。

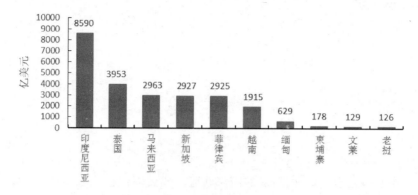

图1—1　东盟10国GDP总量比较（2015年）

资料来源：IMF WEO数据库。

东盟各国的经济发展差异很大，既有比较富裕的国家，如新加坡和文莱；也有非常贫困的国家，如老挝、柬埔寨和缅甸（如图1—2所示）。其中，新加坡是东盟内唯一的发达国家，2015年人均GDP达到52888美元。文莱的人均GDP位列第二，为30993美元。第三位是经济较发达的新兴市场国家马来西亚，人均GDP为9501美元。泰国人均GDP为5742美元，属于东盟内经济相对较好的国家。而印度尼西亚、菲律宾和越南三国的人均GDP处于两三千美元左右，属于较不发达的新兴市场国家。老挝、缅甸和柬埔寨三国目前仍比较贫困，人均GDP在2000美元以下。

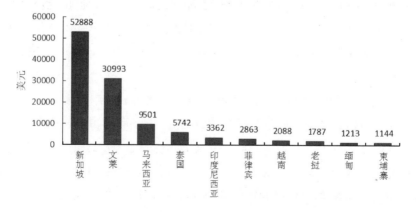

图1—2　东盟10国人均GDP比较（2014年）

资料来源：IMF WEO数据库。

（二）东盟各国经历了高速增长，但经济波动大

东盟国家在过去 20 年间几乎都经历了高速的经济增长。如图 1—3 所示，在 1980 年至 2015 年间，除了菲律宾和文莱，其余 8 国的平均 GDP 增速都在 5% 以上，东盟 10 国的平均年均增速是 5.8%。其中，缅甸的经济增速最快，年均增速高达 9.5%；其次是柬埔寨，平均增速达到 7.2%。同样经济发展水平较低的老挝和越南也经历了高速的增长，平均增速分别是 6.6% 和 6.4%。另外，作为发达国家的新加坡在过去 20 多年间也维持了年均 6.6% 的增速。在这期间，菲律宾经济的平均增速相对缓慢一些，为 3.6%。作为高收入国家，文莱的经济增速最低，平均只有 1.2%。

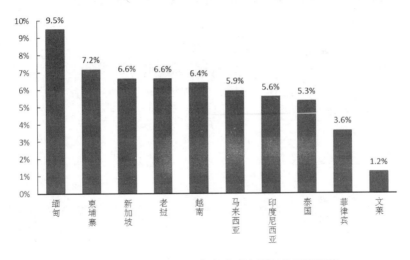

图 1—3　1980 年至 2015 年间东盟各国年均经济增速

注：由于数据可获得性缅甸是 1998 年至 2015 年的平均值，柬埔寨是 1988 年至 2015 年的平均值，文莱是 1986 年至 2015 年的平均值。

资料来源：IMF WEO 数据库。

东盟国家在高速经济增长的同时，经济也经历了较大的波动。如图 1—4 所示，1980 年以来，经历了 3 次较大的经济衰退，分别是 1986 年前后、1998 年前后和 2009 年前后。其中，1986 年和 2009 年的两次衰退主要是因为国际经济下滑引起，而 1998 年的经济衰退是东南亚金融危机所导致的。东南亚危机引发的经济衰退也是最严重的，东盟 10 国的平均 GDP 增速在 1998 年变成了负增长。

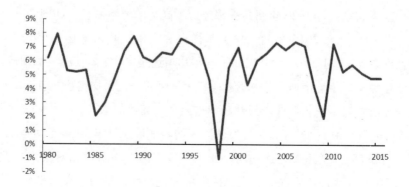

图1—4　1980年至2015年间东盟10国平均经济增速

资料来源：IMF WEO 数据库。

2007—2008 年金融危机之后，东盟经济出现了增长乏力现象。如图 1—4 所示，前两次经济衰退之后，经济快速复苏，并维持较高的经济增速。但是，全球金融危机之后，东盟经济短暂复苏后，经济开始了持续 5 年的增速下滑，并且这种下滑还没有结束。引起这种经济乏力的原因，既有外部因素，也有内部原因。外部因素包括全球经济仍较低迷，中国经济增速的下台阶导致的外需下降，引起东盟经济疲软。如新加坡经济近年来增速不断下降，2016 年可能转为负增长的关键原因是贸易经济的快速萎缩。内部因素则主要是因为东盟国家都是小型开放经济，产业较为单一，国内市场有限，对外依赖程度过高。如文莱经济近年来出现持续的负增长，主要原因是经济结构过于依赖石油天然气，能源价格的下降拖累了它的增长。

（三）东盟国家工业化程度高，国家间产业差异大，产业结构单一

经过几十年的快速发展，东盟各国的经济结构发生了巨大的变化，从农业国逐步发展成为工业国，但国家间产业结构差异大。根据 2014 年的数据计算可知，东盟 10 国农业占比平均为 12.4%，工业占比平均为 47.6%，服务业占比平均为 40.0%。其中，新加坡和文莱两国农业已基本消失，占比分别为 0.0% 和 0.7%。柬埔寨、缅甸和老挝农业占比相对较高，在 20% 至 25% 左右。其余国家的农业占比都在 10% 上下。从工业来看，文莱工业占比最高，达 71.3%；占比超过 50% 的还有印度尼西亚、

马来西亚和泰国，分别是 53.1%、52.5% 和 50.6%。越南、缅甸和菲律宾处于中游，分别是 47.6%、45.3% 和 42.9%。老挝、柬埔寨和新加坡较低，分别是 38.5%、37.3% 和 36.6%。各国的服务业发展也差异巨大，新加坡服务业占比 63.4%，位居第一；菲律宾、泰国和马来西亚的服务业占比分别是 47.7%、41.2% 和 40.1%，居于较高水平；老挝、越南、柬埔寨、印度尼西亚的服务业占比处于中游，维持在 35% 至 40% 之间；缅甸和文莱相对较低，分别是 31.4% 和 27.9%。（见图 1—5）

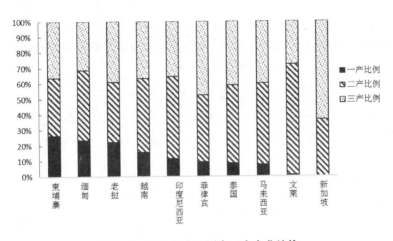

图 1—5 2014 年东盟国家三大产业结构

资料来源：联合国数据库（UNdata）。

东盟各国不仅产业格局差异较大，而且部分国家产业结构比较单一。新加坡作为一个发达的城市国家，其支柱产业包括电子、石油化工、金融、航运和商业服务。新加坡是一个依靠贸易的国家，2015 年外贸总额与 GDP 比例高达 3.3 倍。文莱的支柱产业是石油天然气开采，2015 年采掘业占国民经济的比重高达 56.0%。越南、老挝、柬埔寨、缅甸等国经济发展较落后，工业基础薄弱，农业仍然是主要支柱产业。其中，越南是资源出口国，出口资源包括煤炭、石油等。另外，还是橡胶、纺织品、水产品、大米、木材和咖啡等农副产品的主要出口国。柬埔寨的制衣业一枝独秀，是其创汇的关键产品。马来西亚、菲律宾和印度尼西亚三国在东盟国家中属于工业发展相对完善、部门种类较完善的国家。其中，马来西亚作为新兴的工业国家，其汽车、电子、机械制造等较为发达。其生产的半导体、视听器材、空调、橡胶产品及人造油产品等居于全球领导地位。马来西亚的农业以经济作物为主，主要产油棕、橡胶、热带水果等。印度尼西亚是一个农业国、资源国，也是一个正在工业化的国家。印尼耕地面积大，农业人口多，主要经济作物有棕榈油、橡胶、咖啡、可可等，印尼棕榈油产量世界第一。油气产业是印尼的第一大创汇产业。

二 东盟国家的金融发展特征

东盟各国的经济发展差异反映到了它们的金融业的发展中，各国的金融业差距十分巨大。无论是银行业、证券业还是保险业，新加坡、马来西亚和泰国的发展水平都处于上游，其余国家的金融市场发展都相对落后。

（一）东盟各国金融发展程度差距显著

采用 M2/GDP 的比例指标衡量金融发展程度，东盟国家可分成金融较发达的国家和金融较不发达的国家。其中，较发达的国家包括马来西亚、越南、新加坡和泰国，2014 年，这些国家的 M2/GDP 比例在 130% 至140% 左右；而金融较不发达的国家包括文莱、柬埔寨、菲律宾、老挝、缅甸和印度尼西亚，这些国家的 M2/GDP 比例都在 70% 以下，缅甸和印度尼西亚该指标最低，仅有 40%。（见图 1—6）当然，仅用该指标来衡量金融发展程度是不完善的。下面从银行业、证券业和保险业三方面来看各国的金融总量状况。

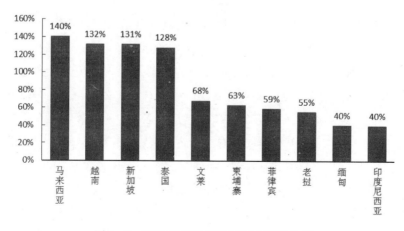

图 1—6 2014 年东盟各国 M2 与 GDP 比例

资料来源：亚洲开发银行数据库。

（二）东盟各国银行业、证券业、保险业的发展差异明显

东盟各国银行业发展状况差异较大，既有银行资产规模庞大的新加坡，也有银行业极不发达的缅甸。用银行业资产规模与GDP的比例可以将东盟国家分成两大类。第一类为银行业较发达的国家，包括新加坡、马来西亚、泰国和越南，2014年，它们的银行业资产与GDP的比例都在100%以上。新加坡银行业资产/GDP最高，达到53%。第二类为银行业较不发达的国家，包括菲律宾、柬埔寨、老挝、文莱、印度尼西亚和缅甸，银行业资产/GDP都在50%及以下。缅甸的银行业资产/GDP最低，仅有19%。（见图1—7）

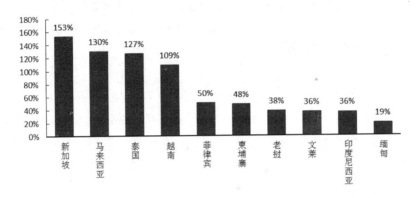

图1—7　2014年东盟各国银行业总资产占GDP比例

资料来源：世界银行"全球金融发展数据库"，缅甸数据为2013年，老挝数据来源于该国中央银行年报。

东盟各国的证券市场发展与各自的经济发展状况基本同步，既有成熟的证券市场，也有刚筹建的新市场。其中新加坡的股票市场最为发达，2014年股票市值/GDP达242%；其次是马来西亚，为139%。泰国和菲律宾也具有一定规模的股票市场，市值/GDP分别为95%和83%。（见图1—8）而其余国家的股票市场要么刚刚筹建不久，要么还在筹建之中。如老挝在2011年建立证券交易所，2016年只有5家上市公司；缅甸2015年建立了仰光证券交易所，2016年只有6家公司上市；柬埔寨目前也仅有5家上市公司；文莱的证券市场还在筹备之中。

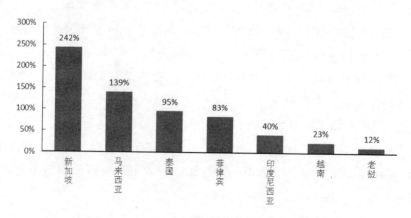

图1—8　2014年东盟各国股票市值占GDP比例

资料来源：世界银行"全球金融发展数据库"，老挝数据来源于老挝证券交易所网站，東埔寨、文莱、缅甸数据缺乏。

东盟各国债券市场发展程度差异巨大。新加坡、马来西亚和泰国的债券市场规模相对较大。这3国私人部门债券市场发展较好。新加坡私人部门债券与GDP比例达79.3%；马来西亚和泰国分别是53.7%和49.1%。而从可获得的数据来看，菲律宾、印度尼西亚和越南的私人债券市场几乎都没有发展起来。（见图1—9）

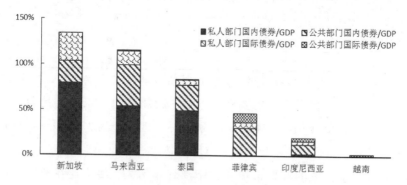

图1—9　2014年东盟各国债券规模占GDP比例

资料来源：世界银行"全球金融发展数据库"，新加坡国内债券数据来自新加坡货币管理局，老挝、東埔寨、文莱、缅甸数据缺乏。

在保险业的发展中，新加坡、泰国和马来西亚规模相对较大，其余国家规模较小。新加坡、泰国和马来西亚三国的寿险和非寿险合计规模与GDP比例分别达到5.5%、5.2%和4.3%。而菲律宾、印度尼西亚和越南的保险业发展相对处于中游水平，业务规模与GDP比例在1%到2%之间，其余国家保险业发展非常落后，保险业务规模不足GDP的1%。（见图1—10）

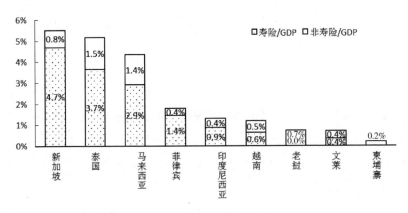

图1—10 2014年东盟各国保险业务规模占GDP比例
资料来源：世界银行"全球金融发展数据库"，缅甸数据缺乏。

（三）东盟国家金融业的特色：伊斯兰金融

伊斯兰金融是指符合伊斯兰教义的金融形式，包括金融机构、金融市场和金融工具几个组成部分。根据伊斯兰教义和指导原则，在金融方面主要表现为：禁止收取和支付利息；交易不准涉足烟、酒、猪肉、武器以及经营色情、赌博等行业；强调"风险共担，利益共享"，即赢利时交易者参加分享收益，亏损时也要分担风险；禁止不当得利；禁止投机行为。伊斯兰金融是一种极具特色的金融发展模式，伊斯兰国家大都十分重视在经济发展中融入伊斯兰金融因素。在东盟国家中马来西亚、文莱和印度尼西亚等国伊斯兰金融发展特色鲜明。

马来西亚是国际性的伊斯兰金融中心之一，其广义的伊斯兰金融体系包括伊斯兰银行市场、伊斯兰保险市场和伊斯兰债券市场，足见马来西亚伊斯兰金融体系具备完整性、系统性的特点，它与传统金融系统一起被称为"双系统"，这种双系统在整个伊斯兰世界中是独一无二的。马来西亚的伊斯兰金融已经发展成较完善的体系，独立的伊斯兰银行有18家。另外，几乎所有马来西亚的商业银行都专门成立了伊斯兰金融的分行，专门开展伊斯兰金融业务。数据显示，2015 年企业贷款有 30% 来自伊斯兰银行，个人贷款有 35% 来自伊斯兰银行。此外伊斯兰保险机构和再保险机构、伊斯兰保险经纪业务也很活跃。马来西亚的伊斯兰债券创造了新的投资方式，即发行者需以真实的支持资产为发行基础，投资者则以租金收入拿回本息。马来西亚还专门有一家具有伊斯兰金融色彩的开发性金融机构——朝圣基金局，专门为穆斯林提供关于"麦加朝圣"仪式介绍、签证机票办理等全方位的金融服务。

文莱的伊斯兰金融规模也很庞大，成为其重要的金融活动方式。文莱伊斯兰金融中由本国资本主导的伊斯兰银行发展势头迅猛，渐与外资主导的传统金融并驾齐驱。文莱伊斯兰金融业务的提供则具有一定程度的垄断性质，至 2015 年伊斯兰银行的资产额已经超过传统银行。2015 年，文莱全国的 14 项集合投资计划中有 7 项采用伊斯兰金融方式，占所有集合投资计划总规模的 1/3。

印度尼西亚正在积极推动伊斯兰金融业务的发展。目前，有 12 家伊斯兰银行（占银行数量 10%）、22 家伊斯兰金融单位。它还发展出了伊斯兰金融货币市场，2015 年占货币市场份额 13%。根据印度尼西亚金融服务管理局的资料显示，2015 年伊斯兰金融市场份额为 3%。

此外，2013 年菲律宾在其股票交易所推出了伊斯兰证券。在东盟地区伊斯兰金融正逐渐成为金融发展的一个亮点，为世界各国金融发展提供了另外一种可能性的探索。

第二节　东盟十国金融结构的总体特征

东盟经济一体化程度的加深推动了东盟国家在金融产业发展与市场化建设等方面的切实进步。但受政治文化状况、经济发展水平、人均受教育程度、宏观金融政策及外部环境等不同因素的影响，东盟各国的金融发展中既显现出一些共同特性，也存在着差异化的特点。因此，研究东盟国家金融结构的共性与个性，有利于把握东盟国家金融结构现状与变化态势，探讨根据不同国家的实际情况选择最优区域金融结构和特色化金融发展模式的可行性与实现路径，从而促进中国—东盟地区经济与金融的良性互动与和谐发展。

本节主要从总体上对东盟国家的金融结构进行刻画。各个国家的金融结构详细描述与分析将在后面的各章进行。本节的考察主要从金融产业结构、金融市场结构、金融资产结构、融资结构和金融开放结构5个维度进行。由于大多数东盟国家属于发展中国家，受经济和社会发展水平的制约，金融体系的发达程度不高，金融结构并不复杂。

从总体上看，东盟十国的金融结构的共性主要体现在以下几点：一是金融产业结构具有鲜明的银行业主导特征，行业集中度高，利息收入为银行最重要的收入来源；二是从金融市场结构看，大多数国家股票市场以场内市场为主、债券市场以政府债券为主；三是在金融资产结构中以货币性金融资产为主，证券类资产和保险类资产相对较少；四是从融资结构看，以外部融资为主，在外部融资中以贷款融资为主，在贷款结构中以个人及私营企业为主；五是从金融开放结构看，大部分国家以外资进入为主，但本国对外投资则相对欠缺。（见图1—11）

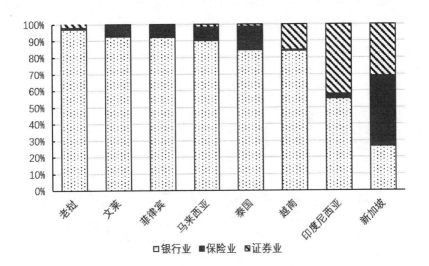

图1—11 2015年东盟十国金融产业结构图

注：菲律宾属混业经营体制，证券业资产包含于全能银行的统计口径之中；老挝数据为2014年。文莱没有证券市场。缅甸、柬埔寨没有相关统计数据。

资料来源：IMF WEO 数据库；各国中央银行网站。

一 以银行业为主导的金融产业结构

金融产业结构主要是指各类金融机构间的相对规模、运作状态及相互关系。各国的金融产业主要分为银行业、证券业和保险业三大行业，我们对东盟国家金融产业结构的考察主要是从三大行业的资产占比、行业集中度、业务结构与收入结构等视角展开。

从图1—11中可见，东盟国家金融产业结构总体上表现为较强的银行主导型特征，银行业承担了绝大部分的金融服务。保险业、证券业近二十年来虽然已有较快的发展，但由于起点低和各种条件的制约，相比银行业而言仍然处于弱势。

（一）东盟国家银行业发展的共性与个性

东盟十国金融产业结构的一个突出共性就是银行业占主导。在银行业发展中也存在两个明显的共性：一是行业集中度较高；二是业务结构以信贷为主，主要利润来源于利息收入。同时，各国银行业的发展也呈现出各自的不同特色。

1. 银行业集中度

东南亚金融危机以来，大多数东盟国家银行业经历了多次改革和收购合并浪潮，前5家大商业银行的资产额在本国商业银行资产总额中占比都较大（见图1—12）。

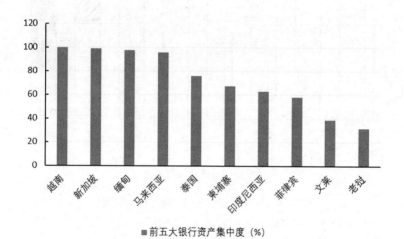

■前五大银行资产集中度（%）

图1—12　2014年东盟十国前5大银行资产占银行业资产总额之比

注：受数据可获得性限制，缅甸和柬埔寨采用的是2013年底的数据；文莱的数据选取了以伊斯兰银行为代表的银行资产集中度；老挝选取的是最大一家银行的资产占比。

资料来源：IMF WEO数据库；各国中央银行网站。

从图 1—12 中可见，越南、缅甸、新加坡、马来西亚的大银行集中度都超过了 95%，除文莱、老挝外其他国家也都在 60% 以上。这表明各国大商业银行的资源配置效率与稳定性对于本国的经济发展与社会稳定具有极为重要的影响力。

2. 银行业收入结构

从东盟十国的银行业业务结构来看，多数仍以传统商业银行存贷汇业务为主，净利息收入仍为商业银行最重要收入来源。（见图 1—13）

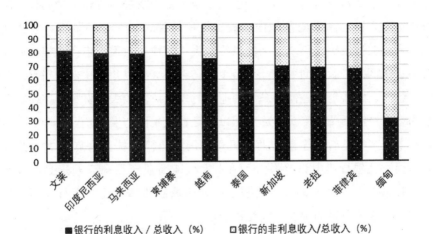

图 1—13　2014 年东盟十国银行业务结构

注：受数据可得性限制，老挝和柬埔寨采用的是 2013 年的数据。

资料来源：IMF WEO 数据库；各国银行网站。

从图 1—13 中可见，除了缅甸以外，所有国家的银行业利息收入占总收入之比都在 65% 以上，其中，文莱占比最高为 81.27%，印度尼西亚占比 79.14%，马来西亚占比 78.74%，柬埔寨占比 77.41%，越南 74.84%。这个收入结构反映了东盟国家银行业以信贷业务为主，对存贷款利率敏感，证券业务、中间业务不太发达。

3. 东盟各国家银行业发展中的特色

首先，重视农村金融。东盟国家中农业国居多，在传统上重视金融对农业的支持。例如，印度尼西亚是以农业经济为主的国家，为促进农业和农村的发展，建立了较为完善的农村金融体系，农业贷款的覆盖率很高，商业银行和农村合作社为农村经济的发展提供了便捷的上门式金融服务；菲律宾不设全国统一的身份系统，农村合作银行通过村民互保、实地调查等方式建立基础性的信用记录系统，对农民的贷款支持力度较大。

其次，支持小微金融发展。东盟国家的小微企业众多，在解决就业、促进经济社会发展方面发挥着重要作用。在政策鼓励下银行对小微企业的发展支持力度较大。例如泰国银行对小微企业信贷支持表现卓越，主要采取集中式流水线型业务操作，满足各个生命周期阶段中小企业的信贷等金融需求；柬埔寨央行将小额信贷机构以及包括租赁公司等在内的其他金融机构也纳入银行体系的范畴内，放贷规模持续扩大，弥补了银行业在居民、乡村、社区等小额贷款上的供给缺失；菲律宾政府规定商业银行必须有一定比例的贷款投向农业、小微企业，否则会处以相当比例的罚款。

第三，家族财团控制的私有商业银行发展后劲较大。例如，菲律宾和泰国私有经济繁荣，寡头家族财团以金融控股集团与实体企业结合的方式控制了大多数私有的全能型商业银行，例如菲律宾精英家族（尤其是华人家族）在银行业中势力强大，前十大全能商业银行中有 6 家是家族银行，其总资产占比达 59%。这些家族财团控制的私有商业银行在国内网点众多，业务覆盖面很宽，深受民众信任。

（二）强弱兼存的证券业

受经济发展和银行主导型金融结构的制约，许多东盟国家的证券业发展比较落后，证券机构少，业务规模小，业务种类单一，证券市场发展尚处于初级水平。例如，文莱股票市场正处于筹备阶段，尚未启动，债券市场只有政府发行的短期伊斯兰债券；缅甸直到 2015 年才设立证券交易所，证券市场发展严重滞后，目前仅允许本国国民进行证券交易；柬埔寨证券市场建设历程一波三折，当前基本处于停滞状态；老挝证券业基础薄弱，主要以合资设立和外资引进为主，其中老中证券公司是中国在境外设立的第一家合资证券公司，且具有证券业务全牌照；印度尼西亚证券公司很大程度上被外资掌控，但其证券行业规模仍旧很小。

相对于其他东盟国家而言，新加坡、泰国、马来西亚、菲律宾和越南证券业发展趋势良好，已经建立了较为完善的证券市场体系，债券发行较多，股票交易活跃。在混业经营的国家，证券业的发展融合在全能银行发展之中，例如马来西亚的全能型投资银行（证券公司），可以提供各种资本市场服务的"全方位经纪"业务，且大多数拥有银行集团背景，也可以从事部分银行业务。与此相反的是，泰国全能型银行对证券公司业务的挤出效应较强，因此证券公司的总资产占金融机构总资产的比重较低，2014 年底仅为 0.8%。在东盟国家中，新加坡的金融业发展最完善，特别是新加坡已经发展为成熟的国际金融市场，证券业比较发达，截至 2016 年 3 月底，新加坡共有资本市场服务许可机构 533 家，其中证券公司 137 家，期货机构 68 家，基金管理机构 367 家。

（三）相对薄弱的保险业

多数东盟国家的保险业发展较为薄弱。如印度尼西亚、老挝、越南、柬埔寨、缅甸和文莱的保险市场深度和密度都较低，保险业规模体量小且分散，保险业务结构单一，业务量增速也相对较低，除文莱外，寿险的接受程度普遍较低，居民个人投保意愿不强。新加坡、菲律宾、马来西亚和泰国等市场经济发展较好的国家基本上都是以寿险为主导，寿险市场的集中度也较高。其中，马来西亚保险业虽然较发达，但其保险公司数量较多且规模较小，市场份额较为分散。值得一提的是，在伊斯兰文化的影响下，马来西亚和文莱的伊斯兰保险近年来发展势头迅猛，其中文莱的伊斯兰保险收入甚至超过了传统保险业务的保费收入。

二　参差不齐的金融市场结构

金融市场结构主要是考察各子市场的规模结构以及内部结构。其中，货币市场与资本市场这两个子市场的结构最为重要。但东盟国家金融市场发展水平不一，市场结构也各不相同。按基本共性可以分为两类：第一类国家的金融市场发展缓慢，结构残缺，货币市场规模小，资本市场不完备或交易不活跃，如越南、缅甸、老挝、柬埔寨和文莱；第二类国家金融市场比较发达，结构也相对完善，货币市场工具种类众多，大多以银行间市场为主，资本市场架构基本齐全，呈现多层次特征，如新加坡、马来西亚、印度尼西亚、泰国和菲律宾。

（一）货币市场功能较弱

总体上看，大多数东盟国家都缺乏一个能够灵活调节流动性的货币市场。在第一类国家中，越南的货币市场中只有同业拆借市场较为发达，票据市场和债券回购市场所占份额很小；缅甸货币市场规模近年来有所增加，但二级市场流动性较差；而文莱则没有货币市场，债券市场目前只有政府发行的短期伊斯兰债券。

在第二类国家中只有新加坡的货币市场高度发达，是亚洲美元市场的中心，2015 年货币市场交易量超过 4500 亿新元，新加坡银行同业拆借利率（SIBOR）在东盟国家发挥着重要的基准利率作用。马来西亚货币市场交易主要以政府证券为主，国家银行票据交易量波动较大。泰国货币市场中以债券双边回购交易为主。

（二）以主板为主的股票市场和以政府债券为主的债券市场

东盟十国的资本市场主要由债券市场和股票市场构成。

图 1—14 从总体上刻画了东盟国家股票市场和债券市场的基本结构。从中可见，在第一类国家中，缅甸、柬埔寨和文莱的资本市场发展迟缓，缅甸股票市场 2015 年 12 月刚成立，债券市场亦无近期数据；柬埔寨股票市场仅 5 家上市公司的股票在证券交易所交易，2014 年交易额不足 4500 美元，小到可以忽略不计；文莱股票市场也正处于筹备阶段，截至 2016 年 8 月尚未启动。越南资本市场以银行信贷市场为主、股票市场和债券市场为辅；老挝资本市场发展较晚且只有股票市场，但对私有部门股权融资的支持力度较大，为保护本国重要产业对国有上市公司还设定了外资持有上限。

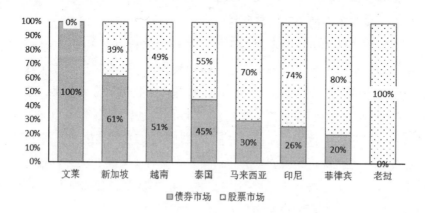

图 1—14　2015 年东盟十国金融市场结构图

注：受数据可得性限制，缅甸、柬埔寨没有找到相应数据。越南金融市场最新数据仅至 2014 年。

资料来源：IMF WEO 数据库；各国金融市场网站。

在第二类国家中，新加坡股票市场尤其是基金市场非常发达，私募基金发展迅速，交易服务完善，2015 年新加坡股票交易所主板交易量2629.1 亿股，总市值 2638.7 亿新元（约合 1919.3 亿美元）；马来西亚的吉隆坡股票交易所现已是亚洲最大的证券交易所之一，2015 年底市值达4284 亿美元，债券市场中政府债券占比较高；菲律宾股票市场交易量波动幅度较大，其中家族控制的控股集团和机构投资者为主要参与者；菲律宾债券市场发展水平较低，债券利率呈下行趋势，政府债券占市场绝对多数，在债券市场融资的均为超大型公司。

在金融市场结构考察中，我们发现除了新加坡外，各东盟国家的债券市场筹资者结构中，政府发行债券占比都比较高（见图 1—15），体现了政府在经济发展中具有较强的支配力。

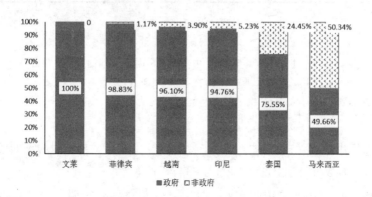

图 1—15　2015 年东盟国家债券发行者结构图

注：受数据可得性限制，新加坡、文莱、缅甸、柬埔寨未找到相应数据。政府发行包括国债、国库券等；非政府发行包括商业银行、企业等其他非政府机构发行的债券。

资料来源：IMF WEO 数据库；各国政府和金融市场网站。

三　以货币性资产为主的金融资产结构

金融资产的总体结构是指货币性资产、证券性资产、保险保障性资产、黄金白银、在国际金融机构的资产以及其他资产在全部金融资产中的比重，用以衡量金融资产的多元化程度。由于除货币性资产以外，其他各类资产都具有高风险、高收益的特性，因此可用非货币性资产来归类分析。

　　图1—16显示，大多数东盟国家的金融资产结构中货币性金融资产占比普遍较高，例如文莱货币性资产占比94.46%，老挝占比82.17%，越南占比78.25%。这与以银行业为主体的金融产业结构密切相关，也反映了金融市场不太发达。

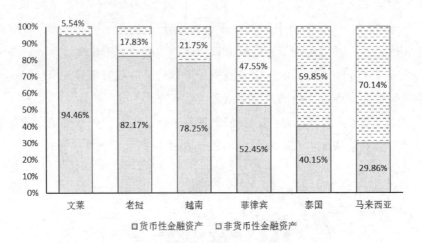

图1—16　2015年东盟国家金融资产结构图

注：缅甸、柬埔寨、印度尼西亚和新加坡没有可比的统计数据。

资料来源：IMF WEO 数据库；各国中央银行网站。

　　在货币性资产的结构分析中主要考量货币层次结构，因为不同的货币层次比例反映了不同的货币职能发挥与货币效率。

　　M1/M2反映了货币的交易功能，该比值越大，表明货币存量中用于媒介交易的货币占比越多，也意味着货币的流动性越强；QM/M2①反映了货币的资产功能，该比值的变化反映了货币存量中用于保值增值的货币占比状况，也意味着潜在购买力的变化。总体而言，大多数东盟国家的货币层次结构中QM/M2占比较高，例如，马来西亚、柬埔寨、老挝、泰国、印度尼西亚等国QM/M2占比都在75%以上。（见图1—17）准货币成为主要的资产保存方式与大多数国家的资本市场不发达、投资性金融资产少相关。

———————————

　　①　准货币 QM（quasi-money，M2-M1）。

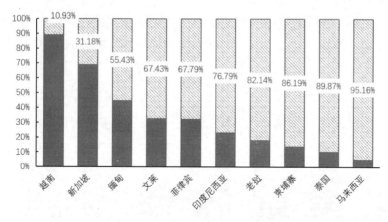

图 1—17 2015 年东盟国家货币结构图

注：出于数据可得性等原因，上表中缅甸所用为 2013 年数据，越南所用为 2014 年数据。

资料来源：IMF WEO 数据库；各国中央银行网站。

四 以外源融资和间接融资为主的融资结构

融资结构是指不同种类融资活动之间的组合比例关系。按照融入资金来源的不同，融资结构可分为内源与外源融资结构、直接与间接融资结构、股权与债权融资结构等；按融资期限的不同，融资结构有长期与短期融资之分；按融资主体的不同，融资结构又可表现为企业、政府和居民融资结构等。其中内源和外源、直接与间接融资结构最为重要，因为这两个结构最能体现融资结构的特征。

从总体上看，在金融体系发达的东盟国家，企业资金主要来源于外部融资，如图 1—18 中印度尼西亚、泰国和新加坡的外源融资占比 75% 左右。金融市场不发达的越南、菲律宾等银行主导型国家以内源融资为主，例如越南的内源融资比重高达 84%、菲律宾为 64%，主要原因是企业外部融资成本较高，使得企业对内源融资的依赖性增强。

在外源融资的结构中，东盟国家主要以间接融资为主。这与前述的多数东盟国家是银行主导型金融产业直接相关。多数东盟国家因缺乏完备有效的证券市场，股票、企业债、票据等直接融资债务工具发行与流通都很困难，故以银行贷款为代表的间接融资占比较大。在实地考察中我们发现，目前东盟国家金融体系的杠杆率较低，资产的泡沫化程度也较低。多数东盟国家金融体系特别是银行信贷对私人部门和实体经济的支持力度较大，即使是国有经济占主导的老挝对私有经济支持的力度也较大，其以国有为主体的银行业信贷主要投向私营部门，股票市场中私营部门进行直接融资的比例也较高。

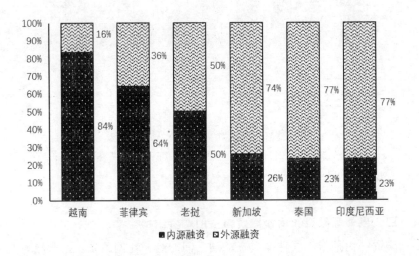

图1—18 2015年东盟国家内源和外源融资结构图

注：受数据可得性限制，文莱、马来西亚、缅甸、柬埔寨没有找到相应的数据；表中内源融资为企业内部的原始资本、未分配利润、公积金和公益金之和；外源融资包括贷款、股票、债券、票据等来自外部的资金之和。

资料来源：IMF WEO数据库；各国中央银行和金融市场网站。

五 以外资进入为主的金融开放结构

东盟很多国家历史上曾经是发达国家的殖民地，虽然陆续独立，但部分西方的价值观和规章制度在本国多有遗留。有的国家金融体系还是在外国统治的环境下起步，并长期受到外国金融业的影响，所以总体上看，绝大多数东盟国家并不排斥对外开放，态度也比较积极，特别是新加坡、越南、柬埔寨。主要表现在允许外资金融机构进入、吸引外商直接投资流入、积极筹措对外债务融资等方面。（见图1—19、图1—20）

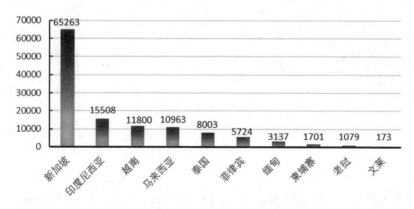

图1—19 2015年东盟国家外商直接投资净流入

资料来源：wind资讯；各国中央银行和金融市场网站。

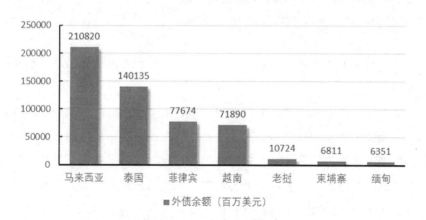

图1—20 2014年东盟国家外债余额

注：受数据可得性限制，新加坡、文莱、印尼未找到相应数据。

资料来源：wind资讯；各国中央银行和金融市场网站。

但经过东南亚金融危机的冲击，许多东盟国家对资本账户的开放心存疑虑，近年来在资本账户开放和监管放松等方面显得比较谨慎，从图1—21中可见，除了新加坡和柬埔寨，大部分国家的资本账户开放指数都很低，甚至为负数。

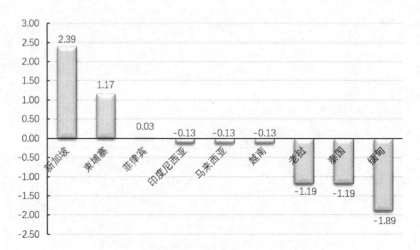

图1—21　2014年东盟国家资本账户开放指数

注：受数据可得性限制，文莱没有找到相应的数据。

资料来源：IMF WEO 数据库；各国中央银行网站。

与比较积极地引进外资对应的另一方面，却是本国对外的投资与金融合作普遍较弱。

综上所述，东盟十国在金融发展中呈现出一些共同的结构特征。我们通过对东盟十国的实地考察，发现这些特征与东盟国家当前的经济结构和社会发展总体上是相适应的，东盟各国的金融结构目前基本上能够满足本国经济发展和各部门对金融服务的需求。但从未来经济社会发展和条件变化的要求来看，现有的结构已显示出不少弱点与不足。因此，东盟各国的金融结构如何进一步调整优化，以适应未来经济发展的需求已是亟待研究解决的课题。

东盟各国的金融结构除了上述共性以外，基于各国政治经济制度与发展特色、社会文化等不同因素影响也存在着一些差异化特性，形成了例如老挝公有制经济下的国有主导金融体系、伊斯兰文化影响下的伊斯兰金融、印度尼西亚农业经济主导下的三农普惠金融、新加坡高度开放环境下的离岸金融市场等富有特色的金融结构模式。这些特色化的金融结构描述与分析将在本书的后十章一一展开。

第三节 东盟十国与我国经贸 合作及其金融关系

在东盟国家经济金融不断发展、金融结构不断优化的同时，其与中国的经贸与金融合作也得到不断的加强，特别是东南亚金融危机之后，随着东盟十国与中国政府有关贸易、投资、关税等双边以及多边协议，尤其是清迈协议的签订与实施以及中国—东盟自由贸易区的不断推进，"一带一路"战略构想的提出与实施，双方在贸易、投资、金融等方面的合作达到新的高度，但是同时也要看到，双边合作也存在许多问题，还有很大的拓展空间，需要我们充分认识并且提出有针对性的切实可行的政策建议，以期促进中国—东盟合作关系全方位的提升和改进。

一 贸易总量增长迅速，贸易种类相对有限

东盟十国与中国的贸易发展迅速。如图1—22所示，尽管各国状况有所不同，但总的来讲，随着各经济的不断发展，开放程度不断扩大，与中国的联系不断加强，特别是中国东盟自贸区的推进与建立、环北部湾经济圈的发展、大湄公河次区域合作的开展以及中国东盟博览会的成功连续

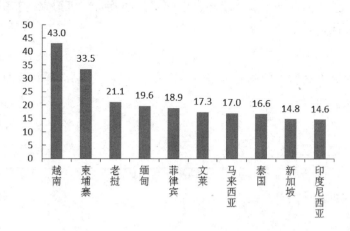

图1—22 中国与东盟国家1990—2015年进出口贸易总额年均增长率（单位：%）

资料来源：IMF DOTS数据库。

主办，东盟与中国的贸易关系迅速紧密，对中国的进出口总额迅猛增长，1990—2015 年间的平均增速在 14% 以上，其中中越之间的贸易增速更是高达 43%。中国已经无可争辩地成为东盟国家的重要进出口伙伴，中国在东盟各国进出口贸易额中占据重要地位，是很多国家的最大进口国（如马来西亚、菲律宾、泰国等）以及重要出口国（在很多国家出口额排名前几位）。

但是也要看到，在东盟与中国贸易总量迅速增长的背后，东盟与中国的贸易种类相对有限，贸易结构相对单一，贸易水平相对低下。表 1—1 展示了 2013 年东盟对中国进出口的十大贸易商品及其比重，可以看出，东盟与中国的贸易目前主要集中在农产品、初级加工品以及劳动密集型产品上。尽管电机、电器、音像设备以及零件占比较高，但除此之外，东盟对中国的出口主要包括：天然橡胶、合成橡胶及制品、能源类矿产品、木薯、木材制品、水产品等；而中国出口东盟的产品主要包括纺织品、机电产品、五金和建材等。具体到东盟单个国家，其向中国出口的商品种类更少，除新加坡等少数国家外，其他更多的是初级产品。由于出口产品种类有限、主要集中在差异较大产品，初期增长较快，特别是中国进口的农产品、东盟国家进口的纺织品等，但是随着中国国内市场的逐渐饱和对东盟商品需求减弱，东盟国家外向型经济以及制造业发展对中国商品需求减弱和对本国农产品等加工需求增加，中国部分产业向东盟国家转移等原因，两国贸易的增长空间将会受限。

因此，中国东盟应该在自贸区的基础上继续推进降低关税、降低市场准入等措施便利贸易的同时，努力实现产业升级、产品多样化，加大双边贸易，从而内生金融合作需求，金融合作又会反过来促进和强化贸易关系。近年来，随着自贸区的成立，作为贸易类别的服务贸易开始长足发展，在承包工程和劳务、旅游业、文化交流、人力资源开发和培训等方面日益频繁，逐渐成为双边贸易新的增长点，而金融合作包括货币兑换、清算、金融机构设立等对此有很大的促进作用。

表1—1　2012—2013 年东盟国家对中国进出口贸易的十大商品及比重　单位:%

进口	比重	出口	比重
电机、电器、音像设备及其零附件	31.5	电机、电器、音像设备及其零附件	25.8
核反应堆、锅炉、机械器具及零件	19.5	矿物燃料、矿物油及其产品；沥青等	13.9
钢铁	4.9	核反应堆、锅炉、机械器具及零件	9
矿物燃料、矿物油及其产品；沥青等	4.1	橡胶及其制品	8
钢铁制品	3.2	塑料及其制品	6.1
塑料及其制品	2.9	有机化学品	5.4
有机化学品	2.1	动、植物油、脂蜡；精制食用油脂	3.7
车辆及其零附件，但铁道车辆除外	1.9	矿砂、矿渣及矿灰	3.6
光学、照相、医疗等设备及零附件	1.8	光学、照相、医疗等设备及零附件	2.2
铝及其制品	1.3	木及木制品；木炭	2.2

注：按国际海关 HS 编码两位数商品编制。

资料来源：引自《中国—东盟合作发展报告（2015—2016）》。

二　贸易商品竞争为主，互补贸易有待发掘

中国与东盟都处于工业化进程当中，双方都注重推动外向型经济，双方的贸易产品不但种类有限，而且逐渐趋同，双方存在竞争关系。如表1—1所示，东盟和中国存在竞争的领域很多，如电机、电器、音像设备及其零件，核反应堆、锅炉、机械器具及其零件，光学、照相、医疗等设备及零附件等。这一方面会影响双边贸易的进一步扩大，另一方面会影响对其他出口区域特别是欧美日的份额，后者占到东盟和中国各自出口额的50%以上。随着东盟产业升级、出口产品逐渐走向加工、制造，以及中国劳工成本上升等因素造成产业、厂房向东盟国家转移，东盟和中国商品贸易竞争将会加剧，双边摩擦可能增加。

与此同时，应该看到东盟和中国双边贸易有待充分发掘的互补性。农业方面，由于地理纬度差异，多数种类的农产品并不直接竞争，东盟国家主要是热带农产品在中国市场上有很强的竞争优势，被接受的程度越来越高，如泰国的大米、印度尼西亚的棕榈油以及各国的水果，同时，中国的

小麦、玉米、苹果、梨等温带作物也逐渐打入东盟市场。科技方面，总体而言，中国在投入和整体水平方面都超过了东盟国家，可以继续保持并提升，提高产品差异性和竞争力。但是细分上还是有所不同，比如制造业方面，在电子产品组件和零件加工上，中国和东盟各国在出口比例、出口重点上有差异。最后，由于地理位置关系，东盟和我国西南省区互补性更强，如云南从东盟国家进口的85%以上为初级产品，而出口的80%以上为工业制成品如建材、轻纺、家电等。另外，云南与东盟各国在水力、矿产等资源方面也具有互补性，可以与缅甸、老挝、柬埔寨、泰国、越南等国家进行资源开发合作。

不可否认，随着经济和贸易不断发展，基于当前互补性的贸易空间将会越来越小，东盟中国双方无论是双边还是针对第三方的贸易竞争将会愈演愈烈。这就要求我们：第一，正确看待双方的贸易竞争，加强企业间的合作与协调，避免贸易战；第二，促进产业升级、产品细分以及品牌营造。东盟中国可以利用自己的优势，在产品差异性上下功夫，占据不同的细分市场，增强互补和合作；第三，在目前的互补贸易中兼顾盈利和市场份额，通过让利和优惠政策等措施加强互信合作，建立长期贸易关系以利于未来市场拓展。在这个过程中，金融合作包括汇率和贸易结算货币的稳定、双边金融市场的开放和发展、双边金融产品的开发等可以更好地稳定国际国内市场，拓展企业的市场和盈利空间，可以更为有利地进行产业升级、产品创新，可以更好 f 协调国际市场的竞争关系。

三 投资规模相对较小，主体多元前景广阔

中国对东盟之间的净投资虽然近年来增速较快，但是规模相对较小。从图1—23可以看出，尽管2003年至2015年中国对东盟的直接投资平均增速在60%以上，但是截至2015年中国对东盟的净直接投资额仅为约146亿美元。这主要是因为：第一，除新加坡、菲律宾等少数国家外，东盟大部分国家和中国是发展中国家，一般来讲资本比较稀缺。中国近期对东盟投资增加也是国际国内因素（包括经济危机、产业转移、劳务成本上升、消化过剩产能等）共同作用的结果。第二，东盟国家基础设施建设需求旺盛，但能够用于建设的资金有限，以自筹资金的形式开展的基础设施建设往往要求承包公司带资承包，这对中国企业的资金实力和融资能

力提出了较高的要求，限制了中国投资。第三，中国向对外工程承包的信用、保险、金融信贷评估体系尚未健全，以及对外工程承包项目合同金额大、执行期限长、风险大等原因，致使工程承包企业融资渠道狭窄、融资担保困难。第四，除少数重大项目如高铁外，国家开发银行、中国进出口银行等对境外工程承包的支持力度有限，与企业的实际资金需求仍有不小的差距。第五，中国企业的海外信誉、工程质量、与当地经济文化宗教等的融入等因素也制约投资。

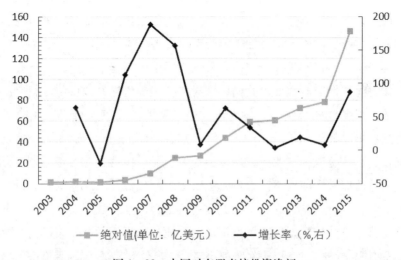

图1—23　中国对东盟直接投资净额

资料来源：Wind 资讯。

中国对东盟的投资主要包括以下几个方面。第一，基础设施建设。很多国家基础设施匮乏或者缺少资金进行大的基础设施更新或升级，中国积极投入资金建设，消化吸收中国的过剩产能。如援助支持缅甸实施一批公路、铁路、港口项目，中缅油气管道建成通气，云南连接缅甸光缆传输系统，与缅甸电力联网、电力贸易和电源建设。第二，劳动密集型产能转移，主要是服装、纺织等产能转移，利用东盟国家劳动力成本优势。第三，产业园区、经济特区建设。如中柬产融结合重要合作项目的西哈努克港经济特区建设项目，目前已经成为柬埔寨境内规模最大的经济特区，并逐步呈现出国际工业园区的雏形。该项目实现了中国企业迫切走出去的意愿和柬埔寨经济发展阶段性需求的有效对接，极大促进中柬两国贸易，也带动了中柬两国金融合作的深化。第四，高新技术、产业升级。如为解决文莱的产业单一状况而进行以恒逸石化项目为代表的石化产业和以"文莱—广西经济走廊"为代表的清真种植养殖业产能合作，有效地整合双方的资金和技术优势。

中国投资东盟的主体多元，包括中央企业、地方企业和民营企业。其中，中央企业主要分布在采矿业、电力行业、制造业和建筑业，从事水电站建设、大型矿山勘探开采冶炼、基础设施等资金密集型行业的投资；中小地方企业、民营企业则遍布每个行业，特别是活跃在农林牧渔业、批发和零售业、租赁和商务服务业以及制造业中的农副产品加工、家用电器摩托车贸易装配、制衣、木材加工等劳动密集型行业。

投资项目多样和投资主体的多元化表明中国东盟在投资领域具有广阔的合作空间，但同时也要求我们区别对待，正确引导并提供与之相应的金融服务，加强金融合作。具体来讲，中央企业一般资金雄厚，风险承受能力强，可以其为龙头推动"一带一路"战略的实施，带动相关国家的基础投资、环境改善与业务拓展，为地方企业、民营企业做好先导。应该积极引导政府和民间的不同力量，吸引更多的投资，不断克服双边投资间存在的问题，特别是利用自贸区、东盟博览会等平台加深理解，为地方企业、民营企业开拓和发展市场提供协助，通过加强金融合作，帮助企业融资（如使用国外资产在国内抵押借款）、降低企业融资风险等。此外，中国东盟的投资合作还应积极利用各种渠道，不仅依靠亚投行、丝路基金，还要引进世界银行、亚洲开发银行、国际货币基金组织等相关组织机构共同参与，最大化地引导多元化主体投资。多元化的投资主体和资金来源有利于分散风险、最大程度地提供资金，满足东盟不同国家的投资需求。

四 顶层金融合作较快，底层进展相对缓慢

伴随贸易联系增强、金融全球化趋势，中国和东盟整体的经济贸易和金融地位大大提升，为进一步稳固发展和防范金融风险，中国与东盟金融合作在国家和政府层面突飞猛进，主要体现在以下几个方面。第一，加强金融监管和信息分享。早在2000年"10＋3"框架下签署的《清迈倡议》就明确加强金融资本流动的监控和信息的交换，并在2001年的"10＋3"

财长会议上提出建立早期预警机制，以检测金融系统的安全指数。2011年又成立"10＋3"宏观经济研究办公室，实现对区域内成员国的宏观经济运行情况进行检测并对申请启用货币互换协议的成员国进行评估。金融监管和信息分享有利于中国人民银行、银监会与有关国家、地区的金融监管当局进行信息沟通和交叉核实，及时了解互设机构的经营情况，及时发现问题或不良发展趋势，做到及时预警、及时惩戒，从而促进双边互设机构的合法稳健经营，打击洗钱尤其是毒资洗钱和恐怖活动融资等犯罪活动。第二，建立和完善多维度的协调机制以及常设机构。中国与东盟各成员国通过东南亚和新西兰以及澳大利亚央行组织（SEANZA）、东南亚央行组织（SEACEN）、东亚及太平洋央行行长会议组织（EMEAP）、东盟央行论坛、亚太经合组织财长机制、东盟财长机制、亚欧会议财长机制和"10＋3"财长机制等多个组织协调金融合作。同时，通过设立常设机构（如泰国银行、马来西亚国家银行在华设立代表处、确定人民币曼谷清算行等等），便于沟通协调，有些常设机构可以在当地投资，如马来西亚国家银行可以在中国外汇以及银行间债券市场投资。第三，建设金融基础设施，扩大人民币互换、贸易结算、清算规模和范围，推进人民币国际化。金融基础设施建设涉及面广，既包括双边结算、征信系统、交易平台等"硬件"建设，又包括金融法制环境、市场服务体系、社会信用环境、各类规则标准等"软件"建设。截至目前，随着结算规模的扩大，中国建立了中国工商银行中国—东盟人民币跨境结算中心、广西北部湾银行中国—东盟跨境货币业务中心等结算平台，以服务于双边的贸易投资；人民币逐渐正式纳入部分国家外汇储备资产（如泰国、马来西亚）；人民币计价的债券开始在部分国家发行（如马来西亚的伊斯兰债券、新加坡狮城债），人民币在东盟地区的使用地位上升。

与国家顶层金融合作的较快发展相比，中国东盟底层的、非政府的、商业性的金融合作虽然近年来取得了一定的成绩，互设分支机构，互为代理行，产品及服务涵盖企业银行、个人银行、资金及金融机构业务、租赁业务、投资银行与证券业务，但仍处于初始阶段，主要体现在：

1. 互设机构不多，主要以银行合作为主，分支机构设立总体较少，资本金以及业务规模有限，基本没有银行以外的金融合作如证券、保险等。

2. 合作项目较少，赴外机构主要是本国业务的地域延伸，适当兼顾外币业务。

3. 银行与当地银行间合作业务比较单一，合作规模较小。主要包括：边境地区银行互开人民币存款以及边境贸易人民币结算业务，创建人民币现钞跨境调运与回流机制；挂牌当地货币与人民币汇率，经营人民币与缅币兑换业务和跨境金融支付服务；银联卡（借记卡、贷记卡）业务推广；在战略研究、风险管理、科技系统、运营管理四个管理领域和金融市场、信用卡和私人银行三个业务领域等方面的合作还处于起始阶段。

4. 合作程度不深，目前的合作主要集中在传统业务扩张，如银联借助当地银行优势推广信用卡，并没有在经营方式、经营效率、管理等方面加深合作。例如，尽管开泰银行与中国工商银行签署了全面战略合作谅解备忘录，计划在信贷工厂技术、小微企业、县城和农村地区的微型金融、同业业务、银团贷款、国际业务、经验交流及员工培训等多个领域建立广泛的合作关系，但是目前进展十分有限。

5. 民间层面，部分东盟国家私人货币兑换点、地摊银行、板凳银行等众多，从事人民币及其他外币兑换业务，但是规模较小，安全因素不容忽视。互联网金融的发展促使支付宝等网络金融工具在当地使用，但是使用人群一般局限于华人。

总结东盟中国的金融合作，顶层金融合作虽然较多，但主要是清除有关贸易和投资的障碍和壁垒，合作的形式较为松散，合作程度不够深入，开放程度依然不足；而底层商业性金融合作还处在初级阶段，和顶层的金融合作的互动不够。正因如此，不论顶层还是底层都有巨大的合作空间，当前应该积极推进以下六个方面的合作：一是积极推动区域性合作基金、区域性合作银行、区域性担保公司的成立；二是降低金融机构互设分支机构的门槛；三是加快推进区域债券市场建设；四是加强中国东盟各国间出口信用保险领域的合作，降低出口贸易风险，推动中国—东盟自由贸易区建设；五是放开商业性金融的管制，鼓励双边金融机构之间的业务合作，充分发挥金融创新中的微观主体作用；六是推动以互联网为基础的金融合作，如鼓励银联、支付宝等境外人民币使用。

五 货币合作迅速扩大，风险收益有待权衡

东南亚金融危机爆发使许多东南亚国家认识到，仅仅依靠自身的力量很难防止危机的深化和蔓延，加强地区金融合作特别是货币合作是抵抗危机爆发、保持金融市场稳定的有效途径。由于人民币在金融危机发生后承诺不贬值，伴随中国经济高速增长，以及东盟国家和中国的推动，人民币在区域合作中的地位越来越重要，逐渐成为东盟贸易、投资、外汇储备中重要的货币种类。主要表现为：（1）从 2001 年中国与泰国在《清迈倡议》框架下签署总额 20 亿美元的货币本币互换协议开始，已经与东盟的泰国、马来西亚、菲律宾、印度尼西亚、新加坡等国签署过货币互换协议，截至 2013 年 9 月，中国央行与东盟国家签署双边本币互换协议金额已达 14000 多亿元。（2）在 "10＋3" 区域内为应付金融危机过程中存在的流动性困难而建立的东亚外汇储备基金已从 2009 年建立时的 800 亿美元规模扩充到 2012 年的 2400 亿美元。通过双边与多边货币合作制度的实施，为相关国家提供了流动性的支持，有利于域内国家的经济稳定。（3）截至 2014 年 12 月末，新加坡市场各项人民币存款达到 2750 亿元，较同期增加 800 亿元，同比增幅 41%。（4）新加坡金管局 2014 年 7 月 1 日起正式向新加坡本地金融机构提供最多 50 亿人民币的隔夜资金拆借，提高新加坡各金融机构支持和参与人民币业务的积极性。（5）多个东盟国家发行人民币计价债券。（6）人民币离岸市场建立，人民币汇率稳定难度更大。

货币合作规模的扩大，一方面有助于人民币国际化，有助于提升贸易、投资和金融合作，有助于增强人民币作为国际储备货币的能力，另一方面，迅速扩大的货币合作规模使得人民币有更多的敞口暴露出来，一旦发生针对人民币的冲击，将使得人民币汇率更加难以稳定，央行政策空间变小，操控能力变弱，对于中国的经济发展可能是不利的。

因此，中国人民银行在加强货币合作的同时，应该加强货币合作相关国的互信，建立健全监督机制，密切关注人民币的使用和市场变化，加强区域性汇率协调和联动，减少对美元的依赖，防范货币危机。应该认识到，各国进行货币互换等方面的合作，很大程度上是迫于当时防范金融危机的需要，而没有着眼于长远的金融与货币一体化目标，在具体步骤上也有待进一步磨合，这就要求我们以危机中的合作为契机，制定符合双方利益的

长期战略目标，并采取切实可行的阶段性举措逐步落实共同制定的战略规划，使金融和货币合作真正起到增进各国福利和提高生产效率的作用。

六　东盟内部发展不均，合作程度参差不齐

东盟区域广阔，各个国家经济、金融发展程度不一，直接制约各个国家和中国的经贸、金融合作程度。就贸易而言，虽然东盟整体和中国的贸易总额不断增加，但是90%以上的贸易集中在新加坡、马来西亚、泰国、菲律宾、印尼，每个国家和中国贸易的紧密程度并不相同。此外，每个国家与中国贸易的主要出口品也有所不同，比如新加坡主要是资本和技术密集型产品，印尼主要是食品、农业原料、燃料、矿石金属及其他制成品，马来西亚和泰国主要是食品、农业原料、机械运输设备等。最后，各国对中国的贸易不均衡也不同。图1—24是2015年东盟各国对中国的进出口逆差情况，有些国家为顺差（如新加坡），有些逆差比较大（如文莱、柬埔寨），有些比较均衡（如老挝、马来西亚）。

图1—24　2015年东盟各国贸易逆差占进出口总额比重（单位：%）
资料来源：IMF DOTS数据库。

就投资而言，由于历史和贸易等因素，中国在东盟各个国家的投资规模并不相同，投资领域有所差异，投资主体有所侧重，本身反映了中国和东盟国家在投资合作上的关系，也会影响将来的合作亲密程度与空间。图1—25是2006—2013年东盟各国吸收中国投资的流量总和，可以看出，

中国企业对新加坡的投资存量超过整个东盟地区投资的一半，在缅甸、印尼、泰国等国的投资也相对较大，而对老挝、马来西亚等国的投资则相对较少，对文莱和菲律宾几乎可以忽略。又比如在投资领域上，印尼主要希望得到中国基础设施建设特别是高铁建设的投资，缅甸主要侧重发展三个边境自贸区。这些都表明中国企业未来在东盟地区的直接投资规模仍然存在很大的上升空间。

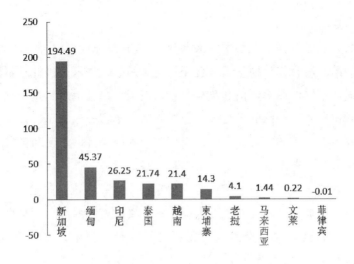

图1—25 2006—2013年东盟十国吸收中国直接投资流量（单位：亿美元）

资料来源：引自《中国—东盟合作发展报告（2015—2016）》。

就金融而言，东盟各国的历史、发展和开放水平直接决定了其和中国金融合作的方式。第一，东盟地区各国的金融体制在制度设计层面的差异很大，越南、老挝、柬埔寨、缅甸与中国大陆地区过去的金融管理体制存在较大的相似性；新加坡、马来西亚、文莱、菲律宾等原英属、美属殖民地国家的金融体系深受英美金融制度的影响，与中国香港地区的金融体系有一定的相似性；泰国和印尼的金融体制则更多地具有本国特色。第二，部分发展水平和开放度比较高的国家（如新加坡、泰国、印尼）比较注重宏观层面的金融和货币合作（如货币互换、金融监管等），商业性金融合作（如银行互设机构、业务拓展、理财等）已经得到一定程度的发展并有待进一步发掘；发展水平比较低的国家，如柬埔寨、缅甸目前更加注重人民币边境结算、以促进贸易为主导的金融合作,非贸易导向的金融合作还比较少。第三,由于体制以及发展水平制约,即使剔除金融总量因素,东盟国家的金融结构差异仍然很大,金融产业结构、金融市场结构、金融资产结构、融资结构和金融开放结构都具有十分鲜明和独有的特征。这些特征既可能是东盟国家在与中国合作过程中可能的金融需求,也可能是金融供给,其差异化蕴含中国东盟金融合作的多层次性和巨大的合作空间,需要双方通过不断地开展和深化金融合作去发掘。

总之,东盟各国之间贸易、投资、金融的差异性(总量和结构)虽然对于中国开展合作特别是金融合作提出了挑战,需要中国针对不同国家的情况做出不同的风险评估和政策应对,但同时也是机遇,差异化可以使中国在输出资本、产能的同时提升金融服务、丰富金融产品、开拓金融市场以及提高人民币的国际地位,从而促进中国的经济、贸易和投资增长。

金融合作从来不是单一的,也不是一蹴而就的。针对目前中国东盟金融合作的现状,我们认为应该注意以下几点:

第一,应加强金融合作在促进贸易和投资发展中的作用。金融合作的出发点应该是真实的金融需求(包括辅助贸易、投资,追求金融收益,规避金融风险等),而贸易和投资是当前中国与东盟合作最应该维护和关注的需求点,应该着重在这方面加大推动力度。比如,可以加强对东盟工程承包企业的金融支持政策,鼓励商业银行和金融机构进行金融创新,开发符合对外工程承包需要的金融产品,鼓励商业银行参股工程承包企业,提高企业的融资能力等。

第二,应注重顶层合作与底层合作的互动,充分关注金融微观主体的合作需求。顶层合作应该做到不压制也不盲目鼓动底层合作,应该随着双方经贸、投资、金融等不同层面的底层合作和发展而逐步推进。比如,在鼓励微观金融主体支持对外工程承包的同时,可以充分发挥国家政策性银行的主渠道作用,提高中国进出口银行等国家政策性银行对工程承包企业的资金支持力度。完善信用保险体系建设,向支持对外工程承包的商业银行提供信用保险、减轻商业银行的风险等。

第三,应注重长期和短期的权衡。包括:

1. 中国和东盟的合作需要有长远眼光,经贸和金融的长远发展和布局可能需要我们在近期适当让利，承担一定的损失，这包括贸易、投资、金融市场的拓展和互促互进、长期互信的建立、企业的产业升级等等。

2. 人民币的国际化长远目标和短期风险的权衡。从长远看，人民币国际化和东盟区域化以及实现"亚元"的可能构想对于中国非常有吸引力，但是必须认识到，短期内由于中国经济发展还比较落后，中国金融市场还很不完善，中国和东盟合作机制很不健全、货币合作还很松散没有强制性、合作规模还有待提高等，目前来看，必须特别注意东盟和中国金融合作带来的短期风险，加强风险预测和评估。

3. 短期总量发展和长期结构调整的结合。短期看，中国和东盟的金融合作主要旨在剔除相关障碍，实现总量增长；长期看，必须认识到总量增长空间的局限以及双方在金融结构方面的巨大差异以及可能的巨大合作空间，应该在短期侧重总量合作的同时，结合双方金融结构的调整，做出长远规划和布局。这也是本研究的重点和价值所在。

参考文献

［1］Allen, Franklin, Xian Gu, and Oskar Kowalewski. "Financial crisis, structure and reform" *Journal of Banking & Finance* Vol. 36, No 11, 2012.

［2］Castro R. C. D, "The 1997 Asian Financial Crisis and the Revival of Populism/Neo-Populism in 21st Century Philippine Politics", *Asian Survey*, Vol. 47, No. 6, 2007.

［3］Lambino J. X. P, "The Economic Role of Metro Manila in the Philippines: A Study of Uneven Regional Development under Globalization", *Kyoto Economic Review*, Vol. 79, No. 2, 2010.

［4］Lee S. Y., Jao Y. C, "Financial Structure and Monetary Policy in Indonesia" *Financial Structures and Monetary Policies in Southeast Asia*, Macmillan Education UK, 1982.

［5］Nargiza Salidjanova, Iacob Koch-Weser, and Jason Klanderman, "China's Economic Ties with ASEAN: A Country-by-Country Analysis", *US-China Economic and Security Review*.

［6］蒋序怀：《东亚货币金融合作困境与人民币国际化》，《江西社会科学》2015年第4期。

［7］刘远：《中国与东盟经贸合作：现状与前景》，《世界经济与政治论坛》2007年第6期。

［8］李健、贾玉革：《金融结构的评价标准与分析指标研究》，《金融研究》2005年第4期。

［9］卢光盛：《云南、广西与东盟区域经济合作的比较分析》，《云南财经大学学报》2009年第1期，总第135期。

［10］屠年松、朱雁春：《全球金融危机后中国与东盟金融合作再思考》，《经济问题探索》2010年第9期。

［11］徐中亚、董倩倩：《中国—东盟金融合作：现状、问题与对策》，《经济研究导刊》2010年

第 26 期。

［12］吴昌盛：《CAFTA 背景下深化广东与东盟经贸合作的策略研究》，《区域金融》，2012 年 12 月，总第 412 期。

［13］周绍勇：《中国与东盟国家金融合作：现状、制约因素与对策》，《吉林工商学院学报》，2015 年 4 月，第 31 卷第 2 期。

第 二 章

印度尼西亚金融发展中的结构
特征及其与中国的合作

印度尼西亚的金融体系是以银行体系特别是商业银行为主要构成部分，由政府监管部门、金融机构、金融市场等共同组成。与中国相似，印尼金融在经营和监管模式上，实行银行、证券、保险分业经营并分业监管，但同时允许商业银行投资参股证券、保险等公司。总体来看，目前印尼基本建立了较为先进且完善的金融市场制度体系。与大多数的东盟国家横向比较来看，印尼的金融业整体较为发达。从其自身金融发展的纵向时间轴来看，1968 年后随着新政府的上台以及一系列改革政策的推出，印尼金融经历了飞速的发展，直到 1997 年亚洲金融危机爆发。经过短暂的阵痛期之后随着监管趋严以及国内经济形势的影响，金融发展速度较为平稳，同时印尼金融体系的安全性得到了提高，金融结构功能与效率也有所提高。中国与印尼未来金融合作的空间主要在需求导向的相互取长补短以及辅助基础设施建设等领域。

第一节　印度尼西亚社会经济发展概况

印度尼西亚共和国（印尼语：Republik Indonesia），简称印度尼西亚或印尼，约由 17508 个岛屿组成，是全世界最大的群岛国家，别称"千岛之国"，国土面积 190.46 万平方公里。印尼人口超过 2.58 亿，居世界第四。国体属共和国，国会代表及总统皆由选举产生，首都为雅加达。印尼为东南亚国家联盟创立国之一，且为 20 国集团之成员国。

一 社会经济发展主要历程

印度尼西亚是东南亚面积最大、人口最多的国家。纵观印尼经济发展的脉络，可以大致分为三个阶段：第一阶段即 1945 年印尼独立至 1967 年东盟初立；第二阶段即 1967 年至 1997 年亚洲金融危机爆发；第三阶段即 1997 年后经济复苏至今。

（一）1945 年至 1967 年——苏加诺统治时代

1945 年 8 月 17 日，苏加诺和穆罕默德·哈达代表印尼人民宣布印尼独立。在那个风雨飘摇的年代，印尼在 1945 年发行了第一批印尼盾。1945 年至 1949 年间，印尼不幸卷入了国民革命战争，导致本国经济状况继续陷入混乱，尤其是在爪哇和苏门答腊，人们的命运再一次被战争支配，在挣扎中谋求生存。

在 20 世纪 60 年代，作为政治不稳定的后果，经济急剧恶化出现了严重的贫困和饥饿。苏加诺在 60 年代中期垮台的时候，印尼经济状况可以用一团糟来形容，CPI 高达 1000% 之多，萎靡的出口收入，糟糕的基础设施建设，低效的劳动生产力以及可以忽略不计的投资。根据 1967 年的统计数据，印尼人均收入低于五年前的水平，经济受到了恶性通胀的严重破坏，农业部门甚至不能生产足够的粮食来满足该国的需要，大多数人民都陷入了贫困之中，印尼并未找到适合本国国情的经济发展道路。

（二）1917 年至 1997 年——苏哈托统治时代

苏加诺总统下台后随着新秩序的到来，新政府迅速并且果决地建立了一定程度的经济制度，意图快速降低通胀水平、稳定汇率、重组外债并吸引外国援助和投资。需要提到的是，印尼是东南亚至今仍存在的唯一欧佩克成员国。正是由于 20 世纪 70 年代石油价格飞速上涨，印尼的石油出口收入出现了巨大的暴利，同时也为印尼持续高速的经济增长做出了贡献，1968 年到 1981 年间平均 GDP 增速超过了 7%。

即便经济增长势头很好，但直到 1985 年仍没有迹象表明印尼在为推动工业化改革而努力。当时印尼的出口产品仍然以石油和天然气为主，其余部分则是各类初级阶段的产品。农业部门的产值仍然只占国内总产值的 24% 左右，但是非石油及天然气制造业的产值占比还不到 14%。随着更严的经济监管制度以及之前所依赖的石油价格的下降，印尼的经济增速在

1981 年至 1988 年间放缓至每年平均 4.3% 的水平。

在 80 年代后期推行了一系列经济改革措施，包括外汇管理方面对印尼盾的贬值提高了本国产品的出口竞争力；放松金融监管吸引外国资本流入印尼，特别是大量流入了快速发展的出口导向型制造业等。1989 年至 1997 年间，印尼经济平均增长超过 7%。特别要提到的是，非石油及天然气制造业的产值占 GDP 的比重已增长到了 20%，这一经济成果使印尼被世界银行列为《东亚奇迹》卷中的国家之一。尽管印尼的人均收入在 1994 年仅有 877 美元，还称不上"发达国家"，但这却足以表明通过经济改革，即便是一个人口众多的国家也能够实现经济的快速增长并降低贫困率。

尽管大幅度地增加了就业机会以及生产力报酬水平，社会福利也得到改善，贫困率也有所降低，甚至个人收入的公平性都有所提高，但 1987 年至 1997 年间印尼的经济高速增长还是掩盖了许多经济结构性的弱点。比如经济职能部门的软弱以及内部腐败；由于财政部门管理不善所带来的严重公共债务；印尼的天然资源的迅速枯竭以及商业精英青睐的贪污受贿文化等等。特别在 20 世纪 90 年代腐败之风开始弥漫，甚至延伸到最高政治等级的印尼国家领导人苏哈托，苏哈托被西方的反贪污国际非政府组织透明国际（Transparency International）评定为最腐败的国家领导人。因此，印尼当时的法律制度十分薄弱，导致没有有效的手段保证合同的履行、债务的偿付以及破产后的追索。银行业的做法却是非常简单明了，除了规范抵押贷款以外普遍违反了审慎监管的原则，包括对关联贷款的限制。除此之外，非关税贸易壁垒、国有企业的寻租、国内补贴、国内贸易的壁垒以及出口限制都导致了经济发展的扭曲。

（三）1997 年——亚洲金融危机爆发

亚洲金融危机在 1997 年年中开始影响印尼，迅速引发了国内的经济和政治危机。印尼最初的应对措施是实行印尼盾的浮动汇率政策，并提高国内的基准利率，与此同时采取紧缩性财政政策。1997 年 10 月，印尼和国际货币基金组织（IMF）达成了经济改革计划的协议，该协议旨在稳定宏观经济并消除诸如国家汽车计划和丁香垄断等等苏哈托政府出台的最有伤害性的经济政策，这两项政策都会影响苏哈托及其家人。然而印尼盾的持续疲弱迫使苏哈托总统于 1998 年 5 月被迫辞职。1998 年 8 月，国际货币基金组织同意在新总统哈比比上任后向印尼提供包含明确的结构改革目标的中期贷款（EFF）。而后，总统瓦希德于 1999 年 10 月走马上任，印尼和国际货币基金组织在 2000 年 1 月再次签署了新的 EFF 协议，同样新方案还是以一系列的经济结构改革和治理目标作为条件。

即便如此，这次金融和经济危机的影响是极其严重的。1997 年 11 月，印尼盾的快速贬值导致本国公共债务达到 6000 亿美元，后果是对政府的预算施加了巨大的压力。1998 年，实际的国内生产总值下降了 13.1%。印尼整个经济体在 1999 年中期达到了最低谷，全年的实际 GDP 增长率为 0.8%。1998 年的通货膨胀率高达 72%，但随后在 1999 年放缓至 2%。

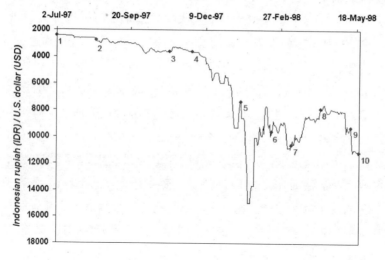

图 2—1　1997 年 7 月 2 日至 1998 年 5 月 21 日印尼盾对美元汇率走势
资料来源：印尼央行官网。

（四）1998 年至今——经济复苏

东南亚金融危机后，印尼经济遭受深重的打击，全国经济生活几近瘫痪。调整政策和研究方略以应对危机成为政府不得不直面的问题。金融业是国家经济生活的神经中枢，政府首先推行的是银行改革和银行体系重组工作，改善了银行业的经营状况，一定程度上提高了印尼银行业的信誉。其次制定更优惠的投资政策，改善投资环境，提出优先发展农业以带动整个经济走出危机。再次，为维护国家社会安全，防止社会动荡，政府建立了社会安全网体系。梅加瓦蒂新政府执政以来，印尼政局逐步稳定，社会治安有所好转，国内投资和社会消费也有所增加。

印尼是 1997 年亚洲金融风暴中受影响最严重的国家之一，但在 2008 年金融危机中却避免了重蹈覆辙。在金融危机以来全球经济形势持续动荡的情况下，印尼经济依然保持了较高的增长速度。2008 年受全球金融危机的影响国内生产总值的年增长率下降到 6.01%，2009 年是受全球金融危机打击最深的一年，国内生产总值年增长率下降到 4.63%，虽然低于国际金融危机前 6% 左右的增长水平，但高于政府此前预期 4.3% 的增幅。印尼在这次金融危机中的表现要远远好于其他东南亚国家。从 2010 年开始印尼经济增长迅速恢复甚至反超金融危机前的水平。2010 年 GDP 年增长率达到 6.10%，2011 年进一步提升至 6.49%，经济增长稳定，2012 年延续了这一态势，达到 6.23%。2013 年印尼央行公布的经济增长率为 5.78%，首次下滑至 6% 以下，但与其他新兴经济体相比，仍处于较高水平。

二　经济发展与结构现状

（一）持续稳定增长的印尼经济发展

根据 IMF 数据显示，2015 年印尼名义国内生产总值达 2.84 万亿美元，排全世界第 16 名，增速达 4.79%，通过购买力平价计算的人均 GDP 为 11135 美元，GDP 中农业占比 38.9%，制造业占比 22.2%，服务业占比 7.9%。通货膨胀率（CPI）为 3.35%，失业率为 5.9%。主要的出口贸易伙伴为日本 13.1%、中国 10.0%、新加坡 9.5%，主要的进口贸易伙伴为中国 17.2%、新加坡 14.1%、日本 9.6%。IMF 预计印尼 2016 年实际 GDP 增长率为 4.9%，商品价格低迷为一大风险。图 2—2 为 1968 年至 2015 年印尼名义 GDP 及 GDP 增长率，由于 GDP 数据以美元计价，可以看到 2012 年之后虽然 GDP 总量有所下滑，主要因素是印尼盾兑美元的汇率出现贬值导致。观察以印尼盾计量的 GDP 增长率就可以看到，21 世纪以来印尼的增长率基本维持在 5% 上下。

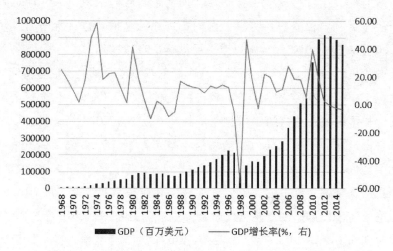

图2—2 1968年至2015年印尼名义GDP及GDP增长率

资料来源：世界银行。

（二）农业为基础且第三产业快速增长的印尼经济结构

印尼的农业、工业、服务业均在国民经济中发挥着重要作用。以往作为传统产业的农业占印尼国内经济收入比例较大，但近几年第三产业快速发展，逐步成为政府重点发展项目，特别是旅游业；同时，进出口贸易保持高速增长。农业依然是印尼经济的重要构成。根据《印尼农业》数据显示，目前印尼国土面积的30%左右均为农业耕地，占印尼劳动人口的41%的居民为农民。印尼重要的农业商品是棕榈油、天然橡胶、可可、咖啡、茶叶、木薯、大米和热带香料。2008年以前，印尼是亚洲唯一的石油输出国家组织在中东以外的石油输出国组织（欧佩克）的成员，但在2008年以后成为了石油净进口国。

印尼资源禀赋突出，不但是世界上最大的锡生产国家，铝土矿和银的产量也较大，2011年4月，随着Tanya公司西加里曼丹氧化铝项目的设立，印尼氧化铝产量将占据全球的5%，成为全球第二大氧化铝生产商。近年来印尼正在扩大其铜、镍、金、煤产量的出口市场。（见图2—3）

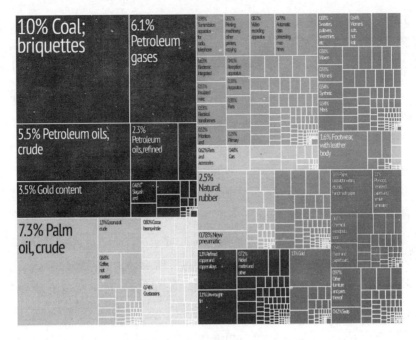

图 2—3　2012 年印度尼西亚出口结构

资料来源：MIT Harvard Economic Complexity Observatory.

外贸在印尼国民经济中占重要地位，对印尼经济发展有重要作用。特别是金融危机后，全球经济回暖，印尼外贸增长较快。主要出口产品有石油、天然气、纺织品与成衣、木材、藤制品、手工艺品、鞋、铜、煤、纸浆与纸制品、电器、棕榈油、橡胶等。主要进口产品有机械运输设备、化工产品、汽车及零配件、发电设备、钢铁、塑料等。预测到 2020 年汽车出口将成为于煤炭石油（CPO）和鞋类之后第三大类。

三　中国与印尼经济合作情况

自 20 世纪中国和印尼两国复交后，两国经贸关系迅猛发展，贸易合作不断密切，在贸易、投资和基础设施建设等领域取得了丰硕成果。按非油气产品统计，2015 年印尼与中国贸易总额 424.76 亿美元，同比下降 9.47%。其中对中国出口 132.59 亿美元，同比下降 19.44%，占印尼非油气类产品出口总额的 10.07%；自中国进口 292.17 亿美元，同比下降

4.08%，占印尼非油气产品进口总额 24.73%，印尼方贸易逆差，同比增加 13.97%。2015 年印尼对华出口降幅较大，加上 2014 年亦出现 22.66% 的降幅，2015 年中国占印尼非油气类产品出口总额比重下降至 10.07%；美国占印尼非油气类产品出口总额比重从 2014 年的 10.86% 升至 2015 年的 11.62%。2015 年印尼自华进口比重继续增加，但出现近年来首次同比下降情况。

但是，按进出口总额统计，2015 年中国为印尼非油气产品第一大贸易伙伴，日本和美国分居第二和第三位。中国与印尼的经济互补性强，中国每年都大量进口印尼的自然资源和能源，印尼也需要中国在基础设施建设方面的支持和帮助，中国政府和相关金融机构已累计向印尼提供了超过 70 多亿美元的资金用于电力和基础设施建设。与此同时，印尼对中国的贸易依存度稳步提高，从 2007 年的 11.84% 增加到 2012 年的 15.86%。

印尼是中国海外华人最多的国家，而这对中国来说是一笔无形的、可观的财富。据 2008 年的数据统计，印尼的华侨华人达到了 1000 万以上，人数居东南亚国家之首。印尼的华侨华人在政治、经济、文化方面都是佼佼者，例如 2014 年华人钟万年先生担任雅加达省省长。印尼华侨华人处在中印两国交织的网络中，华侨华人资源与其他因素之间彼此互动，互相渗透和整合，使得中印两国关系愈发友好、政治互信增强，成为中印两国友好往来的桥梁。

2016 年 8 月，由中国铁路总公司牵头的中国企业联合体与印尼国有建设公司（WIKA）牵头的印尼国有企业联合体，在印尼首都雅加达签署了雅万高铁合资协议，中印两国的贸易往来愈发密切且重要。

第二节 印度尼西亚金融发展概况

印尼的金融体系是在 1966 年后逐渐建立起来的。印尼的金融体系是由政府监管部门、金融机构、金融市场等共同组成的，其中以银行体系特别是商业银行为主，是典型的银行主导型金融体系。近年来印尼的银行业、保险业、证券业均有一定的发展，但银行业仍然占据着绝对的主导地位。

一　金融发展历史回顾

从 1966 年到 2016 年，伴随着社会经济在跌宕起伏过程中的不断发展，印尼的金融业经历了从无到有，从功能缺失到逐步完善，从结构失衡到逐渐合理，其中不乏走过的弯路以及近乎推倒重建的重大改革。从纵向时间轴的角度来看，每一次的制度变革以及金融体系的发展历程都与印尼金融结构的形成息息相关。

（一）1966 年至 1982 年——金融体系建立阶段

1966 年以前印尼没有一个完整的金融体系，原因是在苏加诺执政时期经济混乱萎靡，较高的财政赤字以及常年的恶性通货膨胀导致金融极为落后。1967 年苏哈托执政时期，一系列的金融监管制度以及立法得以实施，如中央银行法案以及银行业监管，奠定了现今金融体系的基础。印尼政府的经济领导小组认识到，要扩大工业的基础就需要建立起现代化的金融体系来支撑经济活动。故当新秩序政府执政时，原先控制着金融体系的所有合资银行被收归国有并最终合并成为一个复合型银行，即印度尼西亚国家银行（BNI）。但这种复合型银行结构存在着诸多问题。作为建立一个现代化金融体系的第一步，印尼终于在 1968 年建立了中央银行——印度尼西亚银行，同时打破垄断，将原印度尼西亚国家银行（BNI）的商业性业务分解为五个国有银行来做。

这些国有银行继续掌控着印尼的银行系统，利率直接受到控制，信贷业务则分配给五家国有银行及下属部门。实际上作为中央银行的印度尼西亚银行不仅向企业提供直接贷款，它还向银行系统提供"流动资金"贷款，用来促进一些作为目标的活动。因此，印尼中央银行和国有银行提供了占总额 85% 到 90% 的银行信贷。

（二）1983 年至 1997 年——调整结构并快速发展阶段

1983 年实行的金融改革给印尼的金融结构带来了显著的改变。在 1966 至 1982 年间，印尼银行业仅仅由印尼的中央银行即印尼银行（Bank Indonesia）及国有银行组成。随着油价在 20 世纪 70 年代的飙升，印尼政府建立了对于大量公共收入的分配制度。在 1983 年至 1988 年接连的金融改革过程中这个公共财政的分配制度转型成为了印尼金融体系的一部分，改革的关键就是金融从国有银行的垄断市场体系（即由政府垄断操纵的公共财政分配体系）转变成了在当时来看较为现代化的竞争性市场结构体系。

直到 1988 年 10 月，时任苏哈托政府才将其全部的注意力转向调整金融市场的结构。当时所采取的政策被称为 PAKTO'88，即旨在通过取消那些甚至在 1983 年以后仍然继续实行的"加入壁垒"来加强金融部门内部竞争的一系列改革措施。根据 PAKTO'88，政府放宽了对外资银行的营业限制；简化了建立分支行的手续流程并放宽了建立外汇银行的条件。同时，PAKTO'88 还减少了国有金融机构的种种特权以及职能，并且降低了各类证券纳税的差别待遇。PAKTO'88 降低银行准备金至 2% 的水平，从而有效地缩小了存贷利差。但印度尼西亚银行通过硬性规定迫使银行持有更多次级准备金，即印度尼西亚银行证券（SBIs）来抵消上述变动所带来的直接延展性影响。1987 年中至 1990 年初，央行采取了宽松的货币政策，因而 1990 年信贷的年增长率达到了 70%。但随后央行却推出了紧缩的货币政策。

在实施 PAKTO'88 政策之后，该执政政府还开展了旨在加强本国金融体系内部竞争的改革。随后又采取了一些措施来建立证券市场并营建有利于各类金融机构以及风险投资、融资租赁、信用卡贷款等等金融工具的发展环境。1989 年 3 月政府出台政策加紧实施了法定贷款限额，1990 年 1 月更是取消了大部分印度尼西亚银行流动资产信贷安排。

（三）1997 年至今——稳健发展阶段

从金融体系改革过程中印尼得到的经验教训是，放宽对金融体系的管制本身往往比确保新宽松体系保持审慎运转（是否能保护储蓄者和投资者）更容易，这也是在 1997 年亚洲金融危机印尼金融业成为重灾区的一个潜在因素。危机后一些银行进行了合并重组，拓展业务范围，使业务多元化和收入来源增加。不少银行在合并后核心资本和资产规模明显扩大，抗风险能力和综合竞争力大大增强，致使在 2008 年美国次贷危机到来时印尼的经济以及金融并没有受到像 1997 年亚洲金融危机一样的重创。印尼金融业特别是银行业经过 10 年间的整顿与重组，财政稳健性和管理水平都有了显著的提高，已逐步走出低谷，在信用、存贷率、利润、资本充足比例等方面均大有改观，国际评级机构为此也多次提升印尼金融系统的评级，印尼的金融又重现生机和活力。

二　现行金融管理的制度安排与特征

印尼的金融体系由政府监管部门、金融机构、金融市场等共同组成，但以银行体系特别是商业银行为主。在经营和监管模式上，实行银行、证券、保险分业经营、分业监管，但允许商业银行投资参股证券、保险等公司。但与我国"一行三会"监管体系不同的是，印尼对于银行、证券、保险的分业监管是由一家金融机构，即印尼金融服务管理局（OJK）监管的。亚洲金融危机以来，随着印尼经济逐步复苏并进入增长期，以及政府大力整顿金融体系特别是银行体系，完善银行法规，提高监管能力，改善银行管理运营，强化银行发展基础和加强对于客户的保护，并促使银行经营管理更加透明，内部控制进一步强化，印尼央行监督机制也逐步向国际转轨，印尼金融体系的安全性得到了提升，国家主权及金融机构的信用评级被逐步调升，外汇储备逐步增加，显示了投资者看好其经济金融发展前景。

印度尼西亚拥有一个相对较小的金融体系，据印度尼西亚国家统计局（BPS）数据显示，包括保险在内的金融服务业在 2015 年占印尼 GDP 的 4% 有余。但经济学人智库预计，它会随着经济增长而迅速扩大，有理由相信无论是在国内还是海外市场，印尼的银行业在未来的 5 年其规模还将扩大。受到 1997 年到 1998 年亚洲金融危机的影响，印尼政府通过接管以及购买深陷危机的银行的股份，累积了大量的国内银行股权，印尼国内银行的私有化进程还将缓慢地进行。

三　金融总量的现状

根据印尼国家统计局的公开信息显示，2015 年第三季度印尼银行业发展占 GDP 比重的 2.55%，银行业的总资产收益率为 2.31%。截至 2015 年底，印尼商业银行的数量为 118 家，其中国有控股银行仅为 4 家，外汇商业银行 40 家，非外汇商业银行 27 家，区域性发展银行 26 家，外资独资银行 10 家，外资合资银行 11 家。除此之外，印尼国内有 12 家伊斯兰银行以及 22 家伊斯兰金融单位（Units）。2016 年 4 月底，印尼银行业总资产为 4690.33 亿美元。

根据印尼股票交易所公开信息显示，2015 年末，在印尼股票交易所（IDX）上市企业为 523 家，市值 3，543.27 亿美元。虽然雅加达综合指数在 2015 年 4 月达到了 5523. 29 点的新高，但年末的市值相比 2014 年末下降了 11. 47%。市值排名前十的企业中不乏以联合利华为代表的外资企业，以及以曼迪利银行（Bank Mandiri）为代表的国有控股银行。

根据印尼金融服务管理局（OJK）披露信息显示，2015 年 10 月印尼保险公司总资产为 234. 06 亿美元。寿险业务的增长率在 2015 年第二季度同比达到了 26. 6%，2015 年第三季度一般保险增长率同比达到 10%。2015 年末，印尼保险业共有 50 家寿险公司，81 家一般保险公司。2015 年第三季度末，传统保险业务的全国普及率为 2. 51%，伊斯兰保险业务普及率为 0. 08%。

第三节　印度尼西亚金融结构描述与分析

对于印度尼西亚的金融结构刻画分析，我们重点从产业结构、市场结构、资产结构、融资结构以及开放结构五个维度进行。总的来说，印尼的金融结构特点主要表现在以下几点：一是印尼是以银行业为主导的金融产业结构，商业银行集中程度高；二是银行业结构中小微金融服务体系独具特色；三是货币市场中同业拆借市场美元占比很高；四是股票市场结构成熟，债券市场以政府债券占主导；五是企业以外源融资及间接融资为主要渠道；六是监管体系较为严格，对外开放程度尚可；七是伊斯兰金融在各类结构中占比很低，有待发展。

一　金融产业结构

（一）商业银行占绝对主导的银行业

印尼的银行体系、特别是商业银行在金融体系中占据主导地位，且在提供金融中介服务中发挥着重要作用。按照职能印尼商业银行分为两类：商业银行和村镇银行。他们都以传统商业银行经营原则和/或伊斯兰教义为基础开展业务，伊斯兰教义是部分商业银行同其他团体进行资金存放、融资交易或其他准则中规定业务的协议准则。这两类银行的区别在于商业银行提供交易支付服务，而农业银行不提供清算交易支付服务。商业银行依法可以三种形式成立，即有限责任公司、地区性政府银行和合作社。由图 2—4 以及表 2—1 可以看出，从总资产、资金来源以及分支机构总数来看，印尼的银行业绝对是由商业银行为主要构成支配的。反观银行数量，可以看到印尼的村镇银行家数远远多于商业银行，表现出了印尼银行业的另一个结构特点，就是村镇银行非常分散且各自的体量很小。

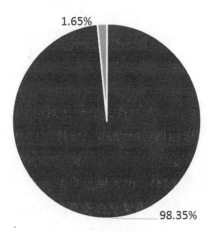

1.65%

98.35%

■ 商业银行总资产　■ 村镇银行总资产

图 2—4　2015 年底印尼银行业总资产分类结构

资料来源：印尼金融服务管理局官网。

表 2—1　　　　　　　　　2015 年底印尼银行业总体分类结构

	总资产（百万美元）	资金来源（百万美元）	银行数量	分支机构总数
商业银行总资产	458017.35	370572.30	118	32963
村镇银行总资产	7596.54	6294.94	1637	5100

资料来源：印尼金融服务管理局官网。

由图 2—5 可以看出，20 世纪 80 年代以来，经过金融改革的印尼银行业结构调整明显，特别是 80 年代后期存款银行资产占 GDP 比重增速飞快，在 1998 年亚洲金融危机爆发前后达到了 56.31%，但是这种过高资产的银行业结构在危机爆发后被迅速打破。从 1998 年至 2010 年，银行资产占比持续走低，直到 2011 年才有了结构回调的态势。总的来说，作为银行主导型的印尼金融结构，其银行资产占 GDP 一直保持在较高的水平。近年来，印尼中央银行采取切实措施调整银行系统架构，完善银行法规，提高监管能力，改善银行管理运营，强化银行发展基础和加强客户保护，促使银行经营管理更加透明，内部控制进一步强化，央行监督机制也逐步向国际标准转轨。

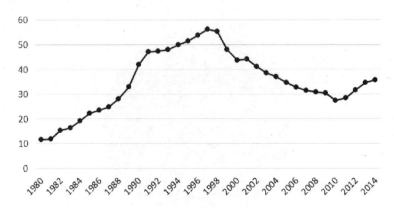

图2—5　1980年至2014年印尼存款货币银行资产/国内生产总值（单位:%）
资料来源：世界银行。

1987至1997年，印尼经济正处于飞速发展的过程中，作为实体经济支撑的金融业更是进入到了近乎疯狂的发展阶段，从银行业信贷结构中就可以明显看出。由图2—6所示，在亚洲金融危机来临之前的10年，印尼

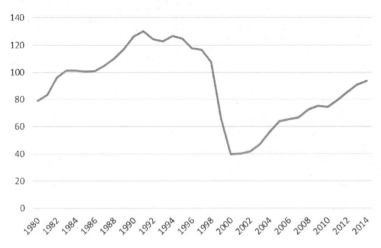

图2—6　1980年至2014年印尼银行信贷占银行存款比重（单位:%）
资料来源：世界银行。

的信贷比一直处于100%至130%之间，潜在的信用风险为印尼即将面临的金融危机埋下了巨大的隐患。金融危机爆发之后，信贷占存款的比率一度下跌到只有40%，而后的15年里由于监管部门的管控更加审慎且成熟，直到2014年才回到了20世纪80年代初的水平，即贷款占存款比重超过80%。

1. 商业银行集中程度较高，村镇银行非常零散

经过了近些年印尼监管机构对于本国银行业，特别是商业银行的结构性管控及调整，2015年底印尼的商业银行构成呈现出如图2—7的结构。总资产占比最高的是外汇商业银行，达到38.11%，如前所述，2015年底印尼共有40家外汇商业银行，因而其集中度并不高。与之相对的是，印尼只有4家国有控股银行，但其总资产却在所有商业银行中的比重达到37.22%，仅次于外汇商业银行，位居第二且差距很小，因而考虑到国有控股银行的话，可以说印尼的商业银行集中程度很高。

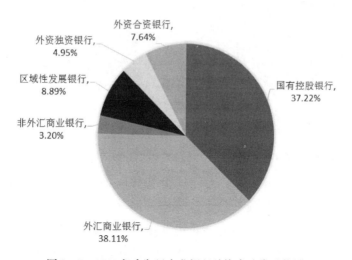

图2—7 2015年底印尼商业银行总资产分类结构图

资料来源：印尼金融服务管理局官网。

由图2—8可以看出，印尼在1998年亚洲金融危机爆发之后前五大银行资产集中度一度大幅下降到45.5%，而1999年又迅速上升到76.67%，主要原因是东南亚金融危机以后，印尼政府对银行业进行了重组与整合。然而从2000年至2013年，印尼的前五大银行集中程度不断下滑，直到2014年才出现了明显回升。

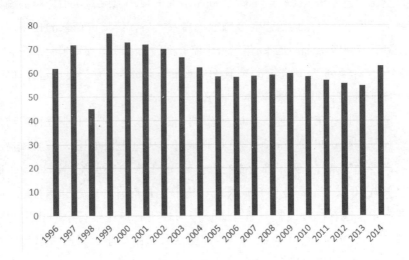

图 2—8　1996 年至 2014 年印尼前五大银行资产集中度（单位：%）

资料来源：世界银行。

2015 年印尼前五大银行中，排在首位的是曼迪利银行（Bank Mandi-ri），这是一家国有控股的企业，其 2015 年末资产占银行业总资产的 14.8%。曼迪利银行是通过四家经营不善的银行兼并重组成立的。经过两次成功股票增发，印尼政府在该银行的份额已经下降到了 70%。第二大银行是国家控股了 60% 的印尼人民银行（Bank Rakyat Indonesia），2015 年末资产占银行业总资产的 14.3%，该银行的业务重心是为中小型企业提供小额信贷服务。中亚银行（Bank Central Asia）是第三大银行同时也是最大的私有银行，2015 年末资产占总资产的 9.7%，其虽然在印尼股票交易所上市但控股股东是一个大型烟草公司（Djarum）。该国最古老的银行——印尼国家银行位列第四位，其股权在亚洲金融危机之后被收归国有，直到 2015 年底政府仍持有超过 60% 的股权。

如果观察村镇银行的话，就会发现印尼的 1637 家村镇银行只占银行业总资产的 1.65%。相对于整个印尼的金融规模来说，印尼的村镇银行数量显得十分零散且规模过小。印尼政府同样看到了本国银行业的结构性失衡，所以从 2013 年开始，他们推行的银行业发展政策就是旨在开发 2—3 个国际银行，3—5 个规模中等偏上的全国性银行，30—50 个有特定经营专长的重点银行，以及一个规范系统的村镇银行网络构架，试图完善印尼银行业整体性的同时调整结构差距。

2. 以传统存贷业务为主要构成的业务结构

（1）以利息收入为主要构成的收入结构

根据图 2—9 可以看出，印尼银行业非利息收入在 1997 年亚洲金融危机爆发时达到惊人的 74.29%，主要原因还是随着通胀来临以及恐慌情绪的蔓延，银行总体收入特别是传统的存款利息收入大幅下降。随着危机的消逝及其影响的慢慢消化，非利息收入在 2000 年前后回到了正常的水平。进入 21 世纪后，银行业收入结构保持平稳，非利息收入构成保持在 20% 上下。

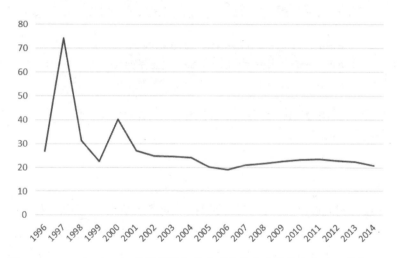

图 2—9　1996 年至 2014 年印尼银行业非利息收入占总收入比重（单位：%）
资料来源：世界银行。

（2）以个人及私营企业为主构成的贷款结构

根据印尼央行的统计口径，在统计过程中将经济体划分为非银行金融机构、政府机构、国有企事业单位、私营企业、个人以及其他，其他包含合作社以及社会基础（Social Foundation）等等。

由图 2—10 可以看出，印尼的贷款结构以个人贷款以及私营企业贷款为主。个人贷款占比一直保持在 55% 至 60% 的水平，但是在近五年有所下降。私营企业部门贷款占比也比较稳定，在 40% 左右的水平，并且近年占比有所上升。非银行金融机构和国有企事业单位的走势有较高程度的相关性，均在 2010 年初有较大程度的提升。政府机构贷款由于印尼的特殊国情因而占比非常小。其他部门的贷款占比保持在 2% 左右。

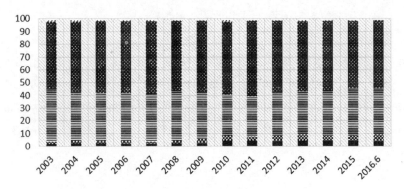

图 2—10 2003 年至 2016 年 6 月底印尼贷款结构

资料来源：印尼央行官网。

（3）占比较小但作用明显的农村信贷业务

由图 2—11 可以看出，农村信用社的贷款额在近两年有了稳步提升。印尼发展战略的一个重要组成部分就是促进第一产业相关的发展，即农村发展、农业收入以及农民就业。鉴于此，金融改革还深入到了农业部门。除了印尼存在的大量村镇银行为农村信贷提供服务以外，作为印尼第二大国有银行的印尼人民银行（Bank Rakyat Indonesia）近 30 年来一直致力于为农村及中小微企业提供金融服务。

1984 年，印尼人民银行制定的 Unit Desas 计划使基于市场利率的农村储蓄及贷款计划取代了原先的补贴贷款计划。尽管起初农民们对此存有一定的顾虑，但该银行的农村信贷改革还是取得了令人瞩目的成功。从实施改革的首年，即 1984 年底到 1995 年的 12 月底，Unit Desas 发放的年农村信贷总额居然增加了 29 倍，而存放在该银行体系的储蓄总额则大大增加了 143 倍。1996 年前后，Unit Desas 业务是印尼人民银行所有业务中利润额最高的，尽管该产品是向小农以及农村借款人提供贷款，但吸收了大量的储蓄。综上，在这方面所得出的经验就是，改革和放款管制可以使小农受益的同时也为银行企业带来利润。

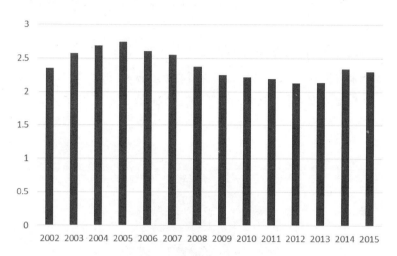

图 2—11　2002 年至 2015 年农村信用社贷款额占金融机构贷款总额比重（单位：%）
资料来源：世界银行。

（二）体量小且分散的保险业

印尼的保险行业总的来说是体量小且分散的。图 2—12 为印尼保险业

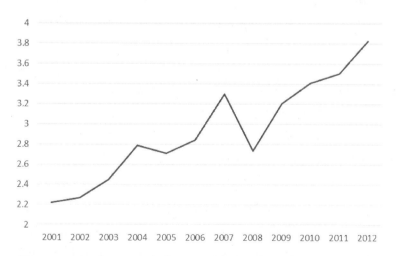

图 2—12　2001 年至 2012 年印尼保险公司资产占 GDP 比重（单位：%）
资料来源：世界银行。

的行业结构，可以看到进入 21 世纪以来，印尼保险业的发展非常迅速，从 2001 年占 GDP 比重的 2.21% 上升到了 2012 年的 3.81%，且只有次贷危机爆发的 2008 年占比有所下降。对比银行业来说，保险业仍有较大的发展空间。

1. 寿险业务占比较高的业务种类结构

经全球性再保险公司——瑞士再保险（Swiss Re）统计，印尼 2015 年保险业毛保费收入约 13548.44 万美元。如图 2—13 所示，保险业收入结构中寿险收入占比约 66.30%，占据优势地位。

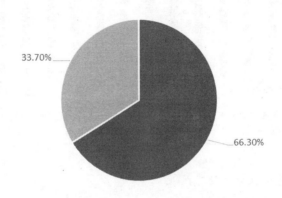

33.70%

66.30%

■寿险保费收入　■非寿险保费收入

图 2—13　2015 年印尼寿险保费收入及非寿险保费收入结构

资料来源：瑞士再保险官网。

如果从时间轴的角度来看，近年来印尼保险业的发展势头并不乐观。印尼金融服务管理局数据表明，2015 年寿险保费收入为 106.4 万亿印尼盾，相比 2014 年的 113 万亿印尼盾下降了 5.8%，缓慢的经济增长以及走高的失业率是导致保费下降的主要原因。由图 2—14 可以看出，经历了从 1990 年到 2012 年寿险保费占 GDP 比重的快速增长后，2013 年出现了严重的下滑，显然这一趋势延续到了 2015 年。

印尼在非寿险保费的增速也有所放缓，同样由图 2—14 可以看出，21 世纪以来，与寿险保费量不同，印尼非寿险保费量占 GDP 比重是呈现下滑趋势的。根据印尼金融服务管理局的数据显示，一般保险公司的毛保费收入在 2015 年上升了 4.4%，达到了 57.6 万亿印尼盾，而 2014 年的增幅

接近 18%。按照印尼保险协会（AAUI）的统计，非寿险保险中占比最大
的是财产保险，而后是汽车保险和健康保险。

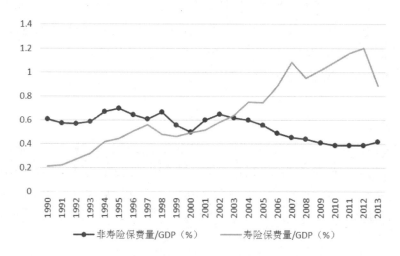

图 2—14　1990 年至 2013 年印尼寿险保费量及非寿险保费量占 GDP 比重（单位:%）
资料来源：世界银行。

2. 印尼对于保险业务的需求不足

印尼保险业结构不稳且发展缓慢的另一个原因在于，印尼对于保险有
着较少的名义需求。比如汽车保险以及建筑物保险，居民保险意识较为淡
薄，且印尼寿险上险率是世界最低的国家之一。限制印尼保险业发展的约
束主要是该国居民普遍贫穷，缺乏公共意识，较差的营销手段以及印尼文
化积淀中对于这种长期付款承诺的不信任。

鉴于此，2013 年 10 月印尼金融服务管理局（OJK）发布了一个计划
并签署了谅解备忘录，旨在扩大贸易及工业方面的小额保险业务（保费
低于 50，000 印尼盾或者 3.5 美元，保额上限为 5000 万印尼盾），希望通
过降低保险业务的投资门槛吸引更多的投资者参与投保。印尼的小额保险
处于起步阶段，2015 年底共有 16 家小额保险机构，但该行业正处于快速
增长的阶段，例如德国安联保险（Allianz）的客户数从 2012 年的 130 万
迅速增长到了 2015 年的 450 万。

3. 业务结构趋于零散，未来发展前景向好

预计随着印尼经济活动的发展，未来五年保险行业将会迎来增长。此

外，小额保险产品将被允许在印尼全国各省开展，同时不断壮大的中产阶级将能获得责任范围涵盖其工作内容的保险品种。

医疗保险覆盖面也越来越广且增长很快，因为如果没有凭证表明患者已上保险或者有能力支付医疗费，印尼的绝大多数医院会选择拒绝治疗。健康保险在政府国民健康保险计划（JKN）下正在扩张，政府希望能在2019年前完成规划中的健康保险责任范围。

（三）以外资为主的证券业

由图2—15可以看出，前十大证券公司中仅有曼迪利证券一家印尼本土的券商，其余9家均是国际性券商在印尼所设分公司，可以说印尼证券公司结构完全被外资掌控。但从体量来说，印尼最大的证券公司摩根士丹利亚洲印尼市值也仅有11195.53百万美元，可见印尼证券行业仍尚不发达且规模较小。

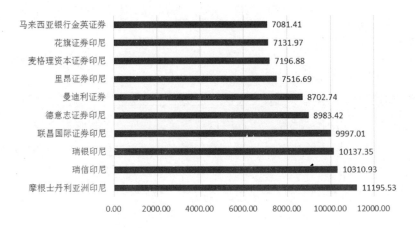

图2—15　2015年印尼前十大证券公司市值（单位：百万美元）
资料来源：印尼证券交易所（IDX）。

图2—16为非银行金融机构的行业结构，可以从中看出近五年间虽然印尼证券市场发展较快，但相对于GDP增速而言，趋势仍然稍显平缓，2014年占比仍不到3.5%。结合前述银行业的行业结构以及保险业行业结构就可以看出，除保险业银行业外的金融机构占GDP比重均非常小。

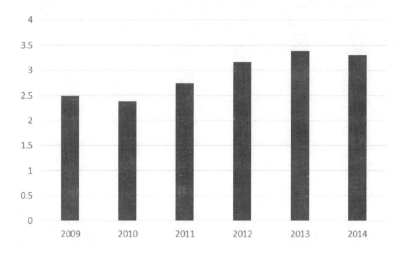

图 2—16　2009 年至 2014 年非银行金融机构的资产/国内生产总值（单位：%）

资料来源：世界银行。

二　金融市场结构

根据印度尼西亚央行的统计口径，印尼货币市场分为货币政策操作（Monetary Operation）和同业拆借市场。货币政策操作即央行运用一系列货币政策工具进行货币政策调控。

（一）传统金融占绝对主导的货币政策操作市场

如图 2—17 所示，印尼的货币政策操作又分为传统（Conventional）货

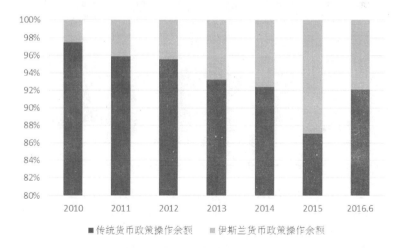

■传统货币政策操作余额　　▨伊斯兰货币政策操作余额

图 2—17　2010 年至 2016 年 6 月印尼传统及伊斯兰货币市场余额结构

资料来源：印尼央行官网。

币市场以及伊斯兰（Sharia）货币市场，其本质的区别依然是传统金融与伊斯兰金融在货币市场中的延伸。近六年以来，伊斯兰货币市场的结构占比不断提升，至 2015 年底已占据了市场的 13% 左右，这也是伊斯兰金融在印尼高速发展的结果。但总的来说，印尼货币市场依然是传统的货币市场占据绝对主导，基本维持在 90% 左右。

1. 以公开市场操作为主的传统货币政策操作

按照印尼央行货币政策操作的分类，货币政策操作细分为公开市场操作（OMO）以及常备借贷便利，OMO 包括中央银行凭证、中央银行存款凭证、定期存款、国债逆回购，常备借贷便利基本指代中央银行存款便利。由图 2—18 可以看出，印尼央行通常情况下选择公开市场操作进行货币调控，但是中央银行存款便利的余额在 2010 年以后也有了上升的趋势。主要原因是由于中央银行存款便利石油金融机构主动发起，金融机构可根据自身流动性需求申请常备借贷便利；二是中央银行存款便利是中央银行与金融机构"一对一"交易，针对性强；三是中央银行存款便利的交易对手覆盖面广，通常覆盖存款金融机构。

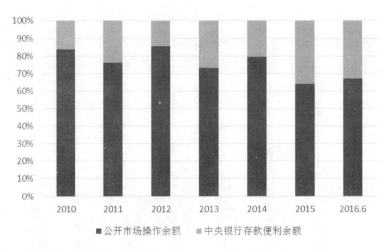

图 2—18 印尼 2010 年至 2016 年 6 月传统货币操作工具结构图

资料来源：印尼央行官网。

2. 合理的公开市场操作结构

2013 年之前定期存款（微调收缩）占据货币市场 30% 左右的比例，

随后央行将其调整为中央银行存款凭证，结构占比稳定在 30%—40% 之间。中央银行存款便利同样在 2013 年 6 月份央行对于货币政策的结构调整之后占据了较高的市场份额，稳定在 30% 到 45% 之间。图 2—19 是传统货币政策操作中公开市场操作的结构图，可以看出三个工具的分布比较平均，其中中央银行凭证和中央银行存款凭证分别占比 42.56% 以及 40.13%。

另外，国债及央票逆回购操作也是央行货币政策操作的有益补充，占比在 17.31%。印尼央行在 2004 年开展了回购（Repo）业务，包含 1 月、3 月、半年以及 9 个月的央行回购工具，即印尼央票（BI certificates），以及长期国债，然而不是所有期限的工具都在任何时间提供。2005 年政府建立了一个主回购作为回购交易的基准，这项举措的目的是提高回购市场的流动性。2009 年政府允许以美元作为计价货币的回购工具，但是美元回购品种最长的期限是 28 天。

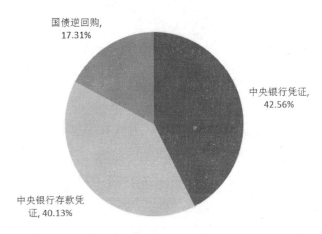

图 2—19　2016 年 6 月印尼央行公开市场操作存量结构

资料来源：印尼央行官网。

3. 美元占同业拆借市场绝对主导

同业拆借市场分为印尼盾同业拆借以及美元同业拆借。由图 2—20 可以看出，美元同业拆借在工具结构中的比重较高，2016 年为 70.42%，而印尼盾同业拆借比重为 29.58%。美元同业拆借占比很高的原因是商业银行跨境拆入的美元资产不能超过资本金的 30%，所以银行拆入美元最主要的途径就是印尼本国同业拆借市场。而印尼盾本币属于管制货币，不存在海外拆借一说，所以本地的商业银行拆入印尼盾的主要途径是通过存款、中期票据等债务工具拆入。另一方面，商业银行还可以通过印尼央行解决印尼盾本币的流动性，但是央行很难协助商业银行维持美元资金的流动性，这也致使了美元互换的交易量远高于印尼盾。超过 2010 年印尼中央银行凭证一直保持较高的市场份额，随后的几年下降到 10% 左右。

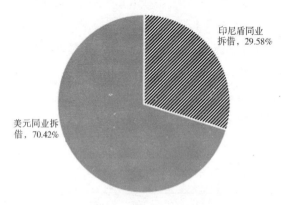

图 2—20 2016 年印尼本币及美元同业拆借交易量结构

资料来源：印尼央行官网。

（二）以股票市场为主的资本市场

印度尼西亚于 1976 年成立资本市场执行机构，标志着印尼重新恢复资本市场；1977 年 8 月，在资本市场执行机构的监督下，雅加达股票交易所（Jakarta Stock Exchange）的交易正式启动。印尼证券交易所（IDX）是 2007 年由雅加达股票交易所和泗水交易所合并建立的。印尼证券交易所本身并未上市，超过 100 家证券公司共同持有其股份。印尼的资本市场发展到现阶段，典型的结构特点就是股票上市公司市值总量远高于债券市场债券存量余额，表现为股票市场占据结构主导地位。除了传统的股票以及债券以外，印尼证券交易所还提供包括股指期货、股票期权在内的衍生品以及共同基金等金融产品，但所占结构比重较小。

由图 2—21 可知，从工具结构的角度来看，印尼的资本市场是以股票市场主导的结构体系，关于债券的统计口径包含了以美元、印尼盾计价的政府债券，以美元、印尼盾计价的公司债券以及资产支持债券，2015年底的股市市值占比为74.38%，股票市场占据资本市场的结构主导。

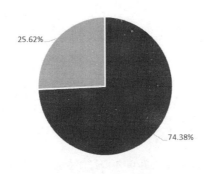

25.62%

74.38%

■股市市值　■债券存量余额

图 2—21　印尼 2015 年底资本市场结构图

资料来源：印尼证券交易所。

1. 股票市场

1988年12月的改革允许证券交易所私有化，但同时政府也阐明了那些旨在管理公司内销股票和其他不公开和不公平行为的条例。1989年5月，时任财政部长颁布了一项法令，允许外国的股东持有除了商业银行以外各类上市公司49%以下的股权。外资被允许进入市场以及印尼资本市场管理机构BAPEPAM的积极配合，为原本已经奄奄一息的雅加达证券交易所带来了新的生机。如图2—22所示，在1988年底只有24只股票的交易所到1997年已经猛增到了237家上市公司的存在，交易所上市公司的总市值从2.49亿美元增至逾750亿美元。尽管获得新生的证券市场为吸引投资资金而更加开放，但这种繁荣也凸显出了完善的管理制度和严谨的流程手续的必要性，这样才能确保证券市场有序健康地发展，同样这也符合各国的管理惯例。由图2—22可知，2015年IDX共有521家上市公司，而去年同期为506家，增长率一直保持在3%左右。

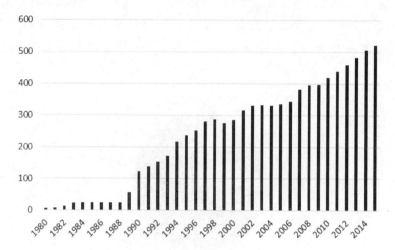

图2—22 1980年至2014年印尼证券交易所上市公司家数
资料来源：印尼金融服务管理局官网。

（1）相对经济规模，近年来印尼股市市值增速放缓

与印尼经济规模相比，印尼证券交易所的上市公司股票市值仍相对不高。其规模与马来西亚以及泰国股票市场相近，而东南亚最大的股票市场毋庸置疑是新加坡。由图2—23可知，20世纪90年代印尼股票市场经历了飞速的发展，原因同样与允许交易所私有化及放宽外资进入的门槛有关。金融危机来临时市值蒸发严重，而后总市值占比波动较大，原因一是印尼GDP增速不稳定，甚至在金融危机后一度衰退；二是股票市场波动强烈。2008年美国次贷危机的影响也能从图中看出，股票市值占GDP比重出现了一定程度的下滑，但影响远小于1997年。原因是亚洲金融危机后印尼建立起比较完善的经济体系以及调控和监控体系，有利于印尼在2008年全球金融危机中自如地应对危机的发生和蔓延，将危机对印尼的影响控制在最小范围和最低程度。2015年底，印尼上市公司市值占GDP比重达到了42.22%，然而2010年其占比就已经达到了39.88%，可以说近六年来相对印尼经济的总体增长而言股市的融资规模增速有所放缓，甚至在2013及2014年出现了下滑。可以说印尼股票市场的发展遇到了瓶颈，需要进行结构性的调整。

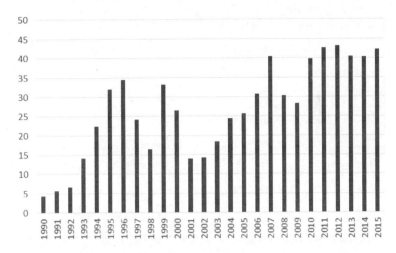

图 2—23　1990 年至 2015 年印尼股票总市值与 GDP 之比（单位:%）

资料来源：印尼金融服务管理局官网。

（2）筹资者结构以金融及消费品行业为主

印尼证券交易所股票分为大公司组成的主板以及矿业公司、互联网公司以及生物科技公司等组成的开发板（Development Board）。由图 2—24 可以看出，2015 年底的印尼证券交易所股票市场的筹资者结构中，占比

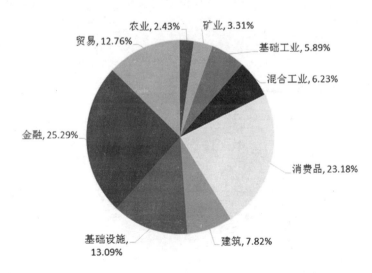

图 2—24　2015 年底印尼证券交易所上市公司股票市值行业结构

资料来源：印尼证券交易所。

最高的金融行业,达到了 25.29%,消费品行业紧随其后,以 23.18% 的占比排位第二,可以说金融以及消费品行业占据了印尼股市的半壁江山。反观以农业、矿业、工业、建筑为代表的传统行业,其上市公司股票市值的占比很低,表明了第一产业、第二产业的企业并不能很好地从印尼证券交易所获得充足的直接融资资源。另外,也可以看出印尼的传统行业较为薄弱,基础设施行业的占比为 13.09%,如果我国的基础设施行业相关的企业以及金融机构能够为印尼的基建发展提供帮助以及融资方面的便利,相信印尼相关部门是十分欢迎的。

2. 债券市场

印尼的债券市场基于印尼证券交易所(IDX),近些年随着更多信用良好的公司发行票据及债券呈现扩张的态势。2015 全年有 103 家发行人发行了 288 支债券,发行额总计 252.3 万亿印尼盾(18843.25 百万美元)以及美元面值债券 1 亿美元。相比 2013 全年,共有 108 家发行人发行了总计 264 支债券,发行额总计 226.6 万亿印尼盾(16923.82 百万美元)以及美元面值债券 1 亿美元。

(1)政府占据筹资者结构的绝对主导

由图 2—25 可以看出,从债券市场筹资者结构的角度来看,无疑政府占据市场的绝对主导。以印尼盾计价的国债存量占比达到了 84.97%。反

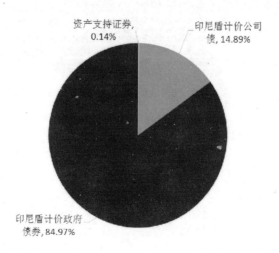

资产支持证券,
0.14%

印尼盾计价公司
债,14.89%

印尼盾计价政府
债券,84.97%

图 2—25   2015 年底印尼证券交易所债券市场筹资者结构图

资料来源:印尼证券交易所。

观公司债券，以印尼盾计价的公司债券占比为 14.89%，表明无论是何种行业的筹资者想要从债券市场进行直接融资，其困难程度均很高。占比非常小的是资产支持证券，仅仅 0.14% 的存量占比显示印尼债券工具的多样性很低，除了传统债券以外的结构化融资工具并未成为企业融资的主要选择。另外，由于美元计价的公司债券以及国债占比均不足 0.01%，因而并未放入图 2—25 中。

（2）政府债券等高评级债券交易量占优

政府债券二级市场的交易总量从 2014 年的 158277 百万美元上升到了 2015 年的 253932 百万美元。由图 2—26 可知，政府债券的交易量相比其他品种占据了绝对的结构主导地位，2015 年底达到了 94.76%。反观公司债券，存量占比 14.89% 但是交易量占比仅有 5.23%，原因是公司债券的主要投资标的主要用于矿业以及公用事业，投资公司债券占比最大的是不愿意在二级市场交易的长期投资者，同时只有高评级低风险的公司债券交易量才活跃。由于二级市场的交易量不够活跃，也会导致一级市场中公司债券的发行更为困难，投资者担心买入的债券在需要变现时找不到合适的受让方，即流动性风险，这也是造成公司债券发行及存量较低的另一个原因。资产支持证券的交易量占比仅有 0.01%。总的来说，印尼的债券市场近乎等同于国债市场，公司债券以及其他债务融资工具的占比非常低。

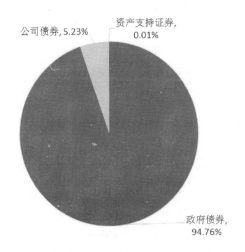

图 2—26　2015 年底印尼证券交易所债券市场交易量结构图

资料来源：印尼证券交易所。

3. 基金管理市场

从整个东盟的角度来观察，印尼的资产管理规模较小，这在很大程度上反映了该国居民财富水平较低，从而限制了对于投资工具的需求。此外，新加坡仍然是印尼富商钟爱的海外投资市场。近些年印尼共同基金行业发展迅速，共同基金总资产净值从 2014 年底的 19249.55 百万美元在 2015 年底上升到了 19261.49 百万美元。印尼共同基金市场高度集中，两家外资基金公司英国施罗德（Schroders）和法国巴黎银行，以及一家本国银行下设的基金公司曼迪利（Mandiri）在 2015 年共同占据了将近 36% 的市场份额。然而，印尼共同基金仍然受制于本国的投资限制。例如基金经理禁止投资同一支证券超过净资产 10%，以及基金不允许控制证券发行人实收资本超过 5%，同时不能将基金的 15% 以上投资海外市场。

按照印尼金融服务管理局的统计，相比 2014 年的 242 家，2015 年基金数量下降到了 235 家，然而资产管理规模却上升了 4.4%，达到了 11875.06 百万美元。

（1）共同基金资产管理结构以股权及保护基金为主

由图 2—27 可以看出，股权投资基金占据了印尼共同基金资产管理结构的主导，其占比达到了 38.89%，是最受青睐的共同基金品种。保护基金以 21.32% 的占比紧随其后，保护基金是含有某种保险政策的共同基金，部分初始投资者会保证在约定的时间段内不出售其持有的基金份额。这种共同基金可以有效地降低赎回风险并保持基金市值的稳定性，得到了市场的青睐。债权以及货币基金分别占比 18.58% 及 10.02%，可见参与者对于固定收益类产品的兴趣不高。另外需要指出的是，混合基金的结构占比仅有 6.79%，指数基金更是只有 0.59% 的份额，可见印尼基金公司以及投资者对于结构较为复杂的基金品种并不热衷，深层原因即印尼居民的财富积累程度很低，对于投资工具的多样化程度要求不高。

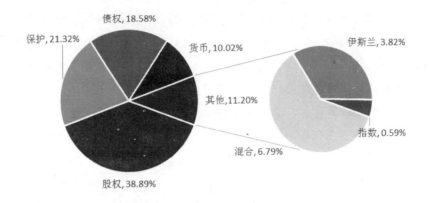

图 2—27　2015 年底印尼共同基金资产管理结构

资料来源：Financial Services Authority.

（2）养老金结构波动较高

与其他的发展中国家相比，印尼的养老金总量更显微薄，且外国投资者被禁止拥有养老基金的所有权。总量较低的养老金规模也导致了养老金工具结构波动很高。印尼养老金品种除了养老保险制度外，还包括私营企业雇主向员工提供的固定福利（defined benefit plan）以及固定缴款计划，然而绝大多数印尼人依靠储蓄以及传统的家庭支持网络（family support networks）。1990 年以来，印尼金融机构提供了私人养老金计划，但随后的几年受到了较差的投资回报率以及市场的波动限制。按照印尼金融服务管理局的统计，金融机构提供的私人养老金计划的资产管理规模在 2015 年底达到了 3584.92 百万美元，相比 2014 年底的 2991.94 百万美元增长了 19.82%。

三　融资结构

（一）外源融资占比较高

从融资结构的角度，我们可以把企业融资分为内源融资和外源融资，外源融资又可分为直接融资和间接融资。即便印尼的金融市场发展在东盟十国中处于较高水平，但企业对外源融资的依赖程度更强。我们通过BVD 亚太企业数据库中的前 500 家大中型的印尼企业数据进行测算，来考察印尼企业融资结构。下图展示了这 500 家企业在近十年平均的内、外源融资情况。企业的留存收益是利润的一部分，主要用于企业的持续经营，是企业内源融资的主要组成部分。折旧费用是企业按照会计准则计提的用于资产性支出的资金。由于计提折旧的资金将在较长的一段时间内留存在企业内部，可供企业使用，故也属于内源融资的一部分。与国际主流文献通行的处理方法保持一致，根据过往研究成果，我们采用企业税后净利润与折旧费用之和作为内源融资的代理变量。由于缺乏企业在资本市场融资的数据，我们用流动负债作为外源融资的代理变量，其中包括了企业贷款、票据等。

由图 2—28 可以看出，印尼企业的内源融资占总资产的比重在近十年来基本保持在 30% 上下，处于较低的水平，一方面表明了企业对于外源融资的依赖性较高，因而杠杆率也较高，另一方面也说明企业的盈利水平较为一般。需要注意的是，从 2011 年之后，外源融资占比有了较为明显的上升，在 2015 年甚至达到了 76.86%，内源融资的结构占比自然有所下降。所以从企业内外源融资结构的角度来看，印尼企业对于以金融业为依托的外源融资渠道依然具有较大的发展空间，同时应该关注内源融资有所降低的原因，其与宏观经济背景、行业的发展周期以及企业自身的经营状况息息相关。

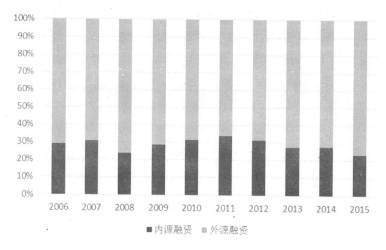

图 2—28 2006 年至 2015 年印尼企业内源融资与外源融资结构

资料来源：BVD 数据库。

（二）间接融资为主的融资渠道

通过资本市场结构以及产业结构中的银行业的结构分析可以看出，虽然印尼已经建立了较为完善的证券市场，上市企业家数也突破了 500 支，但总的来说，印尼上市企业的体量较小，股票交易基本上是由机构投资者组成，个人投资者占比非常低。另外，债券市场也是以政府债券占据绝对主导，企业通过发行债券进行外源直接融资非常少，且二级市场不活跃。相对来说，以银行借款为代表的间接融资更为发达，企业通过银行借款进行融资更为便利。

四　金融资产结构

（一）较为合理的货币结构

图 2—29 展示了印尼 1993—2015 年不同货币统计口径下的 M1（狭义货币）占广义货币量 M2 的比重。由于印尼央行的货币统计口径不存在 M0，故在考察印尼货币结构时只选取了（M2—M1）/M2 这一结构指标。总体来看，结构走势呈现倒"V"形，在 1998 年亚洲金融风暴附近达到顶峰，在 2007 年次贷危机爆发前达到谷底。货币结构反映了货币乘数的变

图 2—29　1993 年至 2015 年印尼（M2—M1）/M2 结构

资料来源：世界银行。

化趋势，进而反映了金融体系对实体经济的资金支持力度。受亚洲金融危机影响，1998—1999 年印尼同其他东盟国家一样，投放大量货币资金旨在对实体经济进行信贷刺激，因此 M2—M1 占 M2 的比重均显著上升，银行体系派生出大量的存款。相对来说 2008 年前后，全球金融危机对印尼的波及较小，2009—2015 年印尼的经济增长速度仍然稳定在 6% 以上，政府对经济的信贷刺激较小，（M2—M1）/M2 保持在较为合理的水平。

（二）以个人及私营企业为主构成的存款结构

根据印尼央行的统计口径，存款分为私营存款（Private Deposits）、定期存款（Time Deposits）以及储蓄存款（Saving Deposits）。在统计过程中将经济体划分为非银行金融机构、政府机构、国有企事业单位、私营企业、个人以及其他，其他包含合作社以及社会基础（Social Foundation）等等。

由图 2—30 可以看出，印尼存款结构以个人存款为主，近十年占比保持在 60% 至 70%，2010 年后结构占比有所下降。私营企业存款保持在 15% 至 20%，总体平稳且保持上升势头。政府存款占比在 5% 至 10%，且每年呈规律周期波动，总体走势较为平稳。非银行金融机构占比呈现先跌后涨的态势。国有企事业单位以及其他存款的占比波动较小且占比在 3% 左右。总体来说，印尼的存款结构较为稳定。

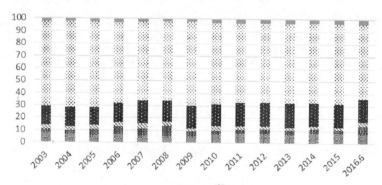

图 2—30 2003 年至 2016 年 6 月印尼存款结构

资料来源：印尼央行官网。

五　金融开放结构

印尼由于历史原因，长期受到欧洲国家的殖民影响以及自身发展的特点，与中国相比开放程度较高。

（一）产业结构层面开放程度高

外资银行、保险以及证券公司在印尼经营业务范围非常广泛且占有率较高。印尼金融服务管理局对于外资机构的监管要求与本国机构基本无差别对待，同时对于外资银行收购本国银行的限制较小，也鼓励了外资金融机构在印尼的发展。尤其在银行业中，外资银行的占比较高。

1. 银行业开放程度越来越高

由图 2—31 可以看出，2004—2013 年间印尼的外资银行资产的占比情况，2004 年至 2006 年保持下降的趋势，而后稳步回升，总体来说外资银行占比保持在 20% 以上。外资通过创新产品以及服务的引入给印尼的银行业带来了更大的竞争，同时也带动提高了整个行业的信誉。2015 年的统计数据显示，印尼目前最大的外资控股银行是 Bank CIMB NIAGA（马来西亚联昌国际集团的子公司）以及印尼金融银行（Bank Danamon Indonesia，以新加坡淡马锡控股为首的财团控制）。这两家外资银行与大部分内资银行一样，都在 IDX 上市。澳大利亚的澳新银行（ANZ Bank）以及马来西亚的马来亚银行（Maybank）也都在印尼市场十分活跃。

2012 年 7 月印尼央行对单个外资股东持有银行股份的上限从 99% 下调至 40%，只要是没有被金融服务管理局（OJK）豁免的持有股权超过 40% 的银行股东，须在 2019 年 1 月之前出售其超过 40% 的股份。OJK 表示，如果某外资企业将收购两家或两家以上印尼国内银行，OJK 将会放宽该外资机构收购银行的方式。

2. 保险业开放程度良好

印尼寿险领域中合资企业的外国公司是重要的参与者。按总资产排名前十家保险公司中有六家是外商投资的合资企业，包括英国保诚（Prudential）、加拿大宏利（Manulife）、香港友邦保险（AIA）以及德国安联保险。

印尼对于外资参与损失保险、生命保险、再保险以及保险再保险经纪的投资上限为 80%，外资机构参与印尼保险市场必须与本地机构设立合资公司且占股比重不能超过 65%。印尼议会在 2014 年 9 月通过新保险法，该法案并没有直接调整 80% 外国投资限制，但定义更加严格并授权印尼金融服务管理局（OJK）通过补充立法来改变限制。

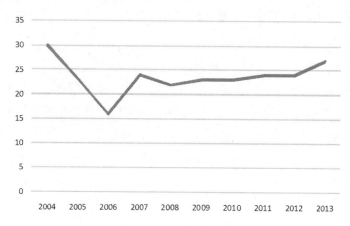

图 2—31　2004 年至 2013 年印尼外资银行资产占比（单位：%）
资料来源：世界银行。

3. 外资基本掌控整个证券业

如产业结构中所描述，印尼的证券业由于历史因素，各大国际性证券公司在 20 世纪后期就已经进入东南亚市场，印尼也不例外。前十大证券公司中九家都是外资背景，可见证券业的开放程度非常高。

（二）市场结构层面

货币市场美元同业拆借交易量远远超过本币印尼盾同业拆借交易量，如前所述，美元同业拆借占比保持在 90% 以上。而债券市场以美元计价的债券在 2015 年的存量占比却不到 0.01%。股票市场对于外资企业来印尼上市限制较少，且对于外国投资者投资印尼股票市场管制较为宽松。即便如此，2015 年底外国投资者在印尼股票市场的净流出达到 16.43 亿美元，主要原因是全球经济的不景气。

（三）金融资产结构层面

外币存款占比自 2003 年以来一直保持在 20% 左右，本币存款占比在 80% 左右微小波动，可见印尼的本外币存款结构长期保持稳定，图 2—32 显示了这个结构特征。

（四）在资本账户开放层面

印尼的开放程度有一个起落变化过程。我们用 Chinn-Ito 指数（KAOPEN）来进行衡量，该指数由钦（Chinn）和伊藤（Ito）在 2006 年发表于发展经济学杂志，是一个国家的资本账户开放程度的衡量指标。本文的 KAOPEN 指数是基于国际货币基金组织的报告，对跨境金融交易的限制制表二元虚拟变量年报汇兑安排与汇兑限制（AREAER）进行测算。由图 2—33 可以看出，印尼在 1983 年至 1995 年资本账户开放程度非常高，几乎达到满值；亚洲金融危机爆发以后，政府监管机构对于本国资本账户采取管制措施以防范风险，资本账户开放程度不断下降，2011 年以来已经降到 40% 左右。

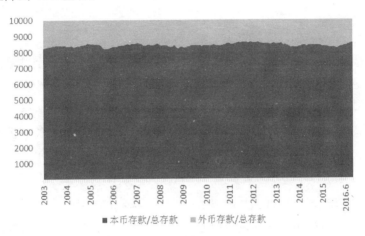

图 2—32　2003 年至 2016 年 6 月底印尼本外币存款结构（单位：%）

资料来源：世界银行。

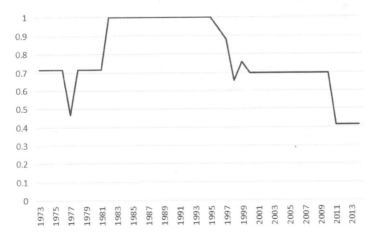

图 2—33　1973 年至 2013 年印尼 Chinn-Ito 开放结构指数

资料来源：Chinn-Ito 官网。

第四节　印度尼西亚金融结构的主要特点与影响分析

总体来说，印尼是一个金融结构特点十分鲜明的国家，其结构形成原因也比较复杂，主导因素即印尼的经济因素，此外还有历史因素、人文因素以及地理因素等。从东盟国家的视角来看，印尼金融结构的功能效率尚可。

一　金融结构的主要特点

总体来说，印尼金融发展水平相比其他东盟国家较高，金融结构较为合理，金融体系较为完善，开放程度较高，产业结构、市场结构以及融资、存贷款结构较为健全。同时，印尼兼具其他发展中的东盟国家经济发展增速较快的特点，故以经济为基础的金融行业具有快速增长的条件。印尼的金融结构调整主要体现为以下几点：

（一）银行业主导的金融产业结构，商业银行集中程度高

印尼是典型的银行主导金融结构，银行资产占国内生产总值比重远远超过其他金融机构。与我国类似的是，虽然均为混业经营，但是规模较大的印尼金融集团均以子公司的形式涉足银行业、证券业等等。但与我国不同的是，经过印尼监管机构对于本国银行业去国有化的改革，目前国有控股银行的数量仅有 4 家。虽然国有银行数量仅有 4 家，但 2015 年底其总资产却在整个银行总资产中占比高达 38.11%，结合印尼 2015 年底包括外资银行在内的商业银行总体数量为 188 家来看，可以说印尼商业银行的集中程度高。反观村镇银行，2015 年底印尼总计为 1637 家的村镇银行占银行业总资产的比重仅仅为 1.65%。相对于印尼总体银行业结构来说，其村镇银行结构显得十分零散且规模过小。

（二）银行业结构中独具特点的小微金融服务体系

银行业产业结构部分的论述中曾经提到，印度尼西亚国家发展战略的一个重要组成部分就是促进第一产业相关的发展，即农村发展、农业收入以及农民就业，这也就不难想象印尼居然会存在数量如此之多的村镇银行。虽然村镇银行的体量都很小，但是分布在印尼的各个岛屿之上，可以深入地为农村居民进行金融服务。同时，村镇银行均保持了较好的经营状

况，2015 年底村镇银行平均资产收益率为 2.75%，存款来源中约七成来自定期存款，三成来自活期存款，全部以信用贷款的形式贷给小微企业及村镇居民。

除了村镇银行体系之外，不得不提的就是国有第二大银行印尼人民银行（BRI）。总资产规模超过整个银行业总体 10% 的前提下，业务结构中小微企业贷款长期保持 1/3 左右的比重，消费贷款在 2015 年占比达 16.3%，并保持不良率 NPL 低于 2% 的水平，利润率也达到了 8.09%，远超印尼银行业整体利润率 5%。可以说印尼人民银行在小额贷款领域为全球同类型的金融机构树立了一个集社会贡献、商业可持续发展于一身的成功典范，也是中国和印尼两国金融合作的切入点。

（三）同业拆借市场美元占比很高

由于印尼监管机构相关政策的缘故，致使美元同业拆借在工具结构中的占比最高，长期保持在 60% 至 70% 左右，而印尼盾同业拆借却占比很小。如前所述，美元同业拆借占比高的原因是商业银行跨境拆入的美元资产不能超过资本金的 30%，所以银行拆入美元最主要的途径就是通过印尼本国同业拆借市场。而印尼盾本币属于管制货币，不存在海外拆借的可能，所以本地的商业银行拆入印尼盾的途径就是通过存款、中期票据等债务工具拆入。另一方面，商业银行还可以通过印尼央行解决印尼盾本币的流动性紧张，但是央行并不会帮助商业银行解决美元资金的流动性困难。因而，上述两点因素导致印尼的货币市场结构出现了美元拆借占比高的特点。

（四）股票市场结构成熟，债券市场以政府债券占主导

与东盟其他国家相比，印尼拥有一个较为完整的证券市场，包括债券市场以及股票市场，同时基金参与度也较高。从投资者结构看，基本是以机构投资者为主，个人投资者的参与度非常低，个人开户数量在 2015 年底仅有 50 万人左右，原因主要在于印尼居民的财富积累程度很低，本国居民更喜欢将收入当期进行消费。印尼政府虽然不断鼓励进行更多的储蓄，然而目前来看收效甚微。从股票市场的结构来看，经过近 40 年的发展其结构已经日趋成熟，筹资者结构以金融企业以及消费品企业为主，第一产业及第二产业占比很小。从债券市场的结构来看，各级政府占据了筹资者结构的绝对主导，公司债券存量在 2015 年仅占 14.89%，交易量占

比更是仅有 5.23%。同时，印尼证券市场工具结构的多样性非常低，除了传统债券以外诸如资产证券化产品、衍生产品等等占比微乎其微，并且没有结构优化调整的趋势。

（五）企业以外源融资及间接融资为主要渠道

从融资结构的角度来看，印尼呈现出以外源融资为主的结构特征，外源融资占比长期以来保持在 70% 左右的水平，但近两年来呈现出了外源融资结构占比有所上升的趋势。同时，在以银行业为主导的印尼金融体系中，企业选择进行间接融资更加便利，占据结构主导位置。印尼股票市场以金融企业、消费品企业为主的结构特征，债券市场公司发债融资占比很少的结构特征，都在不同程度上加剧了企业直接、间接融资结构的失衡。

（六）监管体系较为严格，对外开放程度尚可

由于历史原因，印尼长期受到欧洲国家的殖民影响，以及其自身发展的特点，开放程度相对我国来说较高。同时，印尼的监管体系相对美国来说比较严格，但是对比我国来看却较为宽松，例如对于外资银行进入印尼银行业的持股比例限制等等。在如此的监管环境下，印尼的对外开放程度尚可。另外产业结构层面印尼外资银行、保险以及证券公司在印尼经营业务范围非常广泛且占有率较高，印尼金融服务管理局对于外资机构的监管要求与本国机构基本无差别对待，均向外国投资者及国际金融机构展示出印尼金融业开放包容的一面。但是印尼监管机构对于外资企业进入本国经营实行较为严苛的本土化方针，比如外国居民取得印尼工作签证需要通过印尼语等级考试、印尼员工的雇佣比例限制等等，也在一定程度上制约了印尼金融业的进一步开放。

（七）伊斯兰金融在各类结构中占比很低，有待发展

作为世界上穆斯林人口最多的国家，印尼具备发展伊斯兰金融的基本条件和巨大的潜力。但从银行业结构、保险业结构、货币市场结构、债券市场结构、融资结构等来考量，伊斯兰金融产品或机构的结构占比均不足 10%，几乎均保持在 5% 以下的水平，故本章对于印尼伊斯兰金融结构叙述的篇幅不多。虽然印尼金融服务管理局普惠金融部门正在着力普及、宣传和教育印尼居民购买伊斯兰金融产品，但总体来看印尼伊斯兰金融的发展仍然缓慢，发展速度并不及传统银行业。且印尼金融服务管理局普惠金融部的官员表示，虽然 2015 年伊斯兰金融产品的结构比重仅为 3% 左右，

希望经过未来 3 至 5 年的发展，其结构比重能达到 5% 的水平，可见监管部门对于伊斯兰金融的发展也保持谨慎的态度。

二　金融结构的形成与演变的主要原因

（一）经济因素

对于一国的金融发展以及金融结构形成而言，其演进的过程总是与经济发展的客观需求密不可分。总体来看，随着印尼整体经济规模的增长，其金融化程度与金融发展水平也在不断提高。2008 年次贷危机以来，特别是近些年在全球经济增速放缓的背景下，印尼经济增速基本保持在 5% 左右的水平，稳定的经济增速以及亟待发展的基础设施使得国家层面的金融需求仍保持在较高的程度。与大多数国家伴随经济发展阶段演进出现的金融结构调整相类似，印尼也面临着由间接融资绝对主导转向直接融资与间接融资两者并行的过程，对外开放程度不断放宽的过程，金融工具结构更加多元化的过程等等。总的来说，经济的演进是印尼金融结构形成的直接原因。

（二）历史因素

如果说印尼金融结构演进过程的直接因素是经济发展，进一步探究的话就不得不提及印尼建国后的历史因素以及政权的更迭。1945 年到 1967 年在苏加诺总统统治时期，印尼的经济刚刚起步。但由于 60 年代中期苏加诺统治后期经济状况非常糟糕，通胀率高达 1000% 之多，可以说彼时印尼尚未建立所谓的金融体系。而后随着苏哈托总统的上台，新政府快速有效地建立了一系列的经济制度，金融体系伴随着较为完善的经济体系的建立也逐渐形成。在 60 年代后期至 80 年代前期，印尼的银行业结构完全被国有银行掌控。随着 1983 年至 1988 年印度尼西亚的金融改革，印尼的金融结构得到了显著的改变，改革的关键就是金融从国有银行的垄断市场体系转变为在当时来看较为现代化的竞争性结构体系。虽然是 1997 年亚洲金融风暴中受影响最严重的国家，但在 2008 年金融危机中却避免了重蹈覆辙，因为政府采取了更为严格的监管政策。可以说印尼的金融结构形成的根本原因是其历史的发展、政权的更迭以及随之而来的监管政策。

（三）人文因素

印尼是世界上穆斯林人口最多的国家，所以其金融结构中自然会有伊斯兰金融的构成。即便伊斯兰金融在各类印尼金融结构中的占比并不很高，其仍然是印尼金融结构不可或缺的组成部分。相信在印尼金融服务管理局的引导下，依托印尼庞大的穆斯林基础人口，未来伊斯兰金融的占比必将越来越高，重要程度也会愈发明显。除了宗教的影响，印尼居民投资理财认知的匮乏以及高消费低储蓄的倾向，且绝大部分的印尼居民生活贫苦，满足日常的温饱才是刚性需求，这些因素都直接导致了印尼居民对于金融产品的需求非常低，进而制约了印尼金融业诸如产品种类、机构设立的多样化发展，更是制约了金融业整体的结构优化。

（四）地理因素

别称"千岛之国"的印尼以其特有的地理环境闻名于世，由 17508 个岛屿组成的印尼居民无论是衣食住行各方面都形成了其特有的习俗，同时地理环境也对金融结构的形成产生了一定的影响。比如正是由于其国土均是大大小小的岛屿，彼此交通来往并不是十分便利，才会形成数量如此繁多但体量占比却非常小的村镇银行，以及出现印尼人民银行为偏远地区的居民提供的 BRI Link 代理人服务体系，即代理人分片区开展业务，使用微型机器操作为附近的客户提供上门金融服务。

三　金融结构的功能与效率分析

功能和效率是体现和评价一国金融结构发展状况的主要方式，对一国金融功能和效率的评价要与其所在的国家经济水平、政治体制等特征相联系。在印尼 60 多年的发展过程中形成了以银行为主导的金融体系，该体系有效吸收大量社会闲散资金为全国经济发展，特别是为农业和小微企业发展提供了大量资金支持，印尼的金融发展已成为经济发展中不可或缺的重要因素。

总体来看，相对于东盟国家整体水平来说，印尼金融结构的功能较为完善，金融结构的效率较高。但通过前述的金融结构特点及形成原因的分析不难发现，印尼金融结构功能与效率可以提高的地方很多。譬如产业结构中村镇银行没有构建完整的网络架构，印尼内资券商的结构缺失，保险行业的小而零散，市场结构中股票市场个人投资者参与度极低，债券市场企业融资较为困难等等。所以，纵观印尼金融发展，可以看出目前印尼正处于金融结构功能效率最佳的时代，如果横向比较东盟国家及其他发展中国家，印尼的金融功能效率也处于较好的水平，但是未来功能效率的提升空间仍然很大。

第五节　中国—印尼金融合作现状及未来展望

一　金融合作现状

中国与印尼自 1990 年恢复外交关系以来，经贸合作一直是两国合作的重点，也是两国合作的主渠道。2000 年，两国建立长期稳定的睦邻互信全面伙伴关系，为经贸合作奠定了坚实基础。2005 年，中国与印尼确立战略伙伴关系，两国经贸往来更加密切。伴随 2010 年中国—东盟自由贸易区的全面启动，双边贸易投资的便利化和自由化进一步提升。

（一）金融合作主要成果

1. 金融机构互设层面

从金融机构相互设立这一层面来看，中国先后有三家商业银行以分行或子公司的形式进入印尼开展金融业务。创立于 1938 年的中国银行雅加达分行于 2003 年恢复营业，在服务中印尼两国间贸易及非贸易服务方面有着独特优势。2007 年 9 月，中国工商银行与印尼的哈利姆银行完成股权转让，后者正式成为中国工商银行印尼有限公司。2013 年中国建设银行收购总部在雅加达的鸿图国际（Windu）银行后，又收购了总部位于泗水的一家本地银行，建设银行总持有股份为 60%。除了商业银行以外，国家开发银行以代表处的形式进入印尼，中国出口信用保险公司以工作组的形式进入印尼，太平保险以子公司的形式进入印尼市场。

印尼来华设立金融机构相对较少，2012 年 4 月 27 日印尼曼迪利银行（Bank Mandiri）上海分行正式成立，这是印尼银行业首度在华设立分行。而曼迪利银行上海分行的设立宗旨，正是开展跨国企业的贸易金融、贸易融资、项目融资和资金业务。

2. 金融业务开展层面

（1）国家开发银行。目前已开展的主要业务一是为中资企业投资印尼矿业工程提供贷款；二是向印尼金光造纸集团提供 18 亿美元的贷款，该贷款目前已经全额发放，项目已竣工结算；三是为中国央企在印尼开展电建工程提供贷款。印尼政府希望中方能够给本国商业银行提供贷款，中国国家开发银行而后向印尼最大的三家国有银行提供了贷款（30亿美元授信），间接帮助印尼政府稳定了印尼盾的汇率。

（2）中国银行。2016年中国银行在印尼设置12个网点，除了1个网点和签证中心在棉兰，1个网点和签证中心在泗水以外，其余机构均位于雅加达。服务客户定位首先是服务基础设施行业，包括对印尼国家电力公司的贷款、石油公司的贷款等等；第二是支持中资企业走出来；第三是联络两国居民的友谊，服务重点集中于私人银行服务；第四是人民币国际化，近年来中国银行成为印尼最大的承办人民币业务的银行，大力开展人民币批发换汇业务。

（3）建设银行。通过收购两家本地银行，建设银行印尼子公司目前分支机构超过100家，员工约有1700名。两家被收购的银行业务重心均是面向华裔客户服务，所以建行收购后的发展方向即在延续传统理念的同时加入建行的元素。

（4）中国出口信用保险公司。业务主要是提供股权、债权以及贷款的保险。中信保在印尼可以开展的保险项目涵盖服务进出口贸易的短期到中长期大多数险种。

（5）太平保险印尼有限公司。其总部位于雅加达，且在印尼主要的城市均设有分支机构。经营产品含财产保险、工程保险等，凡是在中国国内能开展的保险业务在印尼均可开展。总的来说中资企业近些年在印尼发展速度很快，太平保险也对中资企业走出去提供了一系列的服务，包括寿险、产险、养老保险、再保险、再保险经纪及保险代理、电子商务、证券经纪、资产管理和不动产投资、养老产业投资等领域，业务种类齐全，为客户提供一站式综合金融保险服务。

3. 政府合作层面

近年来，中国与印尼在政府合作层面往来颇为频繁，也取得了一定的阶段性成果。1997年亚洲金融危机中印尼受波及严重，中国政府通过世界银行向其贷款10亿美元，无偿援助300万美元，2000年，又追加3亿美元贷款和4000万人民币的无偿援助。2002年，中国又提供4亿美元信贷用于印尼基础设施建设，并赠款5000万人民币用于印尼社会福利。

2003 年，中国与印尼签署了总规模为 10 亿美元货币互换协议。2005 年 10 月，在加强《清迈倡议》有效性取得进展情况下，两国又签署货币互换协议，在印尼需要短期流动性支付时可以印尼盾兑美元的形式从中国获得不超 20 亿美元的融资支持，2006 年该规模增至 40 亿美元。2009 年，双方签署 1000 亿元的货币互换协议，旨在促进双边贸易及直接投资的发展。2013 年，又续签了 1000 亿元人民币的双边本币互换协议。2008 年 3 月，中国人民银行与印尼央行签署总额为 1000 亿元人民币的双边货币互换协议，2010 年 7 月，中国银监会与印尼中央银行签署《双边监管合作谅解备忘录》，同意在信息交换等方面加强监管合作。2015 年 6 月印尼金融服务管理局和中国银监会签署了谅解备忘录，旨在支持两国间贷款业务的扩张。

（二）存在的主要困难

总的来说，中国与印尼目前经济以及金融合作的困难主要包括以下几个方面。

1. 业务开展层面

（1）印尼的金融监管对中资银行的经营管理有较多制约。主要表现在部门批给中方商业银行业务牌照上有限制，比如给中行信用卡牌照就不会给工行相同业务的牌照；（2）由于根据伊斯兰教义印尼监管当局禁止期权交易，商业银行的业务完整程度也会受到限制；（3）另外监管部门规定在当地吸纳存款必须持有国债 8%，但印尼盾面值的国债国别风险高，美元面值国债收益率又很低，对中资银行的风险管理和收益产生不利影响；（4）印尼金融服务管理局希望将外资商业银行的数据中心迁至印尼，但这与国际化银行的发展战略是背道而驰的；（5）印尼外资银行本土化的发展方针很严苛，例如中国银行除了中银香港外，外派中国员工比例最低的就是雅加达分行，300 多个员工中只有 7 位是外派的；（6）1964 年至 1998 年印尼是反华禁华时期，所以本地华裔很多人不会中义，招聘使用本地员工也十分困难。

2. 印尼政府层面

部分印尼政府部门机构存在腐败问题且办事效率较低，某些不友好的非政府组织干扰中方工程进展，影响了两国的经济金融合作。印尼项目工程方有时会对中资企业的竞标进行干扰阻挠，可能需要政府层面加大力度进行沟通。

3. 中国政府层面

中方监管政策是否能进一步放宽,为两国金融深度合作提供更大空间。比如印尼房地产行业前景很好,但由于总行有政策限制所以银行很难对房地产等工程提供贷款;另外央企一把手出国限制很多,间接导致中资企业不能和印尼企业充分沟通及招投标等。

二 中国—印尼金融合作未来展望

(一) 以"一带一路"为依托,为中国企业"走出去"发挥桥梁纽带作用

正如在印尼开展金融业务的中方机构所希冀的,为中国的企业"走出去"发挥牵线搭桥的纽带作用,这也是中印尼双方拓宽金融合作范围的突破口。虽然目前来看"一带一路"政策的影响力在印尼仍然不高,但是相信未来双方必然会有更加密切的经济往来以及金融合作。

(二) 以中国、印尼双方需求为出发点,寻找合作方向

中国与印尼双方的金融合作发展必然要以双方的需求作为出发点,同时应该要借鉴对方金融结构发展的特点。例如印尼在农村信贷以及小微企业贷款方面有独到的特点以及优势,中国的村镇银行、农村信用社以及商业银行的小微企业信贷部门应当借鉴印尼的发展经验;相对而言,中国的互联网金融特别是移动支付处于世界领先地位,相信印尼也非常希望借鉴中国的经验,即中国应当输出互联网金融的发展经验。

(三) 构建顶层设计,拓宽合作空间

一切合作的可能都需要基于两国的金融开放程度以及政府间高层合作往来。如若人民币—印尼货币互换协议能够签订,将会大大提高两国的金融合作空间,及早构建顶层设计是各类金融机构的共同期盼。就印尼方面来说,例如外国籍员工去印尼工作需要定期学习印尼语并且必须通过考试,且签证时效较短,这也在很大程度上限制了中国金融机构在印尼更好地开展业务。

参考文献

［1］ Hadiwibowo Y. and Komatsu M.，"Trilemma and Macroeconomic Policies under Different Financial Structures in Indonesia"，*Journal of Asian Economics*，April 2011.

［2］ Lee S. Y. and Jao Y. C.，"Financial Structure and Monetary Policy in Indonesia"，*Financial Structures and Monetary Policies in Southeast Asia*，Macmillan Education UK，1982.

［3］ 阿里·沃德哈纳：《印度尼西亚的经济改革：从依赖资源转向国际竞争》，《南洋资料译丛》1997 年第 2 期。

［4］ 阿里·沃德哈纳：《印度尼西亚的结构调整：出口和"高成本"经济》，《南洋资料译丛》1990 年第 2 期。

［5］ 龟山卓二：《印尼银行部门的现状与展望》，《南洋资料译丛》2010 年第 4 期。

［6］ 季剑军：《金融危机以来印度尼西亚经济形势及未来走势展望》，《东南亚纵横》2014 年第 6 期。

［7］ 林梅：《金融危机对印度尼西亚经济的影响及其应对危机的措施》，《东南亚纵横》2009 年第 4 期。

［8］ 王若羽：《印尼人民银行小额贷款业务的经验及对我国的启示》，《西部金融》2011 年第 7 期。

［9］ 吴崇伯：《印尼银行业改革、重组的最新进展与变化趋势分析》，东南亚研究编辑部，2009 年版。

第 三 章

马来西亚金融发展中的结构特征
及其与中国的合作

马来西亚是东盟中经济发展水平较高的国家，制造业与服务业是其支柱性产业。马来西亚金融发展水平相对较高，现已形成以商业银行为主体，投资银行、保险公司、信托投资公司、政策性金融机构及各种中介机构并存的金融组织体系。同时，受伊斯兰文化影响，马来西亚具有一套既独立于传统金融体系又与之相容的伊斯兰金融系统。作为我国"一带一路"战略的沿线主要国家，马来西亚与中国地理相近、血脉相亲、诉求相契。在多边框架及双边合作中，中国和马来西亚的金融合作在东盟区域内处于领先地位，同时，中马两国在货币互换、外汇及债券等领域均有合作往来，但该过程仍然处于初始阶段，存在很大合作空间。未来两国在人民币业务、金融机构间业务和伊斯兰金融服务等方面有较好的合作前景。

第一节 马来西亚社会经济金融发展概况

马来西亚，全称马来西亚联邦（Malaysia，前身马来亚），简称大马，位于中国海南部，面积 33 万平方公里，全国约 3033 万人（2015 年）。马来西亚是一个多民族、多元文化的国家。宪法规定伊斯兰教为国教，保护宗教信仰自由。国家元首是国王，被称为最高元首。政府首脑是总理。

马来西亚是开放程度较高的新兴工业化市场经济体。1957 年独立以来，经济发展迅速，主导产业也逐步由传统农业变为制造业，从世界最大的香蕉和锡矿生产国，变为半导体产品、电脑硬盘、电器产品和家用空调机重要的出口国。20 世纪 90 年代，被誉为"亚洲四小虎"之一，现已经进入中高等收入国家行列。根据马来西亚中央银行的年度报告显示，2015年其经济增速为 4.95%，GDP 达 2962 亿美元，人均 9766.2 美元。

一 马来西亚经济发展主要历程沿革

马来西亚的经济发展主要经历了三个阶段，分别是在独立之前的单一化的经济、独立后的农业和资源经济发展阶段、20 世纪 70 年代后的出口导向型经济发展阶段。

(一) 单一化的独立前经济

19 世纪 20 年代，马来西亚沦为英国殖民地，当时殖民经济主要是锡矿开采与香料、甘蔗、椰子种植。20 世纪初由于西方汽车工业发展，需要大量天然橡胶，由于本地气候与土壤非常适合种植橡胶，而且胶质优于南美野生胶，在英殖民者的大力鼓励与投资下，1910 年前后马来西亚发展成为橡胶生产国，并招引来大批国外劳工。由于橡胶经济效益远高于其他经济作物和粮食作物（稻谷），造成马来西亚农业生产单一化，甚至粮食不得不依靠从缅甸等国进口。

(二) 农业与资源型经济

1957 年 8 月 31 日马来西亚宣布独立，直到 20 世纪 50 年代末，马来西亚几乎完全是一个农业国和产锡国。60 年代起，政府根据本国经济的特点，调整作物结构，推行了农业多元化政策，更具国际市场变化的需要，积极鼓励油棕种植、可可果和胡椒等经济农作物的生产，传统的出口贸易如香料贸易逐渐被橡胶出口所替代。60 年代国际植物油脂供不应求，棕油价格上涨，为了适应国际市场变化，马来西亚改变过去单纯出口橡胶的局面，实行农业多样化，首先选择棕油作为重点发展对象。60 年代中期至 70 年代中期，马来西亚农业从橡胶转行至油棕业，1966 年成为当时世界上最大的油棕出产国。

(三) 出口导向型经济

70 年代以来，马来西亚不断调整产业结构，大力推行出口导向型经济，电子业、制造业、建筑业和服务业发展迅速。20 世纪 70 年代末至 80年代，原油和天然气工业已经成为马来西亚最重要的经济发展产业。与此同时，众多制造业如电子工业和纺织品工业的大发展也给马来西亚提供了许多就业机会。虽然马来西亚的经济发展还不及当时的"亚洲四小龙",可是从 1987 年起,马来西亚经济连续 10 年保持 8% 以上的高速增长。1998 年受亚洲金融危机的冲击,经济出现负增长。此后马来西亚政府采取稳定汇率、重组银行企业债务、扩大内需和出口等政策,经济逐步恢复并保持中速增长。2008 年下半年以来,受国际金融危机影响,马来西亚国内经济增长放缓,出口下降,政府为应对危机相继推出合计约 200 亿美元刺激经济措施。2010 年以来,已逐步摆脱了金融危机影响,企稳回升势头明显。同年,马来西亚政府公布了以"经济繁荣与社会公平"为主题的第十个五年计划,并出台了"新经济模式",继续推进经济转型。

二 马来西亚经济发展与结构现状

(一) 经济规模现状

马来西亚经济增速较高,增长动力强劲,现已经进入中高等收入国家行列。根据 WDI 数据显示,马来西亚的国内生产总值 2015 年达到 2962.2 亿美元,人均 9766.2 美元。在过去 46 年中,马来西亚经济平均增长幅度为 6.3%,曾在 1988—1996 年经历高速增长,近年来经济增速维持在 5% 左右(见图 3—1)。

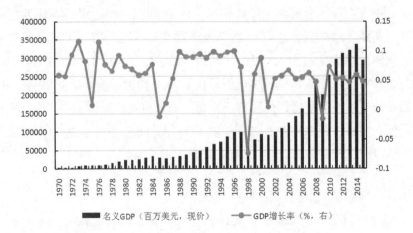

图 3—1 1970—2015 年马来西亚国内生产总值及增长率

资料来源:世界银行。

从结构角度来看，马来西亚经济以工业和服务业为主导。2015年，农林业增加值占GDP比重为8.4%，工业增加值占GDP比重39.1%，服务业增加值占GDP比重为44.3%，其余产业增加值占GDP比重为8.2%。在对外贸易方面，马来西亚进出口贸易额3752亿美元，其中出口1997亿美元，同比增长1.9%；进口1754.9亿美元，同比增长0.4%；贸易顺差242.1亿美元，同比增长14.6%。在投资方面，2015年马来西亚吸引国外投资金额109.6亿美元，同比增长3.2%。

（二）经济结构特征

马来西亚经济结构特征经历了从农业到农工商一体化再到工业与服务业并重的转变。20世纪70年代以前，马来西亚的农业以橡胶为主导，粮食不能自给。为了改变这种殖民地型的单一农业结构，马来西亚政府提出农业生产多样化的方针，其主要内容是发展油棕、椰子、可可、胡椒等经济作物和稻米的生产。执行"新经济政策"以后，政府发展支出的重点是进行土地开发和农村地区的公共设施建设，扩大耕地面积，解决农民无地或少地的问题，改善农村条件，提高农民的生活质量。新开发区的重要形式之一是农工商一体化的发展区，政府组织将林地开垦为农耕地，发展种植业、畜牧业、林业、商业和运输业等。

在实行新经济政策的同时，马来西亚政府也推行了"马来西亚新兴工业政策"，以3—4年内豁免收入所得税的优惠吸引本国和外国企业发展"新兴工业"。由于较好地利用了国内外资本，工业发展得很快。马来西亚经济每年以7.8%的速度高速增长，国内生产总值从1972年的50.4亿美元增至1980年的244亿美元，经济结构开始从农业和矿业转向工业化发展。经过30多年的努力，马来西亚国民经济已基本完成向工业化的转变。农业的地位相应下降，农业发展逐步让位于工业的发展，农业政策对国民经济的影响力也在下降。

新经济政策的弊病在80年代后逐渐显现，新经济政策大大限制非原土族私人资本的发展，而国家花费巨资兴建的一批国有企业对某些行业实行垄断，限制了其他种族私人企业的进入。各企业的严重亏损，成为政府的沉重包袱。在大量吸引外资的同时，本国的资本（主要是华人资本）却流向国外，甚至资金流出速度超过流入。1981—1985年年平均经济增长5.8%，低于70年代的平均水平。私人投资平均增长率只有1.8%，人均国内生产总值（按当年价格计算）每年平均增长 5%，低于 70 年代的 12.9%。为了扭转此次经济困难的局面，马来西亚政府在总结以往经验的基础上，采取了紧缩财政政策，调整经济结构——发展以出口导向为主的初级产品加工业和重化工业，国营企业私有化，开拓新的国际市场、多边化发展对外贸易等政策来应对危机。

上述政策的实施使经济渐渐恢复。1986 年经济增长率为 1.2%；1987年因主要出口商品价格的上涨，出口增长幅度较大，经济增长率为4.7%；1988 年对外贸易的进一步发展和私人消费的增长推动着经济发展，这一年的增长速度达 8%，国民经济开始走向全面复苏。从国民经济各部门的发展来看，以制造业发展尤为迅速，制造业在国内生产总值中所占的比重由 1970 年的 30% 上升到 1987 年的 38.5%，而农业在国内生产总值中所占比重同期由 32.5% 下降到 8.4%。显然，马来西亚的经济已初步摆脱过分依赖农业的局面。2014 年马来西亚工业增加值（占 GDP）已达 39.12%，同时，制造业产品出口值占全国出口总值 86.5%（见图 3—2）。马来西亚已由世界最大的橡胶和锡矿生产国，变为半导体产品、电脑硬盘、电器产品和家用空调机的重要出口国。

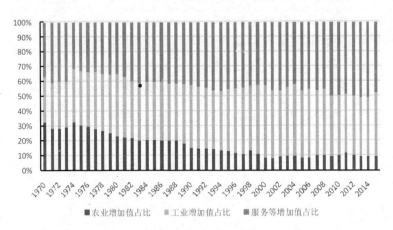

图 3—2 1970—2015 年马来西亚各产业附加值占 GDP 比重

资料来源：世界银行。

（三）中马经济合作情况

中马两国之间有着悠久的历史往来。早在公元前 2 世纪，中国商人就去马来半岛从事商业活动。1974 年 5 月 31 日，中马两国建交，马来西亚成为东盟中第一个与中国建交的国家。2004 年 5 月，巴达维总理对中国进行正式访问，两国确立战略性合作关系。

作为东盟的重要成员国之一，马来西亚和中国的关系日渐紧密。根据商务部的数据显示，2000 年中马双边贸易额还不到 100 亿美元，然而 2012 年中马两国贸易额为 948 亿美元，增长了近 10 倍。中国连续 4 年蝉联马来西亚最大贸易伙伴，马来西亚则连续 5 年是中国在东盟最大贸易伙伴，中马贸易关系处于史上最好的时期。2015 年中国与马来西亚双边贸易额达 973.6 亿美元，同比下降 4.6%，其中，中国对马来西亚出口 440.6 亿美元，自马来西亚进口 533 亿美元。中国继续保持马来西亚第一大贸易伙伴国、第一大进口来源地和第二大出口目的国地位。马来西亚仍是我国在东盟第一大贸易伙伴，占我国与东盟贸易总额的 20.6%，中马贸易继续在东盟国家中发挥引领作用。在我国前六大贸易伙伴国中，除中美贸易额增长 0.6% 外，与其他国家贸易额降幅均大于中马贸易额降幅（日本—10.8%，韩国—5%，德国—11.8%，澳大利亚—16.7%）。

三　马来西亚金融总量的现状

马来西亚是亚洲传统的金融中心之一，马来西亚金融市场在亚洲国家中具有重要的影响，其金融市场的发展也是比较充分的。特别是 1985 年以来，由于采取了一系列的经济改革和金融改革的措施，如放宽对外国投资和证券市场活动的限制等，加快了金融及证券市场的发展速度。虽然在亚洲金融危机中，马来西亚的金融市场受到一定程度的冲击，但其在危机后做了卓有成效的改革工作，使得其金融市场不断向良性发展。

随着马来西亚经济持续、高速增长，其金融化水平和金融发展程度也在不断上升。如图 3—3 所示，马来西亚在 1989—1996 年保持了较快的经济增长速度，较快的经济增长也引致了较大的金融需求。广义货币量增长迅速，从 1970 年的约 13.5 亿美元，增长到 2015 年 4067.4 亿美元，扩大了 300 倍。进入 21 世纪以来，马来西亚经济发展平稳，2002—2015 年（除去 2009 年外）一直保持了 5% 以上的经济增长，并且广义货币增长率由 2004 年最高的 25% 逐步降至了 5% 以内，同时物价也处在相对稳定的区间，近年来通货膨胀率保持在 3% 以下。

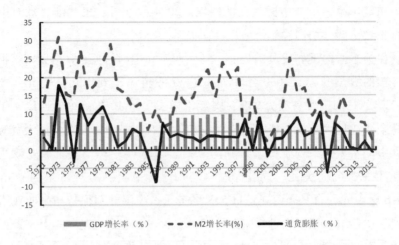

图3—3 马来西亚实际 GDP 增长率、广义货币量增速和通货膨胀率
资料来源：世界银行。

马来西亚的经济金融化快速上升，现已超过了世界平均水平。用 M2/GDP 指标衡量经济金融化表明①，2015 年马来西亚的经济金融化已经达到 140% 左右，而该指标在 1970 年还不到 50%。

第二节　马来西亚的金融结构

马来西亚现已形成以商业银行为主体，投资银行（证券公司）、保险公司、信托投资公司、政策性金融机构及各种中介机构并存的金融组织体系。根据马来西亚中央银行的分类，马来西亚金融机构划分为持牌银行机构、政策性金融机构、核准登记中介机构、行业协会及培训机构四大类（见图3—4）。由于马来西亚国教为伊斯兰教，其各种金融机构中又包含伊斯兰金融体系，形成了独特的传统金融与伊斯兰金融共存的"二元金融结构"。本节从马来西亚的金融产业结构、金融市场结构、

---

① M2/GDP 指标最早应见于麦金农（1973）对金融深化理论的开拓性研究，M2/GDP 实际衡量的是在全部经济交易中，以货币为媒介进行交易所占的比重。它通常被用来衡量一国经济金融化程度。

金融资产结构及金融开放角度四个方面来描述马来西亚的金融结构。本节（二）—（六）主要分析马来西亚的持牌银行机构及其参与的金融市场活动，即由银行、证券、保险构成的传统金融市场；在（七）小节将专门分析马来西亚的政策性金融机构，有关伊斯兰金融部分将在第三节另做分析。

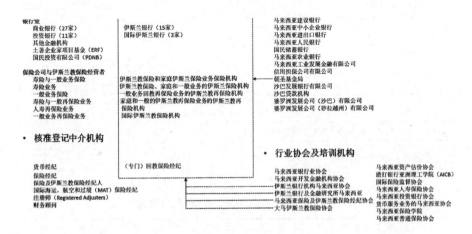

图 3—4 马来西亚金融机构示意图

资料来源：马来西亚中央银行。

一 金融结构的总体特征

马来西亚金融产业中商业银行占据主导地位。从机构资产规模来看，商业银行所占比重较高，产业内部增速不一致。2015 年，马来西亚银行、证券、保险、信托等金融机构总资产为 8552.5 亿美元，其中商业银行机构资产占比 69%，处于绝对优势。如表 3—1 所示，2011—2015 年，马来西亚商业银行资产规模较为稳定，在金融机构资产总额中的占比保持在 65% 以上。证券业（投资银行）、保险业、信托及伊斯兰银行等机构的资产所占比重较低，且行业内增速均不一致。其中伊斯兰银行资产增速较快，其占比由 2011 年的 13.1% 增至 2015 年的 15.7%，而信托、证券、保险行业的资产占比均出现负增长。

从机构数量来看，保险公司占据较大份额，商业银行紧随其后，投资银行机构较少。根据马来西亚中央银行公布数据，2015 年，马来西亚共有保险公司 55 家，商业银行 27 家（见表 3—2）。由于保险公司在金融机构资产占比中远小于商业银行，故虽然保险机构数量较多，但规模均较小，而商业银行则凸显集中度较高的特点。

表3—1　　　　　2011—2015年马来西亚金融机构规模结构　　单位：亿美元

	2011年		2012年		2013年		2014年		2015年	
	总资产	占比	总资产	占比	总资产	占比	总资产	占比	总资产	占比
商业银行	5600.7	68.7%	5895.6	68.0%	6286.0	66.1%	6614.9	66.4%	5897.2	67.0%
投资银行	222.4	2.7%	198.5	2.3%	176.7	1.6%	166.1	1.7%	130.9	1.5%
保险公司	638.1	7.8%	694.6	8.0%	730.4	7.7%	751.7	7.5%	665.9	7.8%
伊斯兰银行	1068.1	13.1%	1190.4	13.7%	1331.5	14.0%	1433.1	14.4%	1347.7	15.7%
开发性金融机构	515.8	6.3%	578.8	6.7%	866.8	9.1%	891.4	8.9%	412.6	4.8%
信托公司	104.3	1.3%	107.0	1.2%	114.2	1.2%	111.1	1.1%	98.2	1.2%
金融产业合计	8149.4	100.0%	8664.9	100.0%	9505.6	100.0%	9968.3	100.0%	8552.5	100.0%

资料来源：BVD数据库。

表3—2　　　　　　　　2015年马来西亚金融机构单位数目机构

金融机构种类	金融机构单位数占比	金融机构单位数
商业银行	21.6%	27
伊斯兰银行	15.2%	19
投资银行	8.8%	11
保险公司	44.0%	55
特殊政府信用机构	10.4%	13

资料来源：马来西亚中央银行。

二　金融产业结构

（一）高集中度的银行业

马来西亚银行业是一个以本土银行为主体、外资银行并存的银行业结构。作为马来西亚金融机构的主体，当地主要商业银行有：马来银行、联昌银行、大众银行、丰隆银行、兴业银行等；外资银行主要有：花旗银行、汇丰银行、渣打银行、美国银行、德意志银行、华侨银行以及中国银行和中国工商银行在马来西亚设立的分行等。目前，马来西亚共有27家商业银行（不包括伊斯兰银行），其中包括8家本地银行和19家外资银行。表3—3为马来西亚商业银行中英文名称及其归属权。

表3—3　　　　　　　　　　　**马来西亚商业银行名单**

序号	英文名称	中文名称	所有权
1	Affin Bank Berhad	华侨商业银行有限公司	本地
2	Alliance Bank Malaysia Berhad	联合银行马来西亚分行	本地
3	AmBank（M）Berhad	大马银行	本地
4	BNP Paribas Malaysia Berhad	法国巴黎银行马来西亚有限公司	外资
5	Bangkok Bank Berhad	曼谷银行有限公司	外资
6	Bank of America Malaysia Berhad	美国银行马来西亚有限公司	外资
7	Bank of China（Malaysia）Berhad	中国银行（马来西亚）有限公司	外资
8	Bank of Tokyo-Mitsubishi UFJ（Malaysia）Berhad	三菱东京 UFJ 银行（马来西亚）有限公司	外资
9	CIMB Bank Berhad	联昌国际银行集团	本地
10	Citibank Berhad	花旗银行有限公司	外资
11	Deutsche Bank（Malaysia）Berhad	德意志银行（马来西亚）有限公司	外资
12	HSBC Bank Malaysia Berhad	马来西亚汇丰银行有限公司	外资
13	Hong Leong Bank Berhad	马来西亚丰隆银行	本地
14	India International Bank（Malaysia）Berhad	印度国际银行（马来西亚）有限公司	外资
15	Industrial and Commercial Bank of China（Malaysia）Berhad	中国工商银行（马来西亚）有限公司	外资
16	J. P. Morgan Chase Bank Berhad	摩根大通银行有限公司	外资
17	Malayan Banking Berhad（Maybank）	马来亚银行	本地
18	Mizuho Bank（Malaysia）Berhad	瑞穗银行（马来西亚）有限公司	外资
19	National Bank of Abu Dhabi Malaysia Berhad	阿布扎比国家银行马来西亚有限公司	外资
20	OCBC Bank（Malaysia）Berhad	华侨银行（马来西亚）有限公司	外资
21	Public Bank Berhad	大众银行	本地
22	RHB Bank Berhad	马来西亚兴业银行	本地
23	Standard Chartered Bank Malaysia Berhad	渣打银行马来西亚分行	外资
24	Sumitomo Mitsui Banking Corporation Malaysia Berhad	住友三井住友银行马来西亚分行	外资

续表

序号	英文名称	中文名称	所有权
25	The Bank of Nova Scotia Berhad	加拿大丰业银行（马来西亚）分行	外资
26	The Royal Bank of Scotland Berhad	苏格兰皇家银行有限公司	外资
27	United Overseas Bank（Malaysia）Bhd.	大华银行（马来西亚）有限公司	外资

资料来源：马来西亚中央银行。

1. 市场份额角度

宏观上看，马来西亚货币银行资产①占其 GDP 的比重较高，波动较大，近年趋于平稳。从时间序列来看，有两个上升阶段和两个下降阶段。1970—1987 年是第一个上升阶段，而 1992—1998 年是第二个上升阶段；与之相对 1988—1991 年和 1998—2008 年是两个下降阶段（图 3—5）。21 世纪后，其占比稳定在 120% 左右。

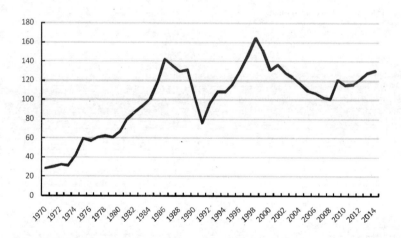

图 3—5　1970—2014 年马来西亚存款货币银行资产占国内生产总值比重（单位：%）
资料来源：世界银行。

---

①　由于各个机构统计存在差异，这里的存款货币银行数据来源于世界银行 GFDD 数据库，与 BVD 数据库统计略有差异，由于世界银行数据时间序列长于 BVD，所以在此分析时使用了世界银行的数据。世界银行数据考虑了通货膨胀的影响，详见 http：//databank. worldbank. org/data/reports. aspx？source = global – financial – development&Type = TABLE&preview = on。

就银行业集中度来看，马来西亚前五大银行集中度较高且波动较大。如图3—6所示，1996—1999年集中度较低，在60%左右。1999—2001年集中度明显上升，达到90%，并一直保值在80%—100%的位置直到2010年。在经过了2011—2013年较低的集中度后，2014年的集中度又上升至95%以上。马来西亚银行集中度的阶段性变化与其政府的金融改革密切相关。1997年，受亚洲金融危机影响，马来西亚银行业不良债权骤增，但其政府通过设立国营金融资产管理公司、国家资产基金、企业债务重组委员会（CDRC）等机构，对不良债权进行了处理。此外，还通过成立当地银行自主团体对银行进行了重组，期望以大型银行的模式来增强机构的稳健性。到2000年底第一次银行合并计划完成后，马来西亚每个银行集团的资本金都不少于20亿林吉特（5.3亿美元），资产总额超过250亿林吉特（65.8亿美元），大大提高了银行规模及抗风险能力。2003年马来西亚又开始推行第二次银行合并计划，与上次计划相比，此次合并主要依靠市场力量推动。2004年，马来西亚已部分完成银行业重组和扩充资本的计划，推动54家银行合并为10家银行集团。

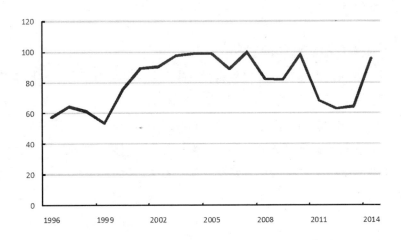

图3—6 1996—2014年马来西亚前五大银行资产集中度（单位：%）
资料来源：世界银行。

根据马来西亚各家商业银行2016年半年报统计，前五大银行集中度仍处于较高位置（72.7%），且前五家银行均为本土银行。外资银行中，新加坡的大华银行和华侨银行占比较大，我国的中国银行和工商银行占比不足1%（见图3—7）。

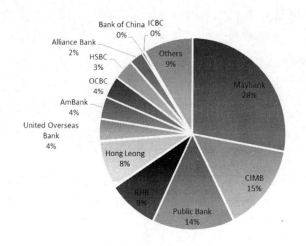

图3—7   2015年马来西亚商业银行资产规模

资料来源：BVD 数据库。

2. 业务结构与收入结构

马来西亚商业银行主要提供银行零售业务，如吸收存款、发放贷款和财务担保等；提供金融工具的交易，如信用证、商业票据贴现、船务担保、信托收据和银行承兑业务；提供财政金融方面的服务；提供跨境支付服务；提供信托和保管业务，如代理保管财产、保管有价证券及贵重物品和出租保险箱等。此外，商业银行业从事原先金融公司的业务，主要集中于消费信用、信贷融通、租赁业务、购买分期付款等。

马来西亚银行存贷比（银行信贷/银行存款）波动幅度趋缓，基本处于存贷均衡状态。从银行盈利的角度讲，较高的存贷比往往意味着较高的盈利能力；但从银行抵抗风险的角度讲，存贷比例不宜过高。如图3—8所示，马来西亚银行信贷在1990年以前保持温和增长，而1990—1998年的扩展使得此比例由80%增至137%。受亚洲金融危机影响，1998年以后存贷比逐渐平缓下滑，基本处于存贷均衡状态，近年来保持在 90% 左右。

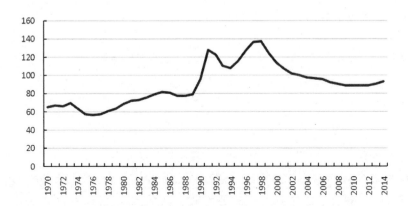

图 3—8　1970—2014 年马来西亚银行信贷占银行存款比重（单位:%）
资料来源：世界银行。

马来西亚商业银行负债较为依赖存款，而资产业务中贷款业务和其他盈利资产比约为 3:1，这显示出马来西亚商业银行较强的多元化业务结构。2015 年，马来西亚前五大商业银行资产负债表汇总如下，在其资金来源中，存款占比为 73.53%；在资金运用结构中，贷款比重达 66.73%；衍生产品和其他证券合计占比为 19.8%（见表 3—4）。

表 3—4　　　　　2015 年马来西亚前五大商业银行资产负债表　单位：百万美元

科目	金额	科目	金额
贷款总额	291670.0	总客户存款	321387.1
减值贷款准备金/不良贷款	3483.2	银行同业借款	27788.0
其他盈利财产	103642.9	其余存款及短期借款	4823.6
对银行的贷款与放款	15719.7	其他有息负债	30320.2
衍生产品	7562.5	衍生产品	5924.4
其他证券	79064.5	贸易负债	1154.0
剩余盈利财产	1296.2	长期资金	23241.9
总盈利财产	391829.7	其他（无息）	14206.7
固定资产	1470.8	坏账准备金	0.0

续表

科目	金额	科目	金额
非盈利资产	43784.8	其余准备金	264.2
		所有者权益	38295.4
总资产	437085.3	总负债及所有者权益	437085.3

资料来源：BVD 数据库。

　　从收入结构来看，净利息收入仍为商业银行最主要的收入来源；非利息收入占比具有上升趋势，净费用和佣金占非利息收入的主要部分。从时间趋势上看，1996—2004 年，非利息收入占比稳定在 20% 左右（见图 3—9）。由于非利息业务具有相对稳定、安全且利润率较高的优势，2005 年以来，马来西亚商业银行开始加大对非利息收入业务的投入，非利息收入占比也从 20% 左右上升至 30%，并保持到 2012 年。2012 年以后，此比例逐渐下滑，到 2014 年，非利息收入占比回落到 20%。从 2015 年马来西亚前五大商业银行收入结构来看，净利息收入占 73%，而净费用和佣金占 15%（见图 3—10）。

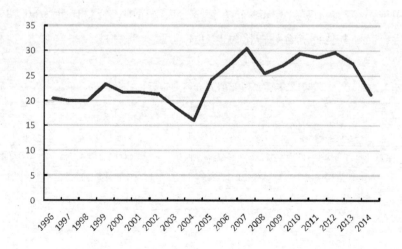

图 3—9　1996—2014 年马来西亚商业银行非利息收入占总收入之比（单位：%）
资料来源：世界银行。

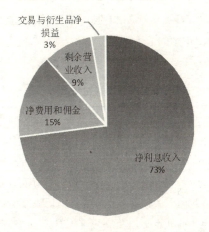

交易与衍生品净损益 3%
剩余营业收入 9%
净费用和佣金 15%
净利息收入 73%

图3—10 2015年马来西亚前五大商业银行收入结构

资料来源：BVD数据库。

（二）依附于银行集团的全能型投资银行

早在20世纪80年代，马来西亚就已经是亚洲地区四大股票市场之一。随后，马来西亚政府采取了一系列经济、金融改革措施放宽了对外资和证券市场活动的限制。伴随着经济的飞速增长，马来西亚股票市场及投资银行也不断发展，1996年共有63家投资银行（证券公司），市值达3061.6亿美元。由于1997年金融危机的冲击，马来西亚证券公司面临着投资下跌和客户拖欠债务的问题，13家财务问题严重的证券公司被限制交易，其中10家被国家资产管理公司所接管。金融危机的巨大冲击，使合并国内证券公司以整顿及巩固整个行业的要求愈加迫切。2000年4月，马来西亚证券委员会宣布对国内证券业进行清理整顿，以加强马来西亚国内证券业的整体实力。这一证券业合并措施，具体包括对证券业的合并重组和削减股票交易成本两部分。马来西亚证券业合并"大蓝图"的核心，是将马来西亚证券公司数量大幅减少，合并完成后留下来的精英称为"全方位经纪"（Universal Broker）。所谓全方位经纪，是指可以提供各种证券服务的证券公司，即包括提供各种资本市场的服务。

目前，马来西亚有投资银行11家（见表3—5），主要涉及短期货币市场和资本增值活动，包括长短期融资、公司融资、兼并收购、股票销售和交易、资产管理、投资研究和风险投资业务。此外，投资银行也从事一些银行业务，例如项目融资、临时借款、循环贷款、定期贷款、发行承兑信用证、租赁、贴现和购买分期付款。2015 年，全国投资银行资产为311.09 亿美元，占 GDP 约 11.1%。

表 3—5　　　　　　　　　　马来西亚投资银行名单

序号	英文名称	中文名称	归属地
1	Affin Hwang Investment Bank Berhad	艾芬黄氏投资银行有限公司	本地
2	Alliance Investment Bank Berhad	联和投资银行有限公司	本地
3	AmInvestment Bank Berhad	大马投资银行有限公司	本地
4	CIMB Investment Bank Berhad	联昌国际投资银行有限公司	本地
5	Hong Leong Investment Bank Berhad	丰隆投资银行有限公司	本地
6	KAF Investment Bank Berhad	KAF 投资银行有限公司	本地
7	Kenanga Investment Bank Berhad	肯纳格投资银行有限公司	本地
8	MIDF Amanah Investment Bank Berhad	MIDF Amanah 投资银行有限公司	本地
9	Maybank Investment Bank Berhad	马来亚银行投资银行有限公司	本地
10	Public Investment Bank Berhad	公共投资银行有限公司	本地
11	RHB Investment Bank Berhad	兴业投资银行有限公司	本地

资料来源：马来西亚中央银行。

据前马来亚银行业务高级副总裁刘业成先生介绍[①]，从 2004 年开始，马来西亚商业银行、投资银行、保险及汽车金融等机构逐渐通过合并形成了大型银行集团。银行集团囊括了众多类型的金融机构，一个银行集团往往拥有商业银行、投资银行（股票交易）、保险、汽车金融、租赁公司、伊斯兰金融、伊斯兰保险（Takaful）等众多部门。例如，马来西亚第二大的 KAF 投资银行有限公司即属于 KAF 银行集团的一部分，除了为客户提供各类金融工具（如银行承兑汇票和存款票据、央行票据、政府证券、企业债券等）的交易与买卖服务外，KAF 投资银行还可联合集团资源，提供证券经纪、期货经纪、基金管理、货币经纪、投资研究和咨询服务。

---

　　① 感谢广西大学中国—东盟研究院的支持，使得本调研团队得以前往马来西亚进行实地调研。

（三）寿险为主导的保险业

保险行业是服务业中的一个重要驱动力，在经济发展中起着举足轻重的作用。马来西亚保险业始于1860年，作为曾经的"亚洲四小虎"之一，得益于迅速增长的经济，是东盟中保险业较为发达的国家，已经具有比较成熟的市场主体和保险渗透率。

1. 市场份额角度

马来西亚保险市场份额较为分散，保险公司数量较多、规模较小。20世纪70年代一度达到150余家。在2005年前后，马来西亚保险业经历了大规模的合并重组，目前，马来西亚保险市场由约15家大型保险公司和数十家中型公司占据。马来西亚保险业经历了一个起步、发展、激烈竞争、优胜劣汰、并购重组到垄断竞争的市场演变过程。据马来西亚中央银行2015年底统计公布，现有保险公司55家，其中寿险和一般业务保险公司4家，寿险保险公司10家，一般业务保险公司19家，寿险和一般业务再保险公司1家，寿险再保险公司1家，一般业务再保险公司5家，伊斯兰家庭保险3家，伊斯兰家庭和一般业务保险8家，一般业务伊斯兰再保险公司1家，家庭和一般业务伊斯兰再保险公司3家[①]。保险公司总资产占整个金融机构总资产约7.5%，占GDP 22.48%（2015）。从宏观来看，2000年以来，马来西亚保险公司资产占GDP比重一直保持在20%左右，并未出现过较大波动（见图3—11）。

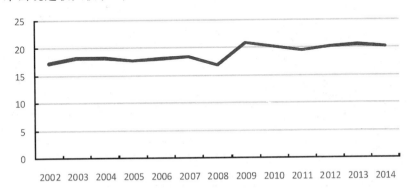

图3—11 2002—2014年马来西亚保险公司资产占国内生产总值比重（单位:%）
资料来源：世界银行。

---

① 有关伊斯兰保险的内容将在本章第三节详细论述。

马来西亚关于保险监管机关的法律规定比较有特点。马来西亚的保险监管机关是中央银行，中央银行内设了两个保险监管部门：检查部和管理部。中央银行接受保险企业的设立申请并进行审查，但其仅有权签发保险经纪人和公估人的执照，保险公司的执照由财政部签发。马来西亚法律制度继承了英国法律体系，属于判例法国家，故没有关于保险合同的成文法典，法官判案要援引以前判例。1996 年颁布的《保险法》是调整保险业的基本法。总体而言，马来西亚的保险监管和保险法制较为健全。

2. 业务结构与收入结构

马来西亚非寿险保费增长与国内生产总值走势相似，而寿险保费波动较大。2000 年以来，寿险保费规模约为非寿险的 2 倍。如图 3—12 所示，1996 年以前，非寿险保费和寿险保费几乎同步增长，相差不大。1996 年后两者出现分离，非寿险保费从 2% 的 GDP 占比持续下滑，在 2006—2014 年维持在不足 1.5% 的 GDP 占比的较低水平。与之相反，寿险保费在 1996—2001 年实现高速增长，最高达 3.4% 的 GDP 占比。在随后的年份中寿险保费的波动逐渐减缓，在 2006 年后维持在 3% 左右。

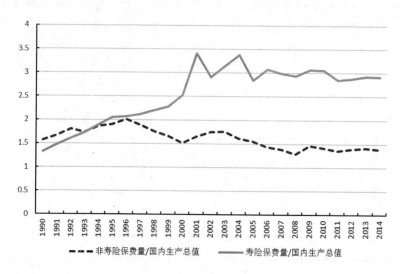

图 3—12　1990—2014 年马来西亚各类保费占国内生产总值比重（单位：%）
资料来源：世界银行。

三 金融市场结构

本节将从工具结构和价格结构两个角度分析马来西亚的货币市场与资本市场。

(一) 以政府证券为主的货币市场结构

1. 工具结构

马来西亚货币市场交易主要以政府证券、流通存款票据、银行承兑汇票、国家银行票据为主，其中政府证券交易量占据货币市场交易量主要部分，而国家银行票据交易量波动较大。

如图3—13所示，2000年以前，市场交易量最大的是银行承兑汇票和流动存款票据，其余货币市场工具交易量较小。1995—2000年，流通存款票据和银行承兑汇票交易量明显下降，而政府证券交易量则明显上升。亚洲金融危机以后，政府证券交易逐渐凸显出其重要地位，甚至一度达到货币市场交易量的50%，在2006年前后虽有下滑，但也一直维持在40%左右。2007—2012年，国家银行票据交易量急剧增加，从原先不足10%跃至30%—40%，但在2013年后又逐步下滑，2015年已不足5%。2015年，整个货币市场工具交易量达到820亿美元，与当年GDP之比为27.7%。

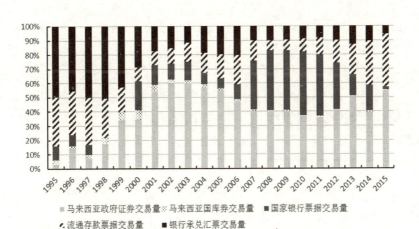

图3—13 1995—2015年马来西亚货币市场各类交易工具交易量比例

资料来源：马来西亚中央银行。

2. 价格结构

马来西亚商业银行和投资银行的存贷款利率变动走势较为一致。从1997年后市场整体利率开始由高位向下滑落,并一直保持在各自的范围中,没有明显的波动。如图3—14所示,1999—2007年商业银行平均贷款利率与投资银行平均贷款利率几乎一致,但在2008年开始出现差异,投资银行平均贷款利率明显高于商业银行平均贷款利率,利差约为2%左右。与之相反的是,商业银行和投资银行的12个月定期存款利率走势在2005年后保持了较高的一致水平。

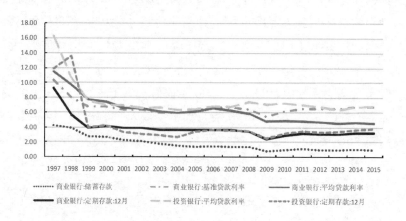

图3—14 1997—2015年马来西亚商业银行和投资银行存贷款利率(单位:%)

资料来源:马来西亚中央银行。

与商业银行和投资银行的存贷款利率不同,马来西亚各类货币市场工具价格结构整体相似度很高,变动一致性很强。如图3—15所示,整个货币市场利率价格在1998年以前位于较高点,1999年后大幅下滑至3%左右并长期维持在这一区间,2009年受全球次贷危机影响货币市场利率再次下行,降至2%左右。经过2011年和2012年的调节,目前利率又重新回到3%附近。

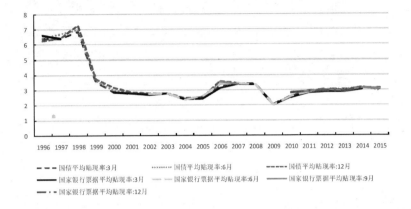

图 3—15　1996—2015 年马来西亚各类货币市场工具价格结构（单位：%）

资料来源：马来西亚中央银行。

（二）多层次的资本市场结构

马来西亚股票交易所为吉隆坡证券交易所（Kuala Lumpur Stock Exchange/Bursa Malaysia，KLSE）。它成立于 1973 年，为马来西亚投资者提供了一个安全、有效率、成本效率高与具吸引力的投资目的地。

吉隆坡股票交易所现已成为亚洲最大的证券交易所之一，提供超过 800 家上市公司的各种投资选择。资本较大的公司在主要交易板挂牌，而中型企业则挂牌于第二板。从上市公司的数量来看，1988—2005 年，上市公司数量在不断增多，2007 年最高达到 1036 家，随后有所减少，但依旧维持在 800 家以上（见图 3—16）。从多层次资本市场的市值来看，

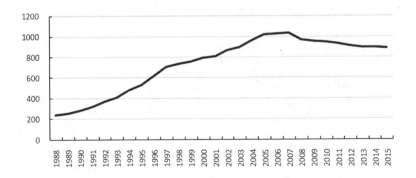

图 3—16　1988—2015 年马来西亚上市公司数目

资料来源：世界银行。

马来西亚证券市场是以主板为绝对主导的，主板市值占整个交易所交易市值的98.7%（2015），其二板市场和创业板市场还有很大发展空间（见表3—6）。

表3—6　　　　　　　　马来西亚证交所市值　　　　　单位：亿美元

	2008 年	2009 年	2010 年	2011 年	2012 年	2013 年	2014 年	2015 年
主板	1923.3	2794.6	3913.0	4151.9	4695.3	5343.8	4990.4	4283.9
第二板	8.6	8.5	11.3	8.4	13.8	13.4	11.7	13.9
创业板	16.0	15.0	17.9	21.0	22.4	31.3	29.6	30.3
ETF	3.1	3.3	3.8	3.3	3.0	3.2	3.2	4.4
债券和贷款	12.3	14.3	13.2	13.2	10.6	10.4	10.3	6.9

资料来源：马来西亚中央银行。

从上市公司市值与GDP比例来看，2002年以前，上市公司市值与其占GDP比重的走势拟合度较高，2002年后二者开始分离，上市公司市值表现出明显的波动性（图3—17）。1984年是市值异常高点，这个异常值大部分归结于1984年马来西亚经济的下滑。随后，在经历了1985—1996年市值的不断增长后，1997年市值经历了一个较大的滑坡，随后市值占

图3—17　1981—2015年马来西亚上市公司总市值及其与GDP比例

资料来源：世界银行。

GDP 比例一直维持在 120% 左右。2003 年之前上市公司市值与其 GDP 占比走势大致相同，2003 年后，上市公司市值增长明显高于 GDP 增长，同时也表现出较大的波动，尤其是 2008 年与 2015 年的大幅下滑。这一方面说明了马来西亚资本市场的高速发展与企业直接融资模式的变化，另一方面也显示出马来西亚资本市场受全球经济波动的影响较大，在面对冲击时，市值的蒸发现象较为明显。

马来西亚债券筹资市场主要以政府证券、中期票据和政府投资事宜债券的发行为主。政府证券一直占据债券发行市场约 40% 的份额，但近年来比重有所下降。2010 年后中期票据逐渐增长，并在 2012 年超过政府证券占据整个债券发行总额的 46%。2013 年后中期票据比重略有下降，但也维持在 37% 的市场份额。与此同时，政府证券占比逐年下降，2015 年占债券发行市场的 28%。政府投资债券增长较为温和，从 2005 年 10% 左右升至 2015 年的 22%。其余债券发行占整个市场比重较小（见图 3—18）。

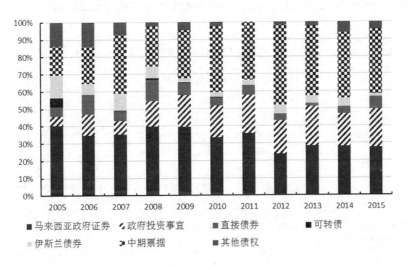

图 3—18 2005—2015 年马来西亚债权市场各类工具筹集资金规模结构
资料来源：马来西亚中央银行。

四 融资结构

本章的研究在于全面而系统地考察马来西亚融资结构的概貌，鉴于所有融资活动必然都是各类融资主体的资金余缺调剂行为，本章从融资主体角度，对马来西亚企业部门、政府部门和居民部门的融资结构进行全方位的考察。

（一）企业融资：直接融资与间接融资并重

企业（非金融企业）是一国实体经济活动的市场主体，是社会资金循环系统中最重要的部门之一。我们采用融资来源结构的划分标准来描述和分析企业资金的融入结构，具体可分为两个层次：外源融资中直接融资与间接融资的结构①；间接融资、直接融资的内部结构。

1. 直接融资与间接融资

马来西亚企业外源融资逐渐由间接融资主导转向间接融资与直接融资并重的结构。从表3—7中可以看出马来西亚企业外源融资的大致规模和结构：在2008年以前，企业外源融资大部分为间接融资，占比在70%左右；自2009年以来，间接融资比例逐年明显下降，而直接融资所占比例逐年显著上升。到2012年，直接融资比重超过间接融资，占比51.3%，近年来直接融资比重略有下滑，但仍旧保持40%以上的比例。与我国相比，马来西亚企业外源融资已经表现出显著的间接融资与直接融资并重的结构。

表3—7　　　　　　　　直接融资与间接融资额②　　　　单位：百万美元

年份	间接融资	间接融资占比	直接融资	直接融资占比
2006	20843.1	70.4%	8753.3	29.6%
2007	43253.2	68.6%	19826.3	31.4%
2008	37105.1	69.8%	16064.6	30.2%
2009	27258.7	53.2%	23940.6	46.8%
2010	37272.23	58.9%	26041.9	41.1%
2011	49156.1	64.7%	26856.8	35.3%
2012	45547.8	48.7%	48016.0	51.3%
2013	39967.4	55.8%	31702.8	44.2%
2014	40607.1	55.9%	31979.3	44.1%
2015	36106.7	57.7%	26515.9	42.3%

资料来源：马来西亚中央银行。

---

① 由于缺失相关企业数据，故无法分析内源融资与外源融资结构。

② 企业直接融资以除去"金融保险及商业服务；教育，医疗和保险；家庭部门"的当期获准贷款来衡量，而直接融资以资本市场筹集资金数据中的当期股票和债券融资来衡量，下同。

2. 重债轻股的企业直接融资内部结构

直接融资的方式有多种，我们需要进一步分析直接融资的内部结构。从国外历史经验来看，美国企业的直接融资以债券和商业信用为主；英国和法国企业的直接融资以股票为主，同时其商业信用也占有较高的份额；日本企业的直接信用以商业信用为主；德国企业的直接融资中股票和商业信用并重。可见，商业信用这种融资方式在各国直接融资中都占有重要地位。由于缺乏对于马来西亚商业票据的相关数据，故本小节主要分析企业直接融资中股票和债券融资的机构。

马来西亚直接融资结构表现出明显的"重债轻股"特点，虽然股票融资和债券融资内部结构变化较大，但股票和债券融资的比例变化不大。从时间序列可以看出，除个别年份，债券融资常年占比在75%以上。而在债券融资内部，其又凸显出以中期票据为主导的特点，从图3—19中可以看出，2006年以来，中期票据占比均在50%以上。企业直接债券融资波动较大，从2008年以来，其表现出先下降再上升的趋势。2015年，直接债券融资占直接融资比例为13%。

股票融资中，IPO融资和配股融资规模波动较大，但权证融资较少。近年来，配股融资逐渐取代IPO成为股票融资中的主要部分。2015年，配股融资占整个直接融资的13%，而IPO融资占比仅为4%。

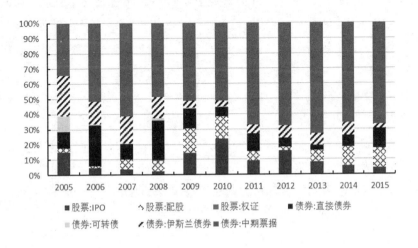

图3—19　2005—2015年马来西亚直接融资结构

资料来源：马来西亚中央银行。

3. 以传统商业银行为主导的间接融资内部结构

企业间接融资内部结构可以按来源不同和贷款主体不同划分。首先从整体规模上看，企业贷款占银行当期贷款（获准）比例较为稳定，但从规模上看近年来有所下滑（见图3—20）。从时间序列上看，企业贷款占比在35%左右波动，2015年企业贷款当期获准为361.1亿美元，占整个银行贷款约37%。

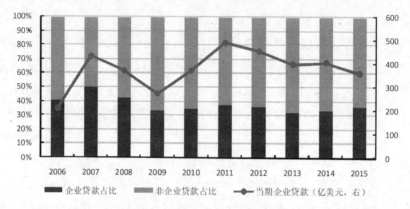

图3—20　2006—2015年马来西亚银行贷款结构及企业贷款规模
资料来源：马来西亚中央银行。

从贷款来源看，商业银行贷款是企业间接融资的最主要来源，同时，伊斯兰银行的企业贷款占比也逐渐上升。由于机构定位及主营业务的差异，来源于投资银行贷款极少，可忽略不计。从图3—21数据可以看出，2006—2015年商业银行企业贷款（余额）一直维持在70%以上的占比，但来源于伊斯兰银行[①]的企业贷款表现出较强的增长趋势，其已经由2006年的约15%上升至30%以上。

从贷款主体看，可以根据企业的不同行业来进行分类，本处将马来西亚企业分为制造业、农业、房地产等9类（见图3—22）。从当期获准贷款来看，各类企业占比波动不大，较为稳定，房地产行业、批发零售和制造业为获取贷款前三大行业。这也与马来西亚的经济结构相类似。

[①]　对于伊斯兰金融体系的详细分析，详见本章第三节。

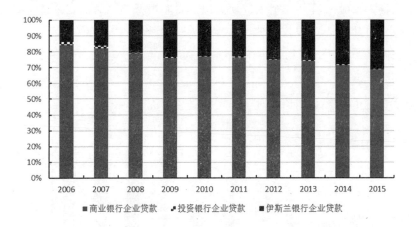

图3—21　2006—2015年马来西亚企业直接融资——按来源结构（单位：贷款余额）

资料来源：马来西亚中央银行。

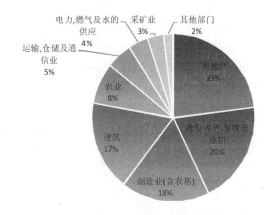

图3—22　2015年企业新增贷款（获准）结构

资料来源：马来西亚中央银行。

（二）居民资金融入需求较为旺盛

通常来讲，居民（家庭部门）部门属于资金供给方，对于资金的需求弱于其他部门。但从马来西亚数据来看，居民部门在银行当期贷款中占据重要位置，这也与马来西亚企业外源融资的直接融资与间接融资并重的特色有关。从图3—23可以看出，2006—2015年，居民部门的当期获准贷款占比均在50%左右，2012年家庭部门新获贷款突破700亿美元，随后略有下降，但仍维持在500亿美元以上。

从贷款来源来看，与企业贷款类似，商业银行仍是居民贷款最主要的供给方，但其占比在逐年下降。而来自伊斯兰银行贷款的份额则不断上升，如图 3—24 所示，其比例已经由 2006 年的不足 20% 上升至 35% 以上。同时，结合上文分析，可以看到伊斯兰银行①在马来西亚金融结构中的地位日益重要，尤其是在对于居民的服务方面。

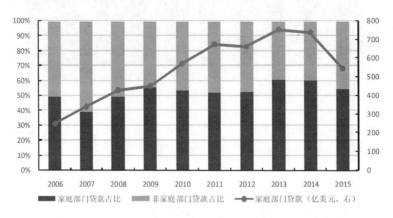

图 3—23　2006—2015 年马来西亚非家庭部门与家庭部门当期获准贷款结构
资料来源：马来西亚中央银行。

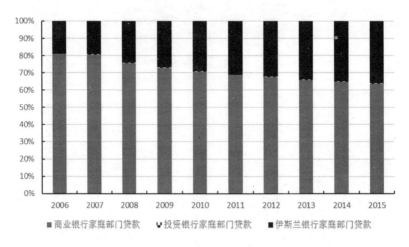

图 3—24　2006—2015 年马来西亚家庭部门贷款——按来源划分
资料来源：马来西亚中央银行。

---

① 对于伊斯兰金融体系的详细分析，详见本章第三节。

（三）国内债务为主导的政府债务

1. 财政赤字与政府债务总量的不断扩大

除个别年份以外，马来西亚政府财政均表现出赤字状况，且规模不断增大。自2000年以来马来西亚政府财政赤字不断扩大，2002年突破50亿美元，2009年则达134亿美元。随着政府财政赤字的扩大，马来西亚政府债务总量从1998年开始显著上升，并在2012年达到最高（见图3—25）。从内外债结构来看，马来西亚政府债务主要以国内债务为主。如图3—26所示，国内债务均占据70%以上的份额，在1996—2008年占比甚至超过80%。

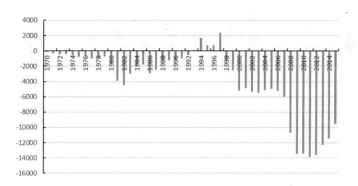

图3—25 1970—2015年马来西亚联邦政府财政：盈余/赤字总额（单位：百万美元）
资料来源：马来西亚中央银行。

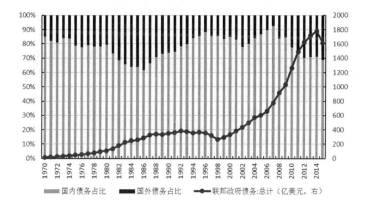

图3—26 1970—2015年马来西亚政府政务总量及结构

资料来源：马来西亚中央银行。

2. 以政府证券为主导的国内债务与以市场贷款为主导的国外债务结构

马来西亚国内债务主要以政府证券和投资事宜为主。近年来政府证券比重不断下降而投资事宜比重不断上升，其规模已经超过政府证券成为国内债务占比最大的组成部分。除此以外，其他贷款比重波动不大，维持在10%左右，而国库券规模很小，占整个国内债务不足1%（见图3—27）。国外债务中市场贷款占主要部分，其比重虽然在2008年有所下降，但近年来持续上升并维持在60%以上（见图3—28）。

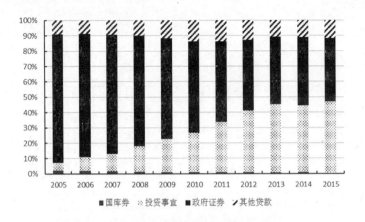

图3—27   2005—2015年国内债务结构变化

资料来源：马来西亚中央银行。

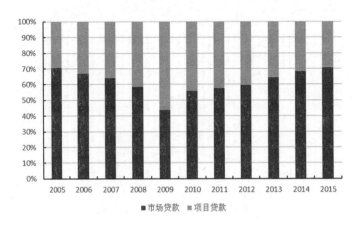

图3—28   2005—2015年国外债务结构变化

资料来源：马来西亚中央银行。

五　金融资产结构

金融资产的总体结构是指货币性资产、证券性资产、保险保障性资产、黄金白银、在国际金融机构的资产以及其他资产在全部金融资产中的比重，用以衡量金融资产的多元化程度。表3—8为2011—2015年底马来西亚金融资产数据①，用以描述当前金融资产的总体结构。从金融资产的大类属性来看，证券性金融资产占比较多，其次是货币性金融资产，保险保障类金融资产占比最小。2015年，在证券性金融资产中股票市值占60%以上，而在货币性金融资产中定期存款是主要部分，占54%（见图3—29）。

表3—8　　　　2011—2015年马来西亚金融资产总体结构　　单位：百万美元

年份	2011	2012	2013	2014	2015
一、货币性金融资产					
流通中现金 M0	174.8	185.8	199.9	208.3	196.9
活期存款	671.5	743.8	839.8	850.2	726.1
狭义准货币：储蓄存款	378.0	400.6	418.2	412.3	347.2
狭义准货币：定期存款	1754.8	1942.1	2130.4	2176.2	1901.9
狭义准货币：外币存款	223.8	264.8	254.9	294.2	354.7
二、证券性金融资产					
国债	1490.6	1624.0	1713.3	1780.8	1614.5
股票（市值）	4197.8	4745.1	5402.1	5045.0	4340.5
单位信托基金净值	815.2	954.6	1064.8	1048.1	887.4
批发基金净值	89.6	169.9	188.7	223.3	216.4
三、保险保障性金融资产					
保险基金资产：总计	582.7	633.0	674.8	682.2	612.1

资料来源：马来西亚中央银行。

---

① 由于数据缺失，证券性金融资产中未包含企业债券余额，但不影响马来西亚证券性金融资产占比较多的结论。

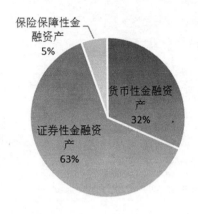

图 3—29 2015 年马来西亚金融资产总体结构

资料来源：马来西亚中央银行。

（一）较为合理的货币层次结构

现金和活期存款是金融资产中流动性最强的两部分，其主要职能是在商品和劳务的流通中进行支付和结算。随着经济商品化和货币化程度的提高，随着现代意义商业银行的出现和不断繁荣，人们更多地采用活期存款转账的方式进行结算。转账结算使得流通费用下降，结算速度提高。M0/M1 反映了全社会的结算效率。一般而言该比值越低则结算效率越高。从马来西亚数据来看，其 M0/M1 从 1970 年的 50% 左右逐步下降至近年来的 20%。M0/M1 的下降说明现金在马来西亚货币流通渠道的占比越来越低，表明由于金融创新以及银行支付体系的发展，马来西亚的结算效率在不断提高（见图 3—30）。

M1/M2 表明狭义货币供给相对于广义货币供给的比重。M1 由流通中的现金和活期存款构成，代表了社会的现实购买力，它对应着较强的交易动机；准货币 QM（quasi-money，M2—M1）由企业定期存款、储蓄存款和其他存款构成，它对应着较强的谨慎动机和财富贮藏动机，代表了潜在购买力。从世界各国经济金融发展经历看，M1/M2 的下降是一种必然趋势，马来西亚也不例外。从图 3—30 可以看出，M1/M2 的下降速度甚至快于 M0/M1，在 1998 年后一直维持在 20% 上下。如上文所述，QM/M2

反映了经济主体的未来消费和投资倾向，从马来西亚的数据来看，其
QM/M2 自 1986 年就上升至 70% 以上，近年来维持在 80% 左右，其持续
上升表现出马来西亚潜在购买力的不断增强。

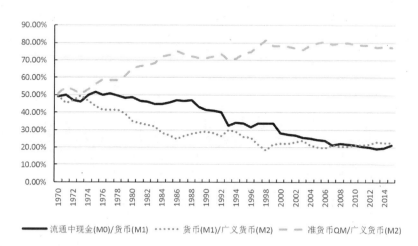

图 3—30　1970—2014 年马来西亚货币层次结构

资料来源：马来西亚中央银行。

（二）以企业为主的活期存款与以个人为主的定期存款

从存款主体来看，商业企业存款是马来西亚活期存款的主要来源，其
常年占据约 60% 左右的份额。其次是个人存款，占比约 20% 左右。其余
部门活期存款占比较少。在亚洲金融危机时，企业和个人的活期存款均明
显下降，但在 2008 年次贷危机时，企业活期存款占比下降较为明显，但
个人活期存款占比不降反升。这表明此次危机中居民部门受到的冲击较
小，并没有强烈的变现诉求（见图 3—31）。

而定期存款结构中，个人部门替代了企业部门成为定期存款的主要来
源，企业部门的定期存款占比常年保持在 25% 左右。1999 年金融危机时，
投资机会减少与经济萧条导致的收入减少使得个人定期存款占比下降而企
业部门定期存款上升。而对于次贷危机，定期存款没有表现出波动迹象
（见图 3—32）。

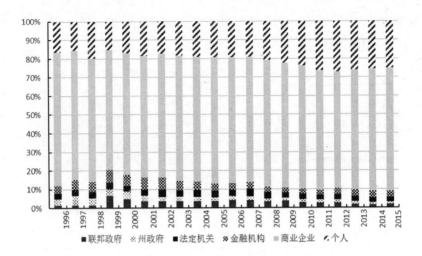

图3—31 1996—2015年马来西亚各部门活期存款占比

资料来源：马来西亚中央银行。

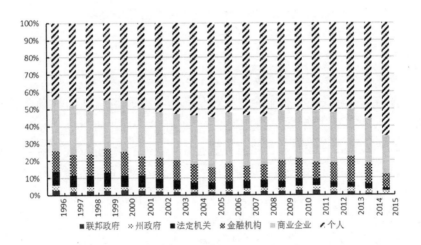

图3—32 1996—2015年马来西亚各部门定期存款占比

资料来源：马来西亚中央银行。

六 金融开放结构

（一）产业开放结构：银行与保险

在对金融产业开放结构进行考察时，我们将视角放在银行、保险、证券等行业的划分基础上，考察马来西亚金融业中各个行业的外资金融机构的设立、资产规模等方面所占的市场份额，并由此得出对马来西亚金融产业的开放结构的判断。

表 3—9　　　　　　　　2015 年马来西亚本土及外资金融机构数量

	本土机构数量	外资机构数量	机构数量合计	外资机构行业占比
商业银行	8	19	27	70.4%
伊斯兰银行	10	6	16	37.5%
国际伊斯兰银行	0	3	3	100.0%
投资银行	11	0	11	0.0%
保险公司	30	25	55	45.5%

资料来源：马来西亚中央银行。

马来西亚外资金融机构主要以银行和保险机构为主，投资银行则尚未有外资机构介入。从机构数量来看，保险业为先导的特征明显。截至2015 年底，根据马来西亚中央银行统计，外资金融机构共计 53 家，其中商业银行 19 家，伊斯兰银行与国际伊斯兰银行共 9 家，保险公司 25 家。从各行业占比来看，银行业中外资机构数量占比较大，商业银行外资机构占比达 70.4%（见表 3—9）。

从外资金融机构的资产规模来看，外资商业银行占据主要地位[①]。根据 2011—2015 年数据，外资商业银行与外资保险机构资产比例基本保持在 7∶3。但若就单个行业来看，如图 3—33 所示，外资商业银行资产规模仅占整个商业银行资产规模的 18%，而外资保险机构占整个马来西亚保险公司的 72%[②]。马来西亚外资银行集中度较高，前五大商业银行占整个外资商业银行总资产的 78%，最大的两家外资银行为大华银行（马来西亚）有限公司与华侨银行（马来西亚）有限公司，其均为新加坡银行。

[①]　由于外资伊斯兰银行及国际伊斯兰资产规模数据不可得，故在分析外资机构资产规模部分暂未考虑外资伊斯兰银行机构。

[②]　由于 BVD 全球保险行业数据库缺失 AmMetLife Takaful Berhad；Chubb Insurance Malaysia Berhad 等 8 家保险公司的数据，故此表并未完全包括所有保险机构（同样在下文的分析中也未包含这 8 家机构的数据），但仍可看出其外资保险公司占据主导地位的现状。

保险行业中，外资寿险公司总资产占整个外资保险机构的 53%，外资一般保险公司占 43%。

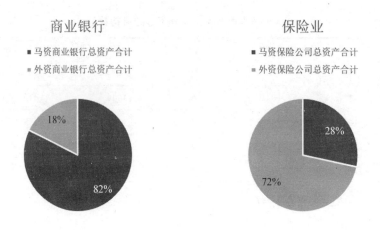

图 3—33　2015 年马来西亚外资机构行业占比

资料来源：BVD 数据库。

（二）由长期外债转向长短并重的外债结构

马来西亚的外债结构发生了变化，短期外债的比重逐年提高。如图 3—34 所示，1991 年以前马来西亚外债主要以长期外债为主，1992 年后短期外债逐渐增长，2007 年后短期外债增速加快，其规模逐渐与长期外

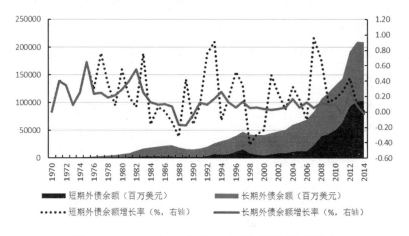

图 3—34　1970—2014 年马来西亚外债结构及增长率

资料来源：世界银行。

债余额一致。从总量来看，外债余额在 1988—1990 年以及 1998—2001 年有两次下滑，其余年份均保持增长，而从长短期外债余额各自增长率来看，长期外债余额增长率波动更小，短期外债余额增长率表现出强烈波动性，尤其是 1998 年短期外债增长率低至 -43%，而在金融危机前短期外债余额增长率又达到 96%，几乎翻倍。

（三）加强管制的资本市场开放结构与活跃的外商直接投资

1. Chinn-Ito 指数

从 Chinn-Ito 指数来看，马来西亚资本账户经历了由封闭到开放再封闭的过程①。如图 3—35 所示，1972—1981 年是马来西亚资本账户逐步开放的年份，在 1982 年 Chinn-Ito 指数达到 1，并维持至 1992 年。1992 年后开放程度逐渐下降至 2000 年的 0.4，这与 1972 年的开放程度几乎一致。在次贷危机前金融市场泡沫横行的 2008 年初，马来西亚开放程度有一个小跳跃，但随后在 2009 年受监管政策的影响，开放程度再次下降，降到 0.16。2014 年 Chinn-Ito 指数重新回到 0.4。

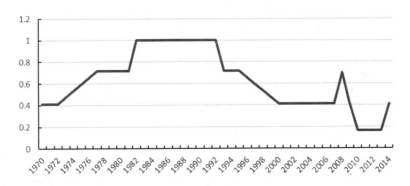

图 3—35　1970—2014 年马来西亚 Chinn-Ito 指数

资料来源：WEB. PDX. EDU。

---

① Chinn-Ito 指数（KAOPEN）是一个衡量一个国家的资本账户开放程度的指数。该指数是由 Chinn 和 Ito（2006）最先引入的，该指数是根据国际货币基金组织跨境金融交易限制统计表整理而成，介于 0 和 1 之间。Chinn-Ito 指数越接近于 1 则表明一国资本账户开放程度越高，越接近于 0 则表明一国资本账户开放程度越低。

2. 外商直接投资净流入

马来西亚外商直接投资规模整体来看呈上升趋势。如图3—36所示，1997年以前，马来西亚外商直接投资呈持续增长趋势，并在1997年达到最高值——51.4亿美元，在亚洲金融危机后外商直接投资急剧下滑，在2001年达到最低约5.5亿美元。2002年后，随着危机消散与世界经济复苏，外商直接投资额又重新上涨直到2008年次贷危机。但耐人寻味的是，在经历2009年最低点后，2011年外商直接投资又迅速上升并达历史最高，这部分说明全球投资者对于马来西亚投资环境及市场的一种认可。

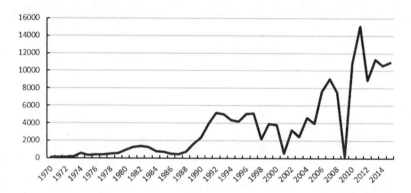

图3—36 1970—2014年马来西亚外商直接投资净流入（单位：百万美元）
资料来源：世界银行。

七 开发性金融机构（DFIs）

马来西亚开发性金融机构是其政府设立的专业性金融机构，目的在于促进工业和农业部门的发展。开发性金融机构的主要目标是为借款者提供量身打造的长期贷款，中央政府和地方政府都以股权参与和低息贷款的形式提供资金。《开发性金融机构法2002》（DFIA）在2002年1月开始生效，其为马来西亚提供了一个全面的监管框架来保证开发性金融机构安全、健全地运作并确保开发性金融机构的角色、目标和活动与政府的国家目标一致。

（一）马来西亚开发性机构概述

DFIA的确立为马来西亚提供了一个全面监管框架，其确保了开发金融机构的财务和经营稳健，并规定了不同开发性机构在授权范围内的行为与其扮演的角色。根据马来西亚中央银行的资料显示，DFIA法案中包含的开发性金融机构共有6家（见表3—10），这些机构的发展和运行均在马来西亚国家银行（中央银行）的管辖内。

表3—10　　开发性金融机构法2002（DFIA）包含的开发性金融机构名单

序号	英文名称	中文名称
1	Bank Pembangunan Malaysia Berhad	马来西亚发展银行
2	Bank Perusahaan Kecil & Sederhana Malaysia Berhad（SME Bank）	马来西亚中小企业银行
3	Export-Import Bank of Malaysia Berhad（EXIM Bank）	马来西亚进出口银行
4	Bank Kerjasama Rakyat Malaysia Berhad	马来西亚人民银行
5	Bank Simpanan Nasional	国民储蓄银行
6	Bank Pertanian Malaysia Berhad（Agrobank）	马来西亚农业银行

资料来源：马来西亚中央银行。

除了DFIA包含的以上6家机构外，马来西亚还有7家其他开发性金融机构。它们是：马来西亚工业发展金融有限公司（Malaysian Industrial Development Finance Berhad）、信用担保公司有限公司（Credit Guarantee Corporation Berhad）、朝圣基金局（Lembaga Tabung Haji）、沙巴发展银行有限公司（Sabah Development Bank Berhad）、沙巴贷款机构（Sabah Credit Corporation）、婆罗洲发展公司（沙巴）有限公司［Borneo Development Corporation（Sabah）Sdn Bhd］和婆罗洲发展公司（沙捞越州）有限公司［Borneo Development Corporation（Sarawak）Sdn Bhd］[①]。

（二）马来西亚开发性金融机构的规模及主要业务

从资产规模来看，马来西亚最大的开发性金融机构为朝圣基金局（与商业银行相比，资产规模略高于马来西亚大华银行），其占整个开发性金融机构总资产约为38%（2015），其次是人民银行和国民储蓄银行。除朝圣基金局外，其余DFIA法案以外的开发性金融机构规模均较小，占比约在1%（见图3—37）。

---

① 由于BVD Bankscope数据库中尚未包含婆罗洲发展公司（沙巴）有限公司和婆罗洲发展公司（沙捞越州）有限公司的数据，故在后文的分析中不包括这两家公司的分析。

朝圣基金局成立于 1963 年，是一家伊斯兰金融色彩颇为浓厚的开发性金融机构，其最大特色即为穆斯林提供关于朝圣①的全方位金融服务。朝圣服务包含了从朝圣仪式介绍、培训课程、签证机票办理、入境申请等一系列有关朝圣活动的咨询服务和金融支持。除此以外，朝圣基金局还提供符合伊斯兰教义下的存贷服务。同时，其通过投资于符合伊斯兰教义的房地产开发及建筑、伊斯兰金融、信息技术、石油和天然气领域获取收益。朝圣基金局 2014 年净收入达 13 亿美元，截至 2015 年，已经拥有超过 880 万储户和 123 家分行②。

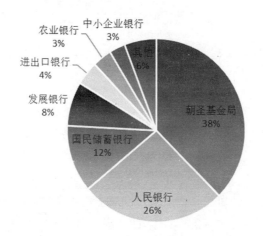

图 3—37　2015 年马来西亚开发性金融机构总资产规模结构

资料来源：BVD 数据库。

马来西亚人民银行成立于 1954 年 9 月，重点是为本国居民提供融资服务，尤其是在农业生产、工业、渔业、交通、住房等方面。此外，它还提供其他服务，如直接存款、投资账户、典当、教育融资、意外伤残保险

---

① "朝圣"是伊斯兰教为信徒所规定的必须遵守的基本制度之一，每一位有经济和有体力的成年穆斯林都负有朝拜麦加的宗教义务。所有穆斯林，无论是男是女，都会尽最大努力争取一生至少要前往麦加朝圣一次。每年在伊斯兰教历的第 12 个月，数以百万计的穆斯林都会聚集在沙特的麦加，参加一年一度的朝圣。朝圣期间，他们聚集在"圣城"麦加周围，一起祈祷、吃饭、学习。"麦加朝圣"是每年伊斯兰教最盛大的宗教活动。

② http://www.tabunghaji.gov.my.

等产品，电子银行和高龄人士个人融资。截至 2015 年底，根据 BVD Bankscope 统计，马来西亚人民银行现已拥有 111 家分支机构，总资产达 215.3 亿美元。国民储蓄银行于 1974 年在马来西亚财政部领导下成立，成立后便接管了原邮政储蓄银行的所有职责。该开发性金融机构的最主要功能是鼓励马来西亚人的储蓄①、投资和个人理财，以此来提高本国居民的生活质量。其主要业务有：个人融资、住房贷款、保费储蓄证书 (SSP)、伊斯兰银行计划、Giro 储蓄账户、信用卡服务。目前，国民储蓄在马来西亚拥有 5100 多名员工、382 家分行和 621 台自动取款机以及遍布全国的 700 万名客户。马来西亚发展银行成立于 1973 年，是为马来西亚政府提供基础设施建设项目融资贷款和为其他资本密集型行业建设提供长期融资的金融机构。其全资子公司马来西亚中小型企业银行（SME 银行）业务主要是通过提供各种融资和咨询服务，帮助马来西亚的中小型企业发展。

马来西亚开发性金融机构的贷款和存款规模近年来持续上升，约占非政策性银行系统存贷总额的 1/10 左右。2014 年开发性金融机构贷款总额达 532.4 亿美元，吸收存款 434.3 亿美元（见表 3—11）。

表 3—11　　2011—2015 年马来西亚开发性金融机构存贷款规模比较

单位：亿美元

年份	2011	2012	2013	2014
开发性金融机构贷款总额	333.4	382.6	499.2	532.4
非政策性银行系统贷款总额②	3279.4	3587.1	3889.9	4093.4
开发性金融机构存款总额	308.3	330.9	432.	434.3
非政策性银行系统存款总额③	2496.0	2755.6	2956.2	3004.3

资料来源：BVD 数据库。

---

① 国民储蓄银行的存款利率通常高于其他商业银行。

② 非政策性银行系统贷款总额为马来西亚中央银行公布的当期银行系统贷款总量，其包括来自于商业银行、投资银行、伊斯兰银行的贷款。

③ 非政策性银行系统存款总额为马来西亚中央银行公布的货币供给中的活期存款、定期存款和储蓄存款合计再减去当期开发性金融机构的当期存款。

第三节 马来西亚伊斯兰金融结构描述与分析

伊斯兰金融是指符合伊斯兰教义的金融形式，包括金融机构、金融市场和金融工具几个组成部分。伊斯兰教作为一种宗教信仰的同时还是一种社会制度和生活方式。伊斯兰社会的政治、经济和生活的方方面面都要遵循主要源于伊斯兰教经典《古兰经》和《圣训》的伊斯兰教义（Sharia），其中也有着大量的关于金融方面的教义和指导原则，包括：禁止收取和支付利息；交易不准涉足烟、酒、猪肉、武器以及经营色情、赌博等行业；强调"风险共担，利益共享"，即赢利时交易者参加分享收益，亏损时也要分担风险；禁止不当得利；禁止投机行为。早在 15 世纪以前，中东、东南亚和非洲的伊斯兰国家就开始采用伊斯兰金融制度。随着西方的殖民化，伊斯兰金融体系一度被边缘化。二战后，随着伊斯兰国家的独立，伊斯兰复兴思潮兴起，金融体系必须遵从伊斯兰教义的要求重新被强调。1963 年 7 月埃及领导成立了第一家基于损益分享原则的伊斯兰银行，不收取也不支付利息，大多直接投资或与他人合伙经营商业与工业，然后与存款人分享损益。

目前，几乎所有的伊斯兰国家都建立了伊斯兰银行，英国和中国、香港等非伊斯兰国家和地区都大力发展伊斯兰金融，很多国际性银行如花旗银行、汇丰银行和渣打银行也设立了伊斯兰金融窗口。马来西亚作为伊斯兰世界中现代化最成功、民主化程度最高的国家之一，历届政府都十分重视在经济发展中融入伊斯兰因素。目前，马来西亚已经成为国际性的伊斯兰金融中心之一，其已建立起完整的伊斯兰金融体系，它与传统的金融系统（Conventional Financial System）一起被称为"双系统"（见图 3—38）。这种双系统在整个伊斯兰世界中可谓是独一无二的。在其他伊斯兰国家中，要么完全是伊斯兰金融系统，要么是传统的金融系统加上零星的伊斯兰金融机构。马来西亚伊斯兰金融系统的完整性、系统性是其重要特点。马来西亚广义的伊斯兰金融体系包括伊斯兰银行市场、伊斯兰保险市场和伊斯兰债券市场。

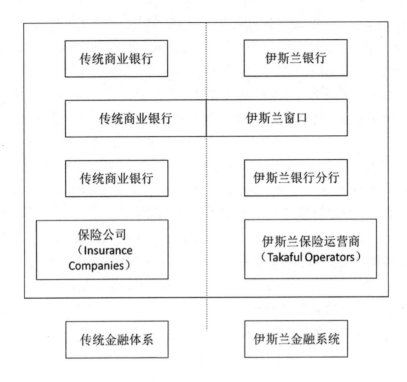

图3—38　马来西亚双系统金融体系

资料来源：马来西亚中央银行。

一　发展迅速的伊斯兰银行

伊斯兰银行与传统银行的主要差别在于伊斯兰银行不收取利息而以贸易或租赁为基础，并与投资人共同承担盈亏。伊斯兰银行不提供附有利息的信贷也不投资衍生性金融产品，且积极参与实体经济。1983年3月，马来西亚成立了国内第一家伊斯兰银行 Bank Islam Malaysia（BIMB），这标志着一个与世俗（非伊斯兰）商业银行系统并行的另一银行系统正式运行。马来西亚政府于1983年颁布了《伊斯兰银行法案》，规定由中央银行负责对伊斯兰银行的开设、经营业务进行规范和监督。在此基础上，马来西亚政府又于1989年制定了《银行和金融机构法案》，为伊斯兰金融业的进一步发展创造了条件。20世纪90年代，随着马来西亚国内经济的快速发展，马来西亚伊斯兰银行也进入成熟时期，其业务发展迅速，资产规模不断扩大，金融资产从 1993 年的 9.3 亿美元迅速上升至 1999 年的 78.7 亿美元，吸收的存款额从 1993 年的 3.9 亿美元上升至 1999 年的 30.8 亿美元。尽管这一时期伊斯兰银行业发展迅速，但其在全国金融业中的地位和作用仍然有限。

根据马来西亚中央银行 1996 年的统计数字，当年伊斯兰银行的存、贷款额分别仅占整个银行系统存、贷款总额的 2% 和 2.2%。1997 年亚洲金融危机后，马来西亚伊斯兰金融系统在经过一段时间的改革和重组后，出现了加速发展的势头。马来西亚政府顺应国内外伊斯兰金融业的发展形势，在 1999 年成立了第二家伊斯兰银行 Bank Mualanmat Malaysia Berhad（BMMB），同时调整了伊斯兰银行系统中商业银行、金融公司的组成结构，提升了伊斯兰金融业务的规格，增设了伊斯兰分行，扩大了伊斯兰金融的规模。历经 30 多年迅速而综合的发展，马来西亚伊斯兰银行业在机构数量、产品种类、国家化程度以及国际排名等方面均居全球领先位置。2015 年，马来西亚共有 16 家伊斯兰银行和 3 家国际伊斯兰银行（见表 3—12），伊斯兰银行总资产达 1347.66 亿美元，其总资产占整个金融行业约 15.8%。

表 3—12 2015 年马来西亚伊斯兰银行名录

序号	英文名称	中文名称	所有权
1	Affin Islamic Bank Berhad	艾芬伊斯兰银行有限公司	本地
2	Al Rajhi Banking & Investment Corporation (Malaysia) Berhad	拉吉哈银行及投资公司（马来西亚）有限公司	外资
3	Alliance Islamic Bank Berhad	联盟伊斯兰银行有限公司	本地
4	AmBank Islamic Berhad	大马银行伊斯兰分公司	本地
5	Asian Finance Bank Berhad	亚洲金融银行有限公司	外资
6	Bank Islam Malaysia Berhad	伊斯兰银行马来西亚有限公司	本地
7	Bank Muamalat Malaysia Berhad	Muamalat 银行马来西亚有限公司	本地
8	CIMB Islamic Bank Berhad	联昌国际伊斯兰银行有限公司	本地
9	HSBC Amanah Malaysia Berhad	汇丰伊斯兰银行马来西亚有限公司	外资
10	Hong Leong Islamic Bank Berhad	丰隆伊斯兰银行有限公司	本地
11	Kuwait Finance House (Malaysia) Berhad	科威特金融所（马来西亚）有限公司	外资
12	Maybank Islamic Berhad	马来亚银行伊斯兰分公司	本地

续表

序号	英文名称	中文名称	所有权
13	OCBC Al-Amin Bank Berhad	华侨伊斯兰银行有限公司	外资
14	Public Islamic Bank Berhad	大众伊斯兰银行有限公司	本地
15	RHB Islamic Bank Berhad	兴业伊斯兰银行有限公司	本地
16	Standard Chartered Saadiq Berhad	渣打银行萨迪克分公司	外资

资料来源：马来西亚中央银行。

近年来，在企业及个人的贷款中，伊斯兰银行的比重不断上升。2015年企业贷款中约有30%是来自于伊斯兰银行，而个人贷款中伊斯兰银行占比则达35%以上。而从伊斯兰银行的贷款流向来看，其偏向于居民即家庭部门的特征非常明显。从时间序列来看，其流向家庭部门的贷款常年在60%以上（见图3—39）。

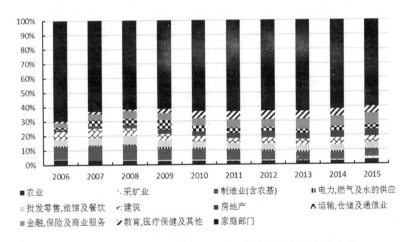

图3—39 2006—2015年马来西亚伊斯兰银行贷款行业结构

资料来源：马来西亚中央银行。

如图3—39所示，在马来西亚伊斯兰金融系统中，伊斯兰银行业有三类模式。第一种是与传统银行完全分离的伊斯兰银行（如 BIMB、BMMB）；第二种是传统银行开设的伊斯兰窗口；第三种是与传统银行相关联，但名称独立的伊斯兰银行分行（如 Maybank Islamic Berhad、Hong Leong Islamic Bank Berhad）。与国内世俗银行系统相比，马来西亚伊斯兰银行贷款对象则主要为中小企业和贫困家庭。2004 年马来西亚伊斯兰银行系统对中小企业贷款总额为 20 亿美元，比 2003 年增长了 29.6%，占全国银行系统对中小企业贷款的比例，从 2003 年 7.5% 提高至 13.8%[①]。近年来，马来西亚伊斯兰银行系统在政府的支持下，不断进行自我更新和改造，引进高科技金融技术、扩大对外合作，出现向现代金融业加快发展的趋势。

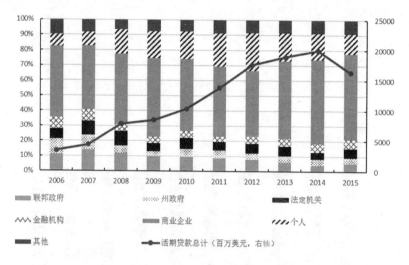

图 3—40 2006—2015 年马来西亚伊斯兰银行活期存款结构

资料来源：马来西亚中央银行。

存款业务中，伊斯兰银行定期存款以商业企业和金融机构为主，个人定期存款占比不足 10%。活期存款中，个人存款部分占比略高于定期存款，基本维持在 10% 以上。企业活期存款占比较为稳定，基本维持在 50% 上下（见图 3—40、3—41）。可以看到，在存款结构中，个人存款占比较小，但是在伊斯兰银行贷款中却占较大的比例。即伊斯兰银行的金融服务较为偏向于支持个人及家庭部门的融资。

---

① Bank Negara Malaysia：Islamic Financial System（http：//www.bnm.gov.my/files/publication/ar/en/2004/cp06.pdf）.

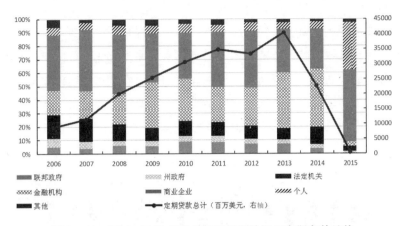

图 3—41 2006—2015 年马来西亚伊斯兰银行定期存款结构

资料来源：马来西亚中央银行。

二 以家庭保险为主的伊斯兰保险市场

伊斯兰保险即 Takaful，其意为照顾某人的需要，具体表现为，一些人联合起来设立共同基金，以给予遭受意外灾难的成员以经济补偿。现代伊斯兰金融专家便以此为基础，根据伊斯兰银行规避利息的经营模式和世俗保险公司业务经营的具体实践设计了伊斯兰保险业的产品和投资模式，从总体上看，伊斯兰保险产品采用与投保人盈亏共担的方式避免了"以钱生钱"和利息。

目前，马来西亚有三种伊斯兰保险类型：伊斯兰一般保险，即为公司和个人的自然性风险提供保护或保险项目，包括机动车保险、火险、工伤险、海事险、财产险和意外交通事故险等。这种保险是为了保护意外灾祸中的物质损失而设立的。投保人的保险费称作是保险基金，由保险公司以盈亏共担的形式进行投资，盈利和亏损都由二者共同承担；伊斯兰家庭保险，是为健康、教育、婚姻、退休等提供的保险项目，是由个人或团体参与的长期性保险项目，保险期限从 10 年到 40 年不等；伊斯兰再保险是为保险公司提供的保险项目，即原保险公司将承保的部分或全部业务转让给其他保险人的保险业务，以避免保险公司因风险损失或高支出而带来的资本和准备金的不足。2015 年，马来西亚共有一般业务伊斯兰再保险公司 1 家，家庭和一般业务伊斯兰再保险公司 3 家，家庭和一般业务伊斯兰保险公司 11 家。

从马来西亚伊斯兰保险的净收入规模及结构来看，与伊斯兰银行结构类似，其有强烈偏向于家庭服务的特点。就净收入规模而言，在 2006 年以前尚不足 5 亿美元，但随后其迎来高速增长，在 2013 年净收入突破 20 亿美元。从其结构来看，家庭保险是净收入来源的主要部分，2001—2011 年其比重均在 70% 以上，近年来虽然其占比有所波动但仍占主导地位（见图 3—42）。

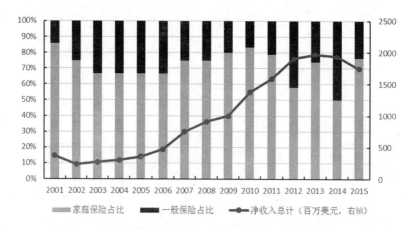

图 3—42　2001—2015 年马来西亚伊斯兰保险净收入规模及结构

资料来源：马来西亚中央银行。

三　发展潜力巨大的伊斯兰债券市场

伊斯兰债券，也被称作"苏库克"（阿拉伯语"票据"一词"Sukuk"的音译）。伊斯兰教义反对"不劳而获"，所以像支付和收取利息这种传统的固定收益投资买卖是被伊斯兰金融界禁止的。然而，伊斯兰债券却创造了一种新的投资方式：发行商先向投资者出售标的资产的所有权凭证，然后投资者再按照大家商定好的费用将该所有权租赁给发行商，通过租金来拿回本息。所以，从本质上说，伊斯兰债券跟传统债券还是有相同之处的，那就是债券到期后，投资者要从发行商那里连本带息收回投资。发展至今，伊斯兰债券已经有了多种投资标的，但最主要的还是能够带来收入的有形资产，比如基础设施或房地产。

　　一般来说，伊斯兰债券是资产支持的（Asset-Backed）、稳定收益的、可交易的且符合伊斯兰教法精神的信托权证。发行伊斯兰债券的首要条件是，任何希望从金融市场中筹集资金的实体，包括政府、企业、银行或者其他金融机构，都必须在其资产负债表下拥有真实的支持资产。对于支持资产合规性的鉴定是进行伊斯兰债券发行的第一步。根据伊斯兰教法精神，支持资产不能仅由债券资产构成。伊斯兰债券最初的发行始于 1990 年的马来西亚。当时伊斯兰债券的发行量很小，由 Shell Malaysia 发行，仅有 4400 万美元。而到 2006 年底，马来西亚证券委员会批准发行的 116 家债券中，已有 64 家是伊斯兰债券；且伊斯兰债券的规模为 13 亿美元。从伊斯兰债券的占比来看，马来西亚资本市场融资虽然仍是以企业中期票据为主，但是伊斯兰债券也日益扮演着重要的角色（见图 3—43）。

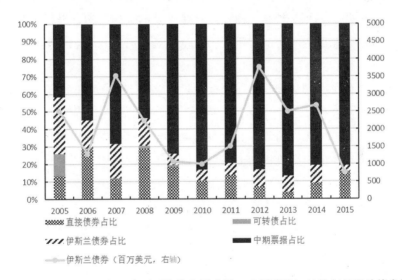

图 3—43　2005—2015 年马来西亚债券市场融资（当期融资）结构与伊斯兰债券规模
资料来源：马来西亚中央银行。

　　尽管马来西亚伊斯兰金融市场有较好的发展基础，但由于受全国金融市场发展相对缓慢等因素的影响，在其发展中也存在一些问题，如投资品种少、证券化程度低、证券的流动性低及由此造成的投资人数少、交易规模不大。近年来，随着马来西亚国内经济的快速发展、金融业国际化程度的提高和国际市场上对伊斯兰金融产品需求不断增加，马来西亚伊斯兰金融市场正呈现广阔的发展前景。

第四节　马来西亚金融结构的主要特点与影响分析

马来西亚金融结构突出表现为传统金融机构与伊斯兰金融机构并存、行业集中度较高、证券市场较为发达等特点，这些都与其经济发展阶段、政府力量和伊斯兰文化的影响密不可分。整体而言，马来西亚金融系统功能较为健全，能够提供多样化的金融服务以满足不同部门的各类差异化需求。

一　金融结构的主要特点

从上一节对马来西亚金融体系的描述可以看出，马来西亚金融结构较为完善，金融发展相对较高。商业银行是主要的金融机构，银行贷款和资本市场都在企业融资中扮演着重要的角色。具体而言，马来西亚金融结构有以下几方面特点：

第一，传统金融机构与伊斯兰金融机构并存。马来西亚的伊斯兰金融系统与常规的金融系统被称为"双系统"。这种系统在世界上的伊斯兰国家中可以说是独一无二的。在其他伊斯兰国家，要么完全是伊斯兰金融机构，要么是世俗的金融机构加上零星的伊斯兰金融机构。马来西亚伊斯兰金融机构的完整性、系统性是其主要特色，同时，马来西亚伊斯兰金融业与国内世俗金融业并行不悖，其兼容性的特点是其他国家伊斯兰金融业所无法比拟的。这些伊斯兰金融机构的设立，对于穆斯林来说多了一个选择，并且这些伊斯兰机构分工细致，所提供的产品较为齐全，具有一定竞争力。最后，从产业结构和业务结构中我们也能看到，在经济现代化中起主导作用的还是传统金融机构，伊斯兰银行在经济现代化中只是一种补充手段。

第二，集中度高的行业机构与较强的商业银行主导的特点。如上文所述，马来西亚银行业产业占比在2012—2015年均在65%以上。在银行业内部，前五大银行集中度较高且波动较大，同时，其前五大银行均为本土银行。除银行业以外，马来西亚证券业和保险业也突出表现为较高的行业集中度。在证券业中，前五大投资银行占比超过80%，其最大证券公司资产行业占比超过 50%，而保险业前五大机构占比也在 60% 以上。较高的市场集中度一方面是市场的自主选择，一方面也受到政府力量的干预，如马来西亚第一次银行业大合并即为政府的推动所致。

第三，较为发达的证券市场及间接融资与直接融资并重的企业外源融资结构。马来西亚企业外源融资结构突出表现为逐渐由间接融资主导转向间接融资与直接融资并重的结构。企业外源融资结构中，直接融资占比由 2006 年的 29.6% 上升至 2015 年的 42.3%，间接融资占比则为 57.7%。在直接融资内部，其有明显的"重债轻股"的特点。在债券融资内部，其又凸显出以中期票据为主导的特点。同时，在其金融资产结构中，证券性金融资产占比超过 60%（2015）。而在 2012 年，受欧债危机及全球经济复苏乏力影响，全球 IPO 市场疲软，集资额相较去年减少约 30%。而马来西亚却成了"吸金重地"，据安永会计事务所发布的 2012 年《全球 IPO 市场调研报告》，今年以来，马来西亚 IPO 融资规模位居亚洲第三，全球第四。

第四，服务于特定对象的开发性金融机构。马来西亚开发性金融机构种类丰富，其主要包括农业、中小企业（SME）、基础设施、进出口贸易及高新技术产业。作为政策性金融机构，马来西亚开发性金融机构提供了一系列的专门金融产品和服务，以满足有针对性的战略部门的具体需求。同时，其也为特定行业提供相关的咨询等服务。可以说，马来西亚开发性金融机构填补了传统商业银行金融服务的空白，在一定程度上满足了所扶持行业的金融需求，促进了相关行业的发展。

二 金融结构形成与演变的主要原因

马来西亚金融结构形成与其经济发展阶段和过程是密切相关的，同时也与其较强的政府力量和伊斯兰文化背景密不可分。具体而言，马来西亚金融结构形成与演变的主要原因表现在以下三个方面。

第一，经济发展阶段决定了金融需求，而经济结构在很大程度上决定一国的金融结构。随着马来西亚整体经济规模的增长，其金融化程度与金融发展水平也在不断提高。2002 年以来，在全球经济增速放缓的背景下，马来西亚经济增速基本保持在 5% 左右，稳健的经济增速和出口导向的经济结构使得其金融需求较为旺盛。2015 年马来西亚人均 GDP 为 9766.2 美元，已经进入中高等收入水平国家行列，与其他国家发展历程类似，马来西亚也在经历一个由间接融资主导转向直接融资与间接融资并重的过程，而从金融资产结构角度来看，马来西亚已经属于以证券性金融资产为主导的国家。同时，从马来西亚近年来在 IPO 市场的融资规模和 FDI 投资规模上可以看到，受益于较为稳定的政治环境和经济发展的强劲动力，全球投资者对于马来西亚市场很有信心。

第二，马来西亚的金融体制实质上是政府主导型的。在经济发展过程中，政府通常以一种超市场力量的强制力对金融活动进行控制，以促进经济的高速增长。其主要形式和内容包括以下几个方面：首先，政府以直接或间接的方式控制着金融机构和投资资金。马来西亚政府自 1969 年起就成为马来亚银行的最大股东，在 1976 年又控制了联合银行。政府通过持有主要金融机构的股权，得以控制和影响金融机构的贷款投向，干预企业的经济活动，推行国家产业和社会发展政策；其次，在金融领域实行金融约束政策，限制外资银行业务和规模，从商业银行外资占比中我们可以看到，外资银行比重较小；最后，设立政策性金融机构，引导商业银行贷款方向。马来西亚在 20 世纪 70 年代先后成立了政府拥有的农业银行、进出口银行等政策性金融机构，直接执行国家的政策性贷款，支持重点部门建设。

第三，马来西亚作为伊斯兰世界中现代化最成功、民主化程度最高的国家之一，历届政府都十分注重在经济金融发展中融入伊斯兰因素。马来西亚的伊斯兰金融业经历了起步阶段、成熟时期和逐渐国际化的发展过程，已成为国家金融系统的重要组成部分，在经济现代化中起着越来越大的作用。20 世纪 70 年代以后，马来西亚穆斯林人口迅速增多，到 1980 年，马来西亚国内穆斯林人口已占当时人口总数的 53%，对伊斯兰式金融业务的需求随之增大。20 世纪 80 年代马来西亚国内兴起大规模的伊斯兰复兴运动，一些伊斯兰非政府组织和政党纷纷要求纯洁伊斯兰教，捍卫马来民族主义以及穆斯林的经济利益和政治权力，要求马来西亚社会进一步伊斯兰化。正是在这样的背景下，马来西亚政府于 1983 年颁布了《伊斯兰银行法案》，规定由中央银行负责对伊斯兰银行的开设、经营业务进行规范和监督。没有伊斯兰文化的影响就没有马来西亚繁荣的伊斯兰金融的发展。

三　金融结构的功能与效率分析

总体来看，马来西亚金融系统功能较为健全，现已形成以商业银行为主体，投资银行、保险公司、信托投资公司、政策性金融机构及各种中介机构并存的金融组织体系。而由于马来西亚国教为伊斯兰教，其各种金融机构中又包含伊斯兰金融体系，形成了独特的传统金融与伊斯兰金融共存的"二元金融结构"。

在产业结构中，马来西亚凸显出银行为主导的产业结构，且银行业集中度较高。这得益于马来西亚政府在金融危机后对金融部门采取的合并和重组措施，较高的行业集中度不仅巩固了马来西亚金融体系的基础，也使金融业抵抗外来冲击的能力增强，并为马来西亚经济的发展提供了良好的金融支持。

在金融市场结构中，马来西亚货币市场和资本市场发展迅速。现已形成了以政府证券为主导，流通存款票据、银行承兑汇票等多种交易工具并存的货币市场。货币市场交易价格也逐渐稳定，波动较小。而从资本市场角度来看，吉隆坡股票交易所现已成为亚洲最大的证券交易所之一，提供超过800家上市公司的各种投资选择。同时也建立了较为完善的多层次资本市场，但二板市场和创业板市场融资规模很小，仍有较大的发展空间。

健全的银行体系与资本市场为马来西亚企业及居民提供较为完善的融资服务。马来西亚直接融资市场能够满足企业较大份额的融资需求，这使得商业银行能够更好地满足居民的融资需求，从上文的数据中可以看到，家庭部门贷款占比在50%以上。在对于家庭部门的金融服务供给中，伊斯兰金融体系起到了重要的作用。伊斯兰银行的存贷业务服务凸显出偏向于家庭服务的特点，其六成以上的贷款均流向了家庭部门，同时伊斯兰保险中，来源于家庭部门的净收入占比也在60%以上。

总之，以当前的经济结构和企业家庭部门的金融需求满足状况来衡量，马来西亚当前的金融结构功能较为完善，能够满足其经济发展和各部门金融服务的需求。

第五节　中马金融合作

目前，中马金融合作大多是基于东亚货币合作的基础之上的。亚洲金融危机爆发催生东亚货币合作，许多东亚国家认识到，仅仅依靠自身的力量很难防止危机的深化和蔓延，加强地区金融合作是抵抗危机爆发，保持金融市场稳定的有效途径。中国和马来西亚的金融合作虽然在东盟区域内处于领先地位，人民币在马来西亚的贸易、投资及外储领域都有所涉及，但该过程仍然处于初始阶段，存在很大合作空间。

一　中马金融合作现状

中马之间的金融合作主要可分为多边框架下的金融合作与中马双边之间的金融合作。首先，多边框架下马来西亚与中国的金融合作主要表现在货币互换及债券市场建设。2000 年 5 月，"10 + 3"财长在泰国清迈共同签署了建立区域性货币互换网络的协议，即"清迈协议"，主要包括两部分：首先，扩大了东盟互换协议（ASA）的数量与金额；其次，建立了中日韩与东盟国家的双边互换协议。根据这一安排，当一国发生外汇流动性问题或者国际收支问题时，其他成员集体提供应急外汇，以稳定地区金融市场。在 2008 年的美国次贷危机之后，"清迈协议"由双边协议向多边化迈进，不仅在总规模上达到了 1200 亿美元，而且在决策机制以及评估监测方面有了进一步的完善。

马来西亚与中国的金融合作在亚太区尤其是东盟内发展是最快的。中马作为"清迈协议"的推动和参与国家，签署"清迈协议"为两国之间的货币互换奠定了基础。2012 年 2 月，中国人民银行和马来西亚国家银行续签了中马双边本币互换协议，互换规模由原来的 800 亿元人民币（400 亿林吉特）扩大至 1800 亿元人民币（900 亿林吉特）。此举有利于贸易商降低汇率波动风险，减少通过其他货币结算带来的汇率损失。在亚洲债券市场的建设进程中，中国和马来西亚作为 8 个主要市场中的参与者，两国都可以通过这个平台加深金融合作，形成危机的救助机制。

其次，在双边合作框架中，中马两国的金融合作也主要表现在外汇和债券市场等领域。2010 年 8 月，中国银行间外汇市场推出人民币对马来西亚林吉特交易，马来西亚货币林吉特是第一个在中国银行间外汇市场交易的新兴市场货币。这对于人民币国际化、完成人民币汇率形成机制具有重要作用。同年9月，中国央行首次对境外机构打开投资内地银行间债市的通道，允许境外机构投资人民币债券，这一举动为境外机构依法获得人民币资金提供一定的保值渠道，以促进跨境贸易人民币结算业务的开展。同期，马来西亚央行开始买入人民币计价债券作为其外汇储备。马来西亚央行的动作是人民币获得国际认可的重大标志，同时也有利于双边贸易结算的顺利进行。2011年4月，马来西亚国家银行作为第六家外国央行在华设立代表处，继外汇市场开放后，中方表示允许马来西亚国家银行在中国银行间债券市场进行投资。

在伊斯兰金融方面，2011年，马来西亚主权财富基金首次发行人民币计价的伊斯兰债券，国库控股发行的总规模5亿元人民币，主要针对传统的人民币债券投资者。这是中马金融合作的重要突破，为持有人民币储蓄的投资者可提供一个安全的投资渠道，表明人民币计价的投资产品在海外越来越多样化。

二 中马金融合作的空间与可行性分析

首先，人民币在双边金融合作过程中，有待更深更广地挖掘。虽然中国是马来西亚最大的贸易伙伴，但中马仅有约1%的双向交易以人民币作为结算汇率，美元结算占比高达90%，这显示出中马贸易以人民币结算仍旧存在较大的阻力，同时也可以看到，中马贸易以人民币结算的潜力巨大。马来西亚抱着开放态度看待新崛起的国际货币，包括人民币。虽然马央行拒绝透露其外汇储备中人民币的比重，以及人民币债券的获取途径。但是，中国驻马来西亚经商处秘书刘卫国指出，马对于人民币的储备量不会很多，人民币纳入马来西亚外汇储备对人民币国际化的发展并没有显著的作用。

其次，中马金融合作的微观层面联系具有很大发展空间。中马之间的金融合作虽然都涉及微观机构的配合，但是大多局限于银行业内，并且大多是在中国—东盟合作的框架下实现的，两国微观金融机构内部的业务往来关系远远不及旅游业来得密切。微观企业是服务两国民众的主体，只有他们之间相互合作，才真正能够客观反映两国金融市场的密切程度，在这一点上，中马双方都需要放开国内金融市场，加强金融机构之间的相互交流。

三 对中马金融合作的未来展望与建议

马来西亚在东盟国家中属于经济金融实力较强的国家，与马来西亚的金融合作可从三个方面展开：一是在中国—东盟框架下，特别是在"清迈协议"多边化基础上加强与马来西亚在货币、金融稳定、金融危机防范等方面的合作；二是在中马双边基础上，加强金融机构的合作；三是在马来西亚特色伊斯兰金融领域的合作。

首先，在货币合作及金融稳定方面，应进一步扩大人民币结算规模。虽然人民币结算系统在马来西亚早已正式生效，但是以人民币作为结算外汇的规模仍旧只占很小的一部分，这对于双边的贸易额来说严重不匹配，一方面是因为双方企业在结算环节的习惯很难改变，另一方面则说明马方在本地企业的宣传和沟通方面有待进一步加强。在双边贸易中扩大人民币结算的好处显而易见，不仅能够更加顺利便捷地为双边贸易服务，同时能够一定程度上避免由于汇率波动造成的损失，减少结算的成本。这是中马金融合作深化的重要一环。

在推进人民币与林吉特的直接交换和结算使用的同时，稳定汇率成为双边合作的重要内容。中国和马来西亚应该加强两国的汇率合作，保证两国汇率保持在一个相对稳定的区间内，这对于双边经贸和投资发展有重要作用。两国应该在求同存异、互利共赢的原则下，开展汇率合作，当汇率波动超过稳定状态时，采取调控手段，使汇率回归，保证两国企业和个人的现实利益。这是双方今后努力的方向。

其次，在金融机构合作方面，需积极寻求金融产品和业务之间的合作。目前我国银行系 QDII 获准投资马来西亚市场，但 QFII 方面只允许马来西亚国家银行投资我国资本市场。在这一方面，双方在可渐进适度降低对方金融机构准入门槛的基础上，鼓励对方金融机构向本国金融市场提供更多人民币和林吉特计价的金融产品。实际上，中马金融机构的业务合作领域可以十分广阔，既包括传统的金融业务，如资金借贷、清算和国际结算、资产转让等，也可以是新兴业务领域的融资互换、投资银行、现金管理等。加强金融机构之间的相互交流，建立金融市场内部的高层对话机制，也是切实可行的方法之一。

最后，在伊斯兰金融合作方面，可考虑引入马来西亚伊斯兰金融工具或机构，优化我国民族地区金融服务水平。虽然我国不是伊斯兰国家，但在新疆、甘肃、宁夏等省、区，却有大量信仰伊斯兰教的居民。早在2009年3月，民革中央在全国政协会议上就提出了关于我国"发展伊斯兰金融"的建议。国际货币基金组织的报告也曾指出，在金融危机期间，伊斯兰银行表现稳健，受到冲击较小。我国近年来也在西部地区推行伊斯兰金融业务试点，但是进展不尽如人意。马来西亚伊斯兰金融系统的完整性、系统性和兼容性的特点是其他国家伊斯兰金融业所无法比拟的。在未来中马双边合作中可考虑引进马来西亚伊斯兰金融产品及机构。从马来西亚经验来看，伊斯兰金融是宗教与金融服务结合的产物，已经深受穆斯林居民认可。我国穆斯林地区能源矿产丰富，基础设施有待开发，伊斯兰金融有助于当地居民分享发展成果，支持地方建设。

参考文献

[1] 曹庆锋：《马来西亚伊斯兰金融体系初探》，《中国穆斯林》2015年第4期。

[2] 龚晓辉：《马来西亚概论》，世界图书出版广东有限公司2012年版。

[3] 李健：《中国金融发展中的结构问题》，中国人民大学出版社2004年版。

[4] 梁淑红：《马来西亚投资环境分析报告》，广西师范大学出版社2004年版。

[5] 薛毅：《马来西亚的金融改革及其成效》，《南洋问题研究》2005年第3期。

[6] 张秋：《浅析马来西亚公司债券市场》，《亚太经济》2002年第5期。

[7] 赵洪：《马来西亚的金融体系与货币政策》，《亚太经济》1995年第3期。

[8] 赵洪：《马来西亚的政治金融及其对金融改革的影响》，《当代亚太》2003年第5期。

[9] Chinn, M. D. and Ito, H., "What Matters for Financial Development? Capital Controls, Institutions, and Interactions", *Journal of Development Economics*, Vol. 81, Jan 2006.

第 四 章

菲律宾金融发展中的结构特征
及其与中国的合作

　　菲律宾共和国（菲律宾语：Republika ng Pilipinas）位于西太平洋，是东南亚的一个群岛国家，也是一个多民族国家。菲律宾共有 7107 个大小岛屿，陆地面积 29.97 万平方公里。菲律宾主要分吕宋、米沙鄢和棉兰老三大部分，首都是位于菲律宾最大岛屿吕宋岛东岸的马尼拉。

　　菲律宾金融体系以混业经营的全能商业银行为中心，全能商业银行从事一般商业银行、证券公司等业务，辅以农村银行以及其他非银行机构。整体而言，菲律宾基本按照美国模式建立了具有较为先进、完善的金融市场制度体系。菲律宾金融业发展起步时间早、起点较高，与大多数东南亚国家横向比较来说，其金融业较为发达。但以其自身金融发展角度纵向比较，菲律宾金融业的发展速度远低于预期，债券市场等金融市场虽然具备完善的制度，但发展规模和层次较低，金融产业和市场功能效率不高。中国与菲律宾未来金融合作空间主要在人民币结算、基础设施建设等领域。

第一节　菲律宾社会经济发展概况

　　菲律宾为发展中国家、新兴工业国家及世界的新兴市场之一，也是东南亚国家联盟（ASEAN）主要成员国，亚洲太平洋经济合作组织（APEC）的 24 成员国之一。在二战后的发展中国家现代化进程中曾处于领先地位，1965 年菲律宾人均收入为 430 美元，与韩国人均 440 美元不相上下，远高于邻国的人均收入。发展至今，菲律宾经历数次经济快速成长，20 世纪 80 年代因经济高速增长被称为"亚洲四小虎"之一。然而菲律宾因动荡的政治局势、政府贪污腐败、家族势力交织，其经济发展始终呈现"发展—崩溃"的周期性变化，总体经济发展水平始终不高。

2015 年，菲律宾官方统计总人口为 1.02 亿，GDP 为 75799.40 亿比索（约合 1620.75 亿美元），与 2014 年同期相比增长 5.8%，人均 GDP 仅为 1589 美元。

一　菲律宾社会经济发展的主要历程

1898 年美西战争西班牙战败后，美国接受菲律宾作为其殖民地，直到 1946 年菲律宾成立共和国，获得完全独立。1965 年，费迪南德·马科斯当选菲律宾第六任总统，并于 1971 年连任，取消总统任期限制，开始军事独裁统治。从马科斯上台为起点，可以将菲律宾经济发展大致划分为三个阶段。

（一）1965—1986 年，马科斯独裁统治时期

1965 年马科斯上台时菲律宾人均收入 430 美元，远高于东南亚各国。1972 年马科斯实施军事独裁统治之后，采取了一系列刺激经济的政策：一是整顿政府机构，实施土地改革；二是发展垄断性质的进口部门和加工贸易部门，设立出口加工区，大力支持外资进入；三是增加基础设施和资源开发投入，扩大政府支出，政府基础建设支出在马科斯第一个任期 1971 年结束时比前 6 年增加了 90%；四是政府通过发行国债，从国内外大举借款，外债成倍增加。马科斯的政策使菲律宾经济扭转了 60 年代大幅度下跌的趋势，到 70 年代末菲律宾已建立起工业化体系，包括初级产品进口替代部门、重工业和化学工业部门、农业综合企业部门。20 世纪 70 年代菲律宾经济发展较好，年均 GDP 增长率超过 6%。但马科斯时代前期的经济发展主要依靠外债投资和垄断型国有企业发展。在这期间，政府干预经济力度越来越强，国企垄断越来越严重，家族企业趁机在全国范围内扩张，市场经济机制被压制破坏，成为典型的权贵经济。

20 世纪 80 年代初全球经济的衰退对依靠外债投资和初级产品加工为主的菲律宾经济造成严重打击，消耗了大量资源的国有企业挤占了私人部门的发展空间。在经济衰退期间，经营不专业、效率低的垄断型国企不仅没有支持菲律宾经济，反而成为菲律宾政府沉重的负担。马科斯统治时期

的"密友资本主义"(国家资源和特权分配给与马科斯亲近的政商)最终导致菲律宾工业化模式和国家经济从 1984 年开始全面崩溃,其后两年GDP 增长率均为 -7.3%,通货膨胀率高达 50%。(见图 4—1)

马科斯执政时期菲律宾传统大家族迅速膨胀,其经济势力逐渐由土地扩张至国家各个实体经济、金融行业,政治势力由地方扩张至中央,家族政治、家族经济成为菲律宾经济社会发展的重要特征。

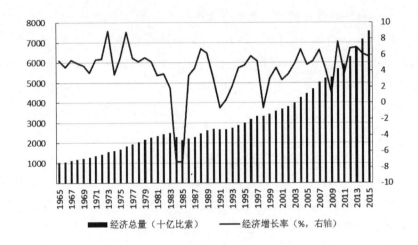

图 4—1　1965—2015 年菲律宾经济总量

资料来源:菲律宾中央银行。

(二) 1986—1996 年,经济自由化改革时期

1986 年菲律宾爆发的"二月革命"结束了马科斯近 20 年的独裁统治。阿基诺夫人上台后,依据国际货币组织和世界银行提出的方案对菲律宾经济、金融进行自由化改革。通过经济自由化和私营化来加强菲律宾的出口导向型经济、加深金融开放程度。阿基诺夫人推行的经济自由化改革初步扭转了菲律宾经济下滑的趋势,控制了国内的通货膨胀率。但菲律宾政治局势的动荡使经济很快又进入萧条期,1991 年国内生产总值再次滑坡,经济呈现负增长。1992 年拉莫斯政府上台,经济上进一步坚持自由化政策、实施出口导向型,政治上实行民族和解、保持局势稳定。拉莫斯政府时期稳定的社会形势使菲律宾经济取得了长足的发展,经济增长率始终保持在 5% 以上,1996 年人均 GDP 达到 1197 美元,通货膨胀率降至 4.7%,

失业率降低至8.1%。随着国内政治局势和金融环境的改善，市场经济机制复苏，国内外投资者活力逐渐被激发，各类投资均有大幅度增长。

在这一时期，菲律宾经济不但在总量上呈现复苏趋势，经济发展质量也在逐步提高。菲律宾经济从以前完全依靠国内消费和低级加工带动，逐渐参与进世界经济大循环中，对外出口和投资成为经济增长的主要推动力。但菲律宾经济发展层次较低、贫富差距较大等基础性问题仍然存在。

（三）1997年至今，后金融危机复苏时期

1997年爆发的亚洲金融危机对菲律宾经济冲击巨大，菲律宾比索大幅度贬值、银行坏账上升、企业经营困难、经济衰退、失业人数增加。但菲律宾不是最主要的当事国，且其多年来经济增长率一直不高，热钱流入较少，经济过热和泡沫现象要远低于印尼、马来西亚、泰国等重灾国，因此菲律宾在亚洲金融危机期间所遭受的打击程度较轻。菲律宾经济在金融危机的冲击下经历了一段很短的困难时期，其经济增长率仅在1998年降为负数，之后就迅速回复到4%以上的水平，在几年内保持稳定的增长。2000—2010年期间总体来说，菲律宾经济保持相对稳定的增长，最高增长率接近8%，年均增长率达5%，但增长速度波动幅度较大。整体通货膨胀率保持在较低水平，失业率也在逐渐下降。（见图4—2）

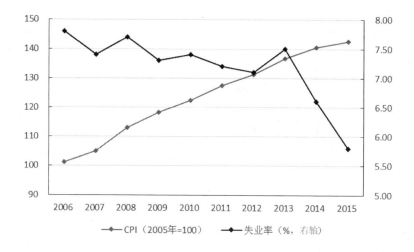

图4—2 2006—2015年菲律宾通货膨胀率与失业率

资料来源：菲律宾中央银行。

　　菲律宾极度不稳定的政治局势和安全局势，使菲律宾经济无法保持稳定的增长。政坛风波引发的金融市场持续震荡、反政府武装"新人民军"和穆斯林武装与政府的冲突等都在很大程度上阻碍了菲律宾经济的发展。而菲律宾与美国的特殊关系、较为开放自由的经济金融市场，使其经济复苏速度较快。2008 年全球金融危机后，菲律宾经济增长仅 1.1%，但2009 年国内生产总值增长率就反弹至 7.3%，创造了近 40 年最高数据，菲律宾经济发展始终处于大幅度、周期性波动的状态。

　　2010 年上台的阿基诺三世政府强力推动了多项社会改革，经济也取得了良好的发展。但菲律宾固有的社会问题并没有得到很好的解决。人口、失业、腐败、贫富差距问题没有得到改善，家族政治、家族经济的特征仍然存在。很多学者认为菲律宾这一时期强劲的经济发展对国内富豪阶层更加有利，菲律宾家族在社会经济中的优势地位使其更能在经济发展中获益。

二　菲律宾经济发展与结构现状

　　2010 年阿基诺三世就任总统时提出的杜绝腐败贫困、健全财政、改善基础设施等重点措施的公约，成效逐渐显现。2014 年瑞士 IMD 商学院发布的年度世界竞争力排名，菲律宾升至第 42 位。菲律宾央行 2012 年采取的放松银根政策，使菲律宾经济取得持续增长。2015 年菲律宾 GDP 为75799.40 亿比索（约合 1620.75 亿美元），与 2014 年同期相比增长5.8%，人均 GDP 为 1589 美元。

　　菲律宾近几年经济发展稳定，但仍存在很多问题。菲律宾政府 2014年发布的发展规划中设定 2014 年、2015 年的失业率分别为 6.9%、6.8%，但过去两年官方公布的实际失业率数据都没有达到政府设定的标准。而且菲律宾不具备全国统一的身份系统，官方人口数据统计误差较大，有民间数据称菲律宾就业人口中高达七成是合约临时工，没有任何工作就业的保障福利，大多数平民并没有从经济的繁荣中获益。此外，菲律宾的经济发展严重受制于其落后的基础设施，尤其是交通和电力设施的陈旧。虽然 2014 年菲律宾政府通过了价值 623 亿比索的基础设施建设计划，包括运输、供水、供电、保健计划等。但在阿基诺三世政府 2016 年 6 月下台之前，大多数基础设施建设计划仍未完成，菲律宾政府换届所导致的政策大变更或许会在未来影响到基础设施建设计划的推进。

（一）经济发展主要依靠投资拉动

根据图4—3可以看出，菲律宾GDP民间消费约占菲律宾实际GDP的70%左右，对经济增长率的贡献稳定保持在5%以上，2015年达到6.17%。菲律宾进出口活动受外部经济影响较大，近几年波动较为剧烈，2015年进口增长率为13.55%，出口增长率为5.46%，均属于近几年的较高值，但占GDP的贡献较小。投资带来的资本形成在2013年以后占实际GDP的20%以上，对经济增长的贡献率在2015年达到13.55%，是各部门中贡献最高的。

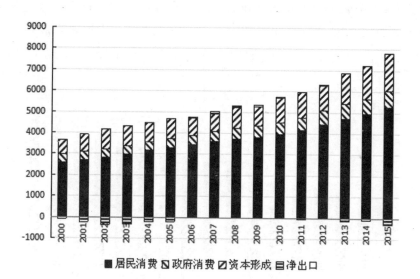

图4—3　2000—2015年菲律宾GDP部门结构（单位：亿比索）

资料来源：世界银行。

近年来，菲律宾国际收支状况、国内经济增长和财务管理等持续改善，较为稳定的宏观经济基础为投资者提供了一个相对稳定的发展环境。2013年国际信用评级机构惠誉将菲律宾的信用评级提高至投资级别，这是菲律宾首次获得国际主要评级机构的投资级别评级。菲律宾政府承诺会进一步改善菲律宾的竞争环境，保持现有的低通胀、低息率、稳增长的经济环境，以吸引更多外部投资。

但菲律宾的投资情况仍存在较大的不确定性。2013年标准普尔公布的银行业国际风险评估报告中，菲律宾被列为银行系统存在较高风险的国家，2013 年 6 月 13 日菲律宾股市的大幅度跳水和巨额外资流出也说明了部分市场投资者对菲律宾经济发展的负面预期。2014—2015 年，在全球货币政策收紧的背景下，菲律宾以资本流入和信贷扩张为特征的发展模式面临外部流动性减弱的严重威胁，国内资产泡沫风险加剧，本币面临较大贬值压力。

（二）以低层次服务业为支柱的经济结构

菲律宾现在的经济结构主要以工业和服务业为支柱，服务业占 GDP 的比重一直保持在 50% 以上，2015 年达到峰值 57.03%，工业占 GDP 比重达到 33.48%。2015 年服务业和工业分别增长 5.97% 和 6.70%，涨幅略低于 2013 年的 7.91% 和 7.19%。菲律宾农业产业发展相当落后和缓慢，农业占 GDP 的比重持续下降，2015 年降至 10% 以下。（见图4—4）

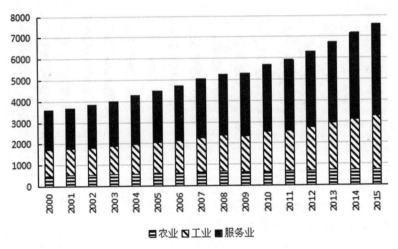

图4—4 2000—2015 年菲律宾 GDP 行业结构（单位：亿比索）
资料来源：世界银行。

作为菲律宾经济结构支柱的服务业，并不是发达国家经历长时间发展后逐步形成的具有高附加值的第三产业，而是包括业务流程外包行业和海外劳工在内的层次较低的服务业。菲律宾政府大力发展与欧美等发达国家进行合作的业务流程外包（BPO）行业，主要是依靠其国民英语水平高的优势，为发达国家企业提供电话客服中心、账单寄送中心等服务。近两年发展迅速的 BPO 行业对菲律宾经济贡献较大，外企提供的较高工资也促进了菲国内消费的增加。但菲律宾 BPO 行业仍处于服务业最底层，利润率低，可替代性较大。

菲律宾海外劳工政策堪称菲律宾国策，在欧美、日本、中国香港等地工作的菲律宾劳工每年向菲律宾国内提供大量的外汇，海外劳工汇款一直占名义 GDP 的 10% 左右。菲律宾海外劳工以家政服务为主，受宏观经济不景气的影响较小，但其市场容量有限，未来的发展潜力较低。（见图4—5）

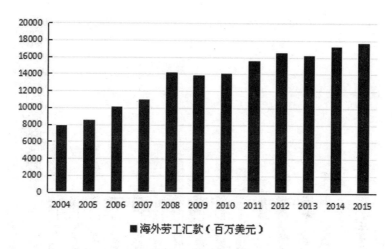

图4—5　2006—2015 年菲律宾海外劳工汇款情况

资料来源：世界银行。

菲律宾经济"繁荣—崩溃"的周期性变化反映了菲律宾经济发展的结构性问题——出口导向型经济完全依赖投资，经济支柱的服务业层次较低，发展潜力较小，因此世界宏观经济和流动性状况对菲律宾影响极大。

此外，近几年菲律宾经济虽然在规模上有一定程度的增长，但其基础设施不足、经济发展结构不合理的问题并没有得到改善。正如很多发展中国家一样，菲律宾的经济增长并没有广泛惠及群众，大多数财富流入家族集团、富豪阶层，造成了更严重的贫富分化。

（三）中菲经济合作情况

　　中国和菲律宾虽然一直在南海问题上存在政治争端，但双边贸易一直保持增长趋势。菲律宾是中国在东盟地区第六大贸易伙伴，中国则是菲律宾第三大出口市场和最大的进口市场。2014 年，中菲双边贸易额达到 433 亿美元，较前一年增长近 14%，占中国与东盟十国总贸易额的 9.3%。其中，菲律宾对中国出口额达 205 亿美元，进口额达 228 亿美元，同比增长均达到 12% 以上。2015 年受"南海仲裁案"等政治争端影响，中菲贸易额出现了一定的滑坡。但菲律宾新总统杜特尔特上台后表现出了与中国就南海问题和解的积极态度，未来中菲贸易向好发展。总体来说，菲律宾的出口更多的是面向欧美等发达国家，以及东南亚本区域国家。（见图 4—6）

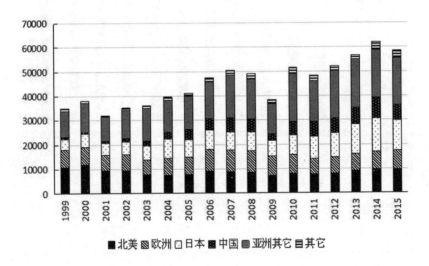

图 4—6　1999 年—2015 年菲律宾对外贸易额（单位：百万美元）
资料来源：菲律宾中央银行。

　　中国与菲律宾经济合作最多的领域是工程承包，有数据显示 2012 年中国企业在菲律宾签订的工程承包合同总额超过 10 亿美元，同比增长 63%，其中包括电信、发电、建材、水利等基础建设领域较大的工程项目。例如，2014 年中国北车集团获得菲律宾沿乙沙首都电车 3 号线的运能扩展工程合同，中国北车将向菲律宾提供 48 辆新型地铁列车。

中国和菲律宾之间的双向投资也较为活跃，2014 年上半年中国经过菲律宾政府批准的官方投资就高达 2 亿美元。菲律宾民间企业每年对中国投资额约 1 亿美元，其中主要是来自菲律宾华人企业。由于菲律宾与美国等欧美发达国家的传统良好关系，其主要外资更多来自于欧美国家，中国仅为其第八大投资来源国。

第二节　菲律宾金融发展概况

菲律宾金融业具有较为先进、完善的金融市场制度体系，基本按照美国模式建立了独立的中央银行制度、庞大的商业银行体系、活跃的股票交易市场等。菲律宾金融业发展起步时间早、起点较高，与大多数东南亚国家横向比较来说，其金融业较为发达。但以其自身金融发展角度纵向比较，菲律宾金融业的发展速度远低于预期。例如，菲律宾银行业在 19 世纪末就在外资银行的带动下开始萌芽发展，但至今菲律宾银行业仍以传统商业银行业务为主；菲律宾证券交易所建立于 1927 年，现在其证券市场虽然活跃，但市场影响力仅限于菲律宾国内，且对实体经济作用有限。菲律宾金融业制度体系完善程度与其发展速度的不匹配，能够从其金融结构中得到体现，而问题的根源在于菲律宾社会政治、经济的整体水平落后。

一　金融发展历史回顾

1946 年菲律宾建立共和国，由于菲律宾长期处于美国殖民统治之下，其建国之初的金融体系就吸收了美国的金融体系安排，较早地拥有了商业银行体系、证券交易所等金融部门。1949 年菲律宾成立自主程度较高的中央银行，但仍带有一定的殖民色彩，不具备完全的独立性。菲律宾金融体系主要由一个臃肿而庞大的银行体系构成，这一银行体系在 70 年代的"金融压制"情况下经营效率极低，使得菲律宾金融中介成本极高。菲律宾在建国之初就全盘接受了发达经济体的金融体系安排，却不具备与之匹配的各项经济金融条件。同时期，马科斯政府腐败导致的垄断、权力寻租以及金融市场的封闭，导致菲律宾金融体系陷入全面失灵的状态。

20 世纪 70 年代初，菲律宾采纳世界银行和国际货币基金组织联合调查团提出的金融改革方案，开始进行金融自由化改革，包括放开利率管制、重启中央银行市场调控手段等。同时，菲律宾着手改善自身庞大而低效的银行体系，通过限制最低资本要求、提高监管标准等方式，促进银行之间的收购合并，培养高效的大型商业银行。1972 年金融改革中将投资银行从商业银行的业务范围内分离出来，强化原有金融机构的专业性，但业务过于专业单一的商业银行无法满足社会需求，自身经营效率较低；同时期菲律宾证券市场极不活跃，1978 年 196 只上市证券中有 20% 没有交易。1980 年世界银行和国际货币基金组织新的改革方案建议允许金融机构从事更多业务，鼓励发展大型全能商业银行。1962 年成立的菲律宾首都银行在不断的并购下，逐渐发展成为菲律宾最大的全能商业银行，同时也是一家集商业银行、投资银行等多项金融业务于一体的大型银行集团。菲律宾银行业经历两次大规模收购合并后，逐渐发展出以几家大型全能商业银行为核心，辅以数量众多小型存款银行的金融体系。

1993 年 7 月 3 日菲律宾中央银行依据 1987 年《菲律宾宪法》有关条款和 1993 年颁布的《新中央银行法》正式成立，取代 1949 年 1 月 3 日成立的菲律宾中央银行行使货币当局职能。1994 年菲律宾证券交易所成立，由马尼拉证券交易所和马卡蒂证券交易所合并而成；2000 年菲律宾证券交易委员会正式成为菲律宾证券业的监督管理部门。

二 菲律宾现行金融管理的制度安排与特征

（一）中央银行

菲律宾中央银行 BSP（菲律宾语：Bangko Sentral ng Pilipinas）建立于 1993 年，根据《新中央银行法》，BSP 的主要目标是维持价格稳定、促进经济平衡持续增长，推动并保持货币稳定和比索的可兑换性。同时，BSP 还担负着发行货币、监管银行和开展类似银行业务的非银行金融机构、管理外汇储备、制订汇率政策、充当最后贷款人和政府的银行等重要职能。

BSP 的注册资本为 500 亿比索，全部由政府出资，由货币委员会（Monetary Board）负责管理。货币委员会 7 名成员全部由总统任命，任期 6 年且不能连任，包括行长（担任主席）、5 名来自私营部门的全职委员和 1 名来自内阁的委员，下设秘书处、综合咨询和法律服务办公室、内审办公室和特别调查办公室等职能部门，至少每周召开一次会议。货币委员会需要定期向总统和议会提交国内经济金融发展状况、BSP 货币政策执行以及运行情况的报告。

（二）货币政策

1995 年以前，菲律宾中央银行 BSP 使用货币总量目标导向的方法确定货币政策，即假设货币、产出、通胀之间存在稳定、可预测的关系。基于货币流动率时刻保持稳定的假设，货币供应量的变化将直接影响通货膨胀率，而给定的通货膨胀率会存在相应的经济增长目标。这意味着，菲律宾央行能够决定货币供应量，从而保证经济增长，但菲律宾央行对通货膨胀缺乏控制力。

1995 年以后，菲律宾央行更强调保证物价水平的稳定，而非单独依靠控制货币供应量。此外，货币当局也注意到了货币政策目标中的陷阱（例如无法判断货币政策效果作用于经济时存在的较长且多变的时滞问题等）。在调整后的货币政策框架中，BSP 能够在实际通胀保持合理水平的情况下控制货币总量。同时，政策制定者将大量经济金融变量纳入货币政策制定框架，包括关键利率、汇率、国内信贷水平、资产价格、供需指标、外部经济情况等。

2000 年 1 月，货币政策委员会（BSP 货币政策制定主体）将控制通胀率的变化作为货币政策框架原则，将保持物价水平稳定作为货币政策目标。BSP 将公布一个具体的通货膨胀目标，并保证在一定时间期限内实现。这一通货膨胀目标制的货币政策框架自 2002 年 1 月起开始正式执行。

当前，菲律宾中央银行制定货币政策的首要目标是保证一个较低且稳定的通货膨胀率以适应可持续经济增长率。考虑到货币政策的时滞，政府会提前两年公布未来年度将要实现的通胀目标（如 2014 年 12 月公布 2016 年的目标），该目标由一个跨机构的经济计划组织——发展预算协调委员会和菲律宾央行共同设定，选取的指标为 CPI 的年平均同比变动值。

菲律宾的货币政策由咨询委员会（The Advisory Committee）讨论研究并提供建议、最终由货币委员会（The Monetary Board）决定，主要内容是确定隔夜的正逆回购利率（基准政策利率）调整与否及调整幅度。咨询委员会的成员包括 BSP 的行长、主管货币稳定部和监管检查部的两名副行长、货币政策分部和国库部的两名执行董事、经济研究部下设的技术秘书处的主管。技术秘书处由来自经济研究部、货币金融政策中心和国库部的专家组成。咨询委员会每 6 周召开一次会议，如有必要也可以召开临时会议。货币委员会每年共举行 8 次会议来基于宏观经济环境和商品价格情况来检查、讨论和决定合适的货币政策。决定货币政策的会议在咨询委员会最近一次会议召开后的首个星期四举行，在会议 4 周后发布货币政策纪要。

BSP 采用多种货币政策工具，调节金融体系的流动性，促进价格的稳定——包括公开市场操作（正逆回购、买卖交易以及外汇掉期等）、接受定期存款、常备便利、准备金要求。

（三）汇率制度

菲律宾目前官方宣称采用自由浮动的汇率制度，实际上采取了比索盯住美元的汇率制度。当汇率出现剧烈波动时，菲律宾中央银行（BSP）会适当干预。

菲律宾比索近年来的运行态势呈倒 V 字形，比索兑美元先贬值后升值。1997 年亚洲金融危机之后，为了提振菲律宾以出口为导向的经济，菲律宾央行坚持实施了贬值政策以促进出口贸易。在 1999—2005 年的 6 年间，菲律宾比索一直处于贬值状态，虽然中间出现部分反弹，但整体处于持续、快速的贬值通道。比索兑美元的平均汇率从 1∶39.09 贬值至 1∶56.04，跌幅达 43.36%。2002—2004 年，虽然货币贬值政策对经济的促进作用已经逐渐微弱，但新当选总统阿罗约的经济发展承诺迫使菲央行仍然保持贬值政策。再加上周边地区恐怖袭击事件、菲国内自然灾害频发以及国内腐败猖獗、社会不安定因素时现，菲律宾比索的市场预期较差，并在 2004 年创下近年来的新低。

2006 年随着菲律宾改革成效初显，菲律宾比索进入升值周期，在 2008 年达到 44.47 的高点。虽然 2008 年金融危机后全球经济疲软在一定程度上影响到比索汇率，但全球银根放松导致的大量外资流入和菲律宾海外劳工的海外汇款，使得菲律宾比索重新进入升值轨道。2015 年菲律宾比索兑美元汇率略微回调，达到 1∶45.50。

（四）利率制度

菲律宾在 1980 年进行利率市场化改革，1981—1985 年间逐渐放开利率市场化，首先放松了长期贷款利率，之后逐渐放宽短期利率，并最终形成了完全市场化的利率制度。

（五）外汇管理制度

外汇管理的法律依据。菲律宾外汇管理的法律依据是由 BSP 出台的一系列通知和规范性文件。BSP 是菲律宾的外汇管理部门，出台法规管理外汇交易，并向有关机构颁发外汇业务经营牌照。授权代理银行、BSP 监管的非银行机构以及上述机构的附属外汇交易公司在获得牌照后可以经营外汇业务，辅助 BSP 开展外汇管理工作。

外汇管理的主要内容。在经常项目方面：进出口贸易商在向银行提交有关证明文件后就可办理外汇收付，但在进口采用承兑交单或赊销方式时，银行在付款前需要向 BSP 报告。对非贸易项下的大部分经常支付，单笔低于 3 万美元的可以填表直接办理，单笔超过 3 万美元的需要提供有关证明文件，都无须 BSP 的批准；但如果涉及外汇贷款或与外汇投资相关，则不论金额多少都需要提供证明文件。

在资本项目方面：外国投资在全额转出资本、汇出股息或利润时，如需要从授权银行购买外汇，必须到 BSP 进行登记，登记时应提交有效的汇入汇款证明或资产转入证据及有关发票、收据等。外资在菲律宾证券交易所进行证券投资时，BSP 委派本国托管银行或离岸银行机构对该类投资进行登记。登记后，由 BSP 或托管银行对单笔投资或单个投资者发放登记证明文件。菲律宾居民可以从授权银行购买外汇进行境外直接投资或证券投资，如果每年购汇不超过 3000 万美元，则无须 BSP 审批；如果超过 3000 万美元，则需要 BSP 审批并进行登记。对保险公司、共同基金、投资信托、养老基金等合格投资者，该上限可以向 BSP 申请提高。BSP 监管的机构如果要对境外附属公司进行证券投资，则无论金额多少都需要审批。外汇的出售和汇款银行应在每月结束后 5 日内向 BSP 国际部报告居民购汇进行境外投资的有关情况。

截至 2015 年 12 月底，菲律宾外汇储备达 806.67 亿美元，相当于 11 个月的进口额，表明菲律宾的总体支付能力良好。

第三节　菲律宾金融结构描述与分析

一　金融产业结构

菲律宾金融业实行混业经营，全能商业银行可以申请银行、券商、信托、保险等多种牌照。其金融业在菲律宾中央银行 BSP 的监管和指导下，以银行业为主导（包括全能商业银行、存款银行、农村合作银行），配合当

铺、准银行、非储蓄贷款机构等非银行金融机构。其中，全能商业银行一般
为大型金融集团，包括了证券公司、投资银行、保险公司等多项金融业务。
（见图4—7）

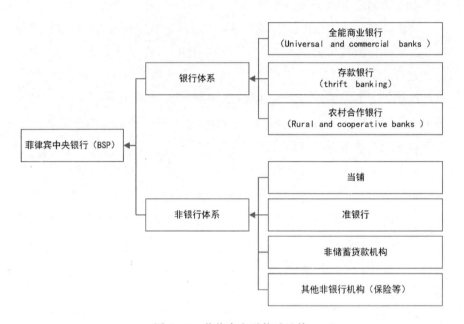

图4—7 菲律宾金融体系结构

资料来源：菲律宾中央银行。

与大多数发展中国家相同，囿于经济、金融发展水平，菲律宾的金融
行业结构中银行业所占比重极高，银行是金融业的核心。此外，由于菲律
宾全能商业银行的混业经营模式，银行业整体功能繁多、规模巨大，银行
业总资产远远大于其他金融行业。

根据菲律宾中央银行数据，菲律宾银行业资产占金融体系资产的
80.94%，占据绝对优势地位，保险等其他金融机构仅仅作为补充部分。
（见图4—8）但需要说明的是，菲律宾全能商业银行的业务中包括一般意
义上的证券公司业务，菲央行的统计口径中的银行资产包括了一部分证券
业务机构的资产，无法通过数据得知证券业的实际资产额。

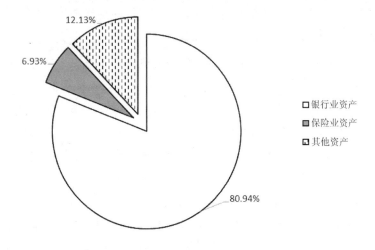

图 4—8 2015 年菲律宾金融业资产结构

资料来源：菲律宾中央银行。

（一）银行业

菲律宾的银行业主要由三部分组成——全能商业银行（Universal and Commercial Banks）、存款银行（Thrift Bank）、农村合作银行（Rural and Cooperative Banks）。

全能商业银行是菲律宾国内最大规模、资源最充足的金融机构，能够提供最全面的银行金融服务。全能商业银行既具有传统商业银行的功能，也被允许从事证券公司的经纪业务或投资银行业务。例如 1962 年成立的菲律宾首都银行（Metro Bank）在不断的并购下，逐渐发展成为菲律宾最大的全能商业银行之一，同时也是一家集储蓄银行、投资银行、信托公司、证券公司、信用卡公司、汇兑公司、保险公司、租赁公司、汽车制造公司和旅游公司为一体的大型银行集团——首都银行及信托公司（Metropolitan Bank & Trust Company）。

存款银行也称储蓄银行、平民银行，主要包括存贷银行、股票储蓄贷款机构和微型存款银行。存款银行被允许吸收公共存款并进行投资，对国内商业系统提供短期流动性和中长期融资服务，并向政府鼓励的市场、行业，尤其是中小企业和个人提供金融服务。与商业银行不同，存款银行的主要客户群体集中在个人客户，贷款主要以小额、短期消费贷为主。

农村合作银行在菲律宾农村商业体系中占有重要地位，其主要是向农村商业体系中的个人提供基本金融服务，从而以一种更合理和有效的秩序提升和扩展农村商业。农村合作银行为农民生产的各个环节提供帮助，从种子购买到农产品销售。农村合作银行是私人所有管理或者集体合作所有，不同银行所有权不同。由于菲律宾没有全国统一的身份系统，菲律宾居民不具有个人信用记录。农村合作银行通过村民互保、实地调查等方式对村民信用情况进行调查，建立了基础性的信用记录系统。

1. 银行业核心是混业经营的全能商业银行

1980 年 3 月菲律宾央行推行的金融改革，规定凡是资本金达到 50 亿比索的商业银行都可以申请成为从事更广泛的业务，随后 30 多年中全能商业银行可以从事的业务范围不断扩大，目前全能商业银行可以从事商业银行业务、投资银行业务、信托业务、租赁业务、保险业务等。菲律宾全能商业银行在混业经营的基础上，合并、收购其他银行及金融机构，逐渐成为菲律宾银行业乃至金融业的核心。

2015 年，菲律宾全能商业银行共有 36 家，资产额达 236272 百万美元，占菲律宾银行体系将近 90% 的比重，是银行业的绝对核心。（见图 4—9）全能商业银行经过几十年的发展成为持有多种牌照的综合性金融服务集团。

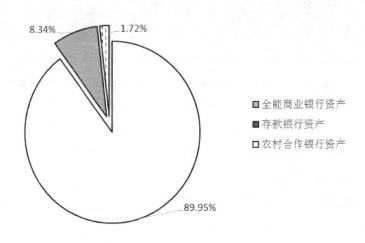

图 4—9 2015 年菲律宾银行业资产结构

资料来源：菲律宾中央银行。

图 4—10 是菲律宾第二大全能商业银行——首都银行及信托公司的混业经营结构。Metro Bank 作为集团主体同时也是大型商业银行，从事一般商业银行业务。Metro Bank 分别持有下属证券业务、信用卡业务、租赁业务、存款业务四家不同公司的大多数股权，从而实现混业经营。其中，First Metro Investment Corporation 作为首都银行投资银行业务子公司，不仅自身从事证券承销等投行业务，也持股了证券经纪业务、资产管理、保险等公司。菲律宾全能商业银行通过类似结构的层层持股，构建了一个几乎覆盖了所有金融业务的综合性金融集团，成为菲律宾银行业乃至金融业的核心。

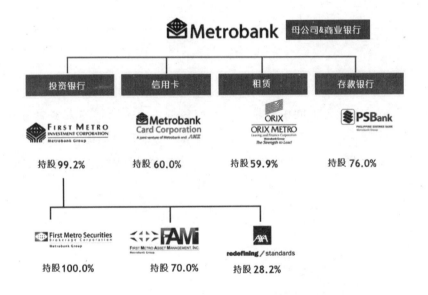

图 4—10　菲律宾 Metro Bank（首都银行）集团结构

资料来源：菲律宾首都银行。

2. 银行业集中程度高，家族势力庞大

菲律宾银行业核心的全能商业银行共 36 家，几乎占有银行业绝大多数的市场份额。

表4—1　　　　　　　　2015年菲律宾前十大全能商业银行

	银行名称	所在地	总资产（百万美元）
1	BDO Unibank Inc.	METROPOLITAN MANILA	43066
2	Metropolitan Bank & Trust Company	METRO MANILA	37330
3	Bank of The Philippine Islands	MAKATI-METRO MANILA	32149
4	Land Bank of the Philippines	MANILA	25408
5	Philippine National Bank	METRO MANILA	14411
6	Security Bank Corporation	MAKATI CITY-MANILA	11284
7	China Banking Corporation-China bank	MANILA	11170
8	Rizal Commercial Banking Corp.	METRO MANILA	10941
9	Union Bank of the Philippines	MAKATI CITY	9364
10	Equitable PCI Bank Inc	MANILA	7025

资料来源：世界银行。

　　菲律宾前十大全能商业银行资产总额占所有银行资产总额的近80%，表明菲律宾银行集中度相对较高，大型银行占有了市场的大多数份额。（见图4—11）但菲律宾小型银行数量庞大，小银行之间的竞争激烈。大型全能商业银行集团之间业务相似度高、市场容量有限，大银行之间的竞争同样激烈。

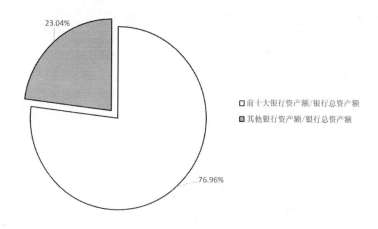

图4—11　2015年菲律宾前十大银行资产比重

资料来源：菲律宾中央银行。

此外，菲律宾精英家族尤其是华人家族在银行业中发展出了庞大的势力，前十大全能商业银行中有 6 家是家族银行，其总资产占比达 59%。其中最大的金融银行（BDO）属于原籍福建的施至成，第二大的首都银行（Metro Bank）是郑少坚创立，第九大联盟银行（Union Bank）被陈永栽收购。家族掌握的银行与家族其他实体企业相互配合，家族财团不断膨胀发展。

3. 国有银行收缩转型为专门政策性银行

菲律宾最早有 3 家国有银行：菲律宾国家银行（Philippines National Bank）、菲律宾土地银行（Land Bank of the Philippines）、菲律宾发展银行（Development Bank of the Philippines）。菲律宾 3 家国有银行最初均为菲律宾前十大商业银行之一，但菲政府从 20 世纪 80 年代开始逐渐收缩国有银行规模，将国有银行转型为专门政策型银行。

菲律宾国家银行建立于 1916 年，是当时菲律宾最大的银行，一度作为菲律宾中央银行运作。1980 年，菲律宾国家银行成为菲律宾第一家全能银行，业务覆盖范围极大。1989 年菲政府推进国家银行的转型，公开发行了 30% 的股份以推进其私有化。随后，菲律宾国家银行持续公开发行股票，允许私人企业入股，最终成为一家完全私有银行。菲律宾土地银行成立于 1963 年，是菲律宾政府控制的最大公司，在农村拥有庞大的分支网络。土地银行主要服务于农民、渔民，提供农业信贷等服务，是菲律宾综合土地改革计划中的主要金融中介机构。菲律宾发展银行是国有开发银行，旨在通过资助各项业务和经济部门，使经济发展按照政府思路进行。

菲律宾国有银行在经历了转型改革后，转变成为专门政策型银行，菲律宾土地银行和发展银行不能从公众吸收存款，只能通过政府机构的存款进行资金运作。2015 年菲律宾国有银行资产额占比降低至 12.35%，相对有所收缩，但仍通过政策性业务在经济社会中发挥着较大的作用。（见图 4—12）

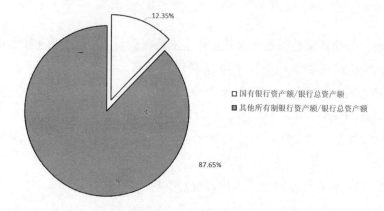

图4—12　2015年菲律宾国有银行资产比重

资料来源：菲律宾中央银行。

4. 以传统商业银行业务为主

菲律宾银行业发展起步较早、起点较高，1872年渣打银行就设立了菲律宾分行。但菲律宾发展速度远低于预期，经济经历多次崩溃，使银行业市场规模较小、层次较低，银行业发展程度相对较差。

菲律宾银行业资产负债结构显示，存款占负债比例的80%，贷款占资产50%以上，且近几年保持相对稳定的趋势。说明菲律宾银行业仍以传统存贷款业务为主，且没有明显进步的趋势。（见图4—13）

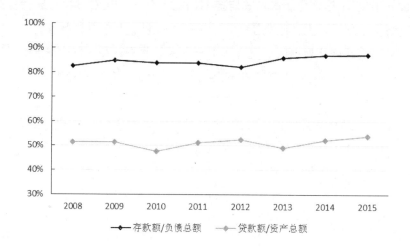

图4—13　2008—2015年菲律宾银行业资产与负债结构

资料来源：菲律宾中央银行。

　　菲律宾银行业收入结构同样显示，银行营业收入的近 67% 为传统商业银行的利息收入。（见图 4—14）根据实地调研情况，菲律宾银行业尤其是本国银行业创新表外业务极少，非利息收入大部分为手续费等服务业务收入。

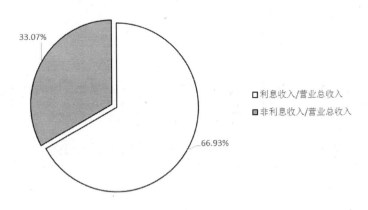

33.07%

66.93%

■ 利息收入/营业总收入
■ 非利息收入/营业总收入

图 4—14　2015 年菲律宾银行业收入结构
资料来源：菲律宾中央银行。

　　因此，相对于菲律宾银行业的高起点而言，其当前的发展层次还不高，仍然以传统的商业银行存贷业务为主，目前还看不到明显的业务创新进步。

　　5. 银行业经历多次改革与收购浪潮，实现良性发展

　　截至 2015 年 12 月末，菲律宾共有各类银行机构总部 648 家，分支机构 9713 家，银行业的总资产为 115330 亿比索（约 2507 亿美元），比前一年增加了 11.8%。

　　菲律宾银行业是菲金融业的主导，在 70 年代初，银行数量几乎占到所有金融机构的 70%。随着菲律宾金融行业的发展，多种金融机构持续发展，银行数量占全部金融机构数量有所下降，但仍在金融行业占据主要位置。菲银行数量在 1997 年亚洲金融危机前保持在 800 家左右，但受金融危机影响 1997 年以后银行数量逐步下降到 600 多家，这不仅有两次金融危机的影响，也有菲律宾自身银行体系改革、优化的原因。（见图 4—15）

图 4—15 1970—2014 年菲律宾银行业机构数量

资料来源：菲律宾中央银行。

1997 年以前，菲律宾银行业存在一系列结构性问题，例如银行业由众多小型银行和少量大型银行构成了脆弱的结构性基础、大型公共部门的腐败问题、高昂的中介成本导致高利差等问题。菲律宾银行业长期发展而形成的庞大而臃肿的体系，使得银行业经营效率极低，银行无法对实体经济提供有力的支持，反而有时成为经济发展的负担。在 1997 年的亚洲金融危机中，菲律宾银行业遭受了较为严重的打击，银行坏账迅速提高，很多银行处于破产边缘。

亚洲金融危机后，菲律宾政府和菲律宾中央银行持续推进银行业的改革，措施包括暂缓发放银行牌照、提高最低资本要求、强化监管。例如总部位于大马尼拉地区的储蓄银行最低资本由 3.25 亿比索提高至 10 亿比索，总部位于宿务和达沃市的最低资本由 5200 万比索提高至 5 亿比索，其他地区的最低资本由 5200 万比索提高至 2.5 亿比索。大幅度提高的资本要求促进了菲律宾庞大的银行体系通过市场化行为进行并购重组，整合大量的小型银行从而诞生了一部分主导性的全能银行，银行数量从 1998 年的 996 家降至 2008 年的 818 家。2009 年以后，菲律宾银行业再次掀起整合浪潮，更多规模相当的大型银行出现，银行业持续整合优胜劣汰，2014 年菲律宾银行机构（总部）数量仅有 648 家。

此外，菲律宾央行在 2001 年引入巴塞尔协议 I 框架对银行风险进行管理，使用资本充足率标准。2002 年菲央行进一步要求银行测量并实施市场风险和信贷风险的资本冲销，在实际实施中菲央行考虑到目前有些风险没有计入（如操作风险等），要求银行最低资本充足率为 10%，高于巴塞尔协议 I 和 II 推荐的 8% 的标准。2004 年菲律宾央行宣布实施巴塞尔协议 II，采用协议的三个主要内容即最低资本要求、监督程序和市场规范。2007 年存款银行、农村合作银行达到巴塞尔协议 I 的主要标准，全能银行达到信贷风险和操作风险标准，2010 年建立对信贷风险和操作风险的内部评级体系。菲律宾对巴塞尔协议实施的推动加强了银行业整体的风险管理体系，也促进了基础结构部门体系的发展。

图 4—16 显示，1997 年亚洲金融危机后，菲律宾的银行业总资产迅速回升，增长幅度极高。说明菲律宾银行业在引入巴塞尔协议和行业整合改革的过程中，不仅使其经营规模增加，同时使银行业风险控制更加有效规范，经营效率有了极大的提高，银行业的整体发展速度进入一个新的台阶。因此，在 2008 年爆发的金融危机中，银行业受到的影响相对较小，银行业总资产仍然保持较高速度的增长。

图 4—16 1979—2015 年菲律宾银行业资产比重

资料来源：菲律宾中央银行。

菲律宾银行业在经历多次改革和收购合并浪潮后，银行之间出现了大规模的整合。改革整合后的菲律宾银行业提高了自身资本实力，扩大服务范围和覆盖面积，提高了风险管理水平。菲律宾银行业原有的庞大而臃肿的结构逐渐优化，行业缺陷正逐步改善，银行业进入良性发展阶段。

（二）证券业

菲律宾证券业发展较早，其证券交易所是亚洲最早的证券交易所之一，证券市场较早就开始了活跃的股票交易，建立了较为完善的证券市场体系，很多国际金融机构进入了菲律宾市场。但由于菲律宾社会、经济发展的滞后，其证券市场发展相对缓慢。但相对于大多数东南亚国家而言，菲律宾证券市场还是比较发达的。

1. 证券市场基础设施建设较为完善

菲律宾证券交易所 PSE（The Philippine Stock Exchange）是菲律宾唯一的证券交易所，是亚洲最早的证券交易所之一，其前身可以追溯到1927 年建立的马尼拉证券交易所（Manila Stock Exchange）。1994 年 3 月25 日成立的菲律宾证券交易所就合并了马尼拉证券交易所和 1965 年成立的马卡蒂证券交易所（Makati Stock Exchange）。1998 年，菲律宾证监会认可菲律宾证交所作为行业自律机构，PSE 可以设定规则来限制交易参与者和上市公司。2001 年，菲律宾证交所从一个无利润、无股本、会员管理制的组织转变成一个基于股东利润、由董事会管理的组织，并在 2003年将 PSE 自身在交易所上市交易。菲律宾证交所目前有两个交易地点，分别位于马尼拉地区的 PSE 中心和马卡蒂的 PSE 大厦。菲律宾证交所成立之初共有三个交易板块，分别为一板（First Board）、二板（Second Board）和中小企业板（SME Board）。

2013 年，菲律宾证交所推出的三年战略规划，计划向市场介绍更多新的金融产品和服务，进一步发展交易所实力和市场地位。此后。PSE 将原来的三个板块合并为两个交易板块——主板（Main Board）和中小企业板（SME Board）。2013 年，菲律宾证交所推出第一个交易型开放式指数基金 ETF（Exchange Traded Fund）——第一首都菲律宾股票交易所交易基金 FMETF，并在 PSE 上市交易。同年，交易所推出伊斯兰证券，这也标志着菲律宾证交所开始涉足伊斯兰金融领域。

菲律宾证券清算公司 SCCP（the Securities Clearing Corporation of the Philippines）负责菲律宾证交所发生的交易的清算和确认工作。2004年，菲律宾证券清算公司成为菲律宾证交所的全资子公司。现在，SCCP 既负责证券交易清算、中介交易风险管理，也同时负责交易保证金的管理。

CMIC（Capital Markets Integrity Corporation）成立于 2011 年，是从菲律宾证交所的市场管理部门中剥离独立出的公司实体，承担交易所的监管责任。CMIC 的职责是确保监管的独立性、监督市场参与者的行为。2012 年 CMIC 获得其行业自律组织地位，并于同年 3 月正式开始实施监管。

2. 证券公司数量较多，个体差异大

菲律宾证券市场的主要参与者分为一般性证券公司和投资银行，一般性证券公司通过持有经纪业务牌照和自营业务牌照从事相应业务，投资银行专门从事证券承销保荐业务。

2015 年，菲律宾证交所会员中一般性证券公司共有 132 家，其中有 125 家持有经纪业务和自营业务双牌照，7 家只持有经纪业务牌照。132 家证券公司之间体量、业务范围等方面差距极大，有 20 家专门服务于机构客户的大型券商，34 家能够同时服务机构客户和个人客户的中等券商，78 家只能服务于个人客户的小型券商。此外，菲律宾共有 10 家外资证券公司，其中有瑞士信贷、JP 摩根、大和证券、德银等国际知名金融机构。

能够从事证券保荐与承销业务的投资银行共有 27 家，其中有菲律宾首都银行信托集团、菲律宾金融银行这样本土全能商业银行的投资银行部门，也有花旗银行、摩根大通银行这样的国际机构的投行部门。

由于菲律宾证券公司、投资银行大多数是金融集团下属业务部门，所以没有更具体的统计数据。

（三）保险业

菲律宾保险部门是菲律宾非银行金融机构中的主要部门，资产占非银行金融机构资产的 80% 左右。2014 年菲律宾在册保险机构共 99 家，外资机构 27 家，其中大多数为较大型国际保险机构在菲律宾设立的子公司。根据保险类型划分，菲律宾有寿险机构 27 家，非寿险机构 67

家，综合保险机构 4 家，专业再保险机构 1 家（菲律宾国家再保险公司）。

随着菲律宾社会经济的发展，菲律宾保险业在近几年也有显著的进步，2014 年寿险覆盖人群达到 37.39%，比前一年提高了 15.22%。在最近 5 年，菲律宾保险业总资产有显著提高，2014 年保险业总资产达到 22835 百万美元，较前一年增长 12.98%，较 2010 年增长超过 60%，机构规模有明显增长。（见图 4—17）

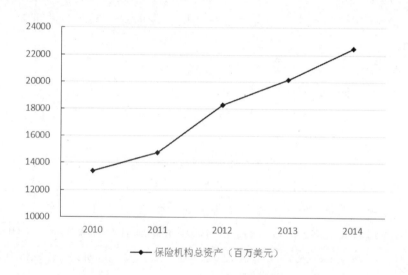

图 4—17 2010—2014 年菲律宾保险机构总资产

注：菲律宾保险委员会官网仅公布有 2010—2014 年的相关数据。

资料来源，菲律宾保险委员会。

1. 寿险占主要地位，非寿险有所下降

菲律宾保险业菲律宾保险机构严格分为寿险机构和非寿险机构，寿险机构实力较强，非寿险机构中大多数公司为小型民营公司。从保费量角度，2014 年寿险保费量达到 25515 百万美元，非寿险保费量仅有 1198 百万美元，寿险保费占 85.09%，寿险业务占保险业的主要地位。（见图 4—18）

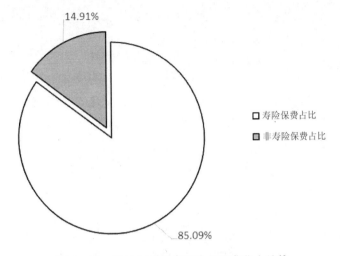

图4—18 2014年菲律宾保险业保费收入结构

资料来源：菲律宾保险委员会。

保费量占GDP之比反映了保险业规模相对于经济规模的变化情况，可以看出菲律宾保险业规模整体上的增长是来源于寿险的增长，非寿险保费量占GDP比重反而有所下降。（见图4—19）说明在当前菲律宾经济社会发展阶段，保险业主要业务范围还处于人身保险等基础阶段，对于财产安全等较高级的保险业务还无法进行大规模的推广。

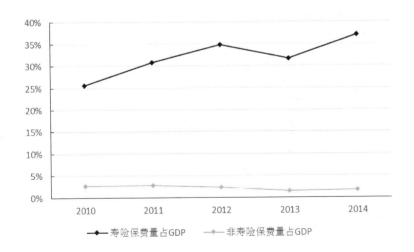

图4—19 2010—2014年菲律宾保险业保费收入占GDP

资料来源：菲律宾保险委员会。

近五年中，菲律宾保险业陆续出现了收购合并案例，非寿险机构中一部分实力较弱的小型保险公司退出或者被收购，保险机构尤其是非寿险机构数量出现一定幅度的减少。（见图4—20）

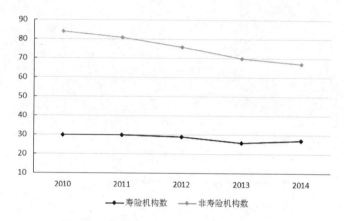

图4—20 2010—2014年菲律宾保险机构数

资料来源：菲律宾保险委员会。

2. 寿险市场集中度较高，非寿险市场集中度低

2014年，菲律宾的寿险机构有27家，非寿险机构有67家，由于菲律宾保险委员会对寿险和非寿险机构的严格区分，菲律宾寿险和非寿险市场界限较为明显。

菲律宾前五大寿险机构保费收入占总收入的六成以上，说明寿险市场集中度较高，大型寿险公司占据了主要市场份额。（见图4—21）

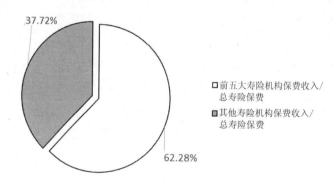

图4—21 2014年菲律宾寿险保费收入结构

资料来源：菲律宾保险委员会。

与寿险市场情况相反，菲律宾非寿险前五大机构保费收入只占总收入的37.80%，非寿险市场集中度较高，各机构之间同业竞争激烈，这是近年来非寿险机构数量明显减少的原因之一。（见图4—22）

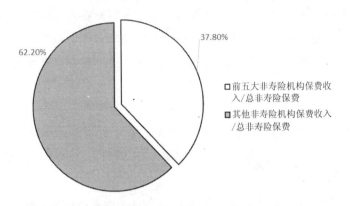

图4—22　2014年菲律宾非寿险保费收入结构

资料来源：菲律宾保险委员会。

3. 保险业投资渠道有限，主要投资政府债券

菲律宾保险委员会对保险业投资途径进行了一定程度的监管，要求有一定比例以上的资金投入风险较低的政府债券。此外，菲律宾证券市场政府债券占比较大，也是保险业主要投资于政府债券的原因。2014年，菲律宾保险业中有30%以上的资金投资于政府债券。

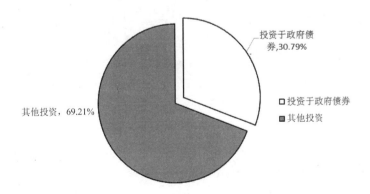

图4—23　2014年菲律宾保险业投资结构

资料来源：菲律宾保险委员会。

二　金融市场结构

　　菲律宾历史上曾是美国殖民地，长期处于美国统治之下，因此菲律宾较早发展起了全亚洲领先的金融市场，体系相对完善。菲律宾政治体制的缺陷和宏观经济的落后，使得菲律宾金融市场逐渐在发展中落后，金融市场在很多时期受到了严重的压制。但相对来说，菲律宾的国内股票市场和债券市场还保持着一定程度的活跃，能够为实体经济提供支持。近几年菲律宾宏观经济的好转和稳定增加，使得股票市场和债券市场进入了一段发展的黄金期，同时期票据市场也开始发展。2015 年，菲律宾股票市场上市公司 264 家，市值达 285096 百万美元；菲律宾债券市场存续债券余额为 72483 百万美元；票据市场规模较小，目前均为商业票据，2015 年仅发行了 5 只。

　　市场规模与 GDP 之比反映了各市场相对经济发展的增长情况。图 4—24 显示，在近十年菲律宾经济稳定发展的情况下，菲律宾股票市场和债券市场都保持了不同程度的增长。其中，股票市场规模较大且保持了较大幅度的增长，债券市场规模较小，近两年规模有所收缩，票据市场被纳入债券市场统计。

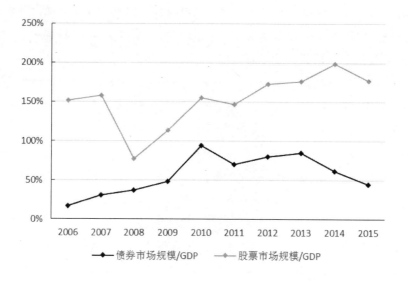

图 4—24　2006—2015 年菲律宾金融市场规模

资料来源：菲律宾证券交易委员会。

（一）股票市场

菲律宾证券交易所 PSE（The Philippine Stock Exchange）是菲律宾唯一的证券交易所，是亚洲最早的证券交易所之一，其前身可以追溯到 1927 年建立的马尼拉证券交易所（Manila Stock Exchange）。菲律宾所有上市公司公开发行的股票都在菲律宾证券交易所进行交易。

根据世界证券交易所联合会报告，在其监测的全球 58 个证券市场中，菲律宾证券市场表现上佳，市值总额和交易额增长较高，股票成交手数的增长率也保持较高水平。此外，菲律宾证券交易指数（PSEi）表现良好，宏观经济基本面良好使投资者信心得以维持，投资者对上市公司的投资兴趣上升。

1. 股票交易量波动幅度较大，受政治、经济形势影响

菲律宾股票市场在近十年处于稳定增长的黄金期，但其交易量的增长并不稳定，出现了较大幅度的波动。股市交易量 2011 年最高，达到近 1400 百万美元，2008 年最少，不到 400 百万美元。

2015 年菲律宾股票市场交易量为 600 百万美元，较前一年 1000 百万美元有明显下降。菲律宾股市交易量受国内政治、经济形势，以及国际社会变化影响极大。2008 年，作为与美国联系紧密的菲律宾金融市场受到全球金融危机的巨大打击，股市交易量急剧萎缩。2010 年，菲律宾大选引起的政治动荡对股市造成重大影响，交易量收缩。2013 年，菲律宾中期选举再次出现社会暴力事件，对股市产生负面影响。（见图 4—25）菲律宾股市中有大量国外投资，调研得知外资金融机构在菲律宾换届等重大政治事件时提前撤离市场，已经成为外资金融机构的固定市场操作。

2. 家族控制的控股集团是股市最主要的筹资主体

菲律宾股市主板上市公司共有 264 家，按照行业分为控股集团、工业、金融业、服务业、矿产与石油业、房地产业。其中控股集团是菲律宾较为独特的行业分类，一般为家族、财团所控制，其上市主体中包含了众多行业公司，覆盖较多业务。

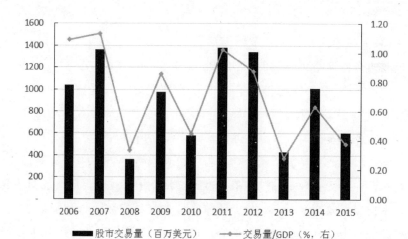

图4—25　2006—2015年菲律宾股市交易量

资料来源：菲律宾股票交易所。

　　菲律宾股市按行业市值比较，控股集团占有将近40%的市值比例，说明控股集团是菲律宾股市上市公司中最重要的组成部分，也是通过股市筹资的重要主体。（见图4—26）菲律宾控股集团一般是家族财团控制，家族财团将上市公司作为重要的筹资工具，并将资金按需要投入旗下其他公司，以资金优势在相应市场进行商业竞争，从而逐渐垄断国民经济的各个行业。

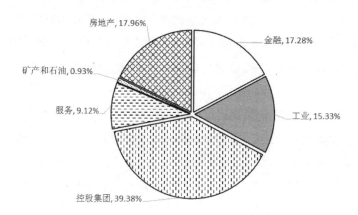

图4—26　2015年菲律宾上市公司行业结构

资料来源：菲律宾股票交易所。

控股集团筹资所得终将投入各个行业，因此按照以上行业分类，各行业的比重均被低估。菲律宾股市上市公司中的大多数控股集团都具有大型的金融机构和服务业公司，因此金融、服务行业被严重低估，较多比例资金流入金融、服务行业。而工业从股市中所得到的支持相对较少，这也是菲律宾经济、金融发展脱离实体的一个表现。

3. 股市投资者较少，机构投资者活跃

菲律宾是人口增长较快的国家，2015 年官方统计人口达到 1.02 亿人，实际人口应达到 1.21 亿以上。菲律宾股票市场投资账户数目仅有 70 万，人均开户率不足 1%，开户水平极低。菲律宾股票市场的投资者主要是外资、本土机构投资者以及富豪阶层，普通人对股票市场的参与、了解极少。

2015 年菲律宾个人投资者账户数 67.8 万，机构投资者账户数 3.4 万，机构投资账户数占总账户数的 4.8%。机构投资者比例相对较高，且较为活跃。说明菲律宾股市是一个机构投资者为主的市场，投资者情绪更加理性，市场投资水平较高。（见图 4—27）

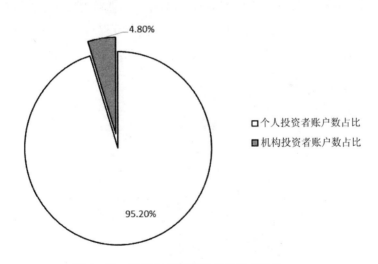

个人投资者账户数占比
机构投资者账户数占比

图 4—27　2015 年菲律宾股市投资者结构

资料来源：菲律宾股票交易所。

（二）债券市场

菲律宾债券市场发展水平较低，不仅低于中国香港和新加坡，甚至差于马来西亚和泰国。大多数亚洲国家的债券市场发展特征都是发展时间短、扩张迅速、政府支持，但菲律宾债券市场的发展路径较为特殊。20世纪70年代初，菲律宾政府为弥补自身财政赤字而开启的国债市场是菲律宾债券市场的起步。最初菲律宾债券市场是亚洲除日本、中国以外最大的外币债券发行国，但1997年亚洲金融危机后发展陷入停滞。2005年后，随着菲律宾经济发展的稳定，债券市场出现好转趋势，同时政府开始扶持债券市场的发展，政府债券、公司债、商业票据均有所增加。

1. 政府债券占市场绝对多数

2015年，菲律宾债券市场存续证券余额72483百万美元，发行商业票据5只，融资122.62百万美元，发行公司固定收益债券8只，融资1813.95百万美元，其余均为政府债券。其中，政府债券包括国库券、固定利率国库券、零售库券、特设国库券等。

菲律宾债券市场中各类政府债券发行额约占总额的98%，是债券市场的绝对主体。（见图4—28）其原因是因为菲律宾债券市场主要目的就是政府弥补财政赤字、借入外债以及中央银行调控工具。当前最主要的影响因素是菲律宾中央银行采取公开市场操作调控金融市场，即通过在债券市场上买卖各种政府债券，尤其是短期政府债券来影响基础货币和利率水平。但近几年菲律宾政府鼓励公司债发行，虽然水平很低，但保持了较稳定的增长。

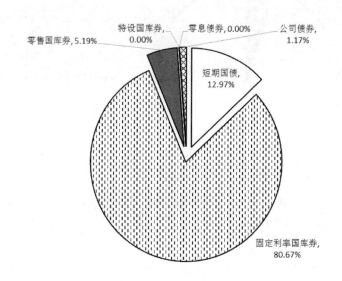

图4—28　2015年菲律宾债券种类结构

资料来源：菲律宾证券交易委员会。

2. 债券市场融资公司均为超大型公司

菲律宾债券市场中公司债和商业票据较不发达，企业很难通过债券市场融资。虽然近几年菲律宾政府在推动公司通过债券市场融资，但进展有限，只有菲律宾少数最好的大型企业能够有机会发行债券或票据进行融资。

表4—2　　　　　　2015 年菲律宾商业票据发行公司　　　单位：百万美元

公司名称	发行金额
P-h-o-e-n-i-x Petroleum Philippines, Inc.	31.71
Cityland Development Corporation	25.37
Cityland, Inc.	31.71
City & Land Developers, Inc.	2.11
Phoenix Petroleum Philippines, Inc.	31.71

资料来源：菲律宾证券交易委员会。

表4—3　　　　　　　2015 年菲律宾公司债发行公司　　　单位：百万美元

公司名称	发行金额
Sta Lucia Land, Inc.	105.71
SM Prime Holdings, Inc.	422.83
DMCI Project Developers, Inc.	21.14
Filinvest Land, Inc.	169.13
Aboitiz Equity Ventures, Inc.	507.40
8990 Holdings, Inc.	190.27
South Luzon Tollway Corporation	154.33
Robinsons Land Corporation	211.42

资料来源：菲律宾证券交易委员会。

2015 年菲律宾债券市场发行商业票据 5 只、公司债 8 只，其中均是菲律宾最优秀的大型企业或其子公司，例如，最大零售商 SM 公司、最大房地产商 8990 公司。债券市场近几年融资额的增加，没有惠及大多数普通企业，仅仅使得大型企业融资额度大幅度增加。这一情况加剧了大型企业尤其是家族财团控制下的企业与普通企业之间的不平等，增加了家族企业对各自行业的垄断实力，在客观上加强了菲律宾家族财团的统治力。

3. 债券利率呈下行趋势

菲律宾金融市场与欧美发达国家联系较紧密，债券市场价格受国际金融市场影响较大，2008 年金融危机后全球普遍采取的宽松货币政策，使得菲律宾债券市场利率一路走低。近两年，随着部分国家退出货币宽松，菲律宾国内资金面略紧张，债券利率有小幅度上扬。（见图 4—29）

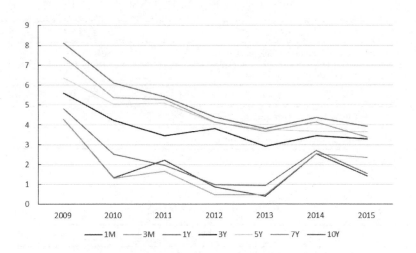

图 4—29 2009—2015 年菲律宾债券参考利率（单位：%）
资料来源：菲律宾证券交易委员会。

三 金融资产结构

（一）金融资产以货币性金融资产为主

虽然菲律宾金融市场体系完善，但由于社会、经济落后，各个金融市场发展缓慢，整体发展规模较小、层次较低。因此菲律宾金融资产结构相对传统，以货币性金融资产为主要资产。

菲律宾金融资产中货币性金融资产占总资产的 52.45%，其金融资产结构仍然较为传统，与其他东南亚国家相比没有明显优势。（见图 4—30）菲律宾起点较高并具备制度优势的金融市场后续发展缓慢，没有充分发挥其金融市场体系优势，各金融市场的规模和层次都处于较低的水平。近几年菲律宾相对稳定的政治局势和经济状况使其股票市场、债券市场等有了一定的发展。如果未来菲律宾能够保持社会稳定和经济发展，其金融市场体系的制度优势能够有效促进未来金融业的快速发展。

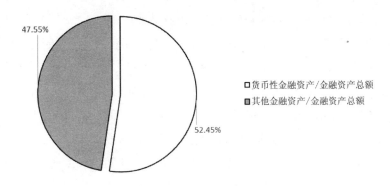

图4—30　2015年菲律宾金融资产结构

资料来源：菲律宾中央银行。

（二）经济货币化程度和经济金融化程度较高

广义货币、金融资产与GDP之比表明了一个国家经济货币化和经济金融化的程度。菲律宾货币性金融资产比GDP保持在0.6以上，且有稳定增加的趋势，说明菲律宾经济货币化程度较高，且货币化进程在加快。同样，菲律宾金融资产总额比GDP保持在1.2以上，且在稳定增加，说明菲律宾经济金融化程度也在不断加深。（见图4—31）

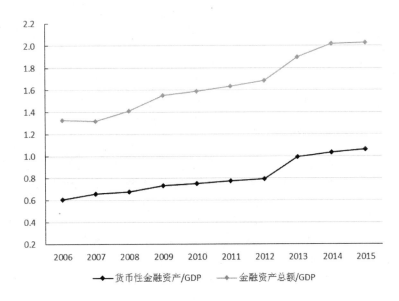

图4—31　2006—2015年菲律宾金融资产总量结构

资料来源：菲律宾中央银行。

（三）中央银行不依赖投放货币进行经济刺激

菲律宾货币结构按层次划分为 M0（流通中的现金）、M1（狭义货币量）和 M2（广义货币量），根据菲律宾 2002—2015 年不同货币统计口径下的 M0、准货币（M2—M1）占广义货币量 M2 的比重可以看出：菲律宾 M0/M2 和（M2—M1）/M2 的比重保持了稳定的变化趋势，货币量增长较为缓慢和平稳。说明菲律宾中央银行很少采取投放货币、提高流动性的政策来刺激经济发展，货币量的增加基本上是伴随经济发展的合理增加。

2006—2007 年 M0/M2 比重异常增加，是 2008 年金融危机前菲律宾央行采取放松银根的措施，以及全球流动性过剩、热钱大量流入菲律宾导致的。与其他东南亚国家相比，菲律宾在 2008 年全球金融危机前后，M0/M2、（M2—M1）/M2 比重没有过于明显的波动。说明从货币结构角度上看，2008 年全球金融危机对菲律宾整体经济的影响不大。当前菲律宾（M2—M1）/M2 比重保持在 70% 左右，相对其 6% 左右的经济增长率而言，属于较为合理的货币结构水平。（见图 4—32）

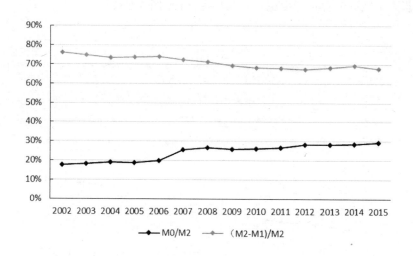

图 4—32　2002—2015 年菲律宾货币层次结构
资料来源：菲律宾中央银行。

（四）财富集中于私人家族手中，政府存款极少

在具有储蓄传统的亚洲，一般亚洲国家的存款结构可以在很大程度上

反映该国社会财富的分布情况，对于商业银行占绝对主导地位的菲律宾更是如此。菲律宾存款结构可分为政府机构存款、企业单位存款、私人部门存款三部分，通过对这三部分存款比例的描述可以大致上判断菲律宾政府机构、企业、个人所拥有的财富比例。菲律宾存款结构中个人存款所占比例最高，其次是企业存款，政府存款极少。

　　根据世界银行最新数据，2013 年菲律宾个人存款占存款总额的82.13%，企业存款占存款总额的 16.39%，政府存款占存款总额的1.48%。说明菲律宾整体上是小政府社会结构，其政治体制决定了菲律宾政府拥有极少的存款总额。图 4—33 显示了政府、企业、个人存款的比例情况，在 2001—2013 年间，三者基本没有发生明显波动。说明菲律宾社会财富分布情况比较稳定，社会财富大多数集中于居民个人手中，少部分集中于企业，政府只拥有极少的存款。

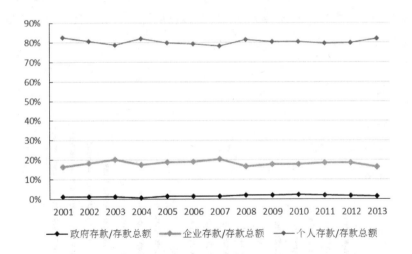

图 4—33　2002—2013 年菲律宾存款结构

资料来源：世界银行。

　　但必须考虑到菲律宾大多数公司为私人所有，公司治理制度不完善，有些本属于企业的财富通过种种渠道转移到私人手中。社会财富集中于私人部门并不代表菲律宾居民平均生活水平较高，其较大的贫富差距说明集中于私人部门的财富只是集中于更少数的富豪阶层。菲律宾家族财团所控制的企业掌握了社会的主要财富，甚至相对于政府拥有更强大的经济实力。这种财富极端集中于家族财团的情况使得菲律宾政府受大家族影响极大，政府施政存在较大掣肘，是菲律宾社会发展的一大阻碍。

（五）私有经济发展迅速，信贷支持力度大

菲律宾在马科斯执政时期，曾经产生了很多家控制国家经济命脉的大型国有企业。虽然之后各届政府推动经济改革、促进私有经济的发展。但仍有一部分效益较好、经营效率较高的国企始终存在，这些国企同样也是菲律宾银行业比较偏好的贷款对象。通过分析菲律宾国内贷款结构，可以描述菲律宾金融业对实体经济中国有部门和私有部门的支持力度，分析菲律宾私有经济、市场化经济的发展程度，以及经济改革的效果。

1997 年开始，除了两次金融危机爆发时影响了私人部门的信贷量以外，菲律宾私人部门获得的信贷量一直保持稳定的增长，2014 年信贷规模达到 4963 亿比索，比前一年增长了 19.94%。说明菲律宾金融业对私人部门的资金支持一直保持较快的增长，也从另一个角度表明菲律宾私有经济较高的发展速度。（见图 4—34）

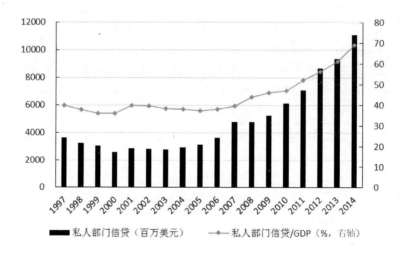

图 4—34 1997—2014 年菲律宾私人部门信贷情况

资料来源：菲律宾财政部。

菲律宾私人部门信贷总额占国内信贷总额的比重，反映了信贷渠道对私有经济的支持力度。从图 4—35 可以看出，1997 年以来私人部门信贷比重呈 U 字型发展。在 1997 年后从 70% 的水平开始下滑，2004 年到达谷底 58% 的水平，在 60% 上下波动了几年之后，2012 年开始大幅度上升，直到 2014 年达到峰值 70.37%。说明信贷渠道对私有经济的支持在 2012 年前不断下滑，在阿基诺三世政府上台并推进经济改革之后，私有经济的发展才重新得到了更有力的支持。

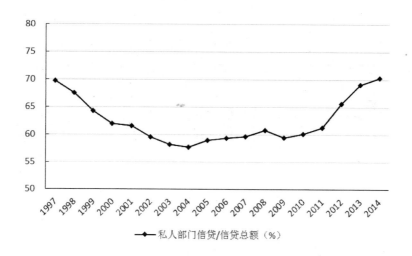

图 4—35　1997—2015 年菲律宾私人信贷比重

资料来源：菲律宾财政部。

但是整体来说，私人部门信贷占信贷总额的比重一直保持在 60%—70% 之间，相对其他东南亚国家水平较高，且波动较小。说明菲律宾金融业，尤其是银行业通过信贷渠道给予了菲律宾私有经济较为有力且稳定的支持。信贷水平也从另一个角度说明，菲律宾经济中私有经济占有较为重要的地位，私有经济一直保持着较为稳定的发展速度，成为菲律宾经济发展的主要推动力。

四　企业融资结构

从功能观角度来说，金融市场的功能主要是为实体经济提供投融资服务。在对国家金融市场结构的分析中，我们着重分析金融市场为一国实体经济企业提供融资支持的能力，这也是金融市场最重要、最核心的功能。

根据企业融资结构角度分析，可将企业融资结构分为内源融资和外源融资。内源融资是指企业不断将自己的储蓄（主要包括留存盈利、折旧和定额负债）转化为投资的过程，外源融资是指企业通过一定方式向企业之外的其他经济主体筹集资金，外源融资方式包括银行贷款、发行股票、企业债券等。

菲律宾较早地发展起了全亚洲领先的金融市场。虽然菲律宾政治体制及宏观经济的缺陷使得菲律宾金融市场逐渐在发展中落后，但其较好的金融市场基础仍然为实体经济融资提供了较为有力的支持。其中，菲律宾金融市场为企业外源融资提供的主要渠道是通过银行的间接融资以及通过证券市场的直接融资。

菲律宾金融体系虽然起步较早，但后续发展相对缓慢，金融市场并不是特别发达，企业融资仍主要以自身内源融资为主。但相对其他东南亚国家，菲律宾的金融市场还是能够在一定程度上为企业提供资金支持，外源融资能在企业融资结构中占有一定比重。

（一）企业融资以内源融资为主

企业的融资结构最基本分为内源融资和外源融资两类——内源融资对企业的资本形成具有原始性、自主性、低成本和低风险的特点，是企业资金的重要来源；外源融资则是接受其他经济主体的投资，是企业规模逐步扩大时重要的资金来源。由于缺乏菲律宾企业整体数据，本书选取 BVD 亚太企业数据库中菲律宾上市公司的数据，测算菲律宾上市公司融资情况。

根据过往研究成果，内源融资的代理变量为企业内源融资（原始资本＋未分配利润＋公积金）与总资产之比，流动负债与总资产之比作为外源融资的代理变量，其中包括了企业贷款、票据等。

2006—2015 年间，菲律宾企业的内源融资规模远大于外源融资规模，外源融资与内源融资之比低于 0.5。2008 年金融危机后，菲律宾金融业改革，金融市场效率有了显著提高，外源融资在企业融资结构中的比例不断提高，2011 年达到 0.9 的峰值。但菲律宾金融市场的不稳定性同样也导致了企业获取外源融资的不稳定，外源融资与内源融资的比例在不断波动。整体来说，菲律宾企业融资结构中，外源融资的比重还

是呈整体上升的趋势，企业越来越依靠金融市场进行外源融资。（见图 4—36）

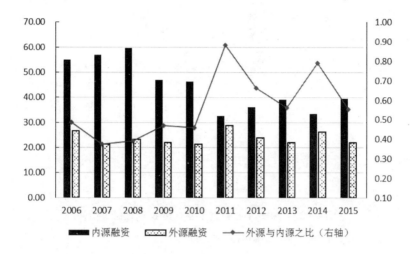

图 4—36　2006—2015 年菲律宾企业内源 & 外源融资结构

资料来源：BVD 世界企业数据库。

但需要注意的是上述测算对象是菲律宾上市公司，上市公司一般具有较好的社会信誉、公司实力，较容易通过证券市场融资，相对于菲律宾大多数企业而言更容易获得外源融资。因此，对于菲律宾大多数企业而言，外源融资规模相对于实际情况应该在一定程度上被夸大了。也就是说，菲律宾所有企业融资结构的真实情况中，外源融资比重应该要低于上市数据得到的结果，内源融资应该是菲律宾企业普遍最重要的资金来源。

（二）间接融资是主要融资方式

菲律宾金融市场相对规模较小，能够为实体经济提供的支持有限。基于菲律宾以银行业为核心的金融体系，银行提供的间接融资是菲律宾企业的主要融资方式。

菲律宾间接融资比例高达 94.12%，说明菲律宾企业融资仍然以银行信贷等间接融资为主要渠道，直接融资渠道虽然在近几年有所发展，但规模仍然较小。（见图 4—37）

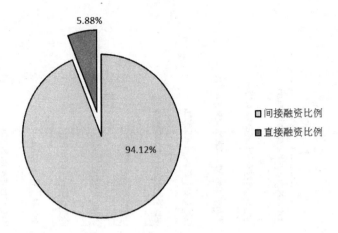

图4—37 2015年菲律宾企业直接 & 间接融资结构

资料来源：菲律宾中央银行、菲律宾证券交易委员会。

五 金融开放结构

菲律宾作为东南亚地区相对较为开放的国家，是东盟最早的发起国之一，菲律宾与东南亚区域以及亚洲各国保持着良好经济政治关系。此外，菲律宾作为美国在亚洲地区的传统盟国，也一直与欧美发达国家保持着紧密的经济政治往来。以出口型经济为导向的菲律宾，与美国、日本、韩国、中国以及东南亚各国都有良好的经贸往来以及金融合作。

菲律宾首都作为亚洲开发银行（Asian Development Bank）总部所在地，不仅承接了大量的国际金融会议，也使得菲律宾的金融环境更加开放。但菲律宾国内政治动荡频繁，金融开放程度受国内政治局势影响极大。

（一）产业开放结构

菲律宾金融产业受到美国影响很大，其金融机构一直有与美国金融机构进行合作的传统。例如渣打银行在1872年就设立了菲律宾支行，汇丰银行1875年进入菲律宾，花旗银行1902年进入菲律宾。但此后，由于菲律宾经济和金融业整体发展较慢，菲律宾金融的对外合作受到了极大的影响，菲律宾金融开放程度有所下降。

20 世纪 80 年代以来，菲律宾金融体系开放程度逐渐加强，例如 1994 年颁布的《银行自由化法》就对外资开放了银行业准入门槛。因此许多国际金融机构选择直接进入菲律宾金融市场开展业务，而不是与菲律宾国内金融机构进行合作。菲律宾银行业中，外资银行就占有很重要的地位。2001 年外资银行市场份额达到最高峰 19%，当前外资银行仍占据菲律宾市场 10% 以上的份额。近几年外资银行逐步调整经营战略，放弃利润率较低的零售业务，例如花旗银行已经将菲律宾国内零售银行出售给菲律宾金融银行（BDO）。

菲律宾证券市场较为活跃的都是机构客户，因此针对机构客户有明显服务优势的外资证券公司在菲律宾证券市场占据重要地位。在菲交所注册的 132 家证券公司中，外资达 10 家，摩根士丹利、花旗等国际知名金融机构都在马尼拉设有分公司，主要服务于机构客户以及家族客户。

此外，菲律宾股票市场对外资限制较少。菲交所交易的普通股依公司发行区分为 A 股与 B 股。A 股仅菲律宾籍人士购买，通常约占公司总股本 60% 以上。B 股则是不管任何国籍人士皆可买卖，不能超过总股本 40%，一般上市公司 B 股比例都达到 40% 的上限。上市公司还可发行菲律宾存托凭证（PDR）予本国国民或海外投资人。PDR 与普通股拥有相同的权利，且不受海外投资限制，是菲律宾上市公司引入海外投资的最佳手段。2015 年，菲交所注册的 70 万投资账户中 1.5% 为海外投资者。

菲律宾保险业中外资机构的市场地位更加重要，保险业中外资机构的资产占保险行业总资产的一半以上。（见图 4—38）2015 年，菲律宾 30 家寿险机构，外资寿险机构达到 6 家；67 家非寿险机构中，外资非寿险机构 7 家。菲律宾国内保险公司数量较多，但大多数规模较小，外资保险公司一般为大型保险公司所建立，规模较大。例如按保费收入排名，寿险公司排名第一的是加拿大 SunLife 公司，非寿险机构第一是英国 Prudential 公司。

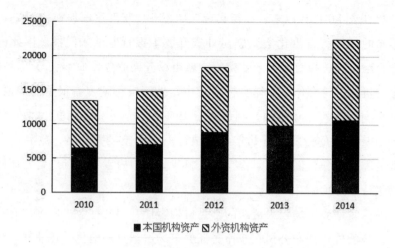

图4—38 2010—2014年菲律宾保险业外资结构（单位：百万美元）

资料来源：菲律宾保险委员会。

（二）资本账户开放结构

Chinn-Ito金融开放指数作为衡量一个国家资本账户开放程度的可靠指标，能够从整体上呈现一个国家资本账户开放程度的变化情况。根据图4—39，菲律宾资本账户的开放程度整体上是提高的，但其间有几次较大

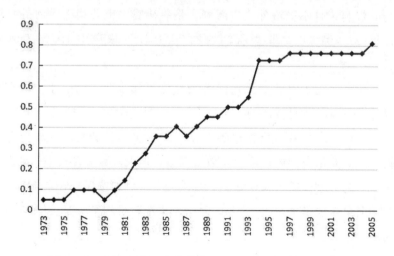

图4—39 1973—2005年菲律宾Chinn–Ito金融开放指数

注：相关数据仅公布至2005年。

资料来源，世界银行。

的波动。在 20 世纪 80 年代马科斯统治后期，由于经济发展的需要，马科斯通过国有垄断的方式引进了大量外来资本，降低资本进入门槛，资本账户开放程度迅速增加。20 世纪 90 年代，为了使国家经济发展回到正常渠道，执政者阿基诺夫人接受了国际货币组织提供的菲律宾金融自由化改革方案，从而使得菲律宾资本账户进一步开放。

（三）金融对外合作情况

2012 年，菲律宾证券交易所从韩国证券交易所引进了全市场监视系统（TMS），可以通过预先设定的规则、数据以及逻辑模式来管理股票市场的交易行为，以便于支持每天交易量超过 100 万笔的股票市场的正常运行。此外，菲交所还与韩国证券交易所联合开发并运行了新一代电子披露技术 EDGT（Electronic Disclosure Generation Technology）。

2013 年 11 月，菲律宾证交所与新加坡证交所合作管理的新加坡—菲律宾联合明晟指数期货（the co-branded SGX-PSE MSCI Philippines Index Futures）在新加坡证券交易所上市。

2016 年 10 月，菲律宾新任总统杜特尔特访问中国，中菲双方在发表的联合声明中表示要加强双方在债券、贷款、投资、证券等金融领域的合作，并扩大双边贸易和投资本币结算，积极推进清迈倡议多边化等区域金融合作和双边本币互换安排。

第四节　菲律宾金融结构的主要特点与影响分析

一　金融结构的主要特点

（一）金融体系完善，但发展水平较低

东南亚国家受限于经济水平、人口素质等原因，往往金融发展水平较低，金融体系不完善。与其他东南亚国家不同，菲律宾国家拥有仅次于新加坡的完整的金融体系，银行、证券、保险各个行业发展历史悠久，金融市场具有较强的活力。

菲律宾金融业以银行为中心，建立了混业经营以全能商业银行为核心的银行体系。全能商业银行作为金融控股公司在各个金融产业建立分公司开展业务，并互相以防火墙隔离各自独立业务。此外，菲律宾还拥有为数众多的存款银行，和全国广泛分布的农村银行。

除了有完整而庞大的银行体系之外，菲律宾还拥有亚洲最早的证券交易所之一，其中有大量活跃的股票交易行为，众多国际知名券商投行参与菲律宾市场交易。菲律宾证券交易所 PSE 的整体设计类似于美国纳斯达克交易所，制度安排比较合理。

菲律宾保险业发展较早，有很多国际保险机构早已进入菲律宾市场。虽然保险行业整体增长一直较慢，但国际化的保险市场使菲律宾保险行业在规范程度、完善程度上都位居东南亚前列。

菲律宾金融业起步早、起点高，但由于菲律宾固有的社会问题、经济发展滞后，后续发展远低于预期。例如其建于 1927 年的股票交易所目前的上市公司仅有 264 家，70 年代建立的债券市场目前公司债发行额度仍然很低。

（二）金融产业结构中，混业经营的银行业居于主体位置

菲律宾银行业是菲金融业的核心，在 20 世纪 70 年代初，银行数量几乎占到所有金融机构的 70%。随着菲律宾金融行业的发展，多种金融机构持续发展，银行数量占全部金融机构数量有所下降，但仍在金融行业占据主要位置。菲银行体系作为菲律宾金融体系中最重要的体系，银行业资产额占到全部金融机构资产的 80% 以上。

菲律宾银行业存在一系列结构性问题，例如银行业由众多小型银行和少量大型银行构成了脆弱的结构性基础、大型公共部门的腐败问题、高昂的中介成本导致高利差等问题。菲律宾银行业长期发展而形成的庞大而臃肿的体系，使得银行业经营效率极低，银行无法对实体经济提供有力的支持，反而有时成为经济发展的负担。但亚洲金融危机后，菲律宾政府和菲律宾中央银行持续推进银行业的改革，措施包括暂缓发放银行牌照、提高最低资本要求、强化监管等。经过一系列金融改革和银行并购，菲律宾银行业结构逐渐优化，银行体系更加健康。

（三）金融市场结构中，股票市场发展迅速

菲律宾股票市场起步较早，位于马卡蒂的证券交易所是亚洲最早的证券交易所之一，拥有完善的基础设施和交易机制。但由于菲律宾近几十年来经济持续低迷，社会经济活动不活跃，因此其股票市场发展同样缓慢。进入 21 世纪以后菲律宾政治局势的缓和，使得经济发展有所好转，社会经济活动频繁。与之相对应，股票市场再度繁荣，一级市场的融资量和二

级市场的交易量都有所提升。相对大多数东南亚国家，菲律宾证券交易所更加规范、完善的治理体制，使得股票市场能够在经济繁荣期迅速发展。

但可以看出，菲律宾股市活跃程度主要还是取决于菲律宾整体经济金融情况，同样受政治局势影响极大。此外，菲律宾股票市场的主要参与者为机构投资者，个人投资者占比极低，不利于居民储蓄存款的投资转化。

（四）企业融资结构中，内源融资为主

根据前文的估算，菲律宾企业融资结构中，内源融资略大于外源融资。但对企业融资结构的估算存在误差，数据样本来自于菲律宾上市企业，相对于菲律宾大多数企业而言更容易获得外源融资。

因此，菲律宾企业普遍实际外源融资规模相对于上市公司更低，菲律宾企业融资结构的真实情况中，外源融资比重应该要低于样本数据得到的结果，内源融资应该是企业最重要的资金来源。

（五）本国私有机构占主导地位，家族财团控制

菲律宾自从马科斯下台以后，大力发展私有经济，因此形成了国内经济由大家族私有集团瓜分的局面，在金融领域同样是私有机构占据主导地位。在菲律宾金融体系核心的全能商业银行中，前十大银行只有两家国有银行，其他银行均是属于各大家族的私有银行。菲律宾的两大国有银行——菲律宾国家银行和菲律宾土地银行又均是政策性银行，不从社会吸收存款、从事商业活动，仅依靠政府部门存款进行政策性金融支持。因此菲律宾金融市场完全由私有金融机构占据主导地位，各大家族所拥有的金融集团构成了菲金融体系的主要部分。

菲律宾的外资金融机构在与菲律宾私有金融机构的竞争中也大多处于劣势，例如进入菲律宾市场超过 100 年的花旗银行已将零售业务出售给菲律宾第一大银行 BDO。菲律宾私有金融机构已经主导了除保险市场外大多数金融市场。其中，大多数私有金融机构是家族财团控制，菲律宾私有经济的繁荣实质上是家族垄断经济的繁荣。

（六）金融监管制度严格

菲律宾曾在 1997 年亚洲金融危机中遭受过严重打击，因此菲政府一直以来都很注重对金融体系的监管。菲律宾对金融机构尤其是银行的监管尤为严格。自 1997 年以来，菲律宾对各个地区的银行大幅度提高了资本要求，例如总部位于大马尼拉地区的储蓄银行最低资本由 3.25 亿比索提

高至 10 亿比索、总部位于宿务和达沃市的最低资本由 5200 万比索提高至 5 亿比索，其他地区的最低资本由 5200 万比索提高至 2.5 亿比索。菲律宾中央银行对商业银行的法定准备金要求达 20%，此外还有菲政府对银行政策性贷款的要求——银行必须有一定比例的贷款投向农业、小微企业，否则会有相当比例的罚款。

菲律宾也是较早引入巴塞尔协议监管银行系统的国家。2001 年，菲律宾央行引入巴塞尔协议 I 框架对银行风险进行管理，使用资本充足率标准。2004 年菲律宾央行宣布实施巴塞尔协议 II，采用协议的三个主要内容即最低资本要求、监督程序和市场规范。菲律宾对巴塞尔协议实施的推动加强了银行业整体的风险管理体系，也促进了基础结构部门体系的发展。

菲律宾虽然对金融机构有严格的监管制度，但由于政府腐败、私人家族势力强大等原因，使得菲律宾金融机构实际情况未必如表面所表现的一般。例如为了逃避菲政府对银行政策性贷款的要求，很多家族财团会建立符合政策性支持的企业，所属银行按政府要求将贷款发放至自身所控制的企业，避免资金流出。

二 金融结构形成与演变的主要原因

任何一个国家金融结构的形成都与其社会、政治、经济有着密切的联系，往往受到众多因素的综合影响。从根本上说，一个国家或地区的金融结构主要是由经济社会和金融发展过程中的内在因素所决定的，是历史延续和现实发展的自然结果。但在经济社会的发展过程中，同样的内在因素条件下，不同的制度安排和政策等外在因素对形成不同的金融结构具有重要作用和影响。

东南亚各国由于其地理区位、社会结构等经济社会内在因素类似，各国间具有相似的金融结构和形成原因。例如东南亚国家的居民高储蓄率和低经济发展水平，导致大多数国家金融结构都是以银行业为主导，因此本节将主要分析菲律宾所具有的、独特的、对金融结构的形成和演变有重要影响的因素。

（一）政治局势频繁动荡

菲律宾政治制度承袭自美国，最高领导人全民公选，政党间竞争激烈。但由于经济基础、人口素质等必要条件的缺失，菲律宾形成了具有较大缺陷的民主体制。成熟民主政体的政党轮替不影响政府的正常管理，对政策的持续性影响也相对较小。但菲律宾从 1965 年马科斯独裁统治开始，1986 年阿基诺夫人执政推翻马科斯，每一任菲律宾总统的上台执政都或多或少伴随着对前一任总统政策大幅度否定，包括内阁成员、各部高官的清洗等。

政治局势动荡带来的政策大幅度变化，对菲律宾金融结构产生了巨大影响。菲律宾国有金融机构因为政策变化而无法持续，例如菲律宾 2001 年撤销了原本的政府政策性银行。政策对监管的影响从根本上影响金融结构，例如 20 世纪 80 年代菲律宾新政府采纳世界银行和货币基金组织的建议将分业经营改为混业经营，直接导致了菲律宾以全能商业银行为代表的金融控股公司的出现。外资金融机构一般在菲律宾政府换届选举等政治事件的时间节点会选择暂时退出市场等操作，使得金融市场的波动增加。

（二）社会问题严重

由于各种历史遗留及政府治理问题，菲律宾社会问题十分突出，主要的社会问题包括：贫富差距极大、社会治安较差、基础设施落后、反政府武装活跃等。社会问题直接决定了金融的需求端，从而深刻影响金融结构。

菲律宾贫富差距极大，使得菲律宾金融体系出现分化。一方面是针对高端人群的家族理财、私人银行、财富管理、证券投资等金融服务十分发达；另一方面是金融整体需求的薄弱，除了海外劳工的金融服务需求外，菲律宾国内平民的银行使用率极低。据统计，菲律宾只有 10% 的人口在银行拥有账户，只有 3% 的人口接触过证券市场。

社会治安较差同样也反映在菲律宾保险业的产业结构中。对于东南亚经济发展水平较低的国家，一般而言其保险业都以寿险为主要险种，财险等非寿险的比例较低。然而菲律宾保险业数据显示，其以财险为主的非寿险保费比例与寿险几乎相当。菲律宾较差的治安环境，使菲律宾保险业的财险等非寿险险种比例明显高于其他东南亚国家。此外，由于反政府武装活跃，菲律宾保险业甚至有针对恐怖袭击的恐怖险。

（三）亚洲金融危机影响

1997 年亚洲金融危机给菲律宾经济带来了很大的损失，同样也对菲律宾金融的发展产生了巨大的影响。在亚洲金融危机期间，菲律宾经济进入迟滞、通胀压力增大，比索大幅度贬值、股市动荡、国家财富损失惨重，投资受到打压、债务负担加重，企业经营困难、出口减缓。菲律宾庞大而臃肿的银行体系在 1997 年亚洲金融危机中遭到巨大打击，作为经济稳定器的银行业不仅没有在金融危机时帮助国家经济渡过难关，众多小型商业银行反而在危机中纷纷倒闭，使经济形势进一步恶化。

在此之后，菲律宾政府加强了对银行体系的改革和监管，更加谨慎地对待金融自由化，把握本国汇率主导权，警惕国际投机资本的流动。1997年亚洲金融危机作为东南亚遭受的最为严重的经济危机，对菲律宾金融结构产生了深远的影响。

（四）寡头家族掌握主要资源

作为承袭美国制度的民主国家，菲律宾对私有产权的保护异常严格，而社会制度的不健全使得众多私人寡头乘虚而入，逐渐在国家各个领域建立了以家族为核心的寡头垄断。各大家族的大型企业集团掌握了社会的主要资源，在各个产业建立了垄断企业。金融市场作为经济的核心市场之一，自然也受到了寡头家族关注。在菲律宾前十大全能商业银行中，寡头家族所拥有的银行高达 6 家，例如，第一大银行是属于施至成家族的金融银行（BDO），菲律宾第二大银行首都银行（Metro Bank）属于郑少坚家族。

寡头家族以金融控股集团与实体企业结合的方式，在各个产业巩固自身的垄断地位。例如，施家的 BDO 银行与其控制的大型商超 SM 集团结合，在大型商超设立银行网点，极大地提高了银行在零售业务方面的竞争优势，也通过金融机构的融资能力为实体企业提供资金。因此，菲律宾金融结构中，私有金融机构占据主导地位，而且与实体经济联系密切。家族财团控制的金融机构与实体企业相结合，形成了巨大的垄断竞争优势。

三 金融结构功能与效率分析

整体而言，菲律宾金融体系比较完善，基本具有了现代金融业的所有功能，但除了银行业以外，多数金融产业和市场发展水平较低，不能完全发挥应有的金融功能。近年来，随着菲律宾社会局势的稳定、经济持续增长，金融业借助原本具有的制度优势，开始了较为迅速的增长。

从金融产业角度看，菲律宾混业经营的全能银行体系在基本制度上模仿了美国现有的金融安排。但与美国全能银行以投行业务为主不同，菲律宾全能银行仍然以传统商业银行业务为主，主要收入来源仍依赖利息收入。因此，菲律宾全能银行比较好地发挥了商业银行的功能，为实体经济提供信贷支持。但其作为证券市场中介的效果较差，证券交易所经纪业务牌照券商132家、投资银行26家，证券市场功能受到限制。

从金融市场角度看，菲律宾证券市场建立时间较早，但发展水平较低。2015年，股票市场有264家上市公司，4家首次公开发行、5家再发行，为实体经济提供的支持较少，融资功能有限。此外，股票市场再发行融资额度是首次公开发行融资额度的14倍以上，说明原有公司的融资能力被放大，而对新兴公司的支持较少。2015年，债券市场发行公司债8只、商业票据5只，其余均为政府债券，债券市场对企业的融资功能很差。

菲律宾的金融结构在东南亚乃至全球都很有特色，作为较早具有完善金融体系和先进制度安排的金融市场，后续发展水平远低于预期，金融功能难以发挥，金融效率较低。说明先进的制度并不是金融发展的先决条件，金融制度的安排必须要适应社会、经济的发展阶段，脱离社会实际情况的金融制度未必能够对金融发展起到正向作用。例如菲律宾股票市场有非常完善的基础设施和体系制度，但目前股票市场主要面向机构投资者和富豪阶层，筹资主体也大多是家族财团控制的大型集团，股票市场对实体经济的融资集中于家族企业，在客观上促进了家族财团对经济的垄断。

第五节　中菲金融合作现状及未来展望

一　中菲金融合作现状

中国同菲律宾于1975年6月9日建交，建交以来中菲关系总体发展顺利，各领域合作不断拓展。2014年中菲双边贸易额为444.42亿美元，较上年增长16.75%。其中菲律宾从中国进口234.59亿美元，同比增长18.27%；菲律宾出口209.83亿美元，增长15.11%。2014年中国企业在菲律宾签订的工程承包和劳务合作合同总额为117.36亿美元，完成额89.58亿美元。同年，中国对菲律宾非金融类投资5769万美元，累计投资 4.58 亿美元；菲律宾对中国实际投资 9707 万美元，同比增长 44.3%，累计达到 31.89 亿美元。

2002 年，中国银行马尼拉分行在马尼拉金融中心正式运营，注册资本金 1200 万美元。从事本币业务包括存贷款、汇款、贸易融资和结算，重点是服务中国和菲律宾之间的贸易结算和融资业务。

中国银联自 2005 年开始与菲律宾银行合作，推进银联卡在菲律宾国内的受理业务。2009 年以来，银联已经和菲律宾联盟银行、中华银行、中国银行（China Bank）等开展合作，陆续在菲律宾发行了多款中国银联信用卡、借记卡产品。2010 年 12 月，中国银联与菲律宾第一大银行菲律宾金融银行（BDO）在马尼拉宣布全面进行合作——发行银联信用卡，同时开通 BDO 银行旗下商户的银联卡受理业务，并计划在一年内开通 10000 台 POS 机。截至 2014 年，银联卡已经可以在菲律宾超过八成的 ATM 上使用。

2009 年，菲律宾首都银行及信托有限公司（Metropolitan Bank & Trust Company）在中国境内改制的、由其单独出资的外商独资银行——首都银行（中国）有限公司开业。首都银行总行设立在南京，并开通上海分行。经中国银监会批准，首都银行可以从事吸收存款、发放贷款、票据业务、买卖债券、同业拆借、银行卡业务等。2011 年常州分行成立，2013 年泉州分行成立。

二 中菲金融合作的未来展望与建议

整体来说，菲律宾属于欧美国家传统势力范围，欧美国家金融机构很早之前就进入了菲律宾市场，例如渣打银行在 1872 年就设立了菲律宾支行，汇丰银行 1875 年进入菲律宾，花旗银行 1902 年进入菲律宾。菲律宾金融机构接触世界先进金融机构的时间和程度要优于中国金融机构，对金融合作的要求更高。因此，在单纯的金融合作方面，中国金融机构对菲律宾的吸引力较小，没有明显的竞争优势。中国与菲律宾的金融合作需要结合中国自身优势和特点，以开拓新的金融市场为经营起点，而非与菲律宾当地或欧美金融机构展开直接竞争。

2016 年 10 月，菲律宾新任总统杜特尔特访问中国，表现出与中国加强双边合作的强烈意愿，其中双方关于加强金融合作的共识将有助于扩展中菲未来金融合作的空间。但菲律宾政府权力相对有限，受国内大家族、日美等国家影响较大，政策反复可能性较大。新一届杜特尔特政府所展现的改善与中国关系的积极态度，能否落到实处、能够持续多久，还有待于进一步观察。

（一）中国金融机构应以人民币、中国企业走出去为切入点

菲律宾大多数金融市场已经被本土金融机构或外资金融机构所占据，中国金融机构与菲律宾金融合作的空间，应集中在具有中国特色的金融领域。中国金融机构可以人民币国际化为契机推进与菲律宾的金融合作。中国金融机构尤其是大型国有银行，需要利用人民币逐渐扩大的影响力和使用范围，利用自身提供人民币服务的绝对优势，推进金融合作进展。2016年10月，中菲联合声明中表示，将共同推进清迈倡议多边化、双边本币互换安排。这一共识将扩大人民币在菲律宾的影响，也是中国金融机构加强与菲律宾金融合作的重点渠道。

当前中国经济转型，大量中国企业急需海外市场。中国金融机构应该给中方企业提供走出去的机会，成为中国和菲律宾企业与市场之间的桥梁，以在菲律宾开展业务的中方企业为主要抓手，与菲律宾开展更多、更有效的金融合作。此外，菲律宾大型企业在原材料采购、销售等方面也需要中国庞大的市场，这也是中国金融机构能够提供帮助、促进合作的重要渠道。

（二）基础设施建设领域金融合作空间较大

菲律宾国家基础设施极为落后，相当于中国80年代之初的水平，基础设施建设需求极大。菲律宾政府自身经济实力较弱，难以支持基础设施建设的大量投资，具有雄厚资金实力家族财团在公共设施建设方面缺乏足够的兴趣和动力。中国在国家基础设施建设领域的丰富经验和水平都有利于中国企业在菲律宾发展过程中发挥更大的作用。

中国可以在基础设施建设过程中推进金融合作的深度和广度。2014年，中国倡议成立的亚洲基础建设投资银行，正适合菲律宾当前经济发展最为迫切的需求。2016年10月，中菲共同声明表达了双方在包括基础设施投资、基础设施项目建设、工业产能等领域共同开展务实合作的意愿。通过帮助菲律宾建设自身基础设施，从而使更多的中国企业进入菲律宾市场。中国金融机构一方面通过自身实力帮助中国企业在菲律宾开展、扩张

业务，另一方面借助中国企业逐步深入菲律宾市场，扩大与菲律宾的金融合作。

（三）以菲律宾华侨金融机构为初始合作对象

菲律宾华人在菲律宾商界占据重要地位，其所领导的金融集团与中国金融机构在以往也有较好的合作优势。例如施至成家族领导的菲律宾金融银行、陈永栽的菲律宾国家银行、郑少坚的首都银行等，都是积极参与中菲金融合作的主要力量。菲律宾华人对中国大陆的投资热情和同根同源的文化感情，都是中国金融机构开展合作的主要优势。未来中国金融机构应以菲律宾华人市场为切入口，通过与菲律宾华人金融机构的合作，逐步扩大与菲律宾金融合作的范围和深度。

参考文献

[1] Sicat G, "The Philippine Economy in the Asian Crisis", *Asean Economic Bulletin*, Vol. 15, No. 3, 1998.

[2] Quimpo N. G., "The Philippines: Political Parties and Corruption", *Southeast Asian Affairs*, 2007.

[3] Castro R. C. D., "The 1997 Asian Financial Crisis and the Revival of Populism/Neo-Populism in 21st Century Philippine Politics", *Asian Survey*, 2007.

[4] Bird K., "Philippine Economic Development: A Turning Point?", *The Australian National University*, Arndt-Corden Department of Economics, 2008.

[5] Lambino J. X. P., "The Economic Role of Metro Manila in the Philippines: A Study of Uneven Regional Development under Globalization", *Kyoto Economic Review*, Vol. 79, No. 2, 2010.

[6] Haar E. V. D., "Philippine Trade Policy and the Japan-Philippines Economic Partnership Agreement (JPEPA)", *Contemporary Southeast Asia a Journal of International & Strategic Affairs*, Vol. 33, No. 1, 2011.

[7] 加里·霍斯：《马科斯、其密友和菲律宾经济发展的失败》，《南洋资料译丛》1995 年第 2 期。

[8] 沈红芳：《亚洲金融危机：东亚模式转变的催化剂——对泰国与菲律宾的案例研究》，《世界经济》2001 年第 10 期。

[9] 鲁明易：《分业经营和混业经营的选择——基于菲律宾金融混业经营的案例研究》，《国际金融研究》2005 年第 9 期。

[10] 谭莹、王春雪：《存款保险机构的公司治理：菲律宾的经验》，《当代经理人》2006 年第 11 期。

[11] 梅拉利 S. 米罗、蔡鸿志：《金融危机后菲律宾银行业的整合、集中与竞争》，《银行家》2007 年第 7 期。

[12] 刘才涌：《外资银行参与菲律宾市场的历程及其影响分析》，《商场现代化》2007 年。

［13］泰谭柯、大卫·亨得里克森：《强势比索下的金融市场改革——访菲律宾中央银行行长泰谭柯》，《中国货币市场》2007年第12期。

［14］何军明：《菲律宾金融体系改革的进展与趋势》，《石家庄经济学院学报》2008年第31期。

［15］陈江生、陈昭铭：《菲律宾经济发展的经验与教训》，《中共石家庄市委党校学报》2008年第3期。

［16］宋云伟：《美国对菲律宾的殖民统治及其影响》，《世界历史》2008年第3期。

［17］段东南：《最近两次金融危机对菲律宾经济影响比较》，《经济与社会发展》2010年第8期。

［18］李涛：《1974年以来海外菲律宾人与菲律宾的社会经济联系》，《东南亚南亚研究》2013年第3期。

［19］龙异：《菲律宾精英家族政治的历史演进分析》，《南洋问题研究》2013年第4期。

［20］沈红芳、冯驰：《菲律宾经济：没有发展的增长》，《亚太经济》2014年第3期。

［21］申韬、薛青：《菲律宾投资环境分析报告》，广西师范大学出版社2014年版。

［22］申韬、缪慧星：《菲律宾经济社会地理》，世界图书出版公司2014年版。

［23］翟小亚：《菲律宾独立以来的家族政治研究》，博士学位论文，云南大学，2015年。

［24］鞠海龙、邵先成：《2014年菲律宾政治、经济与外交形势回顾》，《东南亚研究》2015年第2期.

［25］菲律宾中央银行网站：http：//www.bsp.gov.ph/.

［26］菲律宾财政部网站：http：//www.treasury.gov.ph/.

［27］菲律宾证券交易委员会网站：http：//www.sec.gov.ph/.

［28］菲律宾证券交易所网站：http：//www.pse.com.ph/.

［29］菲律宾保险委员会网站：http：//www.insurance.gov.ph/.

［30］菲律宾证券结算集团网站：http：//www.pds.com.ph/.

［31］世界银行网站：http：//www.shihang.org/.

［32］亚洲开发银行网站菲律宾专栏：https：//www.adb.org/countries/philippines/.

第 五 章

新加坡金融发展中的结构特征
及其与中国的合作

新加坡是东盟十国中的发达国家,以服务业为主要产业,金融服务业是国家支柱性产业。作为国际金融中心,新加坡经济对外依赖度较高,离岸金融市场规模较大,80%的资产管理规模来自国外。作为市场主导型金融体系,新加坡的证券和保险市场功能完备,企业以直接融资为主。发达的外汇市场使得新加坡成为最重要的亚洲美元市场。

第一节　新加坡社会经济发展概况

一　新加坡概况

新加坡是亚洲发达的资本主义国家,曾被誉为"亚洲四小龙"之一,东南亚国家联盟(ASEAN)成员国之一,世界贸易组织(WTO)、英联邦(The Commonwealth)以及亚洲太平洋经济合作组织(APEC)成员经济体之一。根据2016年的全球金融中心指数(GFCI)排名报告,新加坡超越香港,成为继伦敦、纽约之后第三大国际金融中心,也是亚洲重要的服务和航运中心。

14世纪,新加坡属于拜里米苏拉建立的马六甲苏丹王朝;19世纪初,被英国占为殖民地;1942年,被日军占领;1965年,新加坡正式独立。新加坡的政治体制实行议会共和制,主要居民包括华人、马来人、印度人,主要宗教为佛教、道教、伊斯兰教、基督教、印度教,官方语言为英语、马来语、华语、泰米尔语。

二　新加坡经济发展与结构现状

新加坡是位于马来半岛南端的一个城市型岛国，国土总面积 710 平方公里，截至 2015 年底总人口 554 万，由于地理位置优越，新加坡成为了东西方经贸往来的重要港口。新加坡经济总量在其建国后增长迅速，2015 年按现行市价计算新加坡国内生产总值 4024.6 亿新元（约合 2940.5 亿美元），比上年增长 3.7%，真实 GDP 较上年增长 2%。主要产业为服务业，2015 年服务业产值占国内生产总值的 65%，农业产值占比不足 0.1%。

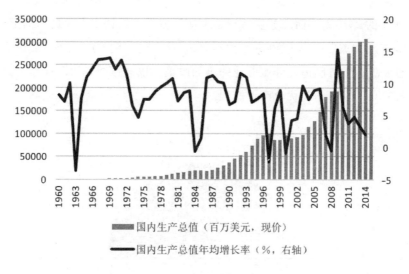

图 5—1　新加坡经济规模与经济增长

资料来源：新加坡统计局。

（一）新加坡经济发展现状

在 1965 年独立初期的 30 多年里，新加坡发展最为迅速，GDP 年均增长达到 8.6%，是新兴市场中发展最快的国家和地区之一。作为开放程度较高的小型经济体，新加坡经济对外依赖严重，高度依赖美、日、欧和周边市场。2000 年以来，新加坡经济两次陷入较严重的衰退，第一次为 2001 年美、日等发达国家"高科技泡沫"破裂后，全球经济放缓，国际市场电子产品需求下降，世界电子工业迅速衰退，新加坡经济出现 2% 的负增长，陷入独立以来最严重的衰退。第二次危机是受到 2007 年全球金融风暴影响，新加坡出口大幅度下降，从上一年的 7.8% 降到 1.1%，对国内经济影响较为严重。如图 5—1 所示，近年来新加坡经济发展较为平稳，2015 年真实 GDP 增长 2%，人均 GDP 以 72711 新元（约合 53224.3 美元），比上年增长 2.5%，排名世界第六。

（二）以服务业为主的经济结构

新加坡以服务业为主要产业。独立后，坚持自由经济政策，大力发展资本密集、高增值的新兴工业产业。农业在经济中所占比重自 1985 年起已不足 1%，2000 年开始不足 0.1%。工业以制造业和建筑业为主，工业增加值在国内生产总值中的占比有所下降，从 1984 年的 36.5% 下降至 2014 年的 24.9%。而服务业一直处于新加坡产业结构中占比最高的部分，2015 年新加坡服务业产值占国内生产总值比重达到 65%（如图 5—2）。新加坡政府坚持制造业和服务业并重的政策，以制造业和服务业作为经济增长的双引擎，不断优化产业结构。

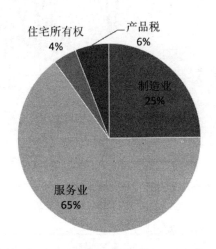

图 5—2　2015 年新加坡各产业占 GDP 比重

资料来源：新加坡 2016 年统计年鉴。

服务业作为新加坡经济发展的支柱，在金融、交通、商业、酒店餐饮等领域发展迅速，这使得新加坡成为东南亚地区的金融中心、运输中心和国际贸易中心。在互联网时代，新加坡同样重视发展信息产业，已投资在全岛建立"新加坡综合网"。

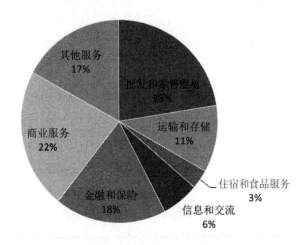

图 5—3 2015 年新加坡服务业总产值构成

资料来源：新加坡 2016 年统计年鉴。

金融服务业是新加坡经济至关重要的组成部分，是附加值较高的服务产业，也是国家税收的较大来源。按当年价格计算其占国内生产总值比重已经从 20 世纪 70 年代的 6% 增至 2008 年的 13.1%，金融和保险服务业占服务业比重也从 2011 年开始快速上升，是服务业中增长最快的行业之一，2013 年金融服务业增幅 9.5%，达到近六年来最快，如图 5—3，2015 年金融和保险服务业产值为 477.7 亿新元（约合 347.5 亿美元），占服务业总产值的 18.2%，较上一年度增幅为 7.0%。

（三）中新经济合作情况

新加坡与中国的经济合作主要体现在政策、道路、贸易、货币的沟通，以开放包容、共商共建、共赢共享为基本原则，以互联互通、经贸合作、产业合作、相互投资、人文交流、城市合作、生态环境共同开发等为重点，重启丝绸之路，打造互利共赢的普惠经济，造福两国人民。

中国与新加坡的经济合作是对中国广西提出的"南宁—新加坡经济走廊"的进一步加深，体现了 21 世纪海上丝绸之路的新文化精神，是中国"一带一路"共商共建的新合作理念和新发展模式。

中国与新加坡的双边贸易发展迅速。2001 年中新双边贸易总额仅为 109.3 亿美元，2009 年上升到 520.5 亿美元，占新加坡对外贸易总额的

10.1%；2011 年达到 634.8 亿美元，同比增长 11.2%，为新加坡第三大贸易伙伴。根据中国海关统计，2015 年中新双边贸易额为 795.7 亿美元，下降 0.1%，其中中国出口 520.1 亿美元，增长 6.5%，进口 275.6 亿美元，下降 10.5%。

随着中新双边经贸关系日益紧密，中国在新加坡的投资呈现出迅速增长的趋势。截至 2015 年底，中国对新加坡直接投资存量为 256 亿美元，中国企业对新直接投资 49.6 亿美元，增长 120%；中国企业在新加坡新签承包工程合同额 16.8 亿美元，下降 55.8%，完成营业额 35.4 亿美元，增长 4.9%。2009 年 5 月，中石油收购新加坡石油公司 45.5% 的股权；2011 年 4 月，中信银行国际有限公司新加坡分行开始运营；2012 年 6 月，华为新加坡公司宣布将积极扩展在新加坡的电信、企业和个人消费业务，并积极扮演企业公民角色。此外，新加坡是中国在东盟最大的劳务派遣市场，截至 2015 年底，中国在新各类劳务人员约 10 万人。

同时，2015 年新加坡在华累计投资金额 792.2 亿美元，2015 年，新增对华投资 69 亿美元，同比增长 18.5%。

第二节　新加坡金融发展概况

新加坡的金融产业以银行业和亚洲货币单位业务（ACU）为主。2015 年新加坡银行业总资产 10575.2 亿新元（约合 7692.2 亿美元），保险业总资产 2027.5 亿新元（约合 1474.7 亿美元），证券市场总资产 21.1 亿新元（约合 15.3 亿美元）。银行业集中度很高，以星展银行、华侨银行、大华银行为前三大银行，世界银行 GFD 数据库统计新加坡前五大银行资产集中度接近 1。离岸金融市场极其发达，2015 年，新加坡 80% 的资产管理规模来自外国，表明新加坡已经成为区域服务和国际投资的金融中心。

一　金融发展历史回顾

（一）银行业的发展

新加坡银行业是按"先外国银行，后本国银行"的发展顺序发展的。

19 世纪初期，随着港口贸易的发展，一些欧美银行逐渐进入并开始投资马来西亚的锡矿和橡胶园。随着经济的蓬勃发展，最初的华人企业家和富商开始涌现。到了 19 世纪末 20 世纪初，商业带来的金融需求逐渐增加，新加坡出现了十多家由华人家族经营的小型本地银行。1932 年，华商及华侨三家福建银行合并为较大的华侨银行。

新加坡独立以后，1968 年新加坡政府成立了国有的发展银行，为国有企业融资和担保。彼时，与市场上的欧美银行相比，本地银行的规模和经营都较为落后，主要服务于本地居民和本地企业，在新加坡的全部银行市场上并不突出。

20 世纪 60 年代至 70 年代，新加坡主张"打开大门"引进外资。在这一阶段，新加坡政府对外国资本和外国银行予以充分的支持和扶植，允许外国银行从事本地银行可进行的所有业务。但很快，新加坡政府发现这样的方针政策不利于本地银行的生存和发展。为了既能保护方兴未艾的本土银行业，又能继续扩大外资、引进外国银行，新加坡政府开始颁布限制性银行执照和离岸银行执照，以区分外国银行和本土银行的业务，最终形成了三大类银行执照。

1. 完全执照银行

拥有完全执照的银行可以在新加坡从事所有银行业务，没有限制，同时能够在新加坡开设一家以上的分行。到 1971 年为止，共有 13 家当地银行和包括中国银行新加坡分行在内的 24 家外国银行获得这一执照。完全执照银行可以获得亚洲货币单位（ACU）执照，从事离岸业务。截至 2016 年 3 月，新加坡 5 家本地银行全部持有完全执照，外国银行 119 家中 28 家持有完全执照。

2. 批发执照银行

批发执照曾称为限制性执照，拥有批发执照的银行只能在新加坡境内设立一家办公机构，不能从事新加坡货币、定期和储蓄存款业务。限制性执照银行可以获得亚洲货币单位（ACU）执照，从事离岸业务。截至 2016 年 3 月，外国银行 119 家中 53 家持有批发执照。

3. 离岸性执照银行

离岸性银行执照从 1973 年开始向外国银行颁发，此后进入的银行大都持有的是离岸执照。离岸银行业务主要集中于亚洲货币单位（ACU）

的交易。从 1978 年起, 离岸性银行也可以从事国内金融业务, 但必须符
合一定的条件, 例如不得从事普通存款业务; 不得吸收新加坡居民的新加
坡元定期存款; 非新加坡居民的新加坡元定期存款只有大于等于 25 万新
加坡元才被允许; 每家离岸性银行的新加坡元存款不得超过 5000 万新加
坡元; 在新加坡不能成立一家以上的分行等。截至 2016 年 3 月, 外国银
行 119 家中 38 家持有离岸执照。

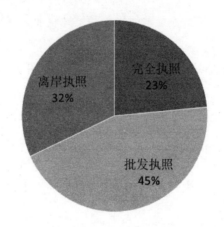

图 5—4 2016 年新加坡 119 家外国银行持有执照组成
资料来源: 新加坡 2016 年统计年鉴。

近年来, 新加坡金融管理局逐渐放开执照限制, 向更多合格的外国银
行发放完全执照。根据新加坡统计年鉴, 到 2016 年 3 月, 获得三种执照
的外国银行总计 119 家, 其中占比最高的是批发执照。这种用银行执照区
分业务领域的金融体系, 使得新加坡既引入了大量优质外国银行, 又很好
地促进了本土银行的发展。70 年代末, 在政府的促进下, 10 多家小型本
地银行联合成为四个大型银行集团: 新加坡发展银行 (星展银行)、大华
银行、华侨银行、华联银行。时至今日, 新加坡银行体系逐渐发展为以星
展银行、华侨银行、大华银行为前三大银行的高集中度银行业结构。

(二) 证券业的发展

新加坡证券业在从无到有的 40 多年时间里发展迅速。1965 年 8 月 9
日, 新加坡从马来西亚独立, 新加坡共和国正式成立初期, 新马两国共用

一个证券市场。1973 年 5 月，马来西亚政府决定中止两国货币互换性，证券市场才因此一分为二。1973 年 6 月，新加坡证券交易所作为一个独立的交易所正式营业，开启了新加坡资本市场的发展道路。截至 2016 年 3 月底，新加坡共发放资本市场服务许可 533 家，其中证券交易 137 家，期货交易 68 家，企业财务咨询 40 家，基金管理 367 家，杠杆式外汇交易 27 家，证券融资 17 家，证券托管服务 37 家，房地产投资信托管理 36 家，信用评级服务 4 家。由于资本市场服务持牌数据包含被授予"资本市场服务许可"的被监管的全部活动，可能存在持有多种许可的机构，所以资本市场服务持牌数据的组成部分相加不为总和。除了资本市场持牌机构，截至 2016 年 3 月底，获许信托公司 53 家，注册基金管理公司 273 家。

（三）离岸金融市场的发展

打造国际金融中心是新加坡的金融发展目标，离岸金融市场是达成该目标的桥梁。新加坡在 1965 年脱离了马来西亚联邦之后，急需寻找克服天然资源匮乏这一缺陷的经济增长点，于是着重发展传统的中介和服务贸易。在推行国内工业化的同时，新加坡政府将打造国际金融中心作为发展目标，不断扶植金融部门，利用地理位置优势，大力发展离岸金融市场。

为了发展离岸市场，新加坡推行了一系列具体措施。1968 年 8 月，新加坡免除对非居民外汇存款利息的从源征税，1968 年 10 月，为了发展类似欧洲美元市场的亚洲美元市场（ADM），新加坡开设与国内金融市场完全分离的亚洲货币单位账户。亚洲货币单位（ACU）账户是离岸外汇交易账户，与国内新元账户有严格区分，主要为了簿记和管理银行在亚洲美元市场的外币业务，同时也保证了金融政策的独立性，防止在经济规模小、金融及资本市场尚未完善时直接使用新元进行管理的混乱。截至 2016 年 3 月底，新加坡从事亚洲货币单位（ACU）机构 155 家，其中银行 122 家，商人银行 33 家。亚洲货币单位（ACU）资产总量从 1989 年有统计数据以来基本呈现上升趋势，2014 年至 2015 年略有下降。

亚洲货币单位的设立使得新加坡吸收了大量周边各国的存款。银行同业的存款和贷款对国外的依赖程度一直高于国内，其中，非金融机构在负债中所占的比重很大。1971 年，新加坡金融管理局设立，更多的外国银行进入新加坡银行业。1983 年，为了进一步促进离岸金融市场的发展，新加坡对银团贷款手续费收入给予免税。新加坡离岸资产规模大于国内资产规模，但国内资产规模增长更快。根据新加坡金管局统计，从 1989 年到 2015 年，离岸业务资产规模从 3366 亿美元发展到 11558.2 亿美元，增长了 2.43 倍，而同期 DBU 业务规模从 652 亿美元增长到 7692.2 亿美元，增长了 10.8 倍。如图 5—5 所示，从 ACU 总资产的构成看，2015 年新加坡离岸金融市场亚洲货币单位资产总额中银行间资金占比最高，达到 47%，其次是非银行客户贷款。

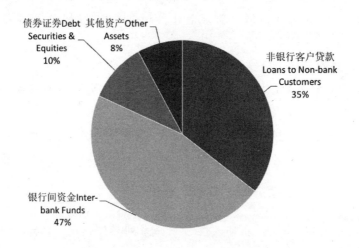

图 5—5　2015 年新加坡亚洲货币单位资产组成

资料来源：新加坡 2016 年统计年鉴。

　　值得注意的是，新加坡金融管理局于 2015 年 8 月 31 日发出咨询文件，建议删除新加坡银行国内银行单位（DBU）和亚洲货币单位（ACU）两个分离的会计单位。目前，新加坡的所有银行都需要维持一个 DBU 和一个 ACU 账户。新加坡元交易只能在 DBU 中预订，而外币交易通常在 ACU 中预订。自 1968 年亚洲市场成立以来，DBU - ACU 的划分和围绕其建立的监管框架已经到位，并为新加坡银行市场的发展提供了很好的助益。该框架确保了国内金融稳定性得到保障，允许对新加坡银行的国内业务实行额外的审慎要求，同时避免对新加坡银行的离岸活动造成不当限制。然而，随着近期国际发展以及金管局发展战略的变化，新加坡金管局认为已经不再需要区分银行的离岸和在岸银行活动，因此维持 DBU - ACU 分界不再必要。在取消 DBU-ACU 分界后，新加坡银行监管架构也须做出相应调整和改变。

二　新加坡金融管理——从严格监管到鼓励创新

新加坡早期对金融市场的监管十分严格，任何法律没有明文许可的业务都被视为禁止。这是因为新加坡政府希望打造亚洲金融中心，给世界各国留下安全、稳定、可信赖的金融市场形象，由于国土面积狭小、人口较少、资源匮乏、历史较短，没有深厚的国家信用做背书，所以新加坡监管当局需要将金融系统和金融机构的稳定视为己任，政府有时也会参与其中，引导投资者做理性判断。

亚洲金融危机之后，新加坡开始大规模的金融改革。虽然严格的金融监管使得新加坡在亚洲金融危机中得以明哲保身，但也限制了新加坡金融市场的创新和发展，监管机构对于商业的限制也影响了对利润和机会的追逐。亚洲金融危机之后，为了适应全球金融开放化和一体化的形势，新加坡在 1998 年至 2000 年间进行了大规模金融体制改革，成立了由李显龙负责的金融部门检讨小组（FSRG），研究对债券市场、股票市场、基金管理、国债及风险管理、企业融资、保险和再保险、全球电子银行等领域的整改建议。此次改革的目标是使新加坡的金融环境更加规范化，从严格监管到"披露为主"，鼓励金融服务创新和企业创新，促进工业发展，进一步完善金融中心的建设。

转型后，新加坡的监管逻辑发生了一系列变化。首先，保持高度谨慎和严格的监督标准，稳定的金融系统是金融开放的基础，管理重点从管制转向监督，以维护金融系统的稳定和信心；其次，面对日益复杂的银行业务和环境，应该以风险控制为核心，进行自上而下的银行监管；第三，银行评估以管理水平、风险管理与控制系统为重点；第四，提高披露标准，增强透明性，鼓励市场自律；最后，政策应该跟随市场的变化和革新时刻进行调整。

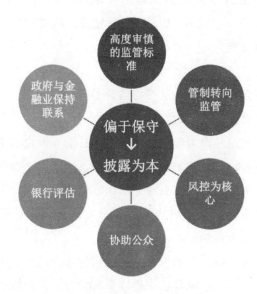

图5—6 新加坡金融监管转型示意图

资料来源：笔者根据相关资料整理所得。

监管转型后，新加坡管理当局开始大力推动资产管理业务的发展，推动新加坡成为亚洲的资产管理中心。新加坡管理当局对发展各个市场的可行性进行了逐一研究，认为在债券市场、外汇市场、股票市场、商品市场、衍生品市场中，资产管理业务的发展是推动诸多市场发展的关键。所以决定优先发展基金管理业务，吸引买方入场，带动其他市场。为了吸引海外基金的兴趣，1998年新加坡政府投资公司（GIC）和金融管理局宣布，将350亿新元（约合210亿美元）资金作为种子资金交由市场管理。这笔资金得到了国际市场的积极关注，包括ABN – Amro与Capital International在内的国际资产管理公司将其全球调度中心搬到了新加坡，随后摩根士丹利资产管理部门和邓普顿、施罗德基金也扩大了在新加坡的业务。

截至2015年底，由新加坡资产管理机构管理的总资产（Assets Under Management，AUM）规模达到2.6兆美元，比上年增长9%，在过去的五年间，AUM复合年增长率为14%。2015年，在新加坡注册获得执照的基金经理37家，将MAS统计的持牌基金经理总数提高到628。由图5—7可见，2015 年新加坡 80% 的资产管理规模来自外国，在资产管理总量中，56% 来自亚太，18% 来自北美，17% 来自欧洲，表明新加坡在区域服务和国际投资中扮演了极为重要的角色。

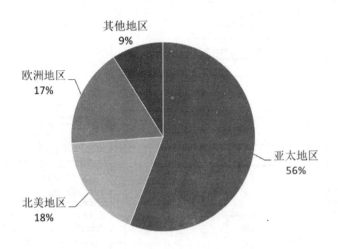

图 5—7　新加坡资产管理地区来源

资料来源：新加坡金融管理局《2015 年新加坡资产管理调查报告》。

新加坡在金融市场建设方面还进行了一系列改革。其中包括将新加坡股票交易所和新加坡国际金融交易所合二为一。此后，1998 年 5 月，新加坡中央公积金投资计划（Central Provident Fund Investment Scheme，CPFIS）公布，允许参与社保的公众利用普通账户及特别账户的积蓄进行投资，风险自担，鼓励 CPF 成员将老年储蓄投资于包括固定存款、保险单、年金、单位信托、债券等产品，优化配置投资组合并分散风险。同时，新加坡对基金业开启税收激励计划（Approved Fund Managers，AFM 计划），给予符合一定条件的基金管理公司 10% 的特许税率。

新加坡作为世界上最早发展和实施综合金融监管的国家之一，其金融监管体制已经相对非常成熟和完善。新加坡货币局是新加坡货币委员会的常设机构，履行发行货币的职能。金融监管局（Monetary Athourity of Singapore，MAS）是新加坡的金融监管部门，拥有很强的独立性和权威性，履行宏观审慎监管职责。与其他东盟国家不同，新加坡金融监管局既是央行，又是金融业的监管机构，类似中国"一行三会"的集合。其职能既

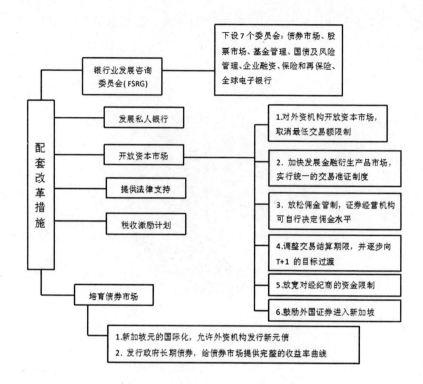

图 5—8　新加坡金融改革措施框架

资料来源：笔者根据相关资料整理所得。

包括维持物价稳定、促进经济增长、促进就业、维持国际收支平衡，也包括对所有的金融部门进行监督和管理（如图 5—9）。

新加坡金融机构主要包括银行、亚洲货币单位（ACU）、财务公司、商人银行、保险公司、保险经纪公司、银行代表处（bank representative offices）、国际货币经纪（international money brokers）、持牌财务咨询、资本市场持牌服务、信托公司、注册基金管理公司。如图 5—10，截至 2015 年，资本市场服务机构以 533 家成为占比新加坡金融结构数量最高的部门，其次是注册基金管理公司和保险公司。

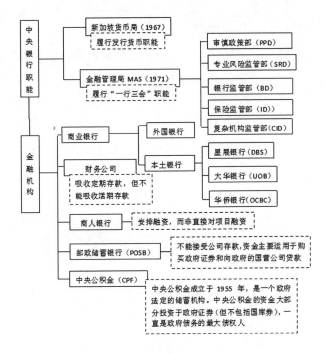

图 5—9　新加坡金融体系框架

资料来源：笔者根据相关资料整理所得。

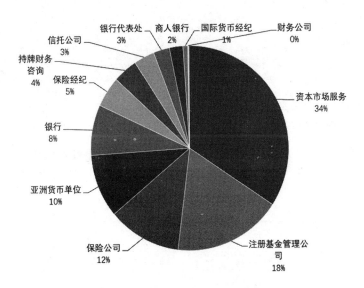

图 5—10　2015 年新加坡金融机构数量结构

资料来源：新加坡 2016 年统计年鉴。

三 新加坡金融总量的现状

新加坡金融总量呈波动性增长，经济发展规模高度依赖国际市场。从图 5—11 新加坡 1981—2013 年经济增长、广义货币量增长和通货膨胀率的变化趋势中可以看出在 32 年间，新加坡的经济增长率波动较大，在 1985 年、1998 年、2001 年、2009 年分别出现负增长，体现了新加坡经济对世界经济局势的高度依赖。广义货币量增长率波动幅度较大，在 1998 年亚洲经济危机时广义货币增长率达到 32 年来最大值 30.3%，自 2006 年以来基本保持下行趋势，体现了国际经济增长乏力给新加坡经济带来的增长引擎不足。与此同时，通货膨胀率与广义货币增长率趋势基本相同，物价相对稳定，通货膨胀率大体保持在 5% 以下。

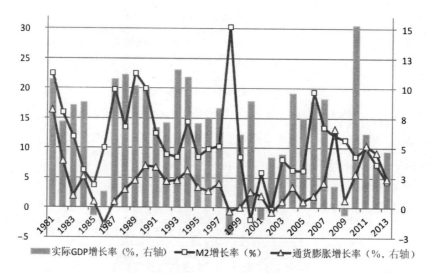

图 5—11 新加坡实际 GDP 增长率、广义货币量增速和通货膨胀率
资料来源：新加坡统计局。

新加坡经济货币化水平很高。新加坡作为"亚洲金融中心"，银行体系开放程度很高，1999 年 M2/GDP 快速攀升，达到 112.09%，广义货币首次超过国内生产总值，随后该指标稳中有升，近几年来一直维持在 120% 以上，狭义货币化比率自 1980—2006 年的 26 年间一直维持在 20%—25% 之间，自 2007 年开始快速上升，在 2013 年达到 41.51%，表明新加坡经济货币化水平快速提高，在东盟国家中位居前列。

第三节　新加坡金融结构描述与分析

新加坡属于市场主导型金融结构，银行集中度很高，为了扶植本土银行的发展，采用"完全执照、批发执照、离岸执照"三级银行执照区分本土和离岸金融业务，银行采用混业经营制度。保险业以寿险为主，主要业务来源又以离岸保险业务为主，保险深度和保险密度较中国均处于较高水平。

一　金融产业结构

新加坡金融产业以银行业为主，银行机构中外国银行占绝大多数。独具特色的亚洲货币单位业务也占有很大的比例，亚洲货币单位机构包含银行和商人银行，其中银行占大部。保险业和商人银行业在产业结构中占比较小。证券市场分为主板和凯利板，体量相较其他金融行业而言非常小（见图5—12）。

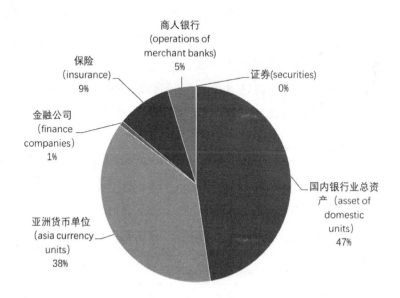

图5—12　新加坡 2015 年金融产业结构

资料来源：新加坡 2016 年统计年鉴，新加坡交易所 2016 年年报。

（一）银行业的三级执照结构

银行业是新加坡经济发展的重要支柱，也是近 10 年来新加坡发展最迅速的行业。根据 2016 年新加坡统计年鉴，国内共有 124 家银行（不包含离岸业务银行），其中本土银行 5 家，外资银行 119 家，很多全球顶尖银行与金融机构在新加坡设有分行及区域总部，其中包括工、农、中、建、交五大中资银行及花旗、渣打、汇丰等外资银行。以第三大银行新加坡大华银行为例，该行通过系列收购行动，和新加坡所有本土银行一起经历了从单一到复杂、从国内到国际、从严格的分业经营制度到大力实行混业经营的转变过程。

因为曾经是殖民地，新加坡银行业长期由外资银行占主导地位，本地银行规模小、地位低。1970 年后，新加坡金管局有意识地采取了保护性政策，尤其在零售银行领域，为本地银行发展争取时间。金管局对银行实行分级牌照管理，分为全执照银行和离岸银行两类。新加坡本土银行均为全执照银行，能够经营所有商业银行业务，而外资全执照银行无论其子行、分行在营业网点（包括分支机构和户外柜员机）的扩张上均受到限制。外资离岸银行以经营外币为主，所受限制更多。1971 年，又增加了批发银行执照，主要是限制外资银行吸收本地居民零售存款和开设分支机构，分级牌照至此演变为"全面、批发、离岸"三级牌照；同时出台外资投资入股本地银行不得超过 20％ 的限制政策，1990 年将股权限制比例调整为 40％，且要求本地银行将此规定载入公司章程。

表 5—1　　　　　2015 年新加坡前 11 大银行信息一览表　　　单位：百万美元

序号	银行名称	集团名称（peer group）	总资产
1	星展集团控股有限公司（DBS Group Holdings Ltd）	银行控股公司（Bank holding Companies Far East）	323809
2	华侨银行有限公司（Oversea-Chinese Banking Corporation Limited OCBC）	商业银行（Commercial Banks Far East）	275967
3	大华银行有限公司（United Overseas Bank Limited UOB）	商业银行（Commercial Banks Far East）	223503
4	丰隆财务有限公司（Hong Leong Finance Limited）	商业银行（Commercial Banks Far East）	9397

续表

	银行名称	集团名称（peer group）	总资产
5	国浩有限公司（GuocoLand Limited）	投资信托公司（Investment & Trust Corporations Far East）	7059
6	大华凯贤控股有限公司（UOB Kay Hian Holdings Limited）	银行控股公司（Bank holding Companies Far East）	2044
7	星投资财务有限公司（Sing Investments & Finance Limited）	金融公司（Finance Companies Far East）	1881
8	达鸿控股有限公司（Tat Hong Holdings Ltd）	银行控股公司（Bank holding Companies Far East）	1015
9	新加坡财务有限公司（Singapura Finance Ltd）	房地产与抵押银行（Real Estate & Mortgage Banks Far East）	919
10	GK Goh 控股邮箱公司（GK Goh Holdings Ltd）	银行控股公司（Bank holding Companies Far East）	n. a. ①
11	IFS 资本有限公司（IFS Capital Limited）	金融公司（Finance Companies Far East）	278

资料来源：BVD，Bankscope，2016 年 7 月 19 日。

新加坡本地银行在政府的保护下逐步成长。但是，和国际大型银行相比，新加坡银行无论在规模、技术、产品和服务上都存在较大差距，随着金融全球化和互联网信息技术的发展，新加坡本土银行缺乏创新，亟待改革。基于此，1999 年 5 月新加坡金融管理局宣布实施五年开放项目，力求打造更完善的新加坡银行体系和本土银行并进一步加强新加坡作为区域性金融中心的地位。

新加坡银行业五年开放项目包括三个重要组成部分：三年内逐步执行一揽子开放方案、改进本地银行的公司治理、取消 40% 的外资投资入股限制。其中，"三年内逐步执行一揽子开放方案"是项目主体，主要是逐步增加不同牌照类型的外资银行数量，进一步放宽各牌照下外资银行的业务经营权，但始终没有消除对外资银行零售网点扩张的限制。"改进本地银行的公司治理"是在对外开放的同时对内采取的应对措施，金管局认

---

① BVD 数据库数据缺失。

为，加强本土银行竞争力的关键在于良好的公司治理和一流的人才，并随后出台了公司治理监管规定。在"改进本地银行的公司治理"的前提下，取消外资投资本土银行的股权限制。过去这种限制主要是出于国家利益考虑，但公司治理监管规定出台后，金管局认为40%的股权限制已没有必要。因为公司治理监管规定要求本地银行董事会的主要成员必须是新加坡公民或永久居民，且必须设立提名委员会，负责银行高管和关键职位的人选决定。金管局认为，这些措施能够确保银行控制者在决策时充分考虑国家利益。值得强调的是，在取消上述限制的同时，金管局加强了对本地银行累计重大持股的审批规定，在现有的5%和20%的股权审批门槛以外，增加了12%的股权审批门槛。尽管取消了刚性的股权限制措施，但金管局对股权开放仍持审慎态度。批准与否，主要依个案而定，金管局有较大的政策裁量权。其中，是否与国家利益一致是重要审批标准。

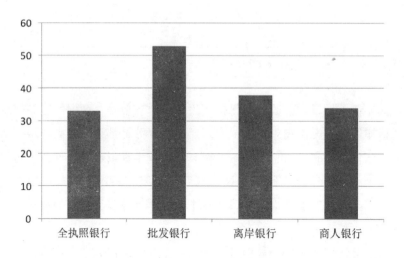

图 5—13　新加坡 2016 年各类银行数量比较

资料来源：新加坡 2016 年统计年鉴。

从银行资产看，如图 5—14 所示，在广义上，DBU 银行资产可以看作是新加坡银行的在岸业务，ACU 可看作是新加坡银行离岸业务。自1990 年有统计数据开始，新加坡银行的离岸业务一直高于在岸业务，随着国内金融业的发展和政府对本土银行的支持，离岸业务和在岸业务的差距逐渐降低。变化体现在 ACU 银行资产占 GDP 比重下降，而 DBU 银行资产占 GDP 比重维持在 300% 之上小幅波动。到 2013 年，新加坡离岸业务和在岸业务银行资产合计占 GDP 比重 722.9%，反映了银行业在新加坡经济中的重要地位。同时，新加坡银行数占金融机构数比重一直呈现下降趋势，表明新加坡金融服务产业日趋丰富，金融衍生行业逐渐增多。

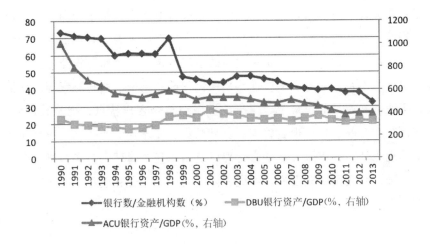

图 5—14　新加坡银行业资产和数量规模

资料来源：新加坡统计局。

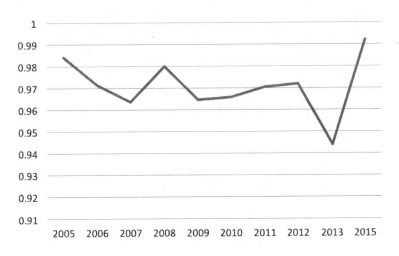

图 5—15　新加坡前五大银行资产集中度

资料来源：新加坡统计局。

新加坡银行集中度很高，由图 5—15 可见，自 2005 年以来前五大银行集中度一直处于接近 1 的极高水平。其中，前三大商业银行：星展银行（DBS）、华侨银行（OCBC）、大华银行（UOB）在 2015 年资产占银行总资产比重约为 97.3%，在国内处于绝对领先的地位。这三家商业银行属于国际性质的综合性商业银行，其业务类型涵盖零售业务、批发业务、私人银行业务以及投资银行业务。其中，仅投行业务就包括了公司首次上市公开售股、兼并与收购、债券发行等。丰富的产品种类、合理的产品结构吸引了大量的客户，夯实了银行发展的基础。再比如，在零售业务中，新加坡银行的信贷产品具有多样性，如保付代理、结构性贸易融资等。在批发银行业务和产品的组合上，银行能够做到结合客户特点，把贷款产品、结构性存款产品、资产现金管理、贸易融资、环球外汇业务以及投行业务全部体现为环球托管服务、财富管理以及创业基金管理的范畴有机结合起来，各种产品之间协同发展，形成一体化的产品组合和创新，最大限度地为客户提供服务。

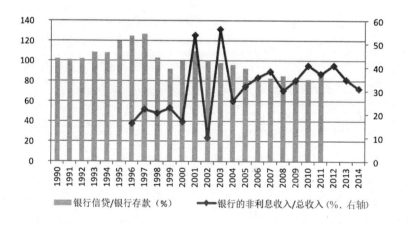

图 5—16　新加坡银行业收入结构

资料来源：新加坡统计局。

图 5—16 中显示了新加坡银行业的收入结构和存贷比。在 1997 年以前，新加坡银行存贷比一直处于 100% 以上的高位，1994—1997 年上升很快，反映了彼时新加坡的信贷投放空间很大，银行资本流动性很高，同时

侧面展现了当时新加坡的实体经济发展较快，企业投资和贷款能力较强。
从 1998 年开始，受亚洲金融风暴影响，全球经济增长放缓，国际电子产
品周期性衰退，新加坡经济陷入独立以来最严重的衰退，经济出现负增
长，新加坡银行存贷比大幅下降。图中折线图显示了新加坡银行业的收入
结构。2001 年和 2003 年，非利息收入占比激增，超过了 50%，反映了银
行大量从事于非信贷类金融业务。2002 年，这一指标下降至 10% 以下，
可能与 2002 年新加坡政府出台总值相当于 GDP 的 8.4% 的配套刺激经济
计划有关，银行信贷规模上升。

（二）保险业的发展及其结构

新加坡保险业发展水平较完善，保险深度和保险密度很高，主要业务
来源是离岸保险业务。2015 年离岸保险保费占总保费 69%，约为国内业
务保费的两倍，人均寿险支出 5696.0 新元（约合 4143.1 美元），人均普
通保险支出 1024.7 新元（约合 745.3 美元），国内寿险投保额占 GDP 比
重为 246.1%，国内寿险保费占 GDP 比重 5.5%，国内寿险基金资产占
GDP 比重为 39.9%，人均寿险支出是普通保险的 5.6 倍，体现了新加坡
社会对生命安全的重视。相比中国，截至 2015 年底，中国保险密度为
1766.5 元/人（约合 271.8 美元/人），保险深度为 3.6%，远低于新加坡
保险业发展水平。

1. 保险市场构成

新加坡保险业务被分为人寿保险和普通保险。注册为保险人并收取保
费，需在保险业务类型中选择其一，当局根据具体情况予以直保公司、再
保公司和自保公司注册。公司注册包括寿险和普通保险两类业务的，成为
综合保险人。新加坡普通保险属于非寿险。

表 5—2   2016 年新加坡保险市场机构构成

机构类型	机构数量（家）
保险公司	186
直接保险公司	79
专业再保险公司	32
专业自保人	70

续表

机构类型	机构数量（家）
授权再保险公司	5
保险经纪人	75

资料来源：新加坡 2016 年统计年鉴。

作为区域保险中心，新加坡保险机构以外资保险机构为主体。新加坡保险业实行在岸市场和离岸市场分离的市场制度，分为新加坡保险基金（SIF）和离岸保险基金（OIF）管理，离岸市场发达。新加坡是亚洲最大的自保市场中心。自 1989 年到 2015 年新加坡各类保险机构呈增长态势。其中专业自保人和直接保险人呈增长态势，而再保险机构的数量逐渐减少。如图 5—17，到 2015 年底，新加坡直接保险公司占比接近一半，达到 44%，专业自保人占比 36%，专业再保险公司占比 17%，授权再保险公司 6 家，占比 3%。

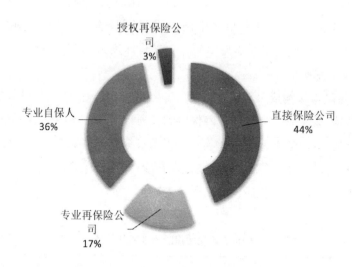

图 5—17　2015 年新加坡各类保险机构占比

资料来源：新加坡统计局。

2. 保费规模与增长

新加坡保险业总体保持较快发展，2013 年保费总额 220.6 亿美元，为 2003 年的 1.8 倍, 2016 年均增长率达 12.5% (如图 5—18 所示)。但 2001—2013 年间保险业增长波动剧烈, 主要原因是受到经济环境变化的影响, 特别是由投连产品占比很大的寿险下降所致。

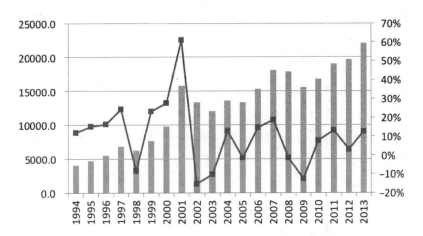

图 5—18　1994—2013 年新加坡保费及增长率 (单位: 百万美元)

资料来源: 新加坡统计局。

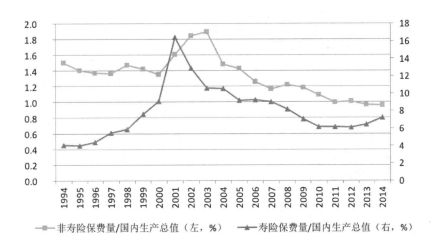

——非寿险保费量/国内生产总值(左, %)　——寿险保费量/国内生产总值(右, %)

图 5—19　新加坡保险业发展情况

资料来源: 新加坡统计局。

从保费结构看, 寿险保费基本一直高于非寿险保费, 新加坡是低税收国家, 社会福利和医疗保障比较低, 居民需要更多的储蓄和保险以保障人寿安全。由图 5—19，从 2001 年开始寿险占国内生产总值快速上升，随后非寿险保费占比也有大幅提升，可能与随后爆发的 SARS 有关。2008 年以来寿险和非寿险保费占国内生产总值比重变化平稳，基本维持在 6% 以上，体现出较高的保险深度水平，反映出较高的社会风险防范意识。

3. 普通保险市场

（1）普通险保规模及增长

由于新加坡较好的经济发展，国内对非寿险产品的需求旺盛，非寿险业务的增长较快。非寿险业务的发展部分得益于新加坡对健康险、车险和某些责任险险种强制投保制度。由图 5—20，2015 年新加坡国内普通险保费总额将近 40 亿新元（约合 29.1 亿美元），比上年增长 3.9%；离岸普通险保费总额将近 90 亿新元（约合 65.4 亿美元），比上年增长 13.6%。离岸保险基金总资产是国内保险基金总资产的 1.9 倍，体现出新加坡普通保险业务的区域服务特性。

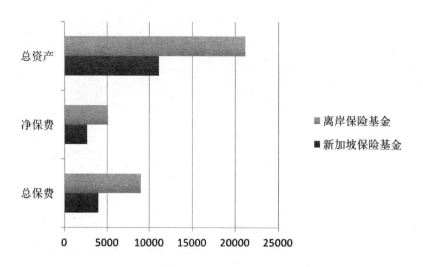

图 5—20　2015 年新加坡普通保险市场规模（单位：百万新元）

资料来源：新加坡金融管理局。

新加坡财产保险市场主体数量众多，竞争激烈，财产保险市场集中度较为分散。新加坡国内普通险业务中，汽车保险为最大类（占比 29%），其次为火灾保险（占比11%），再次为健康险（占比10%）。2015年，普通保险市场增长最快的是船舶责任险（增幅23.4%），其次是健康险（增幅13.9%）和火灾保险（增幅4.2%），规模下降的包括汽车保险（降幅10%）和工伤补偿（降幅6.2%）。船舶险的快速增长可以看作新加坡作为亚洲通商口岸的发展所致，而保费最大类汽车险增长下降可能与新加坡高昂的汽车牌照费和道路通行费相关。

（2）普通险经营结果

新加坡国内普通保险业务经营结果显示，已赚保费在2011—2014年连续四年增长，2015年比上年下降7.6%，总额为26.9亿新元（约合19.6亿美元）。净投资收益波动较大，从2011—2015年呈现双数年增长、单数年下降的趋势，2014年增长82.3%，2015年下降62.7%。营业利润与净投资利润同方向变动，2014年增长35.8%，2015年下降39.8%（如图5—21）。

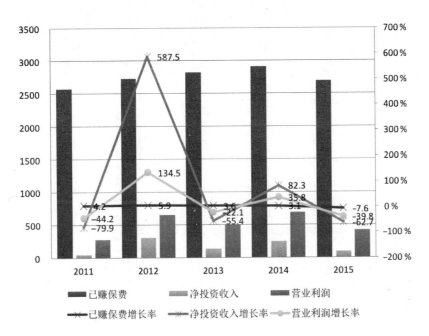

图5—21 2015年新加坡普通保险经营结果（左：百万新元）

资料来源：新加坡金融管理局。

（3）离岸保险

新加坡离岸保险市场主要由普通保险业务构成。2015 年，在新加坡普通保险市场中，离岸保险业务总保费占比 69.2%，人寿保险市场中离岸业务净保费占比 12.1%。从统计图 5—22 看，2000—2015 年新加坡离岸保险业务总保费呈增长趋势，但增长速度自 2010 年开始放缓，总保费增长率在 2015 年为 13.6%。

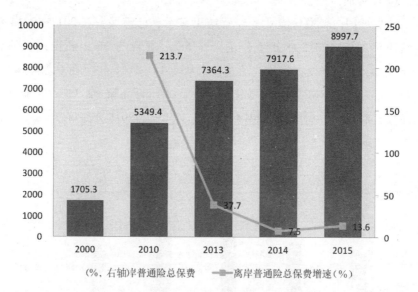

图 5—22　2000—2015 年新加坡普通保险离岸业务（左：百万新元）

资料来源：新加坡金融管理局。

从国家和地区分布看，离岸保险 80% 以上来源于亚太 10 个国家和地区，面向中国市场的离岸保费年均增长速度最快，在离岸毛保费总额中的比重从 2004 年的 2.3% 大幅上升至 2008 年的 17.5%，成为占比最高的国家。如图 5—23，2015 年离岸普通险市场中，澳大利亚市场份额最大（23%），其次是中国（15%）与中国香港（2%），印度（10%）。

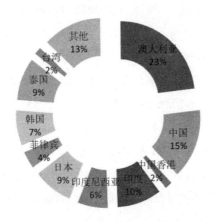

图5—23　2015年新加坡普通保险市场离岸保险业务分布

资料来源：新加坡金融管理局。

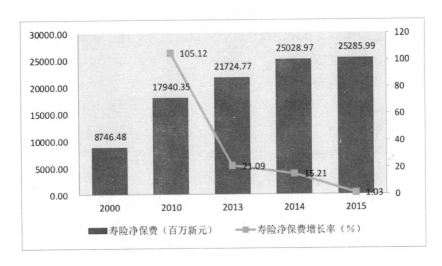

图5—24　2000—2015年新加坡人寿保险保费及增长规模

资料来源：新加坡金融管理局。

4. 人寿保险市场

（1）寿险规模及增长

新加坡人寿保险市场在较好的经济环境和社会背景下发展良好，功能完善且规模较大。这得益于新加坡经济的较快发展，位居世界前列的人均收入水平，人口老龄化加快带来的养老金增多和相关政策支持（如中央公积金投资计划）等因素。2015 年新加坡寿险净保费 222.3 亿新元（约合 161.7 亿美元），新增投保额 1681.9 亿新元（约合 1223.4 亿美元），离岸寿险净保费 30.6 亿新元（约合 22.2 亿美元）。

新加坡社会保险制度的主体是中央公积金（CPF）制度，是以积累退休收入为最主要目的的强制性储蓄计划。1955 年中央公积金正式设立，目的在于为工人在老年提供财务保障，现在已经发展为一个综合的社会保障储蓄计划。雇员和雇主都需要在 CPF 账户中投入资金。从 2016 年 1 月开始，年龄在 55 岁以下的雇员需要将其月收入的 20% 存入 CPF，其雇主存入另外的 17%，共同形成 37% 的 CPF 资金。年龄大于 55 岁或工资低于每月 750 新元的雇员的存入比例会适当降低。公积金账户的资金可以投资于人寿保险产品，这是新加坡寿险业发展的重要引擎。中央公积金投资计划的实施在早期极大地推动了相关投资连结产品销售，寿险保费因此得到快速增长。新加坡寿险业对与中央公积金紧密相关的投资政策有着高度的敏感性，并因为关联于投资政策而对资本市场也具有高度的敏感性。

（2）寿险经营情况

新加坡人寿保险市场较普通保险市场集中度高，新增个人业务保费总额近五年（2011—2015）一直呈现较快增长。2008 年的新增业务中传统保险产品的份额增长很快，可能是受金融危机的影响，人们对投资连结产品的购买更为谨慎，传统寿险产品逐渐回归人们的视线。2011—2013 年新增个人业务年度保费分别呈现 21.9%、27.5%、31.6% 的高速增长，在 2014 年经历 –12.5% 的负增长，随后在 2015 年以 6.8% 的增长率重新扩张。同时，2015 年非投连险（non-linked）新增个人业务保费总额达到 905.9 亿新元（约合 658.9 亿美元），较上年增长 15.5%；资产—负债余额 69 亿新元（约合 50.2 亿美元），较上年增长 9.6%；净投资收入五年间波动较大，为 20.6 亿新元（约合 15 亿美元），较上年负增长 73.9%。

表 5—3　　　　　　**2015 年新加坡人寿保险基金资产负债表**

人寿保险基金资产负债表（2015 年，非投连 non-linked）

资产	百万新元	负债	百万新元
股本证券	29980.5	政策责任	112558.8
债务证券	89568.8	未决索赔	2465.8
土地和建筑	3266.4	其他	10045.4
贷款	3651.9	总负债	125070.0
现金和存款	4561.1		
其他	939.1	净利	6897.7
总资产	131967.7	变动百分比（%）	9.6

人寿保险基金资产负债表（2015 年，投连 linked）

资产	百万新元	负债	百万新元
股本证券	21618.5	政策责任	26697.6
债务证券	4889.5	未决索赔	34.2
土地和建筑	0	其他	300.7
贷款	14.6	总负债	27032.5
现金和存款	878.9		
其他	167.2	净利	536.2
总资产	27568.7	变动百分比（%）	—17.5

资料来源：新加坡金融管理局。

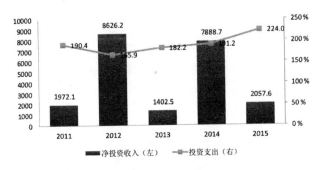

图 5—25　2011—2015 年新加坡人寿保险投资净收入及支出

（非投连 non-linked，百万新元）

资料来源：新加坡金融管理局。

　　2015 年新加坡人寿保险行业为保单持有人或受益人共支付总额 124.9 亿新元（约合 90.8 亿美元），如图 5—26，其中 9.7 亿新元（占比 9%）用于死亡、重疾或伤残索赔，12% 支付退保。2008 年国际经济危机时，新加坡部分地区也出现过大规模集中退保，成为新加坡当年寿险退保率提升的重要因素。

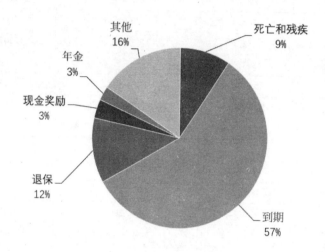

图 5—26　2015 年新加坡人寿保险索赔构成（非投连 non-linked①）

资料来源：新加坡金融管理局。

（三）证券业的发展及其结构

　　新加坡证券市场由新加坡交易所（SGX）主板和凯利板（面向处于成长阶段、盈利规模较小的企业，类似于中国的创业板）组成。新加坡交易所（SGX）交易的产品包括证券类（股票、房地产信托投资基金和商业信托、交易所买卖基金、结构性权证、美国存托凭证），固定收益类及衍生品。2016 年 10 月 7 日下午 5:04，新交所总股本（volume）16.9 亿股，总市值（value）8.7 亿新元（约合 6.3 亿美元）。同期香港交易所主板市场成交量 521.9 亿港元（约合 67.3 亿美元），创业板市场成交量 4.3 亿港元（约合 0.6 亿美元）。

---

　　①　非投资连结保险。

1987 年 2 月新加坡成立了"自动报价股市"（The Stock Exchange of Singapore Dealingand Automated Quotation System，SESDAQ），主要宗旨是为成长中的中小型公司提供最佳融资渠道。其上市标准比新加坡股票交易所要低。1988 年 3 月，SESDAQ 又与美国 NASDAQ 连接，从而使新加坡投资者也能买卖美国市场的股票。SESDAQ 是通过电脑屏幕进行交易的系统，由一些注册的造市者（Market maker）负责维持市场，投资商要买卖 SESDAQ 的证券必须通过该系统的参与者进行，这些参与者包括新加坡股票交易所的会员公司和获准交易该系统证券的合伙人。

中央保管有限公司（简称 CDP）是所有交易的清算所，负责保存交易记录和更新所有 SESDAQ 证券账户。1987 年 5 月，新加坡开设了"政府证券自动报价系统"，该系统利用电脑系统对政府证券进行从发行、交易、兑付到转让、过户及登记注册等一系列处理过程。

1999 年 12 月，新加坡交易所（SGX）成立，他是由前新加坡股票交易所（SES）和前新加坡国际金融交易所（SIMEX）合并而成的。新加坡交易所证券市场的交易活动由其属下的两家子企业：新加坡证券交易有限企业和中央托收私人有限企业共同负责管理。新加坡交易所已于 2000 年 11 月 23 日挂牌上市，成为亚太地区首家通过公开募股和私募配售方式上市，亚洲第一家完全电子化而且无交易大厅，以及第一家非会员制、综合证券和期货业务的交易所。近年来交易量和营业额持续稳定上升，是新加坡优秀公司上市的基地。

新加坡凯利板是面向处于成长阶段、盈利规模较小企业的板块，类似于中国的创业板。新交所于 2007 年 11 月 26 日将 SESDAQ 改名成 Catalist（凯利板）。凯利板采用伦敦 AIM 的保荐人制度，企业能否上市以及上市后的监管均由保荐人直接决定。凯利板上市公司还需要满足一些基本条件：公司总资本的 15% 须由公众持有；董事会需设置至少两名独立董事，其中一名常驻新加坡；发行人在 6 个月内不得出售股权，战略投资者的限售期为 1 年等。

新加坡股票上市制度类似中国的核准制，符合上市条件即可。交易成本高，新加坡股票交易所两个交易板 Mainboard 和 SESDAQ 的证券交易须付的佣金率（合约价值率）是前 S＄150000 为 0.8%，超过 S＄150000 的款项率可商量。所有合约的最低佣金是不少于 500 单位的交易每份合约

10 新元，少于 500 单位的交易每份合约 3 新元。除经纪费外，还有清算费（合约的 0.05%，最高额 $100）以及消费税（即 GST，经纪费和清算费总和的 7%）。每一万元新元交易额至少交纳 20 新元交易费。

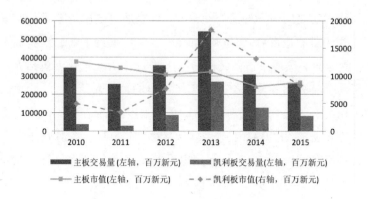

图 5—27　新加坡股票市场市值及交易量
资料来源：新加坡金融管理局。

如图 5—27，2013 年，新加坡主板和凯利板交易量均有大幅上升，2013—2015 年，两板交易量与市值开始下滑，显示出新加坡股市随全球经济衰退而表现疲软。

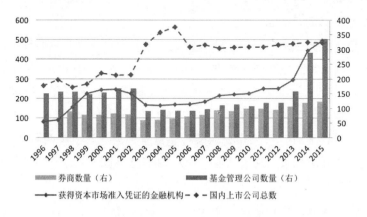

图 5—28　1996—2015 年新加坡资本市场非银行金融机构及上市公司数量变化
资料来源：新加坡金融管理局。

如图 5—28 所示，自 1996 年开始，新加坡国内上市公司总数呈现上升趋势，在 2005 年达到峰值 564 家，随后一直维持在 470 家上下。获得资本市场准入凭证的金融机构数量自 2003 年起逐渐上升，自 2012 年开始快速上升，到 2015 年，资本市场准入凭证的金融机构数量达到 493 家，为 2003 年数量的近三倍，基金管理公司数量也在 2014—2015 两年剧烈增加，体现出新加坡资本市场蓬勃发展的势头和开放性增强的趋势。

图 5—29　1979—2015 年新加坡股票市场资本总额及交易总额

资料来源：新加坡金融管理局。

新加坡上市公司的市场资本总额和股票交易总额在 2008 年均经历了明显下滑，随后市场资本总额有较好的回升，并且超过了 2007 年的水平，但股票交易总额维持在低位震荡。新加坡股票市场总市值也在 2008 年全球金融危机中经历快速下跌，随后有较快回升，2015 年总市值约为9047.70 亿美元（如图 5—29）。新加坡是印尼、马来西亚、泰国的货币中心，因其经济政策相对稳定，区域资金会流入新加坡，因为税率较低，邻国富人会把钱存在新加坡，在印尼两亿至 3 亿人口中，报税的只有大约30 万，未报税资金很大一部分流入新加坡，印尼政府为了引回资金降税至 4%，而新加坡则降税至 2%，剩下的 2% 由银行补贴。这样规模庞大的流入资金，有相当一部分流入新加坡股市。

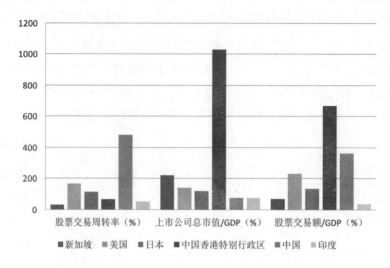

图5—30　2015年新加坡与世界其他国家证券业发展对比

资料来源：世界银行数据库。

　　新加坡股市的特点是严谨和专业，也因此股市的波动性低、换手率也低。参与新加坡股市的投资者以机构居多，比如国家主权基金、银行的理财部门等，它们成熟、理性、长期投资观念较强。新加坡股市波动和美国、中国的关联很大。从图5—30可以看出，2015年新加坡股票交易周转率30.9%，在六个市场对比中最低；上市公司总市值占国内生产总值218.6%，超过美国、日本、中国、印度的水平，但低于中国香港；股票交易额占国内生产总值67.7%，远低于美国、中国和中国香港，市场活跃度相比而言较低。

　　（四）以组屋为特色的新加坡房地产市场

　　新加坡是世界上居民拥有房屋比例最高的国家之一，超过90%的人口拥有自己的房屋，造成这样的格局与新加坡房地产市场的制度和结构有很大的关系。在新加坡，约80%的人居住在政府组屋，由国家建屋局承办的政府组屋（HDB）就像中国的住建委，新加坡公民在一手市场购买组屋，政府组屋（HDB）贷款给居民，要求五年内不可出售。HDB就像新加坡国有开发商，自建房屋。新加坡组屋分为两种，一种是新组屋（BTO和DBSS），另一种是二手组屋。由于HDB是福利性质的，新组屋的价格明显低于转售价格，即新加坡组屋一手市场很便宜，二手市场较贵，且二手市场要求两个永久居民（PR）才能参与购买，非新加坡公民只能购买完全市场化的商品房（私人）。购买三房式或更大的新组屋，购买家庭的平均月收入不得超过 12000 新元。购买二手组屋则无收入限制。此外，组屋电费和私有公寓电费设置为阶梯状，区别收费。

表 5—4 展示了 2016 年第二季度新加坡各个地区二手组屋转售中位价格。

表 5—4　　2016 年第二季度新加坡各个地区二手组屋转售中位价格　　（新元）

Town	3 – Room	4 – Room	5 – Room	Executive
Ang Mo Kio	$ 318000	$ 468000	$ 650000	*
Bedok	$ 304400	$ 399800	$ 540000	*
Bishan	*	$ 575000	$ 752000	*
Bukit Batok	$ 285500	$ 408000	*	*
Bukit Merah	$ 365000	$ 642500	$ 776000	—
Bukit Panjang	$ 290000	$ 359000	$ 456500	*
Bukit Timah	*	*	*	*
Central	*	$ 620000	*	—
Choa Chu Kang	*	$ 357000	$ 413200	$ 558000
Clementi	$ 340000	$ 500000	*	*
Geylang	$ 290000	$ 467500	*	*
Hougang	$ 302800	$ 380000	$ 490000	$ 628000
Jurong East	$ 304000	$ 420000	*	*
Jurong West	$ 282500	$ 380000	$ 455000	$ 550000
Kallang/Whampoa	$ 354000	$ 575000	$ 787500	*
Marine Parade	*	*	*	—
Pasir Ris	—	$ 405000	$ 470000	$ 610000
Punggol	*	$ 445000	$ 450000	*
Queenstown	$ 368000	$ 685000	$ 855000	—
Sembawang	—	$ 363000	$ 415000	$ 480000
Sengkang	*	$ 415900	$ 450000	$ 552500
Serangoon	$ 315000	$ 434500	$ 529000	*
Tampines	$ 330000	$ 423000	$ 525000	$ 688000
Toa Payoh	$ 310000	$ 620000	$ 702000	*
Woodlands	$ 270000	$ 358000	$ 430000	$ 586500
Yishun	$ 290000	$ 370000	$ 449000	*

资料来源：新加坡住房发展局 HDB 统计数据。

可以看出，新加坡组屋市场价格较为合理。在新加坡购买一间四室组屋的价格平均为 46 万新元，约合人民币 224 万元，在名校云集的碧山地区，一间四室组屋的价格为 57.5 万新元，约合人民币 280 万元，这样的价格在中国北京仅能买到五环外昌平地区 100 平方米大小的房屋，在学区仅能买到 30 平方米左右的房屋。

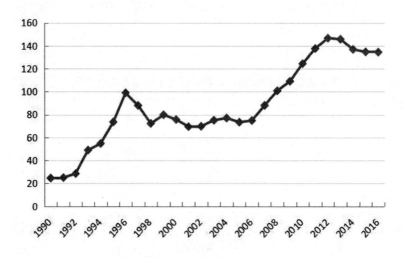

图 5—31 1990—2016 年新加坡二手组屋价格指数
资料来源：新加坡住房发展局（HDB）统计数据。

为了保证居民最大限度地拥有自己的住房，新加坡政府在 2009 年开始实行放假降温措施，从图 5—31 可以看到从 2013 年第一季度开始，新加坡组屋价格有了较为明显的下降。

在新加坡，房屋付款渠道分为三种：一是现金支付，二是银行贷款，三是公积金支付。银行贷款首付为 20%，其中 5% 必须是现金，剩下可以用公积金支付。建屋局贷款首付可低至 10%，且可以用公积金支付。如果是二手组屋，买房时还要准备部分现金溢价（COV，即成交价格和政府估价的差值，也可能为负），再加上约 3% 的印花税和律师费等。

二 金融市场结构

新加坡金融市场可分为货币市场和资本市场。货币市场是亚洲美元市场的中心，银行间市场是货币市场的主体，交易对象以政府债券、国库

券、商业银行票据、商业银行信托收据为主。资本市场以证券市场、基金
管理市场、债券市场为主。基金管理市场是新加坡成为国际金融中心的关键。

（一）货币市场

新加坡货币市场是亚洲美元市场的中心，1966 年在新加坡政府的支
持下由美资银行建立。新加坡货币市场主要包含两类交易，一类是银行同
业拆借市场，同业拆借建立在信用基础上，无须抵押，也没有可以流通转让
的金融工具；另一类是票据市场，主要实现短期票券的发行、流通和贴现。

银行间市场是新加坡货币市场的主体，远大于票据市场规模，其形成
最早，制度也较完善。新加坡金融管理局为了促进国内票券市场的发展，
设置了有关的扶持措施，如建立四大贴现行，废除对汇票、本票、存款单
和商业票据的印花税，批准合格的银行发行新加坡元存单，扩大国库券发
行的期限、种类和规模，逐步放开银行利率，允许外资金融机构有选择地
参与本币业务等，这些都有助于新加坡货币市场的发展。

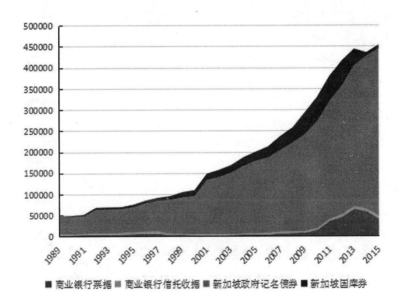

图 5—32 1989—2015 年新加坡货币市场各类交易工具交易量（单位：百万新元）
资料来源：新加坡金融管理局。

新加坡票据市场交易对象主要包括政府债券、国库券、商业银行票

据、商业银行信托收据等。如图 5—32，政府记名债券交易量一直远高于
其他货币市场工具，2015 年新加坡政府记名债券交易量占政府通过债务
工具发行债券的 94%。2016 年第二季度新加坡政府记名债券交易量为
4179.7 亿新元（约合 3046 亿美元），比上年同期增长 9%。国库券在
2012 年之前处于缓慢上升趋势，2012 年之后快速下降，如图 5—33，到
2015 年统计时，国库券交易量占比 2%。2016 年第二季度新加坡国库券
交易量为 88 亿新元（约合 64.1 亿美元），比上年同期增长 7.3%。商业
银行票据交易量自 2009 年开始快速扩张，2013 年之后有所下降，可能与
世界经济低迷局势相关。

按工具划分政府债

注册股票和债券 Registered Stocks and Bonds

国库券 Treasury Bills

高级存款 Advanced Deposits

外债 External Debt

按到期时间划分政府债

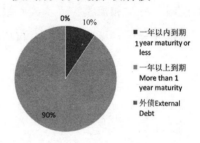

一年以内到期 1 year maturity or less

一年以上到期 More than 1 year maturity

外债 External Debt

图 5—33　2015 年新加坡货币市场政府债构成

资料来源：新加坡金融管理局。

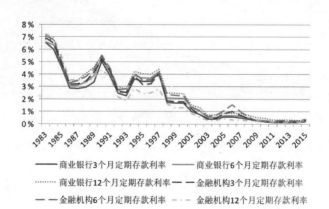

商业银行3个月定期存款利率　　商业银行6个月定期存款利率

商业银行12个月定期存款利率　　金融机构3个月定期存款利率

金融机构6个月定期存款利率　　金融机构12个月定期存款利率

图 5—34　1983—2015 年新加坡商业银行和金融机构存款利率

资料来源：新加坡金融管理局。

　　从利率结构看，新加坡商业银行和金融机构各期限存款利率差异不大，变化趋势相同，自1983年前开始基本呈现波动下降，到2015年，各期限存款利率基本接近零利率（图5—34）。

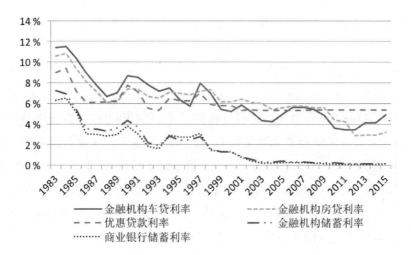

图5—35　1983—2015年新加坡各项贷款利率及储蓄利率

资料来源：新加坡金融管理局。

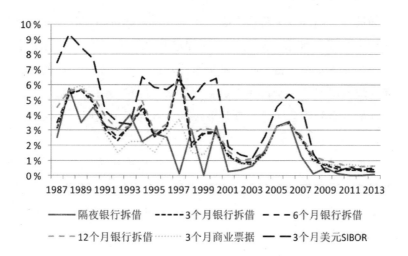

图5—36　1987—2013年新加坡各类货币市场工具价格结构

资料来源：新加坡金融管理局。

商业银行和金融机构储蓄利率在波动下行过程中于 2001 年开始降至 1% 以下，逐渐接近零利率，至 2015 年，商业银行储蓄利率为 0.14%，金融机构储蓄利率为 0.17%。各项贷款利率在 30 多年间也呈下行趋势，在 1997 年经济危机年间小幅上升，房贷和车贷利率在 2013 年经历小幅上升，2015 年新加坡房贷利率 3.22%，车贷利率 4.92%。亚洲经济危机之后，从 1998 年开始，新加坡存贷利差显著增大，1999 年存贷利差较 1998 年上升 45%。近年来利差比较稳定，维持在 5.2% 左右。

新加坡银行同业拆借利率（SIBOR）是基于在批发货币市场（或银行间市场）一家银行向其他银行提供无抵押资金利率的每日参考利率。它类似于 LIBOR（伦敦银行间同业拆借利率）和 Euribor（欧洲银行同业拆借利率）。SIBOR 由新加坡银行协会（ABS）制定，在亚洲地区使用更为常见。SIBOR 的期限有 1 个月、3 个月、6 个月或 12 个月。在到期时，借款银行将借入的资金返还给贷款银行。由于其透明度，新加坡的许多浮动利率抵押贷款与 SIBOR 挂钩。由图 5—36，新加坡各期限银行拆借利率基本同趋势于美国同业拆借利率，但总体水平均低于美国。

（二）资本市场

1. 基金市场

（1）新加坡基金发展的现状

新加坡作为国际基金管理中心，为其成为亚洲金融中心打下了坚实基础。1959 年，新加坡第一只基金"新加坡基金"发行，随后基金业迅速发展，基金品种日益丰富，资金募集来源及投资领域也向全球范围不断扩大。新加坡政府对于基金市场采取主导战略，提供一系列激励政策，以鼓励国际性的基金管理公司进入新加坡市场，推动新加坡向地区性、国际性基金管理中心迈进。

新加坡的私募投资基金在证券投资基金中所占比重较大，其中对冲基金发展最快。新加坡的公募基金被称为集合投资计划（CIS），其中最主要的是单位信托（unit trust）。表 5—5 为 2009—2015 年新加坡资产管理总值及主要证券投资基金管理总值。

表 5—5　　　　　　　2009—2015 年新加坡资产管理业主要数据

年份	资产管理总值（AUM）（十亿新元）	增长率（%）	CIS 基金规模（十亿新元）	对冲基金（十亿新元）
2015	2566	8.77	77	119
2014	2359	29.76	72	108
2013	1818	11.81	63	88.8
2012	1626	21.52	48	77.5
2011	1338	−1.18	45	718
2010	1354	12.09	46	68
2009	1208	40.00%	—	59

资料来源：MAS，2015 SINGAPORE ASSET MANAGEMENT SURVEY.

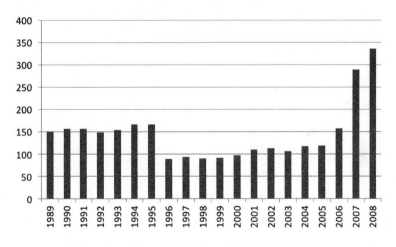

图 5—37　1989—2015 年新加坡基金管理公司数量

资料来源：新加坡金融管理局。

　　由表 5—5 中数据可以看出，新加坡基金业所管理的资产总规模大于我国。近年来，新加坡对冲基金规模不断扩大，私募基金所占比例远大于公募基金，2015 年对冲基金规模增长 11%，私募基金规模增长 47%，表明其基金管理领域成熟程度较高，相关的销售平台、监管机制以及公民的基金投资意识均处于领先水平。从基金的募集来源与投资方向看，2015年新加坡基金业所募集的资金中约有 80% 来源于新加坡以外地区，并有

68%的资金投资于亚太地区市场；集合投资计划中约有76%的资金投资于亚太地区证券市场，可见新加坡作为亚洲金融中心，其离岸基金占据了主要市场份额。

1997年实行的中央公积金投资计划（CPF Investment Scheme，CPFIS）也促进了新加坡基金市场的发展。在CPFIS计划下，成员可将其普通账户及特别账户中超过一定比例的公积金通过购买股票（仅限蓝筹股）或共同基金的形式投资于资本市场，总投资额可达普通账户及特别账户的余额总和，成员还可以将其普通账户的全部余额投资于基金产品。截至2012年6月底，新加坡中央公积金规模为2192.7亿新元，普通账户与特别账户累计结余共1396.3亿新元。历年中央公积金投资计划中，单位信托基金所占资产配置比例如表5—6所示。

表5—6　　　历年单位信托基金占中央公积金投资计划的资产比例

年度	2006	2007	2008	2009	2010	2011
占中央公积金普通账户投资计划（CPFIS－OA）比例	13.3%	18.6%	18.3%	18.1%	18.1%	18.1%
占中央公积金特别账户投资计划（CPFIS－SA）比例	14.3%	20.3%	20.2%	19.8%	19.8%	19.1%

资料来源：新加坡金融管理局。

近年来中央公积金投资计划下的单位信托基金一直占据20%左右的份额。截至2012年6月底，实际参加普通账户投资计划的成员为89.6万人，资金规模为230.7亿新元，其中单位信托为40.1亿新元；实际参加专门账户投资计划的成员为45.2万人，资金规模为63.6亿新元，其中单位信托为12.0亿新元。中央公积金投资计划增加了单位信托基金的资金供给，提高了本国公民投资基金的参与度，对促进公民对基金行业的理解、培养基金管理人才起到了重要作用。

（2）"两头在外"的基金业结构特点

新加坡国土面积小、人口少，基金业结构区别于大部分发达国家，资金来源与投资去向都集中于海外。在管理机制上，新加坡政府扮演着重要角色，为吸引境外资金和基金管理公司，政府大力推行优惠政策，对非居民交易账户与国内账户实行分别管理，对非居民交易给予税收优惠；在基金品种上，新加坡私募基金十分发达，远高于中国香港的私募水平，公募基金占比较小，对冲基金发展迅速，基金产品更新迭代快、趋于多元。具体而言，新加坡基金发展具有如下三个特点：

第一，销售服务完善。2014 年 5 月，新加坡单位信托基金网上销售平台 Fundsupermart. com 将客户购买股票基金所需支付的初始申购费降低到 0.5%，远低于银行售卖单位信托基金 3% 的收费水平。降低申购费是海外基金业的普遍趋势，这使得网上销售具有低成本优势，同时避免一些销售机构因为受佣金影响而向客户推荐不适合的产品。目前，英国和澳大利亚等国基金业为了去除投资者和销售商之间的利益冲突，已经废除申购费，转而定期征收平台费。平台费制度其实是对基金投资管理的隐性考核，可以促进基金公司为客户提供更优质的服务，培养客户忠诚度。

同时，在基金购买方式上，新加坡 dollarDEX 公司是新加坡第一家允许投资者以信用卡通过该公司网站购买超过 100 种的单位信托产品的经销商。信用卡购买使得投资者享有 55 天的免息贷款，降低了单位信托门槛，吸引了更多基金投资者。这在我国基金投资活动中是不被允许的。

第二，私募基金发展迅速。新加坡私募基金迅速发展，其规模远超公募基金，使得新加坡成为东南亚区域私募基金枢纽。这得益于新加坡稳定的政治形势、完善的法律、健全的商业体制和得天独厚的地理优势。新加坡 1999 年推出了精品基金管理公司（BFM）发牌计划，该计划主要针对服务特定资深投资者的规模相对较小的基金管理公司，它的运作与私募基金类似，只要基金的管理金额、缴付资本、基金经理人的数量及资历、及服务的客户符合要求，便可获得牌照进行基金运营。BFM 计划提高了私募基金的审批效率，又从源头上控制了私募基金的风险，使得新加坡的私募基金在短时间内取得快速发展。

在对冲基金的发展上，由于对冲基金需要多样化的金融衍生产品作为投资标的，对投资者的风险承受能力要求较高，所以其发展必须以成熟的金融市场和强有力的监管作为前提。2001 年底，新加坡开始实行对冲基金零售化，并出台对冲基金指引，规定了对冲基金的投资门槛和发售对象，为对冲基金市场的健康发展提供优渥的环境。

第三，中央公积金投资计划扩大资本规模。新加坡中央公积金投资计划中大部分资金由新加坡政府投资公司具体投资运作,特定账户余额可由公积金成员自主投资。中央公积金投资计划对新加坡单位信托基金的发展起到了很好的促进作用,扩大了资金规模。目前,新加坡政府投资公司已跻身于全球最大的 100 家基金管理公司行列,运用市场化的管理模式和专业化的投资理念,投资于北美、欧洲和东亚等区域。

2. 债券市场

新加坡的国债发行量经历了长时间的较快上升,随后自 2013 年开始剧烈下降(见图 5—38)。原因可能是 1998 年新加坡开始实施金融改革,当时新加坡政府预算盈余很高,其实并无举债需求,但是为了给债券市场提供完整的收益率曲线,推进公司债市场的发展,政府发行短期和长期债券,造成政府债券数量的激增。

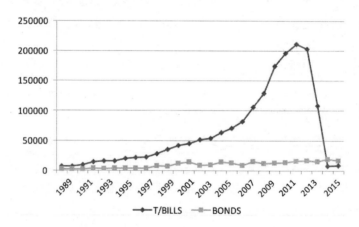

图 5—38 1989—2015 年新加坡短期国债和债券发行量(单位:百万新元)
资料来源:新加坡金融管理局。

3. 股票市场

2015 年新加坡股票交易所主板交易量 2629.1 亿股,其中工业类股票占比最高,达到 31%,其次是金融类,占比 18%;总市值 2638.7 亿新元(约合 1919.3 亿美元),其中基础材料类占比 50%,健康类占比 23%(如图 5—39)。

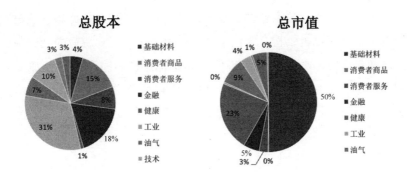

图 5—39　2015 年新加坡证券交易所主板交易量及总市值

资料来源：新加坡统计局。

从图 5—40 可见，2015 年新加坡股票交易所凯利板交易量 830.8 亿股，其中工业类股票占比最高，达到 35%，其次是健康类，占比 20%；总市值 82.3 亿新元（约合 59.9 亿美元），其中健康类占比 42%，工业类占比 23%。

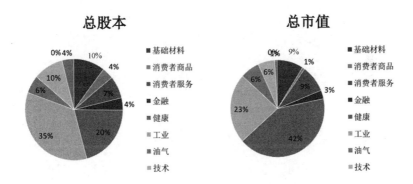

图 5—40　2015 年新加坡证券交易所凯利板交易量及总市值

资料来源：新加坡统计局。

三　融资结构

（一）外源融资逐渐成为企业融资主要途径

新加坡企业外源融资比例高于内源融资。从企业部门来看，内源融资主要来源于留存收益，是企业将储蓄转化为投资的过程，外源融资主要来源于银行贷款、发行股票、发行企业债券等，属于企业的长期负债。本文采用新加坡金融管理局企业部门数据，利用企业平均内外源融资情况刻画新加坡企业部门融资结构。与国际文献一致，采用企业税后净利润与折旧费用之和作为内源融资的代理变量（其中企业税后净利润由新加坡金融管理局统计的企业部门股本回报率 ROE 乘以企业总股本 total equity 近似表示），采用企业总负债作为外源融资的代理变量，其中包括了企业贷款、票据等。

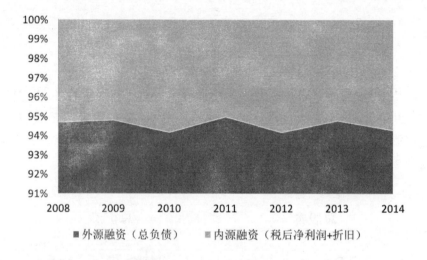

图 5—41　新加坡企业内源、外源融资结构

资料来源：新加坡金融管理局。

由图 5—41 可见，新加坡企业部门主要依赖外源融资，在 2008 年至 2014 年有统计的六年间，企业外源融资均占比 90% 以上，说明随着技术进步和生产规模的扩大，内源融资早已不能满足新加坡企业的投资需求，外源融资成为企业融资主要途径，同时侧面反映了新加坡企业融资环境的提升，银行等部门对企业的信贷支持增强。

新加坡企业融资渠道在近年来逐渐拓展。股东权益占比是股东权益与资产总额的比率，该比率反映企业资产中所有者投入的比例，也能反映企业内源融资占比。曲线整体呈倒 U 形，2000—2005 年股东权益比率呈上升趋势，2010—2015 年呈下降趋势，展示出企业融资渠道的拓展。

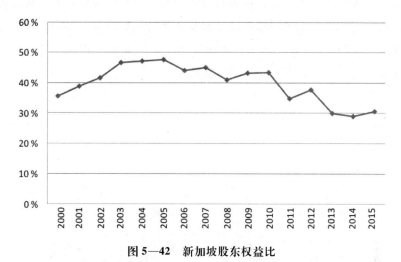

图 5—42 新加坡股东权益比

资料来源：新加坡金融管理局。

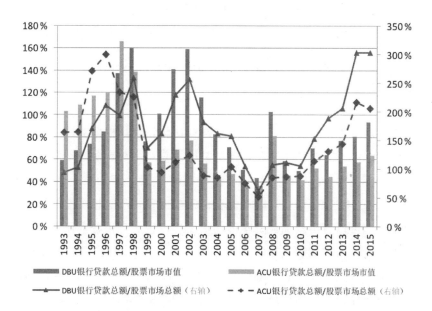

■ DBU银行贷款总额/股票市场市值 ■ ACU银行贷款总额/股票市场市值
— DBU银行贷款总额/股票市场总额（右轴） --◆-- ACU银行贷款总额/股票市场总额（右轴）

图 5—43 新加坡 DBU 与 ACU 金融结构规模指标和活动指标

资料来源：新加坡金融管理局。

（二）市场主导的融资结构

新加坡是市场主导的融资结构，目前已形成多层次资本市场，包括主板、凯利板、店头市场等，能够较好地满足企业直接融资需要。从宏观视角分析，近年来新加坡股票市场交易总额相对银行信贷总额而言较高，直接融资较活跃①。对比中国的直接融资比例约为40%，资本市场发展水平低于新加坡。

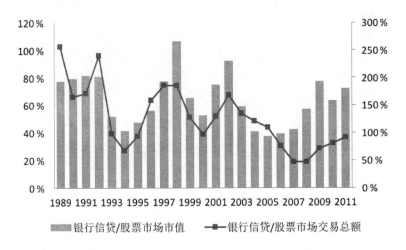

图5—44　新加坡金融结构规模指标和活动指标

资料来源：新加坡金融管理局。

新加坡资本市场发达，企业直接融资比例较大。根据罗斯·莱文的定义②，本文用金融结构的活动指标（银行信贷/股票市场交易额）和金融结构的规模指标（银行信贷/股票市场市值）展示新加坡企业的融资结构。由图5—44分析，从规模指标看，股票市场总市值相较银行信贷总额规模较大，可以看出新加坡资本市场很发达，企业直接融资比例很大。从活动指标看，新加坡股票市场交易总额逐渐扩大，银行信贷/股票市场交易额在1994年、2000年、2008年分别达到低点，2008年后银行信贷逐渐上升，总体而言，新加坡是一个市场主导的融资结构。

---

① 股票市场规模不等于企业的直接融资水平，但为了分析的完整性，我们对宏观层面的金融体系结构加以分析，作为融资结构分析的替代。

② 埃斯里·德米尔古克—肯特、罗斯·莱文：《金融结构和经济增长：银行、市场和发展的跨国比较》，黄纯纯（译），中国人民大学出版社2006年版，第100页。

四　金融资产结构

（一）货币结构

新加坡货币结构在近五年来有一定的活期化趋势。在新加坡货币统计口径中，M1（狭义货币）包括流通中的货币及活期存款，M2（广义货币量）包括 M1 和准货币，后者包括定期存款、储蓄、其他银行存款以及可转让存单。图 5—45 展示了新加坡 1990—2014 年，不同统计口径下的货币结构，包括 M0（流通中的现金）、M1（狭义货币）、M2（广义货币量）的比重。货币结构反映了货币乘数的变化趋势，进而反映了金融体系对实体经济的资金支持力度。如图 5—45 所示，M0/M1、M1/M2 和 M0/M2 的波动在 24 年间比较平缓，M1/M2 和 M0/M2 变化趋势相同。M0/M1 在 1998 年达到峰值，随后有缓慢下降趋势，M0/M2、M1/M2 在 1998 年达到最低值，随后有逐渐上升趋势。

M0/M2、M1/M2 上升，意味着企业的活期存款增速大于定期存款增速，企业和居民交易活跃，微观主体盈利能力较强。在连续降息、期限利差很小与通胀回升情况下，企业存款有一定的活期化倾向，显示出货币没有有效传导到实体经济，企业配置短期化明显。很可能意味着，受 2008 年后新加坡经济持续下行影响，企业资金缺乏一个合适的投资出口。

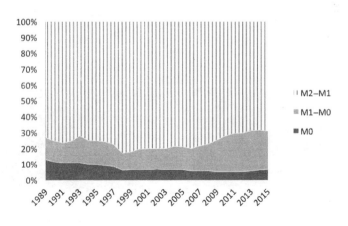

图 5—45　新加坡不同口径货币量结构

资料来源：新加坡金融管理局。

（二）存款结构

新加坡存款结构正逐渐从政府转到私人部门，从外国转向本国。存款结构反映了社会财富的分布情况。图5—46展示了1989—2015年新加坡政府存款占银行总存款的比例情况。在近30年间，政府存款占比有明显的下降，社会财富更多地从政府转移到私人部门，在2006年，新加坡经济增长率继2005年的6.6%后进一步加速，达到7.9%，政府存款占比有小幅上升，2010年后的五年间，政府存款占比一直维持在5%以下的低位。

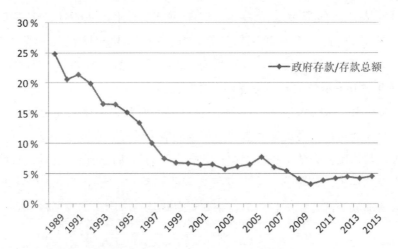

图5—46 新加坡政府存款占总存款比重

资料来源：新加坡金融管理局。

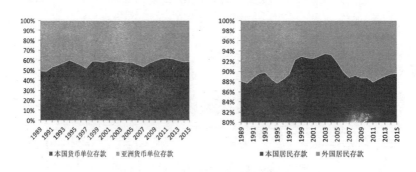

图5—47 新加坡存款结构

资料来源：新加坡金融管理局。

由图5—47可知，以本币和亚洲货币单位统计的存款比例维持在
50%—60%之间波动，展示了新加坡对于离岸业务的高度依赖。相比外国
居民存款，本国居民存款表现出更强的增长能力，到2015年，本国居民
存款已经8.6倍于外国居民存款。

（三）贷款结构

新加坡商业银行对私人部门的信贷支持占比不高，但总体而言呈现上
升趋势（图5—48）。2015年商业银行对私人部门的信贷支持占比
40.5%，表明大部分的银行信贷还是流向了国有企业部门，私人部门从市
场获得融资更多。私人部门信贷占总信贷的比例一直处于10%—20%之
间，相比东盟其他国家，越南私人部门信贷占总信贷的比例80%左右，
私人部门从银行获得信贷占比90%左右，新加坡银行业不是私人部门最
主要的信贷来源。

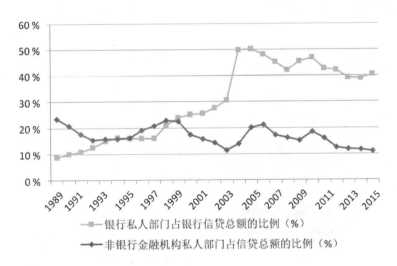

图5—48 私有部门获得信贷的比重及其从商业银行获得信贷的比重

资料来源：新加坡金融管理局。

从贷款结构看，银行部门提供的国内信贷一直小于私营部门提供的国
内信贷，但总体来看，银行部门的信贷支持力度在不断提升，到2014年
二者提供的信贷规模已经非常接近，一方面反映出新加坡银行业的发展，
另一方面也体现了新资本市场的发达程度较高。

——银行部门提供的国内信贷/私营部门的国内信贷

图 5—49 1963－2015 年新加坡银行和私营部门提供信贷的比例

资料来源：新加坡金融管理局。

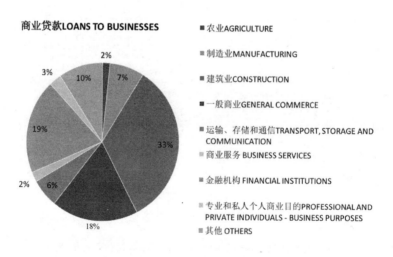

图 5—50 2015 年新加坡商业贷款结构

资料来源：新加坡金融管理局。

从银行贷款的行业结构来看，如图 5—50 展示，新加坡银行对建筑业的贷款力度最大，占比 33%，金融机构类占比 19%，一般贸易占比 18%，侧面反映出新加坡房地产市场对资金的需求最为旺盛，是现阶段国内发展势头最强的产业。对比制造业信贷占比7%、农业信贷占比2%，金融服务业和贸易服务业在国民经济中扮演重要角色，这与新加坡产业结构相吻合。

（四）居民金融资产结构

2015年新加坡居民金融资产总额9858.4亿新元（约合7170.8亿美元），其中货币与储蓄部分占比最高，达到37%，中央公积金占比30%，股票和证券占比17%。居民金融资产由49%的上市股份、32%的单位信托和投资基金、19%的非上市公司股份构成。

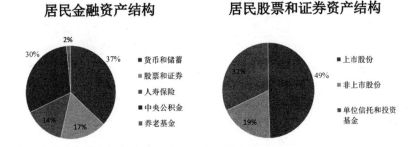

图5—51　2015年新加坡居民金融资产结构

资料来源：新加坡金融管理局。

五　金融开放结构

（一）外国直接投资流入扩大

新加坡外国直接投资净流入自2011年开始逐年上升，占国内生产总值百分比也逐年上升。外国直接投资是与国际间接投资相对应的投资方式，Elhanan Helpman，Marc J. Melitz，Stephan R. Yeaple 在 Export versus FDI 中指出，企业发展到一定规模，才从国内生产走向出口，然后发展到外国直接投资。外国直接投资的规模一方面反映了一国经济发达程度，另一方面反映了该国经济开放程度，关税、配额、壁垒都会阻碍国外直接投资的发展。由图5—52可知，新加坡的外国直接投资净流入呈现波动上升趋势，2015年新加坡的外国直接投资净流入规模达到652.6亿美元，占国内生产总值的22.3%。

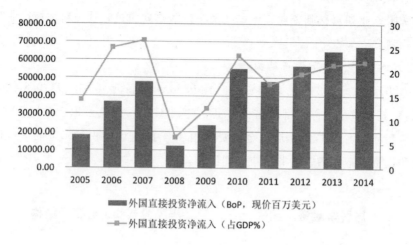

图 5—52 1972—2014 年新加坡外商直接投资规模

资料来源：世界经济发展数据库。

（二）金融开放总量结构

新加坡金融市场开放程度高，连续十年被评为全球最有利经商国家。2015 年 10 月 27 日，世界银行发布了《2016 年经商环境报告》（Doing-Business 2016），该报告通过对全球 189 个国家和经济体进行调查，依照 10 个指标对各国经商容易度进行排名。这些指标分别为：开办企业、办理施工许可、获得电力、登记财产、获得信贷、保护中小投资者、纳税、跨境贸易、执行合同和解决破产。较高的经商容易度排名意味着一个经济体的监管环境对于开办和经营一家本地公司更有利。最新报告结果显示，新加坡连续十年蝉联榜首，为全球最有利经商的国家。

用 Chinn－Ito 指数衡量的资本账户开放程度也很高。Chinn－Ito 指数（KAOPEN）是衡量一国资本账户开放程度的指数。该指数由 Chinn 和伊藤在 2006 年最初引入发展经济学杂志。KAOPEN 基于国际货币基金组织的汇兑安排与汇兑限制（AREAER）年报，将跨境金融交易的限制用二元虚拟变量制表。Chinn－Ito 指数越接近于 1 则表明一国资本账户开放程度越高，接近 0 则表明一国资本账户开放程度低。

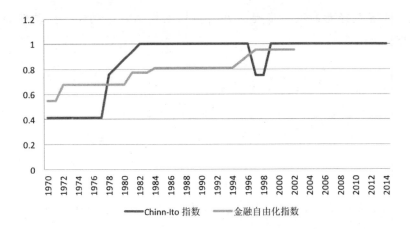

图5—53 1970—2014年新加坡Chinn-Ito指数及金融自由化指数

资料来源：http：//web. pdx. edu/ ~ ito/Chinn-Ito_ website. htm，金融改革数据库。

从新加坡数据来看（图5—53），1970—1977年其资本账户开放程度较低，在1978年Chinn - Ito指数迅速上升并在1982年达到1，一直维持至1996年。1997—1998年亚洲经济危机期间开放指数回落到0.75。1999年Chinn - Ito指数重新回到1并一直维持至今。新加坡金融自由化指数也处在不断上升的高位，从金融改革数据库（financial reform database）更新到2005年的数据可见，其金融自由化指数为0.95。总体而言，新加坡金融和资本账户开放程度很高，这与新加坡努力成为亚洲金融中心并大力发展的离岸金融服务业务有关，高度开放为新加坡带来了巨大的商业机遇，同时也隐含了许多风险。

第四节 新加坡金融结构的主要特点与影响分析

新加坡的金融发展处于亚洲领先水平。由于地理位置优越、低税收、政府优惠政策，新加坡离岸金融市场独树一帜，在新加坡经济中占据重要位置。虽然银行集中度很高，但是货币市场和资本市场活跃度高、资金融通能力强，属于市场主导型金融体系。同时，新加坡是亚太地区最大的外汇中心，在伦敦和纽约之后位列全球第三。为了进一步打造国际金融中

心，新加坡金融结构还需优化，在明确市场规则的前提下鼓励创新，推动
银行业混业经营，进一步提高外汇市场的价格发现功能、流动性和透
明度。

一 新加坡金融结构的主要特点

新加坡金融发展水平处于亚洲领先，经济货币化水平很高。2013 年
M1/GDP 为 41.51%，2013 年 M2/GDP 为 133.02%，银行资产占 GDP 比
重 262.8%，金融发展水平很高。但对外依赖严重，高度依赖美、日、欧
和周边市场。图 5—54 展示了 2001—2015 年间美国、欧洲和中国等市场
发生的重大事件和新加坡 GDP 波动关系，可以看出，新加坡国民经济与
世界重大事件高度相关。

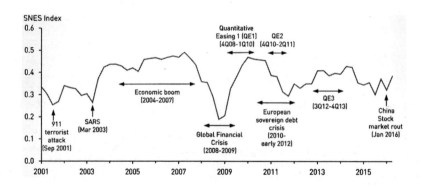

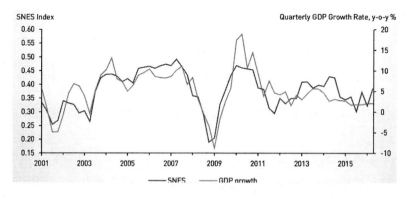

图 5—54　2001—2015 年新加坡 GDP 与世界重大事件关系

资料来源：新加坡经济调查报告（ECONOMIC SURVEY OF SINGAPORE），2016 年第二
季度。

新加坡是市场主导的金融结构。虽然建国时间较短，但是证券市场在短短几十年里发展迅速，无论是交易量还是总市值都达到较高水平。2011年银行信贷/股票市场总值为0.7，说明上市公司在资本市场直接融资是其主要融资方式。此外，新加坡保险业高度发达，保险深度和保险密度都远超中国水平。

新加坡的银行业集中度很高，五大银行集中度接近1，前三大银行在国内银行体系占主导地位。这与新加坡政府多年来通过三级银行执照区分本国和离岸银行业务有关，发展离岸金融体系，既能保护弱小的本土银行，又能持续引进更多的外国银行，扩大金融市场。

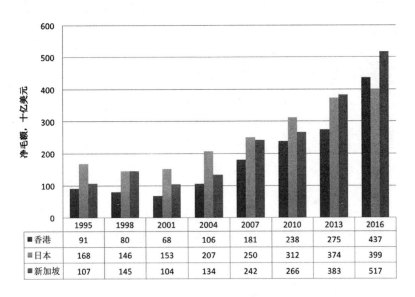

	1995	1998	2001	2004	2007	2010	2013	2016
■香港	91	80	68	106	181	238	275	437
日本	168	146	153	207	250	312	374	399
■新加坡	107	145	104	134	242	266	383	517

图5—55　1995—2016年4月新加坡、中国香港、日本OTC市场
外汇衍生品日均交易额（单位：十亿美元）

资料来源：国际清算银行2016年三年期中央银行全球外汇和场外（OTC）衍生品市场调查报告。

借亚洲的美元市场的扩展机会，新加坡正逐渐成为亚洲的外汇交易中心，外汇市场高度发达。根据国际清算银行（BIS）2016年三年期中央银行全球外汇和场外（OTC）衍生品市场调查报告，新加坡仍然是亚太地区最大的外汇中心，在伦敦和纽约之后位列全球第三。如图5—55所示，

2016年4月，新加坡外汇市场的平均每日交易量为5170亿美元，较2013年4月的3830亿美元增长35%。新加坡在全球外汇市场的份额从三年前的5.7%增长到了2016年的7.9%。新加坡外汇市场的扩张主要受G10和亚洲货币增长的推动，从2013年到2016年，人民币（包含离岸人民币）增长78%，日元增长67%，英镑增长60%，韩元增长55%。外汇掉期是新加坡最大的外汇交易产品类别，占所有交易的48%，其次是现货（24%）和外汇远期（20%）。

新加坡正在全球和地区银行、非银行金融机构和企业财务管理机构中扮演着重要角色，着重管理亚洲市场的外汇风险。新加坡金融管理局正在不断加强电子交易能力并巩固市场基础设施，以进一步提高外汇市场的价格发现功能、流动性和透明度。

二 新加坡金融结构形成与演变的主要原因

从国家的大环境来看，首先，新加坡的地理位置优越，处于世界最繁忙的航道马六甲海峡，而且基础设施比较发达，使其成为东南亚的重要港口和贸易中心，为金融业的发展奠定了基础。其次，新加坡从1965年开始，就继承了原来英国殖民地时期所留下来的法律体系，和世界原有金融体系遵循共同的价值观和规章制度，有利于国际贸易往来。第三，英语在新加坡普及度很高，为新加坡对外金融业的快速发展提供了有利条件。第四，新加坡政府对发展金融服务业高度重视，从严格的监管到大力的扶持，在配合市场的前提下，总能适应国际经济变化推出相应的促进措施，推动金融业不断发展和完善。

从金融发展角度来说，新加坡立足于亚洲美元市场，把新加坡定位成亚洲外汇交易中心。因为本国体量限制，新加坡大力发展离岸金融市场，建立优越的居住、生活和投资环境，推出减税等优惠政策，借用海外的力量扩大新加坡的资本市场。同时，通过一系列注资引进措施，吸引大量优质外国机构，使新加坡成为跨国公司区域总部所在地，进一步扩大公司金融的规模。此外，新加坡较早的推行三级银行执照，分离本币和亚洲货币单位业务，既保护了弱小的本土银行，又能持续引进更多的外国银行，扩大金融市场。在发展中不断重塑定位，将新加坡逐步从外汇交易和投资银行中心转变为基金管理的区域领导者。

三 新加坡金融结构的功能与效率分析

总体看来，新加坡金融体系功能较为完善。在政府的扶持和监管下，新加坡的银行、证券、保险、资管行业都得到了快速、高效的发展。金融结构在服务本国的基础上，更多业务服务于离岸市场，是亚洲金融服务中心之一。

在资本市场中，新加坡的股票市场虽然创立时间不长，但是规模和功能都已经发展到较高水平，能够较好地为本国企业提供融资支持，使得新加坡直接融资成为社会主要融资方式，但是股票市场流动性没有香港市场好。保险市场在为本国居民提供十分完备的寿险和普通保险业务的同时，也将业务范围拓展到亚太地区，普通保险超过 50% 的保费来自离岸市场，离岸市场业务 80% 以上来源于亚太 10 个国家和地区，是区域保险中心。基金市场也承载"两头在外"主要管理和投资海外资金的内核，成为国际基金管理中心。

在银行体系中，新加坡银行业集中度高，以前三大银行为主导，业务丰富，在三级执照制度下国有银行和外资银行均蓬勃发展，是服务产业的驱动力。现逐渐从严格的分业经营制度转变为混业经营制度，在政府的推动下不断推陈出新，更好地服务于新加坡实体经济。

在外汇市场中，新加坡是亚太地区最大的外汇中心，交易规模超过日本和香港，位列全球第三，仅次于伦敦和纽约。依靠地处欧亚非三洲交通要道的时区优势，成就了全天候与世界各地区的外汇买卖，加之完善的基础设施和强大的软实力，新加坡外汇市场无论从功能还是效率层面都位于亚洲前列。

总之，新加坡目前的金融体系可以较好地服务于本国及周边地区的金融需求，当前的金融结构与功能较为完善。为了巩固亚洲金融中心的地位，不断扩大离岸金融市场，新加坡金融机构需要进一步的创新，金融体系和制度也需要做出相应的调整。

第五节 中新金融合作现状及未来展望

在与中国和东南亚的经贸往来中，新加坡扮演着极其重要的角色，不论是地域、文化、还是交易便捷性，新加坡在东南亚地区都具有优势，中新金融合作对东盟国家具有很强的辐射作用。新加坡位于马六甲海峡东端，既是航运要道，又是东盟的中心点，虽然国土面积狭小，但却是东盟十国的经济腹地，合作前景巨大。

随着东盟国家经济整合的加速推进，核心国家已消除近99%的关税，新加坡在东盟的龙头地位进一步凸显。此外，文化背景优势也是中新金融合作的基石，新加坡是华人社会，华商、华资企业较多，对人民币的接受和使用程度也因此较高。新加坡是马来西亚、印度尼西亚、菲律宾等国很多大型企业的财务和运营中心，这些企业中很多都与中国有着密切的贸易和投资往来，为新加坡地区日后开展离岸人民币业务创造了得天独厚的客观条件。

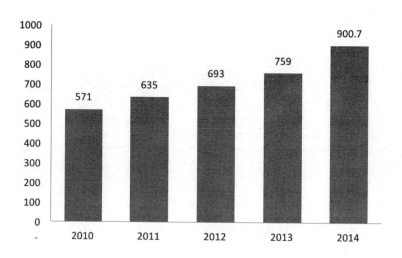

图 5—56　2010—2014 年中新进出口贸易总额（单位：亿美元）

资料来源：中国工商银行新加坡分行。

一　中新金融合作现状

中国是新加坡最大的贸易伙伴。商务部数据显示，2014 年中新双边进出口贸易总额达 900.7 亿美元。2014 年新加坡实际对中国投资 59 亿美元。截至 2013 年底，新加坡在华直接投资设立企业达 2 万多家，中资占股超过 50% 的新加坡注册企业超过 4000 家。2016 年 1 月至 6 月，新加坡

对中国、中国香港、马来西亚和印度尼西亚的出口额分别占其出口总额的
12.4%、12.2%、11.0%和7.7%，来自中国、马来西亚、美国和中国台
湾省的进口额分别占其进口总额的14.0%、11.0%、10.9%和7.9%。新
加坡前四大顺差来源地依次是中国香港、印度尼西亚、越南和泰国。根据
新加坡国际企业发展局统计，2016年1月至6月，中国与新加坡双边货
物进出口额为390.1亿美元，其中，新加坡对中国出口197.7亿美元，新
加坡自中国进口192.4亿美元，占其进口总额的14.0%，提升0.4个
百分点。

在中新双边贸易品类中，机电类产品是新加坡对中国出口的主要产
品，随后是塑料橡胶、化工产品和矿产品；机电产品也是新加坡自中国进
口的首要商品，随后是矿产品和贱金属及制品。除上述产品外，光学钟表
医疗设备、化工产品和纺织品及原料等也是新加坡自中国进口的主要商品
大类。

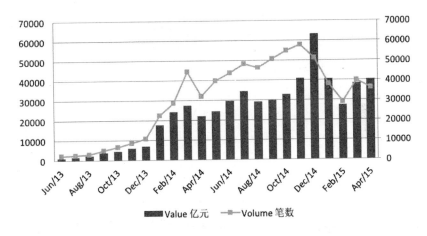

图5—57　新加坡人民币清算行 ICBC—清算量（左：清算额，右：清算量）
资料来源：中国工商银行新加坡分行。

2013年4月2日，中国工商银行在新加坡正式启动人民币清算行服
务。借助人民币清算行服务，新加坡和全球其他地区的商业银行将可以
通过在工行新加坡分行开立的账户直接办理人民币业务，从而显著提升
人民币在全球范围内的汇划效率和使用便利，有效拓展人民币资金在海

外的运用渠道。截至 2014 年 12 月末，新加坡与中国境内发生跨境人民币结算收付达到 1.1 万亿元，占全部海外市场的 11.1%，超过中国台湾和日本的结算量。2016 年 8 月 11 日，中国人民银行重庆营管部宣布，上半年重庆市与新加坡发生的跨境人民币实际收付结算量达 50.5 亿元，占全市跨境人民币结算总量的 9.4%，同比提升 2.8 个百分点。新加坡已成为重庆市跨境人民币结算仅次于中国香港和中国台湾地区的第三大境外地域。

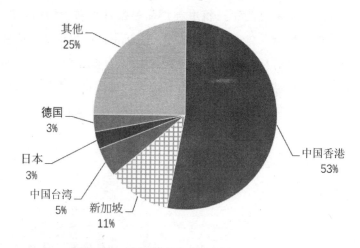

图 5—58　中国境内跨境人民币结算结构
资料来源：中国工商银行新加坡分行。

新加坡人民币外汇日均交易量已经超过日本和伦敦成为三地最高。2014 年上半年，新加坡人民币外汇日均交易量为 710 亿美元，香港人民币外汇日均交易量达 300 亿美元，伦敦人民币外汇日均交易量上升至 424 亿美元，新加坡人民币外汇日均交易量为三地最高（该统计包括人民币外币即期、远期、掉期及期权等衍生品交易）。新加坡金管局认为新加坡在衍生品交易方面的优势是人民币外汇交易量增长的重要原因之一。2015 年 2 月，新加坡人民币外汇日均交易量 655 亿美元，首次超过日元成为新加坡本地第三大外汇交易货币。

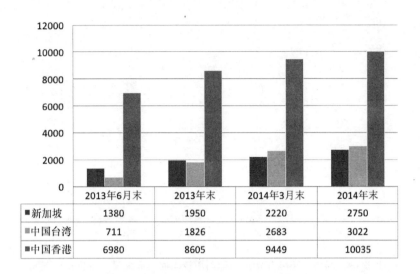

	2013年6月末	2013年末	2014年3月末	2014年末
■ 新加坡	1380	1950	2220	2750
■ 中国台湾	711	1826	2683	3022
■ 中国香港	6980	8605	9449	10035

图 5—59　新加坡市场各项人民币存款（单位：亿元）

资料来源：中国工商银行新加坡分行。

在货币市场方面，如图 5—59 可知，截至 2014 年 12 月末，新加坡市场各项人民币存款达到 2750 亿元，较 2013 年同期增加 800 亿元，同比增幅 41%。新加坡金管局已经开始正式向新加坡本地金融机构提供隔夜资金拆借（最多 50 亿人民币），希望借此进一步提高新加坡各金融机构支持和参与人民币业务的积极性，为后续人民币资金池扩大提供支持。

在资本市场方面，截至 2016 年，已有 10 家机构在新加坡发行离岸人民币债券——狮城债，共计 172 亿元人民币，中国工商银行新加坡分行参与承销 108 亿人民币，占比 63%。

在证券市场方面，2013 年 8 月，首只新加坡元和人民币双货币交易的股票在新加坡上市，标志着新加坡离岸人民币市场结构进一步完善。此外，扬子江船业 2010 年在新加坡和中国台湾两地挂牌上市，成为首家在两地市场挂牌上市的中国内地企业，为股市投资者提供购买人民币定价股票的选择。

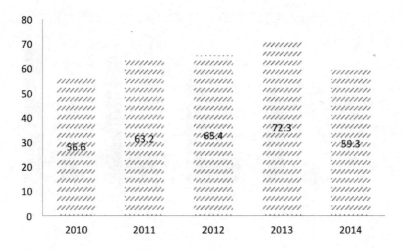

图5—60　2010—2014年中国实际利用新加坡外资金额（单位：亿美元）

资料来源：中国工商银行新加坡分行。

　　在跨境投资方面，2013年7月，新加坡获得500亿元的人民币合格境外机构投资者（RQFII）试点额度。2014年1月，中国证监会正式受理新加坡金融机构的RQFII资格申请。截至2015年4月末，新加坡本地16家机构已经获批260亿元RQFII额度。至2015年5月26日，获准开展RQFII试点业务的国家和地区已有13个，投资额度合计10200亿元。

二　中新金融合作的空间与可行性分析

　　新加坡在推动大宗商品交易以人民币计价和结算方面有着较大的发展空间。在客观条件上，新加坡是全球大宗商品交易中心，约230家国际商品交易商在新加坡拥有业务，交易额占全球大宗商品场外交易额的8%。交易品种丰富，包括天然橡胶、棕榈油、黄豆、棉花、铜和原油。在政策上，中国—新加坡自由贸易协定（CSFTA）免除了新加坡对中国出口95%的关税并允许商品的第三方开票；中国—东盟自由贸易区（CAFTA）减免了新加坡对中国出口的约85%的关税，允许成员国之间货物的背靠背装运，允许货物的第三方发票，并可用于东盟内的累积规则。这些利好政策都有助于推动中新贸易发展，进而推动新加坡大宗商品交易以人民币计价和结算。

作为以服务业为主体的经济体，新加坡金融服务业也在积极寻求与中国合作的空间。新加坡星展银行于 1993 年在北京开设了第一个代表处，2007 年 5 月在中国成立了第一家新加坡银行。截至 2015 年 11 月，星展集团在中国拥有 2200 多名员工。2014 年，星展银行在中国特许经营收入增长 30% 以上，通过把握中国企业的亚洲内部业务和投资业务，星展银行与中国 700 家领先企业建立了稳固的合作关系。此外，星展集团在中国各个经济特区，如上海自由贸易区（FTZ）、前海深港合作区、苏州工业园区和天津生态城都建立了业务。2015 年 10 月，星展银行成为第一批参与中国跨境国际支付系统（CIPS）的外资银行，CIPS 的推出促进了人民币国际化，改善了金融基础设施。在未来的发展方向上，离岸人民币、贸易融资、资本市场和衍生品市场是在过去四年中开放的新业务，具有极大的发展前景。新加坡银行机构可以通过数字化转型加速进入中国市场，开辟新的机遇。

三　对中新金融合作的建议

（一）促进人民币投资市场进一步开放

中国利率水平相比新加坡金融机构接近零的利率水平而言较高，对新加坡机构投资者尤其是境外央行具有一定吸引力，扩大境外投资和货币互换签署范围将有助于促进新加坡对华投资。目前，人民币在全球外汇储备中占比较小（1% 左右），国际投资者在中国银行间债券市场托管量中占比不到 2%，远低于发达经济体和主要新兴经济体的平均水平。在 2016 年 10 月 1 日人民币正式纳入国际货币基金组织（IMF）特别提款权（Special Drawing Right，SDR）篮子后，境外机构参与境内银行间市场的投资意愿大幅提高，同时，考虑到商业机构的配置需求，未来代理境外机构配置人民币资产业务将具有很大的拓展空间。

为了促进新加坡央行和其他金融机构的人民币投资，中国金融市场需要进一步对外开放。在 2015 年 7 月和 9 月，人民银行分别发布政策，允许境外央行和货币当局、国际金融组织、主权财富基金进入中国银行间债券和外汇市场，截至目前，中国工商银行已经成功与近 50 家境外央行类机构在代理债券交易、代理外汇交易、银行间本外币交易和开立人民币结算专用存款账户方面建立了合作关系。

但是，由于境外央行类机构对中国的人民币政策以及人民币市场的情况了解不足，对中国市场投资规则不甚了解，投资进程往往比较延缓，投资效率较低。对此，中新应扩大货币互换协议范围，积极执行境外央行进入中国银行间债券市场备案制，境外机构对中国的外债以人民币进行偿还（柬埔寨央行提出），充分发挥人民币清算行的重要作用。同时，扩大债券市场的开放也需要完善国内债券市场改革。解决好国内债券市场存在的一些体制机制缺陷，推进债券市场基础设施建设。例如，实现场外场内债券市场的互联互通；理顺债券市场多头监管体系；在基准利率市场化基础上推进形成债券收益率曲线；建立健全符合国际标准的信用评级制度；将境外机构持有的境内机构发行的人民币债券纳入全口径外债统计监测体系等。此外，中国境内金融机构也要加强银行间市场债券、外汇和相关衍生产品的做市报价水平，提高代理境外央行类客户交易的服务能力。

（二）促进人民币债券市场发展

鼓励新加坡金融机构在中国金融市场发行债券可以完善国内金融市场结构，推动"一带一路"金融合作，满足新加坡市场金融需求，为国内经济增长提供新机遇。由于境内银行离岸发债存在区域限制及资金回流困难的问题，境外银行类金融机构很难进入境内市场发债融资，对此，应该简化境外发行人民币债券的流程并放松发债募集资金回流限制。积极落实2014年12月24日国务院总理李克强主持召开国务院常务会议的会议精神，重点部署加大金融支持企业"走出去"力度，将境外投资外汇管理由事前到有关部门登记，改为汇兑资金时在银行直接办理；取消境内企业、商业银行在境外发行人民币债券的地域限制；简化境外上市、并购、设立银行分支机构等核准手续。同时，支持境内政策性银行、央企等机构利用新加坡资本市场进行融资，积极推进资本项目开放，改善离岸人民币市场流动性，鼓励新加坡金融机构在境内市场发行熊猫债并将资金用于境外人民币业务。

参考文献

[1] 刘联民：《对新加坡金融体系的考察与思考》，《中国城市金融》1998年第3期。

[2] 《东南亚金融风波大事记》，《珠江经济》1998年第3期。

［3］于宁：《新加坡国际金融中心启示录》，《金融博览》2015 年第 5 期。

［4］杨小强、梁因乐：《新加坡金融服务的商品与服务税处理》，《金融会计》2015 年第 9 期。

［5］许林、邱梦圆：《东南亚证券投资基金的发展及对我国的启示——以新加坡、泰国、马来西亚为例》，《金融发展研究》2015 年第 8 期。

［6］《新加坡金融市场改革的启示》，《中国机构改革与管理》2014 年第 1 期。

［7］刘政：《新加坡银行业管理经验及启示》，《宁波教育学院学报》2014 年第 2 期。

［8］陈敏娟、廖东声：《国际金融危机后新加坡金融监管体制改革及对东盟其他国家的启示》，《东南亚纵横》2014 年第 8 期。

［9］黄志勇：《共商共建共享中国—新加坡经济走廊》，《东南亚纵横》2014 年第 9 期。

［10］张晓晖、张威：《借鉴新加坡经验推进我国利率市场化进程》，《吉林财税》2003 年第 9 期。

［11］成丽英：《新加坡保险市场——加快构建中的亚洲保险枢纽》，载《中国保险学会第二届学术年会入选论文集（理论卷 2）》，中国保险学会（The Insurance Institute of China），2010 年。

［12］祁晓霞、唐海龙：《新加坡金融市场和金融机构》，《河南金融管理干部学院学报》2000 年第 4 期。

［13］王国刚：《新加坡金融的特点、走势及启示》，《农村金融研究》2000 年第 4 期。

［14］深町郁弥、坂田真纪、乔云：《新加坡国际金融市场的结构与发展》，《南洋资料译丛》2000 年第 1 期。

［15］杨新兰：《新加坡金融发展与金融治理的经验借鉴》，《新金融》2015 年第 11 期。

［16］黄庆华、曹峥林：《跨国经济合作模式与领域：例证新加坡》，《改革》2016 年第 1 期。

［17］宁智平：《新加坡金融体系的特点与货币政策的演变》，《东南亚纵横》1992 年第 1 期。

［18］易华、刘俊华：《银行业的对外开放与监管——以新加坡为例》，《中国金融》2007 年第 21 期。

［19］潘永、邓莉云：《基于 Malmquist 指数法的新加坡金融结构变化研究：2000—2011 年》，《商业时代》2013 年第 34 期。

［20］桂花：《新加坡的金融体制转型与对中国的启示》，《生产力研究》2008 年第 13 期。

［21］万卫东：《新加坡经济结构转型的特点及对中国的启示》，《华中农业大学学报（社会科学版）》2010 年第 5 期。

［22］杨沐、张秀琼：《新加坡是怎样建成一个国际金融中心的》，《城市观察》2011 年第 1 期。

［23］新加坡金融管理局（http：//www. mas. gov. sg）。

［24］新加坡统计局（http：//www. singstat. gov. sg/statistics）。

［25］新加坡证券交易所（http：//www. sgx. com/wps/portal/sgxweb/home/! ut/p/a1/04 _ Sj9CPykssy0xPLMnMz0vMAfGjzOKNHB1NPAycDSz9wwzMDTxD _ Z2Cg8PCDANdjYEKIoEKDHA ARwNC－sP1o8BK8JhQkBthkO6oqAgAzDYPQQ!! /dl5/d5/L2dBISEvZ0FBIS9nQSEh/）。

［26］《新加坡亚洲货币单位的新进展及其对我国发展人民币离岸市场的启示》，2014 年 12 月 13

日,《报告言论》(http://www.govinfo.so/news_ info. php? id = 41564)。

[27]《新加坡如何实现人人有房》,2016 年 8 月 14 日,《新加坡圈》(http://zs. ledianduo. cn/MT/ 2016/8/14/36ee20f8 - 83fe - 41ba - b0c5 - 6304fa1c8a9d. html? from = singlemessage&isappinstalled = 0)。

[28] 世界银行(http://www. shihang. org/)。

[29] 亚洲开发银行(https://www. adb. org/countries/philippines/)。

第 六 章

泰国金融发展中的结构特征
及其与中国的合作

泰国的经济发展处于东盟国家中等靠前水平,以农业、旅游及汽车行业为支柱产业。泰国的金融发展经历了政府严格保护时期、金融自由化时期及东南亚金融危机时期和危机爆发后的治理及恢复时期。20世纪80年代末90年代初过快的开放资本账户引致国际游资的冲击,泰国成为东南亚金融危机的发源地。危机治理过程中,泰国政府吸取教训,大力发展资本市场。目前泰国金融发展水平在东南亚国家中排名靠前,金融系统较为完善,并形成了银行业为主导、资本市场快速发展并逐渐发挥更大作用的新格局。本章介绍泰国经济及金融发展,并从五个方面刻画泰国金融结构,以此为基础评价金融发展效率,从而探讨中泰金融合作的空间。

第一节 泰国社会经济发展概况

从传统农业国家到工业化国家,再从亚洲"四小虎"到东南亚金融危机爆发地,泰国的经济发展经历了大起大落。泰国与我国地缘相近,贸易密切,随着"一带一路"战略的实施,两国在经贸领域的合作将进一步扩展,对泰国经济发展及现状的了解有助于两国更深层次合作的展开。本节对泰国的经济发展、产业结构、中泰两国的贸易现状做简单介绍。

一 泰国经济发展与结构现状

泰国是一个位于东南亚的君主立宪制国家,位于中南半岛中部,其西部与北部和缅甸接壤，东北边是老挝，东南是柬埔寨，南边狭长的半岛与马来西亚相连。泰国有 700 多年的历史和文化，原名暹罗，公元 1238 年建立了素可泰王朝，开始形成较为统一的国家，先后经历了素可泰王朝、大城王朝、吞武里王朝和曼谷王朝。1949 年 5 月 11 日，泰国人用自己民族的名称，把"暹罗"改为"泰"，主要是取其"自由"之意。泰国是佛教之国，大多数泰国人信奉四面佛，佛教徒占全国人口的九成以上，泰国是东南亚国家联盟成员国和创始国之一，同时也是亚太经济合作组织、亚欧会议和世界贸易组织成员。

（一）泰国的经济发展现状

2015 年，泰国 GDP 为 3951.68 亿美元，人均 GDP 为 5816.44 美元，为中等收入的发展中国家。1986 年到 1996 年，受工业化进程及出口导向型经济政策的推动，泰国的经济经历了高速的增长，后由于亚洲金融危机的爆发导致 GDP 出现断崖式的下跌。2001 年在他信政府的领导下，泰国经济逐渐走出东南亚金融危机的阴霾，GDP 开始逐步回升。近些年受到国际经济增长步伐放缓的影响，泰国的出口规模有所下滑，而出口贸易是泰国的一大经济助推力，因此近年来的国内生产总值有所回落，如图 6—1 所示。

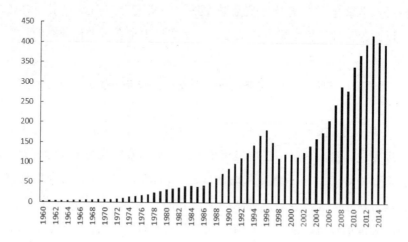

图 6—1 1960—2015 年泰国国内生产总值（单位：十亿美元）

资料来源：世界银行。

（二）泰国的经济结构现状

随着经济的发展，泰国的产业结构也发生了显著的变化。如图 6—2 显示，在工业化的进程中，农业产值占 GDP 的比重不断降低，从 1960 年的 36.5% 降至 2014 年的 10.5%，与此同时，工业产值占 GDP 的比重不断上升，从 1960 年的 18.5% 升至 2014 年的 36.9%，服务业产值比较稳定。目前泰国以农业、旅游业及制造业为支柱产业，制造业中又以汽车制造业为第一大支柱工业。

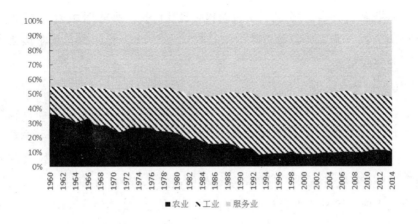

图 6—2　1960—2015 年泰国各产业增加值占 GDP 比重

资料来源：Wind.

泰国是亚洲唯一的粮食净出口国，世界五大农产品出口国之一。全国耕地面积 1573.5 万公顷，占全国土地面积的 30.8%。其主要农产品包括水稻、橡胶、木薯、玉米、甘蔗、热带水果等。作为世界著名的大米生产国和出口国，泰国稻田面积共 1195 万公顷，占国土总面积五分之一多，占全国耕地总面积三分之二多；从事水稻生产的农户约 400 万户。21 世纪以来大米年产量 2000 万吨左右，曾常年位列世界第一大米出口国。作为世界第一大橡胶生产国和出口国，橡胶年产量约 400 万吨左右，占全球橡胶总产量三分之一。所产橡胶绝大部分供出口，年出口量占全球橡胶出口总量的 40% 到 45%。全国 77 个府中有 52 个府种植橡胶，从事橡胶生产的农户约 150 万户。同时作为世界第三大木薯生产国（仅次于尼日利亚和巴西）和第一大出口国，泰国从事木薯种植的农户约 50 万户。

泰国的制造业主要门类有：采矿、纺织、电子、塑料、食品加工、玩具、汽车装配、建材、石油化工等。汽车行业是泰国制造业领域的支柱产业，2014 年泰国汽车产量达 200 万辆，跻身全球十大汽车生产国。但泰国制造业特别是重型工业仍处在全球产业链的中低端，主要工业环节仍是生产和组装。此外，泰国缺乏国际知名度较高的重型制造业和轻工业品牌。

泰国的旅游资源丰富，有 500 多个景点，主要旅游点包括曼谷、普吉、帕塔亚、清迈、华欣、苏梅岛等。2015 年，到泰国旅游人数达到 2988 万人次，泰国旅游业贡献的税收收入为 2.21 万亿泰铢，是泰国排名第一的收入来源。

（三）中泰经贸合作情况

2015 年是中泰建交 40 周年，作为友好邻邦，泰国和中国的经贸合作 40 年来迅速发展。中泰两国政府于 1978 年签订贸易协定，1985 年签订《关于成立中泰经济联合合作委员会协定》和《关于促进保护投资的协定》，1986 年签订《关于避免双重征税的协定》，2003 年签订《中泰两国政府关于成立贸易、投资和经济合作联合委员会的协定》。2012 年 4 月中国和泰国在北京签署了涉及经贸、农产品、防洪抗旱、铁路发展、自然资源保护等领域的 7 项双边合作文件，中国国务院总理温家宝和泰国总理英拉·西那瓦共同出席了签字仪式。2014 年 12 月 19 日，李克强总理访问泰国时，与泰总理巴育共同见证签署了《中泰农产品贸易合作谅解备忘录》。

近年来，中国对泰国出口商品主要类别包括：电气设备及其零件、机械设备及零件、钢材、光学仪器设备、自动化数据处理设备、有机化学品、塑料及制品、钢铁深加工产品、交通运输设备及配件、家具及家居用品。中国从泰国进口商品主要类别包括：自动化数据处理设备、天然橡胶、电气设备及零配件、电子集成电路、塑料及制品、机械设备及零配件、有机化学品、合成橡胶及制品、能源类矿产品、木薯。

图 6—3 显示，2015 年泰国最主要的出口市场中，美国排名第一，占其全部出口的 11.22%，中国排名第二，占其全部出口的 11.08%，同时中国是泰国第一大进口来源地，占其全部进口份额的 20.26%。中泰密切

合作、特别是金融合作有助于双方发挥各自比较优势，进一步扩大商品、服务贸易以及投资，并促进各自经济的发展。

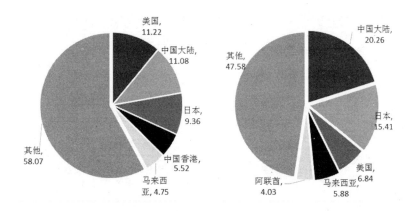

图6—3　2015 年泰国出口市场（左）及泰国进口来源地（右）（单位:%）
资料来源：泰国商业部、泰国海关。

二　泰国社会经济发展的主要历程及现状

（一）泰国经济的早期发展

第二次世界大战以前，泰国是传统的农业国，除小规模和低技术水平的碾米、锯木和采矿业外，几乎没有工业，经济格局单一，经济基础落后。第二次世界大战期间，泰国遭受了侵略和掠夺，经济被全面扭曲。二战结束后，泰国依赖自身丰富的自然资源和美国的军事、经济援助，比较快的渡过了难关，到 40 年代末其经济生产基本恢复到了战前水平。恢复后的泰国工业基础仍十分薄弱，农业收入占国民收入的 80% 以上。

泰国政府在二战后的经济恢复期决心发展本国工业，但工业经济的复苏面临着包括动力、运输、技术设备等问题。要解决这些问题，需要投入大量的资金和人才，而想要调动如此大的工程，国家资本的投入是必需的。因此，战后的经济恢复中当局加强了国家资本在经济部门中的主导地位。1954 年，泰国政府颁布《鼓励工业发展条例》加强国营经济建设，开始实施工业化计划，并于 1959 年成立国民经济和社会发展委员会（1972 年更名为国家经济和社会发展委员会 NESDB）来实施全国经济发展计划。国营经济的建立为泰国工业化发展打下了基础，国营的一些相关民生部门和基础设施保证了国家经济和社会生活的正常运转。60 年代泰国政府确定以私营企业为工业化发展主体，以扶助投资为手段，鼓励民间及外国投资者投资工业领域，实施以内需消费品工业为主的"进口替代"发展战略来推进工业化。70 年代，泰国实施基于本国资源的"出口导向"战略，鼓励出口产业的发展。在六七十年代政府实施的"进口替代"和"出口导向"鼓励工业化的战略指导下，泰国经济得以快速发展，工业化已粗具规模。

到了 20 世纪 80 年代，日本和亚洲"四小龙"[①] 劳动密集型产业向海外转移。泰国政府抓住机遇，着重发展外向型经济，使泰国经济进入了高速增长期。这期间，泰国经济在开放和自由度上更进一步，给予了外资各种各样的优惠措施，推动了本国金融自由化的快速发展。投资环境的改善使泰国在 20 世纪 80 年代末期吸引了大量的内外投资。另外，泰国以出口为导向的各产业以及旅游业等的发展都一路高歌猛进，拉动整个泰国经济飞速发展，使得泰国实现了社会的整体进步和综合国力的大幅度提升。

进入 90 年代，政府加强农业基础投入，促进制造业和服务业发展。1995 年，泰人均收入超过 2500 美元，世界银行将其列为中等收入国家。

（二）1997 年金融危机时期的泰国经济

但是，在泰国享受出口导向战略带来的成果的同时，也为经济发展埋下了隐患。首先，对出口的过度倚重使泰国的产业结构畸形发展。在泰国，出口工业基本上就是一种劳动密集型的装配加工工业，产业结构低下。其次，在实施出口导向战略时，泰国经济高度依靠国际市场。过高的外贸依存度会使贸易摩擦变得更加频繁化，并且影响国内产业与国内经济安全。再次，泰国积极实施鼓励外资的政策，推进金融业开放、推进本币可兑换及利率自由化的进程。这一政策导致大量外资持续流入境内，FDI及外债均大幅增加，一部分境外资金直接或间接流入了股市和房地产市场，泡沫经济逐渐形成。

在外债及外商投资的推动下，出口导向型经济产生了较多国际收支顺差，本币面临着升值压力，而这反过来又进一步吸引境外资金流入。一些投机者透过繁荣的表面看到了泰国经济的脆弱，危机随之悄然临近。1997

---

① 中国香港、新加坡、韩国、中国台湾。

年 7 月 2 日，在游资的不断冲击下，泰国央行宣布放弃固定汇率政策，实行浮动汇率制。泰国金融危机爆发。随后这一危机迅速蔓延到其他东南亚国家，引发了东南亚金融危机。危机给泰国的经济造成了严重损失。1997年和 1998 年泰国的 GDP 连续出现负增长，大批工厂停工、倒闭，同时出现了大面积的失业和较严重的通货膨胀。

金融危机爆发后，泰国接受国际货币基金组织援助贷款 172 亿美元，调整经济政策谋求经济的恢复。根据 IMF 的要求，泰国政府进行了严格的金融体制改革、紧缩财政支出以求财政平衡，并继续推行经济自由化、金融自由化政策。一系列措施取得了一定的成效，使泰国的制造业、出口贸易和民间消费开始正增长。

（三）他信政府的经济改革措施和成果

IMF 的计划并不能改善泰国经济长期存在的结构性缺陷。依赖出口的泰国经济在面临震荡的外部经济环境时又出现下滑。2001 年 2 月，他信政府上台执政，提出了"新思维、新方法"的口号，主张告别旧的发展战略，以新战略重塑泰国经济。为此，他信政府在经济政策上进行了一系列的调整：

第一，继续金融领域的改革，加快金融机构和企业债务重组步伐。为降低企业不良贷款率，他信政府成立国有资产管理公司，全面系统地处理商业银行不良贷款。此外，允许外资以参股、控股甚至全资的形式进驻泰国银行业，以此来改造泰国银行业的经营效率。

第二，在扩大出口的同时致力于增加内需，采取措施加大国内民众收入。随着周边和世界其他地方的竞争者不断出现，泰国的低成本优势逐渐丧失，外加出口导向型的经济对外界经济环境过于敏感，不利于本国经济的平稳发展，因此他信政府确立以国内市场与国际市场共同带动经济，通过建立为低收入阶层服务的人民银行，建立中小企业银行，降低税率，加大对社会基础设施的投入和对农村的投资与市场开发等方式推动内需的增长。

第三，加强科技教育的投入，大力发展新兴产业，创建知识型国家。在地区产业分工中，泰国处于较低层次，为此泰国开始重视科技和教育的发展，加大教育投资。

第四，积极参与和推进区域经济一体化进程，注重在合作中发展本国经济，促进出口市场的多元化。泰国是东盟成员之一，东南亚金融危机让其更加认识到区域合作的重要。为此泰国积极参与"东盟投资区"的建设，加强地区经济的一体化及与东亚地区国家的合作，包括积极推动"10+3"合作体制的建设。

2003年7月，泰国提前两年还清金融危机期间向国际货币基金组织借贷的172亿美元贷款。2008年全球金融危机对外向型的泰国经济影响颇深，加之国内政局动荡，使泰国经济出现近年来最大幅度衰退，2009年泰国GDP下降2.3%。2010年，泰国经济全面复苏，尽管经历了政局问题和自然灾害等负面因素影响，但仍实现7.8%的高增长。2011年因遭遇特大洪灾，拖累全年经济增速减至0.1%。据世界银行估算，洪灾造成泰国经济损失达1.4万亿泰铢（约合467亿美元）。2012年，泰国经济逐步从水灾影响中恢复，英拉政府实施的一系列加大投资的政策效果呈现，当年GDP增长6.5%。2014年，泰国经济遭受了国内政治斗争和世界经济复苏乏力的双重压力，国内外市场需求下降、国内工业生产不力、出口不振。

第二节 泰国金融发展概况

与经济发展所经历的大起大落相似，泰国金融业的发展也经历了诸多波折。泰国金融体系自20世纪40年代建立以后，经历了六七十年代的政府严格保护时期和80年代末、90年代初的金融自由化时期，90年代末的金融危机时期及危机爆发后的治理及恢复时期。早期银行业因受控于大型家族，政治色彩浓重，因此在金融体系中占绝对主导地位。1997年金融危机爆发后，商业银行地位有所下降，股票和债券市场在金融市场中的地位得到提升，尤其是债券市场发展迅猛。

一 金融发展历史回顾

与经济发展所经历的大起大落相似，泰国金融业的发展也经历了诸多波折。总体而言，在东盟国家中，泰国的金融业发展较为迅速，具体表现为金融深化程度不断提升。1960年，泰国以M2占GDP比率衡量的金融深化程度为20%，到2015年底，已经达到137%（如图6—4所示）。目前，泰国的金融机构种类相对齐全，基本上具备了发展金融所需的各种机构载体，但仍是以银行业为主导。

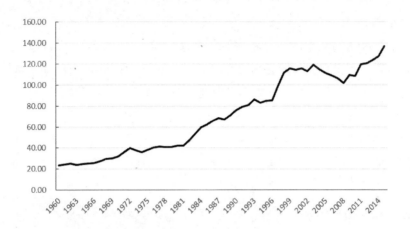

图6—4　泰国金融深化程度（M2/GDP 单位:%）

资料来源：世界银行。

（一）泰国银行业起步早，规模大

早在19世纪末，西方殖民者便对泰国进行资本输入，建立外资银行分行。1888年英国人在曼谷开设汇丰银行分行，这是泰国第一家银行。1894年，伦敦渣打银行也在曼谷开设了分行。随后，法国人于1897年在曼谷开设了法属西贡东方汇理银行的分行。这些西方银行吸收了大量的存款资金，其客户不仅包括外国企业，甚至包括泰国国王。第一家泰资商业银行是于1906年建立的汇商银行（原名为读书会，Book Club Bank）。为监管银行业，1939年泰国成立国家银行局，履行中央银行功能，1942年更名为泰国银行。

泰国金融自由化自80年代后期开始，90年代初期完成，这一时期也是泰国经济高速增长时期。金融自由化主要政策措施包括外汇管制自由化、利率自由化、成立曼谷国际银行离岸机构、放宽金融机构管制、扩大金融机构业务范围。这一时期泰国银行业迅速发展，国外资金通过曼谷国际离岸银行机构资金大量流入，银行业借贷繁荣，规模迅速扩大，但在繁荣的表象背后，泰国金融机构并没有为自由化做好充分准备，绝大多数商业银行公司治理混乱,信贷投放轻率,大多数企业同样缺乏融资纪律和公司治理,债务人、债权人中都广泛存在融资处置失当的问题,银行资产质量恶化。泰国央行也缺乏监督管理金融机构的能力,出现问题时不能及时监管和矫正。

1997 年金融危机爆发,泰国银行业是受危机冲击最严重的部门。银行业不良贷款率高的时候竟达到 42.9%。为挽救泰国的经济及金融系统,泰国中央银行牵头建立了企业债务重组委员会和多债权人重组框架,为协调债务重组发挥了一定作用,同时积极鼓励金融机构向资产管理公司(AMC)转移不良资产,以加速不良资产处置进程。对于银行的不良贷款,一是进行债务重新安排,由于泰国银行业和债务人有密切关联,往往希望债务重新安排,重组措施包括延期、降低利率、债转股和债务豁免等。二是向 AMC 转移,2000 年政府允许金融机构建立 AMC 并转移不良贷款,使银行不良贷款率大幅降低到 17.7%。随着不良贷款债务重组向 AMC 的转移以及经济复苏带动不良贷款转化为正常贷款,不良率恢复到正常水平。近几年泰国银行业不良贷款率基本维持在 2%—3% 的区间内(如图 6—5 所示)。

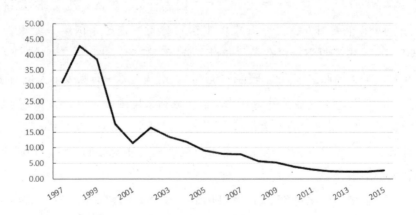

图 6—5 泰国商业银行不良贷款率(单位:%)

资料来源:泰国中央银行。

2002 年以来,东南亚金融危机的影响基本消除,经济增长趋于稳定,在金融部门重新走上正轨的情况下,监管部门参照国际先进金融监管标准，完善金融体系基础和银行业适应性，深化以风险为导向的金融部门改革，推出多项审慎监管政策和风险管理指引，陆续实施新金融机构法、新巴塞尔协议、存款保护制度和国际会计准则。

（二）泰国债券市场基础差，但在东南亚金融危机后发展迅猛

泰国债券历史可以追溯到百年前国王拉玛五世时期，首只债券是于1903年在伦敦和巴黎发行的泰国皇家政府债券，发行额100万英镑，主要用于发展铁路项目。企业债券法于1928年出台。1933年新成立的财政部发行了泰国第一只国内政府债券，这支债券的成功发行标志着泰国债券市场的诞生。

1961年泰国开始实施国民经济和社会发展计划，推动工业化进程，资金需求增长，但当时金融机构尚不能动员充足的资金，政府开始发行债券弥补资金不足，直到80年代早期，政府部门一直支配债券市场，筹集基金用于为预算赤字融资。由于商业银行法定准备金（相当于银行资产的16%）需要以政府债券形式持有，这一时期发行的政府债券主要由商业银行持有，商业银行间的债券交易不活跃，二级市场流动性不足。1992年证券交易委员放开对私营企业发行债券的限制，由于当时金融机构借款利率较高，发行债券可降低利息支出，企业债券发行量开始增加，到1997年底企业债券余额1876亿泰铢，占债券总余额的34.4%。

总体而言，在1997年金融危机前，商业银行在泰国的金融系统中占绝对主导地位，商业银行是资金配置的主要渠道，承担大部分金融职能，而债券市场规模很小。加之1988年至1996年泰国政府连续9年实现财政盈余，政府债券的发行大幅减少，1997年末政府债券余额138亿泰铢，仅占全部债券余额的2.56%。有限的政府债券供给限制了无风险基准利率的形成，债券市场缺乏定价基础，降低了二级市场流动性的同时还阻碍了公司债的发行。

真正启动泰国债券市场发展的是1997年东南亚金融危机。1997年泰国政府税收收入8477亿泰铢，而为救助陷入困境的金融机构，政府财政支出高达9317亿泰铢，当年泰国政府发行储蓄债券1915亿泰铢，占当年债券发行总量的68.1%；危机爆发后的几年中，泰国政府又多次发行政府债券，发行额最大的一次是在2002年四季度，发行额达到7800亿泰铢，债券市场因为政府赤字融资而被动发展。政府债券的大量发行为市场

提供了无风险基准利率曲线，这也为企业债的发展打下了坚实的基础。

（三）泰国股票市场发展迅速，但东南亚危机时期曾遭受重创

泰国股票市场最初始于 1962 年 7 月，当时由一个私有集团建立了一个有限合伙制的证券交易所。该集团后来改组成有限责任公司，并于 1963 年更名为曼谷证券交易有限公司（BSE）。由于经营不善，BSE 于 70 年代早期倒闭。BSE 倒闭的主要原因是缺乏政府的支持，同时投资者对股票市场也缺乏了解。尽管曼谷证券交易有限公司倒闭了，但如何建立起有序、有效的股票交易市场这一问题引起了泰国政府的高度关注，这一目标也被写入了泰国第二个经济社会发展计划中（1967—1971）。1969 年，在世界银行的推荐下，泰国政府得到哥伦比亚大学 Sidney M. Robbins 教授的帮助，开始研究泰国资本市场的发展途径。1970 年，Robbins 教授撰写出一篇题为"泰国资本市场"的综合性报告，该报告成为后来泰国资本市场发展的总规则。1974 年 5 月，期待已久的建立泰国证券交易所的立法程序获得了通过，年末又修订了税则，允许居民储蓄进入资本市场。1975 年 4 月 30 日，泰国证券交易所正式开始运营。1991 年 1 月正式更名为泰国证券交易所。

泰国证券交易所成立的最初十年，总体规模较小，即使在 1978 年第一个繁荣时期泰国证券交易所市值为 331 亿泰铢，占 GDP 的比重为 6.7%，规模仅相当于同期银行贷款的 20%。1986 年至 1996 年是泰国经济史上最繁荣的时期，泰国股票市场新增上市公司 377 家，股市发展对国内银行业传统的融资地位构成一定挑战，新兴企业部门对银行业的依赖明显减低。这一时期，在经济繁荣和新兴企业集团上市的推动下，泰国证券交易所指数整体呈上升走势，1990 年达到阶段高点 1143.78 点。1990 年和 1991 年受海湾战争因素影响，股市指数回落到千点以下。1992 年以后，泰国金融自由化加速，放宽了外汇管制政策，外资大量投入泰国股票市场，泰国证券交易所指数在 1994 年 1 月 4 日达到历史最高纪录的 1753.73 点。自此之后，由于泰国巨额贸易逆差持续增长，导致泰铢存在巨大的贬值压力，对外资而言投资泰国股市风险增加，泰国股票指数逐步走低，交易额开始下降。金融危机时期泰国股票市场陷入了更深度的衰退。1997—2001 年退市公司达到 87 家，新上市公司仅 15 家，其中 1999 年首发上市的公司家数（IPO）为零。1997 年末股票市场占 GDP 比重

23.9%，仅相当于同期银行贷款余额的 18%。

2001 年他信政府制定了泰国资本市场发展整体规划（Capital Market Development Master Plan，CMDMP），从 2002 年开始执行，第一阶段为 2002 年至 2005 年，重点在于建立资本市场基础设施、改善公司治理和增加市场流动性。第二阶段为 2006 年至 2010 年，重点在于通过放松监管建立有竞争力的环境，扩大并多元化投资者基础，使泰国资本市场更接近于发达国家资本市场。具体措施包括推动大型国企进行了私营化、放松监管以吸引外国投资者等。随着泰国经济、贸易等方面逐步的恢复，外加政策的支持导向，泰国的股票市场又迎来新一轮的攀升。截至 2016 年 6 月底，泰国证券交易所市场指数 1444.9，MAI 市场指数 527.35。

（四）保险市场前期发展领先，寿险占市场主导地位

泰国保险业开始于 20 世纪 30 年代，当时 30 多家外国保险公司在泰国开办业务。之后的近 30 年中，泰国保险市场基本上控制在外资保险机构手中，60 年代以后，随着泰国经济的飞速发展，加上泰国政府对外资保险的严格管理和对民族保险业的大力扶植，民族保险业由弱变强，成为泰国保险市场的主导力量，但外资也很活跃。

20 世纪 90 年代至金融危机之前，泰国保险业呈现出连续增长的势头，1991—1996 年的保费年均增长率 14.5%。保费收入从 1991 年的 17.49 亿美元上升到 1996 年的 45.86 亿美元，且寿险行业的发展显著领先于非寿险行业。1997 年金融危机时期，泰国金融产业极为萧条，保险业作为其中一环，亦受到波及。1997 年金融危机使保费收入减少了 7.2%，1998 年更是下降了 17.5%。2000 年至今，泰国保险业进入恢复增长期，保费收入增速大大提升。

泰国保险业有比较严格的监管规定。对于 1997 年以前成立的产险公司，资本金要求是 3000 万泰铢，对于 1997 年以后成立的产险公司，资本金不低于 3 亿泰铢。此外，每个险种要求有 350 万泰铢的保证金。对于 1997 年以前成立的寿险公司，资本金要求是 5000 万泰铢。对于 1997 年以后成立的寿险公司，资本金不得低于 5 亿泰铢。除此以外，寿险公司的资本金还不得低于准备金的 2%，并且必须有 2000 万泰铢的保证金以现金、泰国政府债券或者保险委员会办公室（OIC）规定的其他资产形式存在。

泰国的保险条款、保单文本以及其他销售资料在使用前必须报 OIC 批准。为节省报批时间，保险公司多使用标准条款。寿险不设法定费率，而产险费率必须取得 OIC 的批准，其他保险险种的费率都要在 OIC 提供的浮动费率内浮动。固定费率是 OIC 在泰国产险协会的保险费率厘定事务所制定的参考费率基础上，加上适当的附加费率后得出。保险公司在 OIC 规定的费率变动范围内制定自己的费率，取得 OIC 的许可后可以使用。保险金额超过 20 亿泰铢的企业可自由厘定费率。

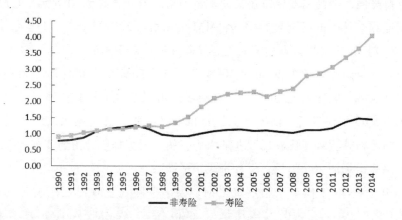

图6—6　泰国寿险及非寿险保费量占 GDP 比重（单位:%）

资料来源：世界银行。

（五）共同基金市场起步较早，以股票类和债券类共同基金为主

泰国的证券投资基金又被称为共同基金。相较于东南亚的其他国家，泰国证券投资基金业务起步较早。1975 年泰国第一只封闭式共同基金——永盛基金（Sinpinyo Fund）成立后，共同基金市场迅速发展，截至 2016 年 5 月底共同基金总数已达到 1354 只，净资产值达到了 3.75 万亿泰铢。泰国的共同基金种类与中国的投资基金比较相似，股票类共同基金和债券类共同基金是整个基金市场的主要品种（如图 6—7 所示）。

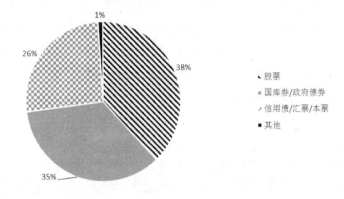

图 6—7　2016 年 1—6 月泰国按投资标的分类的各类共同基金占比

资料来源：泰国中央银行。

二　泰国现行金融管理的制度安排与特征

自 20 世纪 80 年代末开始金融自由化进程以来，泰国央行逐渐放松了金融行业准入门槛，将存贷款利率限制取消，并允许商业银行进入证券业、保险业，实行混业经营模式。混业经营模式是当今国际金融机构普遍实施的、可为客户提供综合化、全方位金融服务的经营模式。相对来说，目前世界范围内的混业经营可归纳为两类：德国全能银行型和美国金融控股公司型，前者的鲜明特点是商业银行的"全能化"，即不对商业银行的经营范围设置限制，允许商业银行突破金融行业边界而全面地经营各种金融业务，如传统存贷款、证券经纪、担保评级、信托基金、金融租赁等综合化的商业银行及投资银行业务。后者的典型做法是搭建一个金融控股公司，作为资本运作平台对商业银行、投资银行、保险、基金、信托等金融业务渗透并对其享有投票权和决策权，所辖各类金融机构的法律地位相对独立。从实际情况看，泰国商业银行的全能银行模式更接近于德国。

泰国有较为完善的金融监管制度，如表 6—1 所示，不同的金融机构有相应的金融监管机构以及法规来监督和约束其运营。特别需要指出的是，《新金融机构业务法》规定金融监管职能分别隶属于财政部、泰国中央银行和证券与外汇委员会等政府机构。也就是说，在混业经营下，泰国目前实行的是财政部和中央银行组成"双核心"的多机构金融监管体制。从国际经验来看，为了应对金融业迅猛发展的形势，越来越多的国家不满足于多边分散的监管体制。自1997年英国成立了独立于中央银行的统一金融监管机构——金融服务管理局（FSA）以来，各国纷纷效仿改革。随着泰国金融行业综合化和混业经营程度越来越高，统一监管模式将成为泰国金融体制演进的方向。

表6—1　　　　　　　　　　　泰国金融行业的监管

分类	机构	监管者	法律法规
央行	泰国银行	财政部	《泰国银行法修正案》（B. E. 2485）
商业银行	内资商业银行	泰国银行	《金融机构业务法》（B. E. 2551）
	内资零售银行		
	外资银行分行、子行		
其他存款行金融机构	金融公司	泰国银行	
	小额贷款公司		
国有专门金融机构 SFI	国民储蓄银行	财政部、泰国银行	《国民储蓄银行法》（B. E. 2489）
	农业和农业合作银行（BAAC）	财政部、泰国银行	《农业和农业合作银行法》（B. E. 2509）
	国民住房银行	财政部、泰国银行	《国民住房银行法》（B. E. 2496）
	泰国进出口银行	财政部、泰国银行	《泰国进出口银行法》（B. E. 2536）
	泰国中小企业发展银行	财政部、泰国银行	《泰国中小企业发展银行法》（B. E. 2545）
	泰国伊斯兰银行	财政部、泰国银行	《泰国伊斯兰银行法》（B. E. 2545）

续表

分类	机构	监管者	法律法规
非银行金融机构	小企业信用担保公司	财政部、泰国银行	《小企业信用担保公司法》（B. E. 2534）
	次级抵押公司	财政部、泰国银行	《次级抵押公司法》（B. E. 2540）
	泰国资产管理公司	泰国银行	《泰国资产管理公司紧急法令》（B. E. 2544）
	资产管理公司	财政部、泰国银行	《资产管理公司紧急法令》（B. E. 2541）
	货币汇兑	财政部、泰国银行	《货币汇兑法》（B. E. 2485）PHam
	共同基金管理公司	证券与外汇管理委员会	《证券与外汇法》（B. E. 2535）am
	人寿保险公司	财政部、保险管理委员会	《人寿保险法修正案》（B. E. 2535）
	农业合作社	农业合作促进办公室、农业部	《合作社修正案》（B. E. 2535）
	储蓄合作社	证券与外汇管理委员会	《赔偿基金法》（B. E. 2530）am
	赔偿基金		
	社会保障基金	劳工部	《社会保障基金法》（B. E. 2533）
	典当铺	内政部	《典当铺修正法》（B. E. 2505）

资料来源：泰国中央银行。

第三节　泰国金融结构描述与分析

本节从五个方面具体刻画泰国的金融结构。泰国的金融产业结构呈现出存款性金融机构，尤其是商业银行占主导地位的特点。金融市场中，货币性金融市场的规模最大，且以双边回购交易为主，其次为活跃的外汇交易市场。融资结构视角下，虽然资本市场近年来发展迅猛，但间接融资仍为主要融资渠道，但其主导地位有所下降。金融资产结构中，证券性资产占比不断上升，货币结构中储蓄存款的占比不断提升。金融开放视角下，泰国的开放程度自从 1997 年金融危机爆发后有所收紧，但总体开放程度在东盟国家中仍比较领先。

一 金融产业结构

（一）金融产业总体结构

1. 金融产业中存款性金融机构占主导地位

金融功能的发挥有赖于一个完善的金融产业，发达、有效的金融体系是经济平稳运行的前提。泰国金融中介机构可以大致分类为存款性金融机构和非存款性金融机构两大类，其中存款性金融机构主要包括商业银行、国有专门金融机构、信用合作社、货币市场共同基金；非存款性金融机构主要包括共同基金、保险公司、金融租赁公司、养老金管理机构、资产管理公司、证券公司等。截至 2014 年底，泰国金融资产规模已经达到 36 万亿泰铢（约合 1.1 万亿美元），是当年泰国 GDP 的 2.7 倍。在如此庞大的资产规模中，存款性金融机构的资产占比较高，为 70.4%，非存款型金融机构的资产占比仅为 29.6%（如表 6—2 所示）。

2. 存款性金融机构中商业银行占主导地位

存款货币银行中，商业银行资产占比约为三分之二。随着泰国银行业的不断发展，银行资产不断增加，尤其在 80 年代末到 90 年代初的金融自由化时期，银行资产增速保持上升趋势。金融危机爆发后，巨额不良资产成为泰国银行业的沉重负担，资产随之骤减，直到 2008 年之后才开始逐步回升。表 6—2 显示，截至 2015 年末，泰国商业银行资产占金融中介机构总资产的 47.8%。除资产占比较高外，泰国商业银行的分支机构众多且分布广泛。截至 2016 年 6 月底，泰国商业银行的分支机构在全国已达到 7060 家，广泛分布的网点成为为企业和居民提供更加便利的金融服务的基础。未来中泰金融合作可以依托泰国商业银行庞大且广泛的分支机构开展业务。

表6—2　　　　　2015年底泰国各金融机构的数量及资产规模占比

	数量（家）	资产规模占比（%）
存款类金融机构	2037	70.4
商业银行	31	47.8
国有专门金融机构	6	15.6
信用合作社	1960	6.3
货币市场共同基金	40	0.7
非存款类金融机构	6983	29.6
共同基金	1374	10.1
保险公司	86	8.1
金融租赁公司	769	2.0
信用卡及个人信贷公司	42	2.6
公积金管理机构	412	2.4
养老金管理机构	1	1.9
资产管理公司	36	0.8
证券公司	52	0.8
农业合作社银行	3613	0.6
典当行	598	0.2

资料来源：泰国中央银行。

（二）银行业的发展及其结构

1. 银行业资产集中度高，东南亚金融危机后有所下降

如图6—8显示，泰国银行业金融危机前集中度极高，前五大银行资产集中度在90%以上，1999年，集中度下降至68%，之后基本保持稳定，截至2015年底，前五大银行资产集中度为77.2%。金融危机前，泰国15家商业银行中12家由家族控制，并由于政界及王室成员的参股，银行业受到了严格的保护，从而形成了极高的集中度。而在金融危机后银行集中度不增反降是由于政府为解决银行业高企的不良贷款率，将商业银行外资股权不超过25%的规定，提高到对处于处置状态的金融机构允许外资100%持股，并允许在10年内持有多数股权，激励外资积极参加泰国银行业重组。外资的注入一定程度上降低了银行业的集中度，泰国银行业

也由传统的家族式经营模式走向国际标准一流银行的经营模式。

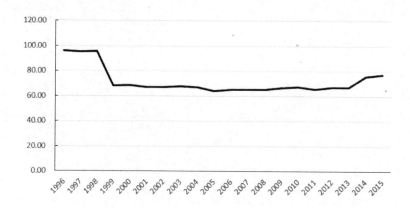

图6—8 泰国前5大银行资产集中度（单位：%）
资料来源：世界银行。

在泰国，若某银行资产占本国商业银行总资产10%以上则被认为是大型商业银行，资产占本国商业银行总资产3%—10%的商业银行为中型商业银行，而资产小于本国商业银行总资产3%的银行被定义为小型银行。泰国商业银行资产集中度高，大型商业银行即为前五大商业银行。根据2015年泰国银行的资产净值，国内五家最大的银行分别是：泰京银行（Krung Thai Bank）、盘谷银行（Bangkok Bank）、汇商银行（Siam Commercial Bank）、开泰银行（KBANK）和大城银行（Bank of Ayudhya）。

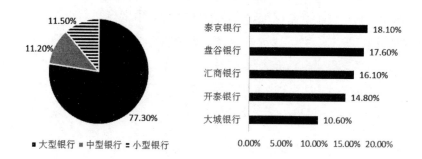

图6—9 2015年泰国大、中、小型银行资产占比
资料来源：开泰银行报告。

银行业中全能银行业务范围广泛，资本实力强。截至 2015 年末，泰国共有 31 家商业银行，其中全能型商业银行 14 家，其资产占商业银行总资产的比重为 89.6%，外国银行子行 12 家，其资产占商业银行总资产的比重为 9.5%，零售银行 1 家（0.2%），外国银行分行 4 家（0.7%）。全能型银行可提供现金管理、资金运营、投资、大中小企业业务、零售业务金融服务，还涵盖证券、保险、租赁、租购、保理、基金管理和私人财富管理金融产品等全能金融服务。

表 6—3　　　　　　　　　　　泰国全能银行产品及服务范围

进出口	国内信贷业务和保理、承兑业务	贸易金融产品	银行保险业	人民币结算	现金管理业务	有关外汇、利率及大宗商品价格的风险管理产品	企业培训（尤其是针对小微企业）
投资		公司金融（包含咨询业务）		证券投资业务			
旅游				外币汇兑业务			
消费	消费信贷	信用卡		存款及收费业务	共同基金产品	电子银行产品	私人财富管理及规划

资料来源：开泰银行报告。

2. 银行仍以利息收入为主

东南亚金融危机爆发之前，商业银行在泰国的金融系统中占主导地位，由于泰国实行混业经营，且政府对商业银行有一定的政策优待，因此其经营范围不断扩大。1992 年 3 月商业银行获准经营政府和国有企业债券承销，经济、金融信息服务，以及兼并、收购和金融咨询服务。1992 年 6 月商业银行获准经营共同基金销售代理，经证券交易委员会批准可办理担保债券持有人代理、共同基金监管以及证券登记，经央行批准可办理债券管理、发行、承销和交易等业务。在这样的背景下，泰国商业银行的非利息收入在总收入中的占比不断提升。上升趋势同样被 1997 年的金融危机打断。1999 年至 2001 年三年间这一比例由 59.5% 跌至 28.5%，跌幅超过 50%。目前银行业仍以利息收入为主，非利息收入的比例保持在 30% 左右。

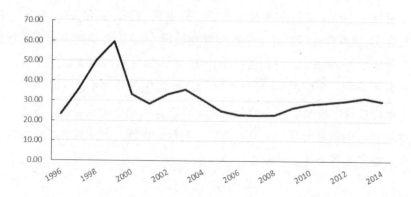

图6—10 银行的非利息收入占总收入之比（单位：%）
资料来源：世界银行。

商业银行非利息收入中，与信用卡相关的服务费占比最高，其次是金融卡和其他电子银行服务，排名第三的为佣金收入。

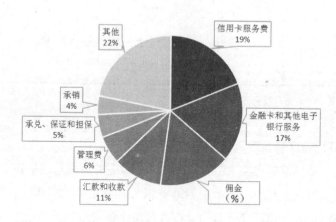

图6—11 2015年商业银行费用和服务收入结构
资料来源：Wind.

3. 以商业信贷及个人信贷为主，小微信贷发展迅猛

利息收入仍是泰国商业银行的主要收入，占银行总收入的70%左右。利息收入中，信贷业务占总利息收入的绝大部分，其中商业信贷占比有所减少，个人信贷占比有所增加，由2003年底的16.03%增长至2016年6月的29.14%。

图6—12　泰国商业银行信贷结构

资料来源：Wind 资讯。

商业贷款中，最突出的特色是小微信贷占比上升。东南亚金融危机爆发后，由于外资注入以及政策导向的转变，银行由家族控股成为家族关联银行并服从于家族的整体利益这一模式被打破，银行业开始重新调整商业策略，从事更为分散的贷款业务，收入结构也发生了改变，主要发展零售业务以及费用及服务收入。2014 年商业银行信贷业务数量中小微企业信贷个数占总数的92%，大型企业信贷个数仅占总数的8%。开泰银行是泰国小微金融服务规模最大的银行，于2015 年加入了泰国政府储蓄银行联合商业银行开展针对中小企业的"低息贷款计划"。

在小微信贷方面开泰银行有着卓越的表现。开泰银行于1945 年6 月8 日创建，原名为泰华农民银行，2015 年总资产在所有泰国的商业银行中排名第四。1997 年亚洲金融危机后，开泰银行将业务重心转移至中小企业，将小企业视为工作伙伴。小企业客户占该行客户总数的比率超过90%，中小企业客户贷款占比近50%，小微企业业务中心设立了121 家。开泰银行中小企业业务在亚太地区处于领先地位，连续多年被《亚洲银行家》授予中小企业服务卓越奖。

开泰银行以销售收入为标准，将中小企业（SME）细分为三类。开泰银行非常注重研究细分中小企业的生命周期，并结合每一阶段中小企业的不同特征，尤其是纳税及经营现金流等情况的不同，定制多样化的金融产品和服务，满足各个生命周期阶段中小企业的信贷等金融需求。例如，其"中小企业启动计划"，即是为迎合创业初期需要启动资金、咨询和相关信息的小微企业的多样化需求而提供的一揽子客户服务方案。此外，开泰银行小微企业的贷款方式也比较灵活，并不拘泥于要求提供抵押，以降低小微企业客户准入门槛，但考虑到风险及成本的上升，非抵押类贷款的利率往往相对较高，同时对企业的盈利能力及业务增长能力要求较严，贷款额度方面也存在严格控制。开泰银行小微企业信贷采用的是"信贷工厂"的操作模式，贷款审批和发放全部由其集中式的业务操作中心，即中小企业业务运行部完成，该中心的业务运作充分体现了集中化和流水线的形式。

（三）证券业的发展及其结构

泰国证券行业的发展在东盟国家处于领先地位，但由于混业经营模式下全能型银行对证券公司业务的挤出效应较强，因此证券公司的总资产占金融中介机构总资产的比重较低，仅为 0.8%。根据泰国证券交易所公布的信息，目前泰国证券交易所的会员共有 39 家。

从证券业的收入结构来看，经纪费收入是证券公司收入的主要组成部分，占总收入的七成以上。但从结构视角而言，经纪费收入稳中有降，其他部分如衍生交易、佣金等收入占比逐渐上升（如图 6—13 所示）。

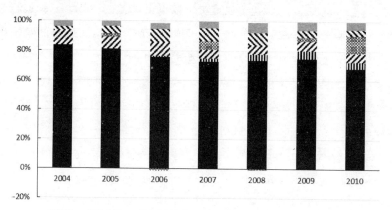

图 6—13 泰国证券公司收入结构

资料来源：Wind.

二 金融市场结构

(一) 金融市场总体结构

市场规模是衡量市场发展程度及反映市场功能发挥情况的主要指标。货币市场以满足支付性需求、提高资产流动性为目的,是短期融资行为,因此使用市场交易额衡量其规模的大小比较合适。资本市场以媒介储蓄与投资、筹集资本为主要功能,是中长期融资行为,因此发行市场中的筹资额即发行额是衡量其规模中较为恰当的指标。外汇市场以调剂外汇余缺、规避汇率风险为主要功能,因此选取交易规模作为衡量其规模的指标。保险市场的主要功能在于分散风险和组织经济补偿,保费收入是使其功能发挥的基本载体,所以保费收入是保险市场规模的合理衡量指标。

泰国具备较为完善的金融市场。根据上述指标并结合数据的可得性,本文用表6—4描述泰国的金融市场结构。

表6—4　　　　　　　　　　泰国金融市场结构　　　　　单位:10亿美元

项目 / 年份	货币市场(交易额)			资本市场(发行额)		外汇市场(交易额)	保险市场(保费收入)
	银行同业拆借	短期债券及票据 (outright Trading)	债券双边回购	股票市场	债券市场		
2008	141.16	477.75	1303.73	1.35	38.04	769.66	10.09
2009	201.59	388.87	3653.91	0.96	28.76	550.41	11.12
2010	529.07	480.46	5023.89	3.04	30.61	767.65	13.69
2011	521.30	528.63	6154.40	3.06	39.23	1087.20	15.81
2012	374.01	583.16	4914.12	8.02	44.58	1089.23	19.01
2013	407.02	461.16	5368.24	4.84	53.91	1282.47	21.73
2014	331.56	396.22	5820.19	6.54	53.92	1179.92	22.42
2015	363.02	383.33	5646.22	6.71	41.96	1348.25	—

资料来源:世界银行、泰国债券市场协会、Wind。

从结构的视角观察泰国的金融市场,不难发现货币市场占绝对主导地位。由于货币市场担负调剂短期资金余缺这一职责,因此需以交易量测度，该值远超以一级市场筹资额测度的资本市场规模。图6—14展示了泰国金融市场结构中货币市场与资本市场的相对比重，可以发现资本市场占比均在2%以下。

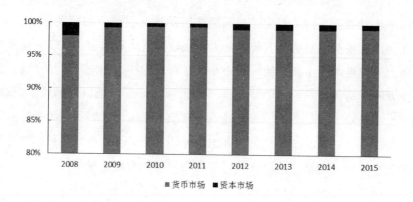

图6—14 泰国货币市场与资本市场相对比重
资料来源：世界银行、泰国债券市场协会、Wind。

在以上分析中，我们用一级市场发行额作为衡量资本市场规模的指标，但考虑到活跃的二级市场是使一级市场能够顺利运行的必要条件，因此以市场价值衡量其规模同样合理。图6—15细分了货币市场与资本市场各自的结构，其中货币市场各子市场的规模仍以交易额衡量，资本市场的各子市场的规模以市值衡量。

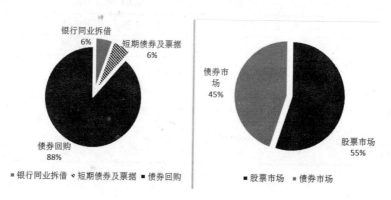

图6—15 2015年泰国货币市场结构及资本市场结构（右）
资料来源：世界银行、泰国债券市场协会、Wind。

货币市场中以债券双边回购交易为主，其交易额占据了货币市场交易额的88%，形成这一结构与东南亚金融危机后债券市场的飞速发展密不可分。资本市场中股票市场市值略高于债券市场市值，两个子市场的规模较为均衡，虽然这一比例会随着股票市场价值的波动而有所变化，但二者均衡的态势并没有被打破，这一定程度上与泰国股票市场市盈率较低相关，即相对于其他国家较高的市盈率导致的较高的股价而言，泰国的股票价格相对较低，相应的股票市值也较低。

货币市场发展迅速，从2008年至2015年，其规模按照年平均19.19%的速度增长。截至2015年底，泰国货币市场规模已经是资本市场规模的9.8倍。通常来说，只有具备巨大市场规模的货币市场才能满足日常经济活动中频繁的资金流动需求，因此货币市场规模的迅速扩张表明泰国金融市场结构朝着合理方向发展。

（二）工具结构

相对于多数东盟国家，泰国的金融市场拥有较为完善的金融工具。金融工具的丰富性会增加金融市场的活力，使资金能够更加有效的服务于经济发展这一总体目标。

1. 以债券回购为主，债券发行额与余额的不断上升为债券回购提供了丰富的交易工具

如图6—16所示，货币市场工具以债券回购为主，债券发行额及余额的不断上升为债券回购提供了丰富的交易工具。其中用于货币市场宏观调控的国家机构债券，即泰国央行债券的发行额及余额急剧增加。

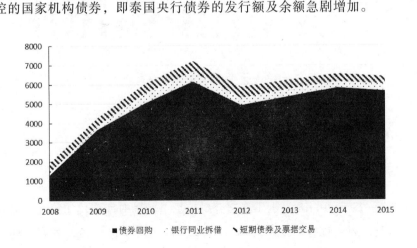

图6—16　泰国货币市场工具结构（单位：10亿美元）

资料来源：泰国债券市场协会。

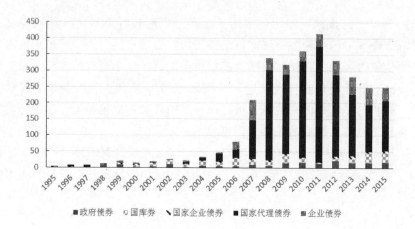

图6—17　泰国各类债券发行额（单位：10亿美元）

资料来源：泰国债券市场协会。

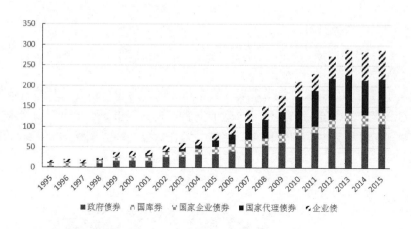

图6—18　泰国各类债券余额（单位：10亿美元）

资料来源：泰国债券市场协会。

2. 中长期债券中政府债券占比有所下降，企业债市场发展迅速

图6—17和6—18显示了泰国金融市场上的随时间变化的年度债券发行额以及余额。政府财政在1987—1996年连续9年保持预算盈余，期间政府部门没有发行任何债券，亚洲金融危机的爆发使得泰国政府不得不重新启动债券的发行以救助处于危机中的企业。进入21世纪后，政府债券

发行量基本保持稳中有升的趋势，但由于企业债券发行量的大幅增加，占比有所下降。

　　1992 年证券交易委员会允许私营企业发行债券，当时金融机构借款利率较高，发行债券可降低利息支出，因此企业债券发行量开始增加，但规模很小。80 年代末 90 年代初期泰国的经济实现飞速发展，但政府债券及国库券市场过小，交易不活跃，这使得企业债缺乏定价基础，因此规模并未得到发展。金融危机后，政府部门发行了各种期限的债券，这为债券市场提供了定价基础。利率下降激励私人部门企业以低利率债券融资替代高利率的银行借款。另外泰国政府也认识到缺乏企业债市场这一银行业的"备胎"市场使危机的救助工作变得困难重重，因此大力鼓励私营企业发行债券，企业债券发行规模开始扩大，占比相应增加。

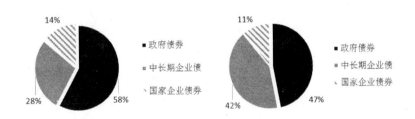

图 6—19　2009 年（左）及 2015 年（右）泰国中长期企业债券发行额占比
资料来源：泰国债券市场协会。

　　3. 金融危机期间上市公司大量退市，经济企稳后上市公司家数稳步上升

　　1986 年至 1996 年是泰国经济史上最繁荣的时期，泰国股票市场新增上市公司 377 家，股市发展对国内银行业传统的融资地位构成一定挑战，新兴企业部门对银行业的依赖显著减低。金融危机时期泰国股票市场延续了 1994 年以来的熊市，并陷入了更深度的衰退。1997—2001 年退市公司达到 87 家，新上市公司仅 15 家，其中 1999 年首发上市的公司数（IPO）为零。自 2003 年以来，上市家数基本呈上升趋势，但在次贷危机及欧洲债务危机的拖累下，2007 年至 2012 年公司上市步伐放缓。与主板市场

（SET）相比，中小企业板市场（MAI）的建立时间较晚，发展也相对滞后，对中小企业融资的支撑较弱（如图6—20）。

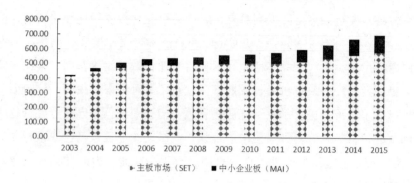

图6—20　泰国上市公司家数

资料来源：泰国证券交易所。

同样地，受到次贷危机的冲击后，股票发行额一度下跌，直至2010年才恢复至危机前的水平（如图6—21所示）。

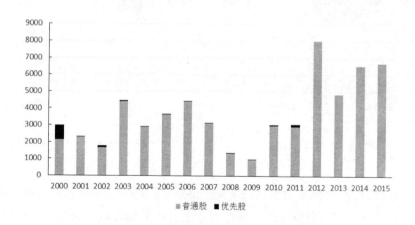

图6—21　泰国股票发行额（单位：百万美元）

资料来源：Wind.

（三）价格结构

东南亚金融危机一度导致泰国金融市场面临流动性短缺，1997年12

月，作为基准利率的银行间隔夜拆借利率一度最高曾达到22%。随着危机的影响逐渐退去，同业拆借大幅下降，并低于危机前的水平。次贷危机期间基准利率有所上涨，后又回到正常区间。

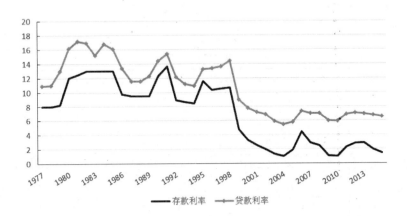

图6—22　泰国银行间同业拆借利率走势（单位：%）

资料来源：泰国央行。

东南亚金融危机使泰国政府深刻意识到资本市场的重要性。伴随着政策的优化，金融市场的不断发展，融资渠道日益丰富，一个直接结果就是以银行信贷为主的间接融资市场利率水平整体呈下降趋势，融资成本不断降低（如图6—23所示）。

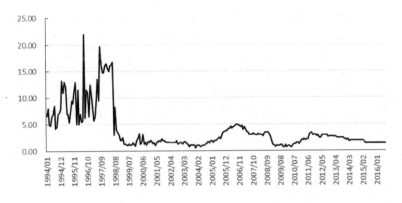

图6—23　泰国银行存贷款利率及利差走势（单位：%）

资料来源：Wind.

与此同时，如表6—5可知，日渐活跃的政府债券及国库券的市场为金融市场提供可供参考的收益率曲线，为金融市场中其他产品的定价提供了一定的依据。完善的收益率曲线促使金融市场产品朝多元化的趋势发展。

表6—5　　　　　　　　　泰国债券市场利率期限结构　　　　　单位：%

	2005	2006	2007	2008	2009	2010	2011	2012	2013	2014	2015
1月	3.77	4.85	3.16	2.39	1.20	1.95	3.17	2.76	2.33	2.02	1.50
3月	3.46	4.85	3.11	2.47	1.12	1.90	3.19	2.76	2.30	2.02	1.50
6月	4.05	4.83	3.29	2.32	1.34	2.08	3.16	2.77	2.36	2.02	1.50
1年	4.40	4.81	3.64	2.26	1.52	2.30	3.10	2.76	2.38	2.01	1.50
2年	5.07	4.84	4.03	2.26	2.17	2.70	3.07	2.89	2.66	2.08	1.59
5年	5.49	4.87	4.62	2.48	3.57	3.28	3.12	3.18	3.50	2.47	2.21
10年	5.80	5.04	5.13	2.84	4.37	3.74	3.28	3.55	4.07	2.87	2.61
15年	6.04	5.31	5.45	3.36	4.71	4.01	3.64	3.86	4.27	3.33	3.02
20年	—	—	5.64	3.52	4.78	4.12	3.81	4.10	4.41	3.64	3.24

资料来源：Wind.

三　融资结构

（一）内源融资和外源融资：企业多依靠外源融资

我们采用 BVD 亚太企业数据库中的泰国企业数据进行测算。图6—24显示了内源融资规模与外源融资相对规模。企业的留存收益是利润的一部分，主要用于企业的持续经营，是企业内源融资的主要组成部分。折旧费用是企业按照会计准则计提的用于资产性支出的资金。由于计提折旧的资金将在较长的一段时间内留存在企业内部，可供企业使用，故也属于内源融资的一部分。由于缺乏企业留存收益的数据，我们采用企业税后净利润与折旧费用之和作为内源融资的替代指标。由于缺乏企业在资本市场融资的数据，我们用长期负债和流动负债作为外源融资的代理变量，其中包括了企业短期贷款、票据等。泰国金融市场在东盟国家中发展较为成熟，因此企业多依靠外源融资。外源融资的比例约在70%—75%左右。

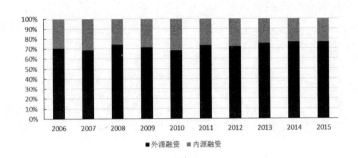

图6—24 泰国内源融资规模与外源融资规模

资料来源：亚太企业数据库。

（二）直接融资与间接融资：间接融资仍占主导地位，直接融资占比
大幅增加

由于微观层面的企业数据不可得，因此本文使用宏观层面的代理指标
衡量直接融资和间接融资的相对规模，即本文使用银行信贷作为衡量间接
融资的指标，用股票发行额、债券发行额以及共同基金发行额之和衡量直
接融资。早期泰国的资本市场比较薄弱，尤其是债券市场，虽产生的较
早，但早期几乎没有发展。随着资本市场的发展，泰国企业在金融工具的
选择方面有了更大的空间，直接融资所占的比重大幅提升，但间接融资仍
占主导地位，目前间接融资所占市场总融资份额的70%左右，相较于
2000年的90%有大幅下降（如图6—25所示）。

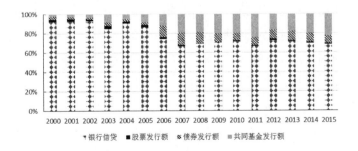

图6—25 泰国直接融资规模与间接融资规模

资料来源：泰国债券市场协会、Wind。

四 金融资产结构

(一) 金融资产的总体结构

1997 年金融危机爆发后，由于政策导向的转变，证券业得到了飞速发展，证券性工具的规模不断增加，证券性金融资产占比迅速攀升。1997 年证券性金融资产仅为货币性金融资产的 33.3%，2015 年证券性金融资产规模已经达到货币性金融资产规模的 1.5 倍（如图 6—26 所示）。

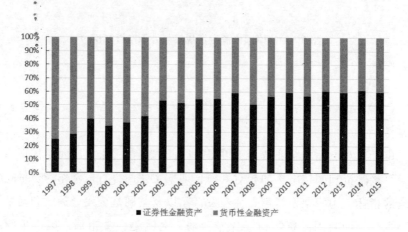

图 6—26　泰国货币性金融资产与证券性金融资产相对比重

资料来源：泰国中央银行、泰国证券交易所。

(二) 货币性金融资产结构

无论从历史还是现实的角度考察，货币性资产在一国金融总资产中都占有十分重要的地位，它和非货币性资产的本质区别在于：货币代表了现实的购买力，只要不存在通货膨胀，这种购买力在数量上就不会缩水，只是实现的时间不同。而非货币性金融资产受金融市场上供求关系的影响很大，价格波动剧烈，以股票市场为例，当股价暴跌时，按市值计算的股票资产在数量上就大打折扣，同时还必须转化为货币才能实现购买力。正是基于上述原因，货币性金融资产在全部金融资产中的地位才显得格外重要。

1. 货币层次结构：金融系统的结算效率在东南亚金融危机期间遭受冲击，M1/M2 呈先增后降的趋势，但其绝对水平相较于发展中国家而言较低。

在 1997—2015 年的 19 年间，泰国各层次货币供应量均有大幅的上升。其中 M0、M1 和 M2 分别以年均 7.64%、8.11% 和 6.67% 的速度增长。在货币总量快速增长的同时，泰国的货币化结构也发生了很大的变化。

现金和活期存款是金融资产中流动性最强的两部分，其主要职能是在商品和劳务的流通中进行支付和结算。随着经济商品化和货币化程度的提高，人们更多采用活期存款转账的方式进行结算，转账结算使得流通费用下降，结算速度提高。因此 M0/M1 反映了全社会的结算效率。一般而言，该比值越低，结算效率越高。

由于东南亚金融危机爆发于泰国，因此在当时银行业面临着大量的挤提，M0/M1 在亚洲金融危机爆发时大幅上升，居民和企业选择以现金的方式持有财富。随着危机的影响逐渐消失，这一比率下降，金融系统的结算效率逐步回归至正常水平。之后的十几年间，次贷危机爆发和欧洲债务危机爆发时这一比率也有小幅上升。总体而言，泰国 M0/M1 的比值较高，这表明泰国各部门持有现金的比例较高。

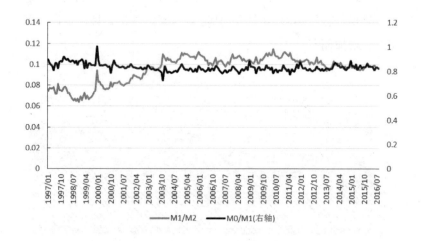

图 6—27　泰国货币层次结构（单位:%）

资料来源：Wind.

M1/M2 表明狭义货币供给相对于广义货币供给的比重。M1 由流通中现金和可开支票的企业活期存款构成，代表了社会的现实购买力，它对应着较强的交易动机，因而流动性较强。准货币（M2－M1）由企业定期存款、储蓄存款和其他存款构成，代表了潜在的购买力，因而流动性较弱。M1/M2 的值越大，意味着货币的流动性越强，社会当期的购买力越强。

由于银行清算速度的提升以及金融创新的发展，多数国家的 M1/M2 水平都呈下降趋势。虽然自 1997 年以来泰国的 M1/M2 呈先增后降的趋势，但其绝对水平相较于发展中国家而言较低。

2. 存款结构：定期存款占比减少，储蓄存款增长迅猛

东南亚金融危机爆发导致银行面临大规模的挤提，企业部门定期存款以及储蓄存款、活期存款都有不同幅度的收缩（如图 6—28 所示），但由于储蓄存款的下降速度更快，因此在结构上呈现出定期存款占比增加的现象。进入 21 世纪后，除次贷危机时期，储蓄存款占比均呈上升趋势，占比也在不断地上升。从图 6—29 也可看出，在 20 世纪 90 年代，储蓄存款与个人可支配收入的走势较为一致，进入 21 世纪后，个人可支配收入和储蓄率的同时上升导致了储蓄存款的迅速增加。当然这与政府鼓励居民储蓄也有一定的关系，金融危机爆发后，泰国商业银行发生挤提，储蓄大幅下滑，这导致银行业的恢复及发展受到限制。1998 年 10 月 20 日泰国内阁通过决议规定将每年的 10 月 31 日定为国家储蓄日，目的是让人民认识其重要性，增加储蓄。

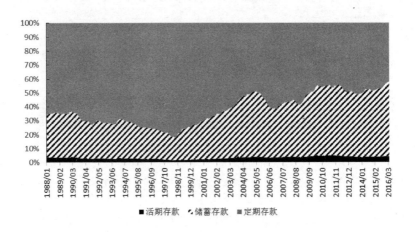

图 6—28　泰国存款结构

资料来源：Wind.

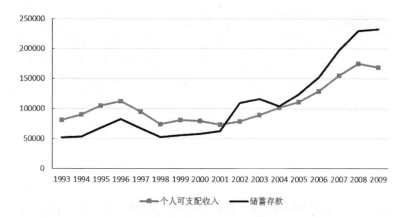

图6—29 泰国个人可支配收入和储蓄存款间的关系（单位：百万美元）

资料来源：Wind.

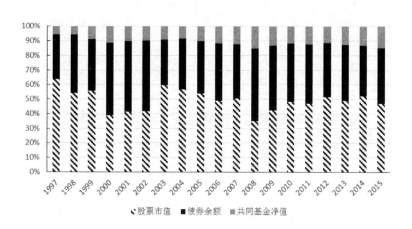

图6—30 泰国证券性金融资产结构

资料来源：泰国证券交易所。

（三）证券性金融资产结构

1. 债券市场与股票市场发展均衡

泰国在20世纪早期重视对银行业的保护，因此形成了庞大的银行体系。东南亚金融危机为泰国政府敲响了警钟，金融政策也由此发生转变，政府开始关注资本市场的发展。相关的政策纷纷出台，并且收效颇丰。目前，债券市场及股票市场规模都有显著提升，并且发展均衡。衡量证券性金融资产最为合适的指标为各类资产的市值，但受限于数据的可得性，我们用债券余额与基金净值代替债券市值与基金市值。由于债券余额与债券市值、基金净值与基金市值的偏差不大，因此用二者分别替代债券与基金的市值也是非常合理的。图6—30展示了三大证券性金融资产的相对规模，证券性金融资产中以股票和债券为主，虽受股票价格波动较大的影响，但二者市值在近些年较为接近，发展相对均衡。

2. 股票市场活跃度高于债券市场

图6—31显示了以证券流通额测度各类证券性金融资产活跃度的情况，由图可知股票市场占据主导地位，市场交易最活跃，虽然债券余额与股票市值大致相同，但市场活跃程度远不如股票市场。

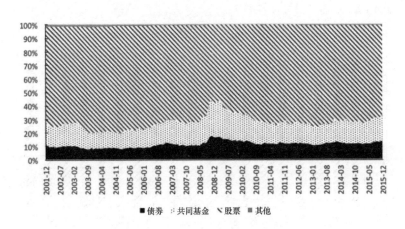

图6—31 泰国证券性金融资产活跃度

资料来源：泰国债券市场协会。

五 金融开放结构

（一）金融产业开放结构

外资银行的数量占比高，但外资银行资产占比低。

泰国银行法对外资银行分行在分行数量等方面有较多的限制。外资银行子银行仅允许设立四家分行，其中一家可设在曼谷及临近地区，其余须设在外府。原则上，银行若想从事商业银行业务、金融业务或房地产信贷业务，该银行必须为公众有限责任公司（public limited company），并拥有

经泰国银行指定的部长批准的营业执照。外资商业银行在申请执照时,还
应向部长呈交由法律监督检查机关开具的书面同意书。一家外资银行若想
在泰国设立子行,必须以设立一个分支机构为先决条件。除此之外,由于
泰国的政治动荡以及经济增长放缓,国际投资人在失望之余,正快速逃离
泰国市场,泰铢也接连下跌。因此虽然外资银行的数量占全部银行数量的
比例较高,几乎维持在 40% 以上的水平,但外资银行资产占银行总资产
的比例很低,2015 年已不足 10%。且无论外资银行资产占比或是外资银
行数量占比都呈现出下降趋势。

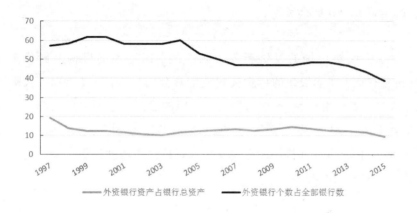

图 6—32　泰国银行业开放程度

资料来源:泰国中央银行。

　　保险行业对外资的限制也颇多,无论产险和寿险,外资只能通过设立
分公司或者与泰国保险公司合资的形式进入泰国保险市场。为缓解本国资
本不足,改善保险公司财务状况,2012 年保险委员会办公室(以下称
OIC)将外资股比上限从 25% 提高至 49%。外国保险公司如果想进一步
提高持股比例,需要得到 OIC 和财政部的特批。目前,OIC 为了提高行业
竞争力,鼓励并购,经暂停发放新的营业许可,事实上只允许增资和股权
投资。

（二）金融市场开放结构

表6—6　　　　　　2016年1—6月股票市场投资者结构　　（单位：百万泰铢）

投资者类型	买入		卖出	
	金额	%	金额	%
泰国机构	939798.3	10.7	986543.9	10.68
自营交易	1055910	11.34	1034629	11.2
外国投资者	2525668	27.34	2391935	25.89
泰国个人投资者	4717731	51.06	4826000	52.23

资料来源：泰国证券交易所。

　　泰国将股票市场的投资者分为四类：泰国本地的机构、自营交易（通过自有资金买卖股票的投资公司或证券公司）、外国投资者以及泰国的个人投资者。由表6—6可以看出，泰国的股票市场开放度较高，外国投资者买卖股票的交易金额均为市场总额的四分之一以上。泰国央行还从2016年7月20日起允许本国企业及个人直接投资国外证券市场，进一步开放泰国的金融市场。

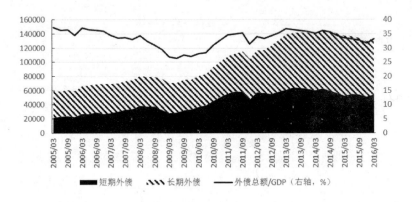

图6—33　长短期外债余额（百万美元）及外债占GDP比重
资料来源：Wind.

（三）融资开放结构

1997年泰国爆发金融危机的重要原因之一是外债（特别是短期外债）

比例过高。1997 年 1 月，外债在政府债务中占比 74.8%，1998 年 5 月达到峰值 90.5%。危机后，泰国政府和中央银行吸取教训，严格管控外债的规模、期限和结构。1998 年下半年后，泰国政府开始压缩外债规模，外债占比拐点式下降，政府债务转向内向型结构。外债占 GDP 的比例在 2008 年次贷危机时有所下降，之后又呈上升趋势，这主要是由于长期外债的大幅增加造成的。目前短期外债总额呈下降趋势，而长期外债总额经过快速增长后维持稳定。

第四节　泰国金融结构的主要特点与影响分析

泰国的金融体系以商业银行为主导，市场资金主要通过间接融资取得，货币市场及外汇市场交易量大，证券性资产占比不断上升，金融开放程度较高。本节总结了泰国金融结构的主要特点并分析其形成与演变的背后原因，并从储蓄动员、储蓄投资转化及投资投向利用效率三个方面评价泰国的金融结构。可以看出，资本市场的迅速发展优化了泰国的金融结构，银行业经营模式的转变也为推动泰国的经济做出了贡献。

一　泰国金融结构的主要特点

（一）商业银行占主导地位，但由传统的银行导向型向市场导向型转变

总体来看，泰国金融发展在东盟国家中处于中等靠上的水平，金融体系健全。1997 年金融危机之前，银行业在金融市场上占绝对主导地位，并且银行业多控制于大型家族，资产集中度很高。与此同时，股票市场及债券市场的体量都很小，发展较为落后。在 1997 年金融危机之后，政府着力发展金融市场，企业也开始转向资本市场直接融资，储蓄者则开始通过共同基金、股票、债券和其他金融市场工具直接投资。泰国目前是典型的银行主导型金融结构，商业银行的金融资产占金融业总资产的 40% 以上，且间接融资的比重达到 70%。但股票、债券市场的发展迅速，股票、债券市场的直接融资功能作用越来越显著。

（二）商业银行融资利率不断降低，且对个人信贷及中小微企业的支持力度加强

在亚洲金融危机之前，泰国商业银行充当资本配置的主角，但由于银行多属于财团，因此利率相对较高，对中小微企业的支持力度很弱。1997年金融危机爆发后，泰国政府在政策导向上采取了积极鼓励发展金融市场的政策，对银行和其他金融中介采取了严格的管制措施。随着金融市场的发展，融资选择更加多元化，市场竞争更加激烈，融资利率也随之下降。泰国商业银行对个人信贷的支持力度增强，这一趋势与多数国家的趋势相同。同时在商业贷款中，商业银行在支持中小微企业贷款方面扮演着越来越重要的角色。

虽然由于金融市场的快速发展，银行、债券市场的融资利率都有所下降，股票发行量也不断攀升，但泰国的债券及股票市场主要服务于政府及大型企业，中小微企业仍被边缘化。2001年以前，中小微企业还可以通过直销发行公司债券，不需要详细的信息披露，但在2001年直销信息发行披露和文件要求按公开发行规范后，中小微企业发行债券的可能性基本丧失，公司债市场向大型企业集中。股票市场上，SET上市标准中小微企业一般无法达到，MAI市场体量又过小，提供给中小微企业的融资机会也相当有限。这就导致银行成为中小微企业的主要融资渠道。目前，泰国政府对中小微企业的融资问题给予了高度的重视，中小微企业信贷也已经成为泰国商业银行利润的新增长点。

（三）证券性金融资产规模迅速扩张

在东南亚金融危机爆发后，商业银行的主导地位有所下降，同时资本市场开启了快速发展模式，得益于政府债券的大量发行，中央银行可操作的市场工具大量增加，企业债市场也由于有可参考的收益率而方便定价，因此规模也不断扩张。除此之外，股票市场还于2003年建立了服务于中小企业的MAI市场，于2004年组建泰国期货交易所并不断增加期货品种，证券类型更加多元化，证券性金融资产规模扩张迅速。

（四）货币市场交易活跃

泰国的货币市场交易日益活跃，而只有活跃的货币市场才能满足日常经济活动中频繁的资金流动需求。1997年金融危机爆发后，泰国政府发行了大量债券，尤其是国家代理债券发行量的飞速上升为活跃的货币市场

提供了前提条件，也为泰国央行调控市场提供了充足的工具。

（五）泰国金融业的开放程度在东盟国家中较高

80 年代末 90 年代初，泰国在金融深化的理论基础上实行金融自由化，但由于开放的速度过快而金融市场发展较为滞后而受到国际游资的冲击，成为 1997 年金融危机的发源地。1997 年金融危机后，市场和政府对外资也开始保持较为审慎的态度，政府短期外债的比重开始下降。

目前，泰国的金融业开放程度在东盟国家中排名靠前。从产业结构来看，虽然外资机构数量占比高，但外资金融机构资产占比较低，这是由于泰国对外资银行的限制较多，外资通常通过参股方式进入泰国当地银行的董事会，为泰国国内银行提供国际先进的银行经验及产品模式，分享泰国经济及银行业成长的果实。从金融市场来看，泰国股票市场上外国投资者交易活跃，泰国央行还从 2016 年 7 月 20 日起允许本国企业及个人直接投资国外证券市场，允许泰国企业从 7 月 28 日开始，在国内外发行外币债券，并允许泰国企业投资在国内外发行的外币债券。

二、泰国金融结构形成与演变的主要原因

（一）政府金融政策由银行主导型向市场主导型转变

泰国历史上银行业对政府决策有较大影响，金融危机以前政府也刻意维护银行业作为融资主渠道。泰国银行导向型金融系统因为金融危机后坏账问题而声名狼藉，同时泰国经济崩溃原因往往被归纳为泰国缺乏像英国或美国的市场主导型金融体系（格林斯潘，1999）。政府关于金融结构的导向开始从银行主导型向市场主导型转变。危机后需要有发达的金融市场成为泰国金融危机中吸取的主要教训之一。泰国多次出台资本市场发展整体规划（CMDMP），从政策导向上大力推动债券和股票市场的发展。

与大力推动金融市场发展相比，金融危机后政府政策导向上有较大的抑制银行中介机构发展的倾向，主要体现于两个方面：一是推动小型银行的合并重组，并允许外资注入，这在提升银行业风险抵抗能力的同时削减了金融机构数量，也降低了商业银行的集中度；二是修订金融危机前的旧金融法规，加强金融机构退出机制。

（二）银行信贷投放由关系导向型向风险导向型转变

金融危机前泰国银行部门所有权高度集中，与传统企业部门公司治理

机制类似。大家族企业集团普遍与银行有着产权联系，一些家族企业本身就是从银行经营开始创业，然后再拓展到其他产业，也有一些家族企业虽然创业之初未涉足银行业，但企业发展到一定规模后也逐步拓展到银行业。银行由家族控股成为家族关联银行，服从于家族的整体利益，成为实现家族利益的工具。银行业信贷审批主要分散于分行经理和区域经理，他们做出金额小于 1000 万泰铢的贷款决策和贷款定价；大额贷款由信贷委员会审批，但往往没有进行全面信用分析。

金融危机后，外资持股增加导致了银行业公司治理水平迅速提高，央行以内部控制和风险管理为重点，陆续推出多项审慎监管政策和风险管理指引，对关联企业贷款、贷款分类和准备金提高了监管标准。银行业普遍采用了新的信贷审批程序：分支机构的主要功能是寻找并维持客户，信贷审批集中到总行，审批程序趋于透明，并通过不同部门间的检查、制衡和专业化，强化了内控，所有银行均设有风险管理委员会，负责设定信用风险政策。

银行信贷投放政策从关系导向型借贷到风险导向型借贷的基础性转变，导致了"银行家资本主义"这个资本积累模式被破坏，更多企业开始借助于资本市场进行直接融资，商业银行作为泰国融资主渠道的作用有所降低，客观上在金融体系的主导地位大大降低。

（三）大企业对银行信贷的依赖性降低，这为中小企业获得银行贷款提供了条件

金融危机前，泰国传统企业部门所有权集中在家族手中，没有外部董事，家族关系和互相持股关系非常复杂。泰国高度集中的所有权结构创造了包括华人家族及王室、军队在内的强大的既得利益集团，不愿稀释对企业所有权和控制权。企业部门融资主要通过银行贷款，既由于长期的业务往来及内部关系而容易取得，又保证了家族的控制权，但导致企业部门对银行贷款的严重依赖。

金融危机后，泰国对外资股权比例限制放宽，大多数行业允许外资控股，外资大量进入泰国。1997—2001 年间，外资净流入 246 亿美元，年均 49 亿美元，大大高于 1990—1996 年的年均 20 亿美元。外资利用金融危机后泰国放宽外资管制的机遇，将泰国演变为汽车、电子等产业的制造基地，并控制电力和金融等相对垄断的部门。虽然这些投资被认为以控制

泰国经济为目标，但仍提高了企业部门的资本实力，同时由于资本市场的发展迅猛，因此大型企业对银行信贷的依赖大大降低，这为中小微企业融资提供了一定的空间。

三 泰国金融结构的功能与效率分析

（一）储蓄动员

居民储蓄存款是金融机构获取资金的最主要来源，也是企业获得资金融通的重要保障，对一国居民的储蓄动员能力是该国未来一段时间内金融效率和发展潜力的重要体现。从图6—29可以发现，1997年金融危机爆发后，银行业曾遭遇了严重的挤提，个人储蓄大幅下滑。2001年经济逐步步入正轨后，个人储蓄开始大幅上涨。银行开始更有效地执行其金融中介职能。

（二）储蓄投资转化

储蓄—投资转化体现了一国金融体系将储蓄转为投资的能力，如果只是拥有高储蓄，而储蓄投资转化率低下，那么这些闲置资金也无法为实体经济的发展服务，并将严重影响资源的有效配置和社会生产的顺利开展。从图6—34可以看出，储蓄与资本形成有较强的正向关系，只在次贷危机时储蓄转化为投资的效率有所下降，总体而言储蓄转化为投资的能力比较强。

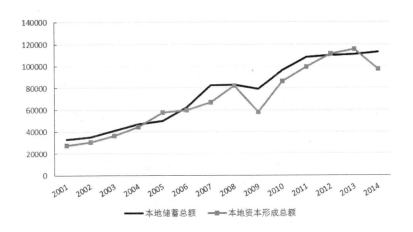

图6—34 泰国储蓄与资本形成（单位：百万美元）

资料来源：Wind.

（三）投资投向利用效率

投资投向利用效率主要是指那些得到资金投资的经济部门利用这些投资进行生产所获得收益的能力，是金融系统资金流向的最终环节，也是金融资源配置优劣的重要体现，投资投向利用效率水平将直接反映宏观金融运作效率的高低。上市公司作为企业的典范代表，通常具经营合理、管理规范等诸多优点，也是金融系统资金的主要流向集聚地，因此上市公司经营收益状况可看成是泰国投资投向利用效率的基本体现。从图6—35可以看出，泰国资本市场上市公司加权平均每股收益基本呈现出上升的态势，这说明上市公司的经营状况和对于投资资金的利用效率在不断提高；但泰国投资投向利用效率总体来看仍处于较低水平，与一些发达经济体相比存在一定差距。

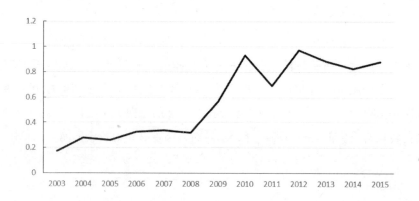

图6—35　泰国上市公司平均每股盈余（单位：EPS）
资料来源：全球上市公司分析库。

第五节　中泰金融合作现状及未来展望

中泰两国在贸易层面关系密切，良好的金融合作有助于贸易规模的进一步扩大，有利于两国发挥比较优势。另外，两国的金融发展各有特色，相互学习、借鉴可以使本国享受更好的金融服务，对经济的推动作用也会愈加显著。本节对中泰金融合作的现状做了简单的描述，并分析两国金融合作的空间和制约因素，在此基础上提出对中泰金融合作的展望。

一　中泰金融合作现状

（一）两国中央银行和监管机构合作。

中国—东盟自由贸易区（CAFTA）成立之前，中泰两国中央银行和监管机构已有初步的合作。2006 年 10 月，中泰两国中央银行共同签署了两国跨境银行监管合作谅解备忘录，同意在信息交换、市场准入和现场检查等方面进行合作，有利于银监会与有关国家、地区的金融监管当局进行信息沟通和交叉核实，及时了解互设机构的经营情况，及时发现问题或不良发展趋势，做到及时预警、及时惩戒，从而促进双边互设机构的合法稳健经营。2008 年中国人民银行与泰国反洗钱署签署《金融情报交流合作谅解备忘录》，两国金融情报机构加强在打击洗钱尤其是毒资洗钱和恐怖融资犯罪活动方面的合作。

CAFTA 成立之后，中国与泰国在金融合作领域取得了不少突破，包括 2011 年底两国中央银行签署了 700 亿元人民币/3200 亿泰铢双边货币互换协议、泰国将人民币资产纳入其外汇储备等。2010 年 9 月，中泰两国中央银行共同签署了泰国银行在华设立代表处协议，成为外国央行在华设立的第五家代表处，进一步加强了中泰两国央行和金融业的合作。

2014 年底，中国人民银行与泰国银行签署了在泰国建立人民币清算安排的合作备忘录。之后，将确定曼谷人民币业务清算行。中国人民银行还与泰国银行续签了双边本币互换协议。双边本币互换规模为 700 亿元人民币/3700 亿泰铢，协议有效期 3 年，经双方同意可以展期。

（二）两国商业性金融机构的合作。

中泰金融合作多建立在银行层面。1994 年，中国银行在曼谷开设分行，资本金 35 亿泰铢。2012 年 1 月 18 日中国银行曼谷分行开设拉差达分行。中国银行（泰国）股份有限公司（泰国中行）本部设在曼谷。泰国中行于 2014 年 8 月 26 日由曼谷分行转为子行，是第一家进入泰国市场的中国金融机构。

2010 年 4 月 21 日，中国工商银行通过要约收购方式收购 ACL 银行 97.24% 的股份，收购总价约 5.52 亿美元（177.86 亿泰铢）；2010 年 7 月 8 日正式更名为中国工商银行（泰国）股份有限公司（简称：工银泰国）。工银泰国的牌照是本地银行牌照，也是泰国最高等级的银行牌照。

可以自由新增设分行，办理各类金融业务，享受与泰国大银行同等的监管待遇。工银泰国旗下拥有一家经营租赁业务的子公司 Leasing Sinn Asia Company Limited（LACL），及联营一家上市的证券公司 Finansia Syrus Securities Public Company Limited（Syrus）。工银泰国总部位于泰国首都曼谷，全国共有 19 家分行，曼谷有 8 家分行，其他的分布在清迈、普济、孔敬、罗勇、合艾等泰国 11 个主要城市。产品及服务涵盖企业银行、个人银行、资金及金融机构业务、租赁业务、投资银行与证券业务。

作为泰国银行业的巨擘，盘谷银行同样在推动中泰两国在贸易和投资领域合作。盘谷银行（中国）有限公司于 2009 年 12 月 28 日在上海正式营业。它由泰国最大的商业银行盘谷银行全资所有。1954 年，盘谷银行首家海外分行在香港设立。1986 年，盘谷银行在北京设立代表处，之后在上海、北京、厦门、深圳、重庆设立分行，并在上海自贸试验区设立支行。盘谷银行（中国）向境内外客户提供各种银行服务。凭借银行在亚洲和中国市场的悠久历史和专业服务，经营内容为企业的银行服务，包括本外币银行存款、流动资金和中长期贷款、外汇兑换及买卖、贸易融资、全球支付以及资金业务。

2005 年，泰华农民银行与中国银联卡携手合作，成为泰国首家开通受理银联卡业务的商业银行。该行以开发中国市场、服务中国客户为核心发展战略之一，在中国香港和深圳设有分行，在北京、上海和昆明设有办事处。2012 年 4 月，中国民生银行、包商银行、哈尔滨银行等 33 家中小金融机构共同发起创立亚洲国家的中小银行及证券、金融租赁和保险等非银行金融机构组成的区域性金融合作组织——亚洲金融合作联盟，吸收泰国泰华农民银行参加。该联盟初期将在战略研究、风险管理、科技系统、运营管理四个管理领域和金融市场、信用卡和私人银行三个业务领域展开合作。

小微信贷方面，2012 年 10 月，开泰银行与包商银行签署了全面战略合作谅解备忘录，计划在信贷工厂技术、小微企业、县城和农村地区的微型金融、同业务、银团贷款、国际业务、经验交流及员工培训等多个领域建立广泛的合作关系。我们国家同泰国一样属于中小、小微企业融资需求庞大而金融体系满足不全的发展中国家，银行建立正确的小微企业服务模式和定位将会伴随中小企业的成长而取得长期的良好的资本回报。

中泰两国在非银行金融机构方面的合作也有进展。2009年11月，深圳证券交易所与泰国证券交易所签订合作谅解备忘录。2013年6月，郑州商品交易所与泰国农产品期货交易所签署合作谅解备忘录，两家交易所在稻谷期货以及其他农产品期货的经验交流，对未来两国之间可能开展的交易将起到促进作用。

二　中泰金融合作的空间与可行性分析

（一）合作的基础

中国与泰国作为发展中国家，经济发展水平相较于发达国家而言，还有较大可提升空间，在当前全球经济一体化和区域经济一体化的经济形势下，两国政府应该把握住这一历史机遇，加强经贸合作，实现互惠共利。中国是泰国的重要进口国和出口国，这使中泰进一步加强金融合作成为迫切需要，经贸合作为金融合作的基础，两国金融合作可进一步促进经贸合作的发展。

投资方面，2002年以来，中国对外直接投资开始处于稳步持续增长阶段。中国对泰国的投资是长期投资，这往往伴随着技术、竞争力以及泰国出口的提高，使得泰国经济能够在中国投资的基础上持续增长。中国作为泰国的重要合作伙伴，两国经济可充分发挥互补性优势，加强在经贸和金融领域的合作，从而实现资本优化配置、经济互惠互利的效果。

（二）合作的制约因素

首先，中泰贸易结构不平衡。根据中国商务部网站数据显示，2014年中国主要从泰国进口农产品、矿产品等初级产品，以橡胶、塑料、锅炉为主，对泰国出口制造业产品，以电机、机械器具、钢铁为主，虽然双方可充分发挥各自的经济比较优势，但双方这种贸易格局容易使泰国处于逆差地位，导致泰国国际收支失衡，不利于中泰经贸合作的持续健康发展，且中国出口到泰国的制造业产品中，以劳动密集型产品居多，容易与泰国本土企业生产的同类产品展开竞争，这不利于双方在经贸和金融领域的进一步深化合作。

其次，最近几年，尤其是中国大力推动"一带一路"宣传攻势以来，泰国民间社会和舆论界出现了一股厌华情绪，而且这种情绪有愈演愈烈的趋势。部分泰国民众认为中国人不择手段留居泰国，抢夺泰国人的工作机会；假合资，双方共同欺骗政府、通过承包、垄断，排挤泰国商家。迄今为止，这种情绪尚处于苗头状态，还不足以影响中泰关系的主流，但决不可轻视这一苗头，如果对此视而不见，盲目乐观，这种厌华情绪将来有可能演变成反华情绪，不利于两国的合作以及经济的发展。

最后，跨国金融业务需要熟悉目标国经贸和法律制度以及语言文化背景的专业金融人才，目前在中泰金融合作中这方面人才十分缺乏。虽然从短期看，通过两国金融机构在区域内跨境交易和经营可以部分解决人力资源问题，但从长期来看，还缺少一个稳定的高质量金融人才培养机制，这也是制约两国金融合作的重要障碍之一。

三 对中泰金融合作的未来展望与建议

首先应建立健全相应的货币互换监管机制。中国与泰国在展开金融合作时需建立健全货币互换机制，若双方货币在两国能自由兑换则能更好地服务于两国企业的贸易结算需要。建立健全货币互换监管机制，防范金融风险，在金融风险可控的范围内进一步展开货币直接结算服务。

二是要处理好与泰国的关系，避免反华、厌华情绪的滋生。双方应加强沟通交流，并且在金融领域避免竞争和强占市场的行为出现。双方应各取所长，例如我国可以发挥在电子支付领域的优势，重点服务于旅游人士，而泰国则可以与中国的商业银行展开更加广泛的交流合作，帮助我国解决中小企业融资难的问题。

三是要培养跨国金融业务人才。在人才培养上中泰双方可考虑采用定向培养和交流学习两种模式。前者可以由双方的定点高等学校开设相关专业，基于语言和业务操作技能进行学习培养，后者可以由有意互设分支机构的合作金融机构相互选派业务骨干到对方所在国内的机构考察交流。通过突出人才培养的实用性、针对性，以提高人才培养的质量和效益。

参考文献

[1] 曹素娟：《泰国金融稳定研究》，博士学位论文，厦门大学，2014 年。

[2] 胡建生：《东盟四国保险业发展研究》，博士学位论文，厦门大学，2007 年。

[3] 娄飞鹏：《大银行服务小企业的国际经验及启示——以美国富国银行、泰国开泰银行为例》，《武汉金融》2013 年第 9 期。

［4］李峰：《亚洲金融危机以来泰国的金融部门改革》，《东南亚研究》2009 年第 3 期。

［5］李峰：《金融发展、金融结构变迁与经济增长研究——以泰国为例》，博士学位论文，西北大学，2010 年。

［6］李孟菲：《泰国外资银行发展现状及监管研究》，《时代金融旬刊》2014 年第 10 期。

［7］唐莉：《泰国：保险市场着眼发展提升竞争力》，2015 年 11 月（http：//xw. sinoins. com/
2015 – 11/19/content_ 175443. htm）。

［8］唐铁强：《亚洲金融危机后的泰国债券市场发展观察》，《产经评论》2006 年第 9 期。

［9］吴元作：《金融深化过度——泰国金融危机成因探析》，《国际金融研究》1998 年第 2 期。

［10］张军果：《泰国金融危机的渊源性分析》，《中央财经大学学报》1998 年第 6 期。

［11］周桑蓬、李红庆：《浅谈中泰金融合作动因及制约因素分析》，《时代金融旬刊》2016 年第 9 期。

第七章

文莱金融发展中的结构特征
及其与中国的合作

文莱是一个典型的资源型国家，凭借占据其国民经济三分之二的油气开采和出口，拥有了全球较高的人均收入水平；文莱又是一个政教合一的君主制苏丹国，伊斯兰文化深入人心。在文莱独特的经济特征和文化特征下，形成了与之相适应的以银行业为绝对主导、传统金融与伊斯兰金融并驾齐驱的金融发展结构。当然，像所有资源型经济体一样，在自然资源存量急剧下降、经济结构转型调整的压力下，文莱的金融业也面临着多元化发展的新挑战。作为我国"一带一路"战略的沿线国家，文莱具有政治稳定、地理位置优越、基础设施完善以及金融环境开放等优势，长久以来，中文两国始终保持着友好的政治外交关系及经济贸易往来，而金融合作刚刚起步，未来两国在人民币业务、伊斯兰金融服务以及证券市场建设完善等方面有较好的合作前景。

第一节　文莱社会经济发展概况

在油气资源被发现以前，文莱只是东南亚一个农业小国，当地居民主要以渔猎和农耕为生，自给自足的自然经济占主导地位。英国殖民期间，在诗里亚地区首次发现了石油，此后以石油生产为主的采矿业逐渐成为文莱国民经济的支柱性产业。近十年来，文莱国内生产总值在实现了年均6.3%增长的同时，也随着国际油价的波动而剧烈波动。整体而言，文莱属于全球高收入国家，2015年人均国内生产总值达到4.26万文莱元（约

3.1 万美元[①]）。

一　文莱社会经济发展的主要历程

文莱，又称汶莱，全名文莱达鲁萨兰国，意思是"生活在和平之邦的海上贸易者"[②]。文莱位于亚洲东南部，加里曼丹岛（原称婆罗洲）西北部，中国南海的南部，国土面积仅有 5765 平方公里（其中，森林面积占 72%，耕地面积占 4%）。根据考古发掘，早在 1 万多年前文莱的土地上已有人类定居。自 16 世纪末期，文莱频遭西方列强的蹂躏，西方殖民主义——葡萄牙、西班牙、荷兰、英国等国相继入侵，文莱国土屡遭分割，加之王室内讧，国势日渐衰微，终于在 1888 年沦为英国的保护国。1929 年，文莱诗里亚地区首次发现了石油资源，这不但给当时的英国殖民者带来了巨额的利润，也给文莱带来了转机，为其各项事业的发展提供了财政基础。二战中，日本侵略者曾短暂占领文莱，期间以石油业为首的文莱的各项事业均遭到重创。1946 年英国人重掌文莱，石油产量逐年增加，经济迅速复苏，到了 20 世纪 70 年代，文莱依靠石油和天然气的开采和出口真正成为了东南亚乃至全球最富裕的国家之一。

1984 年 1 月 1 日，文莱终于结束了漫长的被殖民历史，正式宣布独立，成立"文莱达鲁萨兰国"，又称"文莱伊斯兰教君主国"。同年 1 月 7 日，文莱正式加入东南亚国家联盟，9 月加入联合国，成为联合国第 159 个会员国。在政治体制上，文莱实行的是马来伊斯兰君主立宪制，推行马来化、伊斯兰化。文莱国内共有 40 多万人口，其中马来族是主体民族，约占 70%。政治制度以及富裕的生活，使其国内政治社会长期保持稳定。

从 20 世纪 50 年代开始，文莱政府试图将国家的经济发展纳入计划发展的战略之中。在这之后，文莱的经济发展大体上可以分为三个阶段。

（一）经济发展的第一阶段（1953—1983 年）：独立之前的经济起步

1953 年开始，文莱制订了第一个国家经济发展五年计划，重点进行国内的一系列基础设施建设，如建设现代化交通网，兴办学校、医院、电

---

① 以当年汇率折算。下同。

② 马金案：《文莱经济社会地理》，世界图书出版广东有限公司 2014 年版。

话、码头，兴建办公楼、警察营房，兴修农田水利、上下水道、排涝工程以及兴办社会福利事业等。此后的 20 年间，文莱政府继续加强基础设施建设，促进本国经济发展、国民收入水平的提高和充分就业的实现。例如，文莱政府大力吸引外资和私人资本，用于国防、教育等事业。

在这一阶段，文莱经济迎来了其第一个阶段的起飞，随着 20 世纪 70 年代末期国际油价的大幅上涨，文莱成为最大的受益国之一，真正开始成为富甲一方的石油经济国家。在此期间，文莱建成了一系列重要的基础设施和社会福利设施，采矿业、交通运输业等发展迅猛，人民生活得到显著改善。经济的繁荣为文莱的独立创造了条件。

（二）经济发展的第二阶段（1984—2000 年）：平稳发展与危机调整

文莱独立后，国家进入平稳发展与危机后的调整阶段。在这一阶段，由于受到国际油价下跌、美元汇率波动以及国内控制石油开采政策的影响，经济增长放缓，国家开始调整发展战略。在此期间，纳入国家经济发展计划的目标有：积极鼓励外资进入，发展新的出口导向型和进口替代型工业；鼓励和培养马来族公民成为工商企业领导人；继续促进非石油部门的发展，努力实现经济多元化；扩大粮食和蔬菜种植面积，增加食品的自给率；推行公共服务部门私有化，以提高服务质量和办事效率，减少政府财政负担等。

（三）经济发展的第三阶段（2001 年至今）：危机之后的复苏

20 世纪末亚洲金融危机使文莱经济发展严重受挫。进入 21 世纪，文莱开始其危机后的复苏，采取了包括增加公共房屋建设、旅游设施建设、信息技术基础建设等的投入，加强私营领域投资等措施，使其走出危机的影响，经济再次繁荣，人均产值上升到新的台阶。文莱政府不断强调要促进经济多元化发展，并着力加大人力资本建设、信息通信技术等方面的投入；明确鼓励发展金融业和旅游业等服务业，来实现经济多元化。

二 文莱的经济发展与结构现状

（一）文莱经济规模现状

文莱是典型的能源经济国家，油气开采业成为文莱国民经济的支柱产业，油气的生产和销售为文莱政府带来丰厚的收入。加之国家人口少，文莱国民经济迅速发展，人民生活水平大幅度提高，文莱很快成为富甲一方的石油王国，在 20 世纪 80 年代，文莱的人均 GDP 就已经达到 25530 美元，曾经位列全球第一，成为人民生活水平最高的国家。

在世界银行的统计划分中，文莱无疑属于高收入国家。1965 年，文莱的国内生产总值为 1.14 亿美元，到了 2014 年，提高至 171.05 亿美元，50 年间增加了近 150 倍；1965 年，国民的人均收入为 1112 美元，而到 2014 年，人均收入迅速提升至 40980 美元，增长了 36 倍。尽管 2015 年文莱的经济数据出现回落，产值为 154.9 亿美元，人均产值 36608 美元，但依然处于较高收入国家之列。整体而言，文莱的经济多年来一直保持着迅速增长的态势（见图 7—1）。

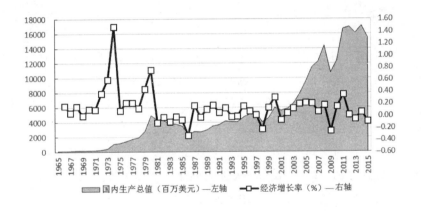

图 7—1 文莱经济总量及人均国内生产总值

资料来源：世界银行、文莱金融管理局。

然而，正如前文所述，文莱国民经济的支柱产业是石油和天然气的开采和销售，占其国内生产总值约 60%，占其出口收入的 90% 以上。图 7—2 展示了 1965 年到 2015 年各年文莱的人均 GDP 与国际原油价格走势，从图中可以很明显地看出，文莱经济的走势与波动与原油价格的走势与波动保持着高度的一致性。文莱国民经济对于石油、天然气能源的依赖性程度之高可见一斑。在国际油价快速上涨时，文莱的国民经济产值也会随之快速增加，而当原油价格下跌时，经济增速也会迅速下滑。

图 7—2 国际原油价格走势与文莱 GDP 走势

资料来源：Wind 资讯。

结合图 7—1 和图 7—2，我们还可以看到，文莱的经济增速波动较大，尤其是在文莱独立之前，也就是其经济发展的第一阶段。这主要是因为在初期，文莱经济发展的总量还相对较小，因此小幅度的增量也会体现在较快的增速上；而到了后期，文莱的 GDP 增长率波动主要受到国际环境的影响，每当受到外部的冲击，其经济就会呈现负的增长，例如 1998 年亚洲金融危机、2008 年美国次贷危机等。这说明过度依赖资源的经济特征使得其抵抗风险和外部冲击的能力较弱。

（二）文莱经济结构特征

尽管作为一个油气资源极为丰富的岛国，由于土地贫瘠，文莱的农业基础十分薄弱，大量农产品需要从其他国家进口。文莱每年需要消费近 3 万吨大米，其中 98% 需要从泰国进口；此外，80% 的水果、96% 的肉类食品也都需依赖进口才能满足国内人民需求[1]。从 20 世纪初发现石油到六七十年代石油、天然气的大量开采，文莱的经济结构发生了根本性的变化。1974 年至今，文莱的第一产业在其国民经济中所占有的比重绝大多数年份不足 2%（1988 年除外），而第二产业与第三产业则彼此交替增长。

---

[1] 饶亮亮、黄涛：《浅议文莱战略文化》，《东南亚之窗》2014 年 2 月，第 15—23 页。

根据文莱工业与服务业比重的变化，文莱的经济结构发展变化大体可以分为三个阶段（见图7—3）：

（1）从1974年到1986年，工业下降，服务业上升，二者慢慢聚合。1974年，文莱的工业增加值占GDP的比重高达90.51%，而服务业与农业分别仅占8.15%与1.35%。为了扭转这一严重失衡的局面，文莱大力发展服务业，到了1986年，工业增加值占GDP的比重下降至近60%，而服务业增加值上升至近40%。

（2）从1987年到20世纪末，工业与服务业维持相对稳定的格局小范围波动。在这期间，二者在GDP中的比重分别维持在60%、40%上下。

（3）21世纪初至今，工业与服务业又呈现出分化态势，工业比重继续升高，服务业持续下降。这一方面由于2000年以后，国际油价开始大幅度猛涨，另一方面，自21世纪初开始，文莱政府便表示愿意改变单纯依赖石油、天然气出口的单一能源型经济，在鼓励经济多元化发展的政策下，文莱的建筑业已逐渐成为国民经济的第二大支柱产业。同时，正如我们所看到的，文莱的农业产值始终处于低位徘徊，且其在GDP中的比重有逐年下降的趋势，2013年仅占GDP的0.73%。

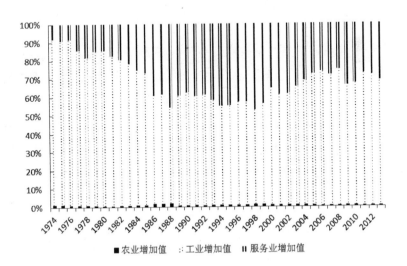

图7—3　文莱第一、二、三产业增加值占GDP的比重

资料来源：世界银行。

尽管文莱政府早在 1975 年第三个国家经济发展五年计划中就提到，必须实现经济的多元化发展以改变高度依赖石油天然气的单一的经济结构，然而多年来，这样的产业格局并未发生根本性的改变。现今文莱国民经济对于油气的依赖程度仍然很高。图 7—4 展示了文莱政府近年来的财政收支状况。

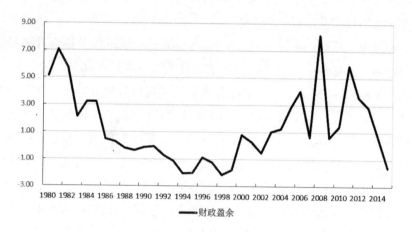

图 7—4　文莱政府财政盈余状况（单位：10 亿美元）

资料来源：国际货币基金组织。

图 7—4 中刻画的是文莱政府近年来的财政收支状况。由于文莱政府一般都保持盈余状态，因此以政府收入扣减政府支出来表示。从图中我们可以看到，除了 20 世纪末的十年间，文莱政府出现了数量不大的财政赤字，其余年份几乎都是盈余。然而美国次贷危机之后，财政盈余逐渐缩减，到 2015 年再次出现财政赤字。说明近年来油气的销售已经渐渐不能满足文莱本国长期以来积累的高福利政策下的政府支出，文莱急需要寻求新的经济增长点，来维持现有的收入水平。

（三）中文经济合作情况

根据史书记载，中国与文莱的友好往来可以追溯到南北朝时期的梁朝。在当今时代，中文两国的经贸合作也得到快速发展。2010 年至 2014 年，双边贸易额近成倍增长；中国在文莱承包工程业务也开始起步，完成营业额超过 2 亿美元；中国对文莱直接投资势头迅猛，恒逸集团、华为、同仁堂等企业陆续扎根文莱市场；两国还积极开展人力资源合作，中国援外志愿者在文莱受到了广泛赞誉；同时，"文莱—广西经济走廊"已具雏形，两国经贸和产能合作已粗具规模。

长期以来，文莱一直将石油和天然气出口作为国家经济支柱，但随着近年来国际油气价格暴跌以及本国油气储量逐渐减少，文莱政府希望摆脱油气单一经济模式，实现经济多元化，而中国"一带一路"框架下的产能合作给文莱带来了新的发展契机，两国产能合作潜力巨大。

为了弥补自身产能、原材料等方面的不足，文莱对于中国资金、技术、企业进入文莱持欢迎态度，文莱也在积极寻求中方的合作伙伴。在国际产能合作方面，目前中国和文莱正在两大领域展开合作：一是以恒逸石化项目为代表的石化产业；二是以"文莱—广西经济走廊"为代表的清真种植养殖业产能合作。一方面，文莱的清真食品、药品的产业标准比较严格，含金量较高，得到全球穆斯林的认可，但其自身缺乏发展清真产业的原材料、技术和产能，文莱到中国广西设立农业产业园和中医药健康产业园，可以满足其清真产业发展所需原材料的需求；另一方面，中国企业到文莱进行水稻种植、大蚝养殖、水产养殖，这是将中国的资金、技术、产能带到文莱，为文莱、中国乃至更广泛的地区提供种植养殖产品。文莱自然环境优越，中国的种植养殖业产能能够在文莱得到充分释放，并可能由此辐射马来西亚、菲律宾、印尼等国组成的东盟东部增长区。可见，中国和文莱的经济合作的基础良好，前景乐观。

第二节　文莱金融发展概况

若以当今西方主流发达国家金融发展水平的标准衡量，文莱的金融发展属于较为落后的。在文莱的金融体系中，银行业占绝对主导地位，承担了国民金融服务的绝大部分，保险业其次，而其他的金融子市场在文莱几乎都找不到存在的影子：股票市场尚在筹建；债券市场中只有短期伊斯兰债券发行；几乎不存在同业拆借市场和票据市场。但是，若从金融功能的角度来看，文莱现有的银行主导的金融体系能够适应本国经济发展和金融需求，能够较好地为本国提供相应的金融服务。

一 文莱金融发展：在外资环境下起步，逐渐发展本国特色

文莱经济具有两个显著特点，其一是经济的"王族化"，而王室资本与国际资本又是紧密相连的；其二是合资企业众多。由于受到西方列强的殖民统治，文莱的经济在很长一段时间处于迟滞状态，其金融业的发展也相对落后。文莱的金融业是在众多外资银行进驻的环境下起步的，而后随着本国经济的发展和伊斯兰文化的内在需要，文莱不断形成了本国金融业银行主导、传统金融与伊斯兰金融并存的特色。

1984年1月，文莱独立后加入东盟，成为东盟第六个成员国。与马来西亚、菲律宾、印度尼西亚、泰国及新加坡相比，文莱的金融发展情况存在很大差异。与新加坡一样，文莱历史上长期不设中央银行，其央行的职能由财政部（Ministry of Finance，MoF）通过其下属的文莱货币与金融委员会（Brunei Currency and Monetary Board，BCMB）及金融机构部（Financial Institutions Division，FID）行使（也称货币局和金融局），前者负责国家货币，后者负责监管金融体系运作，包括签发银行营业执照等。2011年1月1日，文莱政府才设立了相对独立的国家金融管理局（Autoriti Monetari Brunei Darussalam，AMBD），负责执行国家货币政策及监督金融体系运作，相当于文莱的中央银行。

文莱的货币管理经历了大致三个阶段：第一个阶段是在1967年6月12日以前，彼时文莱无独立的货币发行当局。自从沦为英国的保护国之后，相当长的一段时期里，文莱都没有发行本国的货币，只使用他国的货币。最初，文莱使用英镑在境内流通，后来使用新加坡和马来西亚的货币作为本国流通和支付手段。在《马来亚与英属婆罗洲1960货币协定》背景下建立的货币委员会（The Board of Commissioners of Currency），是马来西亚、新加坡和文莱共同的货币发行机构。随着货币委员会陆续交出其在三国发行货币的权力，马来西亚国家银行、新加坡货币发行局和文莱货币局于1967年6月12日分别取代货币委员会，成为三国的货币发行当局。自此，文莱进入其金融发展的第二个阶段——货币局阶段。这一阶段到2004年2月1日结束。依据《1967年货币法案》建立的文莱货币局（Brunei Currency Board，BCB）自1967年6月12日起负责文莱纸币和硬币的发行，同时，文莱货币局也致力于为银行和公众提供高水准的金融服

务。2004 年 2 月 1 日，文莱货币与金融委员会（BCMB）成立，文莱进入第三个阶段——货币与金融委员会阶段，BCMB 取代了文莱货币局，负责文莱的货币发行等金融管理事务。

在这个过程中，1967 年签订的《1967 年新加坡—文莱货币等值互换协定》始终有效。文莱的官方货币是文莱元，简称文元。根据此协定，新加坡元与文莱元等值互换，并能在对方国家自由流通。近年来，文莱货币对西方主要货币的汇率呈稳定的上升态势。在文莱，外汇可以自由汇入汇出，并无外汇管制，文元与美元可以自由兑换，货币比价随行就市。但截至 2016 年 10 月，人民币与文元还不可以直接兑换。

1929 年，文莱发现石油，此后，英属马来石油公司雇佣大量外国雇员和工人，引发了对于银行服务的迫切需求。1935 年，文莱历史上的第一家银行——邮政储蓄银行成立，开始接受公众存款，并由文莱政府提供对这些存款的担保。但是，当时文莱境内经济并不发达，再加上日军占领期间对邮储银行原有的业务档案大肆破坏，使得其复业后信用受到严重破坏，终于在 1976 年宣告停业。1947 年 1 月，香港的汇丰银行在文莱首府斯里巴加湾港设立分行，是战后在文莱设立的第一家外资银行分行。同年，汇丰银行又在瓜拉贝拉亦设立办事处。除汇丰银行外，战后先后在文莱设立分行的外国银行还有英国的渣打银行（1958 年）、马来西亚的马来亚银行（1960 年）和合众银行（1963 年）、美国的花旗银行（1972 年）和美洲银行（1972 年）以及新加坡的华联银行（1973 年）。

现在，文莱的银行业主要由 7 家传统商业银行和 1 家伊斯兰银行组成，此外，还有 3 家金融公司（2 家传统金融公司和 1 家伊斯兰金融公司），与银行一样可以吸收公众存款并发放贷款。另外，还有一家伊斯兰信托基金公司。

文莱是典型的银行主导型经济体。除了银行体系外，文莱的保险业相对较为发达。文莱的资本市场并不发达，股票市场至今尚未建立，债券市场只有短期伊斯兰债券，也不存在过多复杂的金融产品，金融结构比较单一。

文莱金融业的一大特点就是伊斯兰金融发展良好。由于伊斯兰教是文莱的国教，文莱的金融体系中几乎各个领域都是传统金融与伊斯兰金融并驾齐驱。文莱第一家伊斯兰教金融机构——文莱伊斯兰教信托基金（TAIB）成立于 1991 年。文莱伊斯兰银行是目前文莱最大的伊斯兰教金融机构，该行资产总值从 1993 年的 6 亿文莱元（约合 3.71 亿美元），增至 2002 年的 18.62 亿文莱元（约合 10.4 亿美元），10 年之内增加了 2 倍多。至 2013 年，该行资产已经接近 30 亿文莱元（约 23.68 亿美元）。据文莱快报 2016 年 7 月 14 日报道，在最新的银行家杂志发布的年度最佳1000 家世界银行的排名中，文莱伊斯兰银行在其资本资产比率的合理性方面排名第 38 名，较之前的第 42 名有所上升，也是唯一一家上榜的文莱银行。较高的资本/资产比率排名反映了健康的商业模式和良好的财务实力，也表示伊斯兰金融在文莱发展势头良好。

二 混业监管：金融管理局代行一切管理职责

文莱金融业实施混业监管，文莱达鲁萨兰国金融管理局（马来语：Autoriti Monetari Brunei Darussalam，AMBD）相当于文莱的中央银行，主要负责管理国家金融事务、制定货币政策并监管国内金融机构。因此，AMBD 同时兼行货币政策与金融监管职能，管理货币运行并对国内金融业实施全面监管。

AMBD 筹建于 2010 年，于 2011 年 1 月 1 日开始正式运行，由先前财政部管辖下的金融机构局（FID）、研究与国际局（RID）、文莱国际金融中心（BIFC）以及文莱货币与金融委员会（BCMB）四个部门拆分重整后合并而成，是文莱独立运作的政府机构。AMBD 有四大目标：第一，保持文莱国内物价稳定；第二，确保金融体系稳定，制定金融法规和审慎标准；第三，建立和运作高效的支付体系，并予以监督；第四，培育、发展良好的、渐进的金融服务业。

AMBD 组织结构如图 7—5 所示。

这样的监管模式设置与其国家特点及金融业发展现状契合度较高。因为文莱作为一个富庶的君主制国家，其金融业发展规模相对较小、结构相对简单，并不需要建立庞大复杂的调控监管体系来保障金融体系的平稳运行。在这种管理制度安排下，将货币政策的制定与执行和监管职能集于一身，能更有效地确保货币政策得以贯彻实施。在现行的监管制度安排下，文莱的金融稳定性相对较高。根据世界经济论坛"2008—2009 年度全球竞争力报告"，在 134 个国家参与的政府债务管理和宏观经济稳定性两个指标排名中，文莱分别高居第一位和第二位。

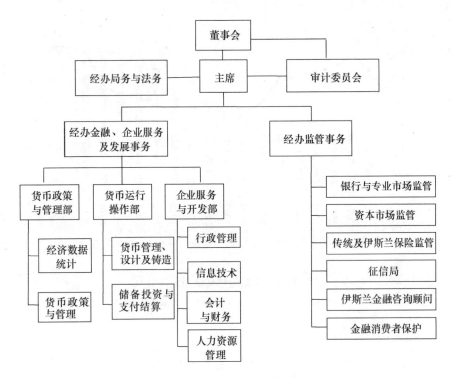

图7—5　文莱金融管理局（AMBD）组织结构

资料来源：根据文莱金融管理局2015年年报整理。

三　金融发展整体水平较低，银行业占主导

自文莱独立以来，随着其经济的发展，货币供应量也在逐年增加，而M2/GDP这一指标却呈现先降后升的波动趋势（见图7—6）。从2000年到2008年，随着国际油价的快速上涨，文莱经济迎来又一轮迅猛增长，因此相较于迅速上升的GDP，货币供应量的增加相对平缓，而后，随着文莱经济增速在危机后逐渐放缓，波动幅度较小的货币供应量相对GDP的增长则呈现上升趋势。图7—7所展示的是文莱货币供应量与GDP的增长率的变化。从中可以看出，由于其经济结构单一，货币供应量的走势十分依赖GDP的变化，但是相对于GDP的剧烈波动，M2的波动相对较为平缓。整体来看，货币供应和GDP的变化方向有正有负，但是其波动范围大多在±3%以内。

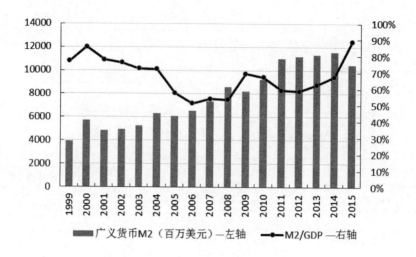

图7—6 文莱的广义货币供应量

资料来源：2008 年以前数据来自 Wind 资讯，其余来自文莱金融管理局。

图7—7 文莱 M2 与 GDP 增长率的变化（单位：%）

资料来源：根据 Wind 资讯、文莱金融管理局计算整理而得。

受 GDP 与货币供应量波动特征的影响，文莱的物价不断上升，但以 CPI 同比变化率衡量的通货膨胀率整体上也呈现出较大的波动，且变化方向不一。图7—8 中，文莱在 20 世纪 90 年代经历了较大幅度的通胀，最高年份 CPI 同比增长近 6%。进入 21 世纪，虽然波动仍然存在，且出现

了 CPI 同比下降的通货紧缩迹象，但波动范围有所降低，处于低通货膨胀
水平。

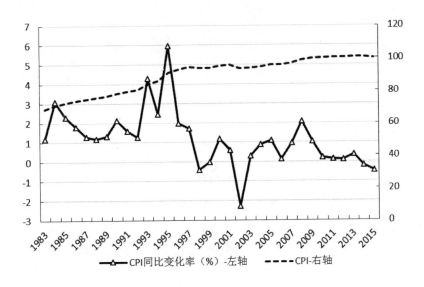

图 7—8　文莱的通货膨胀情况

资料来源：wind 资讯。

整体而言文莱的金融发展水平偏低，金融体系中绝大部分是银行业金
融机构主导。图 7—9 展示了近年来文莱金融机构资产规模及其与 GDP 的
比值变化。由于近年来，外资银行逐渐撤出在文业务，传统银行资产规模
下降导致文莱金融机构资产规模整体呈下降趋势，然而，金融机构资产总
额与 GDP 的比值却逐年上升。从图中我们看到，2015 年底，文莱金融机
构资产规模达 207 亿文莱元（约 150.57 亿美元），较 2014 年下降了
7.6%；金融机构资产总额与 GDP 的规模相当，这一比值多数年份在 1 附
近波动，2015 年跃至 1.28。随着传统银行规模的缩小以及伊斯兰银行在
文莱的兴起发展，金融机构资产规模与 GDP 的比值与发达国家相比虽然
不处于较高水平，但是近年来的上升趋势说明，伊斯兰银行在文莱的经济
发展中起到了十分积极的作用。

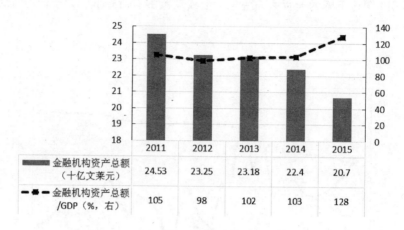

	2011	2012	2013	2014	2015
金融机构资产总额（十亿文莱元）	24.53	23.25	23.18	22.4	20.7
金融机构资产总额/GDP（%，右）	105	98	102	103	128

图7—9　文莱金融机构资产总额占 GDP 比重

资料来源：根据文莱金融管理局、文莱首相署经济规划和发展局相关数据整理计算。

第三节　文莱金融结构描述与分析

与文莱单一的经济结构类似，文莱的金融结构也比较单一。在其金融体系中，银行体系占绝对主导地位，其支配着本国金融体系中的绝大多数金融资产并提供相应的金融服务，保险业发展方兴未艾，除此之外，文莱目前正在积极筹建完善的资本市场，股票市场计划将于 2017 年正式启动。金融机构中，外资银行和保险公司提供大量传统金融服务，而文莱本国立足其伊斯兰教文化特点和需求，本土建立的伊斯兰银行和保险公司所提供的伊斯兰金融服务日渐繁荣。

一　金融产业结构

（一）行业结构：银行业占比极高，保险业势头良好

文莱的金融业发展较为落后，其最初的银行业亦是为了迎合采矿业发展的需要，主要在外资银行纷纷进驻的环境下建立起来。表7—1 展示了文莱金融产业结构及资产占比。从金融机构家数来看，从事货币金融业务的金融机构与保险业金融机构相差不多。截至 2015 年底，文莱可以从事存贷业务的金融机构共 13 家，其中，银行 8 家，金融公司 3 家，另有 2 家离岸银行；保险机构也是 13 家。尽管如此，全部银行类金融机构（含

金融公司）资产总额却是保险公司资产总额的近14倍。

表7—1　　　　　　　　　　文莱金融产业结构及资产占比

	2015 年			2014 年		
	机构数量（个）	资产总额（十亿文莱元）	占比（%）	机构数量（个）	资产总额（十亿文莱元）	占比（%）
可吸存放贷的机构	13	19.3	93.2	12	21	93.8
银行	8	17	82.1	7	18.6	83.0
传统银行	6	8.1	39.1	6	9.4	42.0
伊斯兰银行	2	8.9	43.0	1	9.2	41.1
金融公司	3	2.2	10.6	3	2.2	9.8
离岸银行	2	0.1	0.5	2	0.2	0.9
其他有牌照的金融机构	13	1.4	6.8	13	1.4	6.3
保险公司	13	1.4	6.8	13	1.4	6.3
传统保险公司	9	1	4.8	9	1	4.5
伊斯兰保险公司	4	0.4	1.9	4	0.4	1.8
总计	26	20.7	100	25	22.4	100

　　资料来源：文莱金融管理局年报。

　　从金融机构从事传统金融业务或伊斯兰金融业务的性质区分来看，截至2015年底，在全部26家金融机构中，虽然伊斯兰金融机构（含银行和保险公司）只有6家，但资产总额共计93亿文莱元，占全部金融机构资产总额的44.93%。传统金融与伊斯兰金融业务并驾齐驱，共同为经济主体提供金融服务。

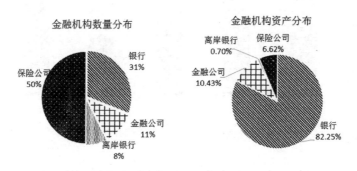

图7—10　2015年底文莱主要金融机构数量与资产分布
　　资料来源：文莱金融管理局年报。

在文莱金融体系的金融资产中，绝大多数是银行业，其次是金融公司，再次是保险业，离岸银行几乎可以忽略不计。图7—11展示了文莱的银行、金融公司、保险公司资产在金融业总资产中的比例关系。

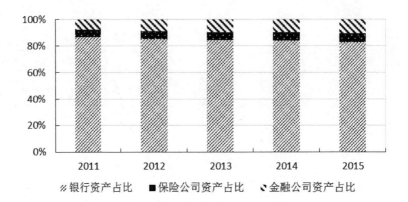

图7—11　文莱金融资产结构

资料来源：文莱金融管理局年报。

由图7—11可以看出，在文莱金融业中，银行部门占据了绝对主导地位，其资产总额占金融体系总资产的90%以上。其中，金融公司较保险业资产稍多，但因其可以向社会公众吸存放贷，履行存款货币银行的部分职能，因此习惯上也可以将其纳入银行体系进行整体考察。

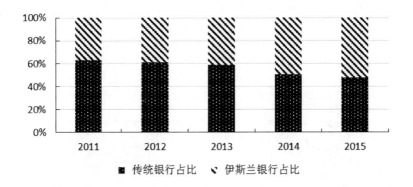

图7—12　文莱传统银行与伊斯兰银行资产占比

资料来源：文莱金融管理局。

文莱金融业的一大特点就是伊斯兰金融的发展。图 7—12 展示了文莱金融体系中传统银行与伊斯兰银行的资产结构。从图中可以看出，传统银行仍然居于主要地位，但是伊斯兰银行发展势头迅猛，2015 年其在银行体系中的资产份额已经超过传统银行。

（二）集中度分析：以银行业为代表

本章同样采用绝对集中度指标来对文莱金融业集中度进行考察。以银行业作为代表，由于银行数量整体较少，因此分别仅选择文莱本国较有代表性的传统银行和伊斯兰银行各一家进行分析，前者的代表是佰度瑞银行（Baiduri），后者的代表是文莱伊斯兰银行（BIBD）。其各自集团总资产在银行业总资产中的占比如图 7—13。

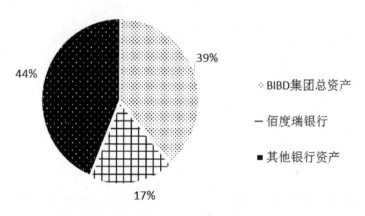

图 7—13　佰度瑞银行与文莱伊斯兰银行资产占比

资料来源：文莱金融管理局年报、BIBD 集团、佰度瑞集团年报。

文莱银行数量整体不多，其中外资银行多从事传统金融业务，而伊斯兰金融业务则由本国文莱伊斯兰银行提供。近年来，西方国家开始慢慢缩减在亚洲的金融业务和分支机构。在文莱，以花旗银行为代表的一些外资银行已经逐渐退出文莱市场。而文莱本国的佰度瑞银行和文莱伊斯兰银行的业务量与资产规模都在不断上升。由图 7—13 可见，传统银行业务的代表佰度瑞银行集团总资产占银行业总资产的 17%，而伊斯兰银行代表文莱伊斯兰银行（BIBD）的总资产却占了银行业总资产的 39%，二者总资产的和占银行业总资产的 56%，达到一半以上。但是这种格局多半是由于文莱的金融业务中伊斯兰业务是一个不容忽视的部分，而伊斯兰金融业务的提供则是具有一定程度的垄断性质所致。

（三）业务结构分析：传统与伊斯兰金融业务并存

1. 银行业的发展及其结构

文莱银行业的金融机构如表7—2所示。其中，由于文莱的金融公司可以同商业银行一样，进行吸收存款、发放贷款的业务活动，故将金融公司与银行列于一处。中国银行为2016年新设的金融机构。

表7—2　　　　　　　　　文莱银行类金融机构一览表

序号	公司名称	国家/地区	分支机构数量 （个，含总部）	成立时间	机构类型
1	佰度瑞银行	文莱	13	1993	传统银行
2	中国银行	中国香港	1	2016	传统银行
3	马来亚银行	马来西亚	2	1960	传统银行
4	马来西亚兴业银行	马来西亚	1	1964	传统银行
5	渣打银行	英国	7	1958	传统银行
6	汇丰银行	中国香港	8	1947	传统银行
7	大华银行	新加坡	1	1974	传统银行
8	文莱伊斯兰银行	文莱	14	2005	伊斯兰银行
9	文莱伊斯兰信托公司	文莱	8	1991	伊斯兰信托
10	佰度瑞金融公司	文莱	2	1996	传统金融公司
11	汇丰金融公司	文莱	2	1999	传统金融公司
12	伊斯兰银行集团 金融公司	文莱	2	2005	伊斯兰金融公司
13	加拿大皇家银行 （有限牌照）	—	—	2001	离岸银行
14	新鸿基国际银行 （文莱）	—	—	2003	离岸银行

资料来源：文莱金融管理局网站。

（1）银行业贷款结构

如前所述，银行业占据了文莱金融体系的绝大部分。而文莱全部银行信贷总额从2000年的41.78亿美元上升至2014年的55.07亿美元，其中，绝大部分发放给了私人部门。图 7—14 展示了文莱全部银行信贷中私人部门贷款占比（扣减政府和国有企业贷款）。

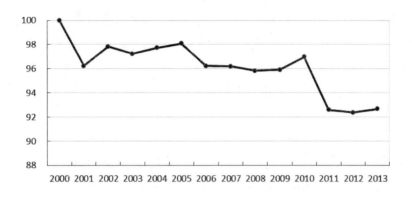

图 7—14　文莱银行信贷中私人部门信贷占比

资料来源：世界银行。

从图 7—14 可以得知，这一比例长期处于较高位置，近年来有所下降，说明银行体系向政府部门和国有企业贷款额度有所增加。文莱政府部门和国有企业贷款占比不高，可能有如下原因：

首先，文莱凭借其自身的油气资源优势，仅凭借出口每年便可以获得较为丰厚的收入，而文莱的财政收入多靠从对外贸易中征收关税，总的来看，由于文莱的石油、天然气生产不断发展以及文莱对外投资不断扩大，政府通过税收所得的财政收入逐年增加，并经常超过其财政支出，文莱政府整体的财政收支状况处于盈余状态，且文莱的外汇储备丰富，近年来一直保持为 300 亿美元，政府没有债务需求。然而近年来文莱政府越来越难维持收支平衡，2015 年出现赤字就是一个证明。

其次，受历史因素和经济结构原因影响，文莱大部分银行及企业部门为合资而非单纯国有，如文莱最大的采油工业垄断企业——文莱壳牌石油公司，是荷兰壳牌集团最早进入文莱，与文莱政府合资成立的。而荷兰壳牌集团与文莱政府、日本企业先后成立了四家合资公司，即文莱壳牌石油公司、文莱壳牌销售公司、文莱液化天然气公司、文莱天然气运输公司，垄断了文莱石油和天然气的开采、运输和销售。

图 7—15 展示了文莱银行部门在企业贷款和家庭贷款（含信用卡）

之间的贷款结构。2010 年家庭部门贷款额为 31.66 亿文莱元（约合 23.22 亿美元），占总贷款及提前消费总额的 61.2%，企业部门贷款额为 20.07 亿文莱元（约合 14.72 亿美元），占总贷款及提前消费总额的 38.8%。到了 2015 年，这一情况发生了变化，家庭部门和企业部门的贷款额分别为 30.94 亿文莱元（约合 22.51 亿美元）和 30.12 亿文莱元（约合 21.91 亿美元），分别占比 50.7% 和 49.3%。可以看到，从 2010 年到 2015 年，家庭部门与企业部门贷款比值呈近似缓慢下降的直线，到 2015 年，二者近乎相等。在这期间，家庭部门贷款占比不断下降，企业部门贷款占比不断上升，而这一趋势预计未来还会继续，家庭部门贷款占比将进一步下降。这是因为文莱政府在 2015 年实施了一项金融机构贷款新规定，限制居民超前消费每月债务额度。根据文莱金融管理局和战略与政策研究中心联合进行的一项调查显示，文莱 24% 的家庭需借贷支付日常开销，49% 的家庭没有银行存款。这项规定的推出是为了鼓励本国居民有计划地进行家庭开支，合理安排生活和储蓄。根据文莱金融管理局的统计，2010 年居民部门贷款中，居民个人贷款（含信用卡）占居民贷款总额的 2/3，而住房和汽车贷款合计占比 1/3，到了 2015 年，个人贷款（含信用卡）降到了 53.85%，但是仍然高于 50%。这样的贷款结构的确可能会为今后的经济发展和金融稳定埋下隐患。

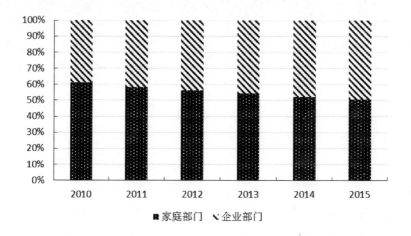

图 7—15　2010—2015 年文莱家庭与企业部门贷款分布
资料来源：文莱金融管理局年报。

（2）银行业收入结构

商业银行的存贷款业务是其基本业务。在现代银行业务中，中间业务收入占比逐渐增加是全球大银行盈利结构变化的整体趋势。然而，当我们以佰度瑞银行为例，考察文莱银行业收入结构时，我们看到，利息收入仍然占银行收入的绝大部分，占比近80%，而非利息收入只占20%左右。如图7—16展示了佰度瑞银行2012年与2015年利息收入与非利息收入比例，且这一比例近年来无太大变化。这说明文莱传统银行业中，主要利润来源依然是存贷利差收入，这与文莱单一的金融市场结构特征有直接关系。伊斯兰银行由于用红利方式取代了利息，其业务模式与传统商业银行业务不同，故在此不做讨论。

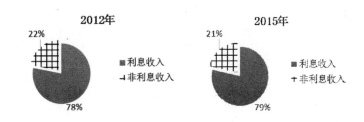

图7—16　2012年和2015年文莱佰度瑞银行收入结构

资料来源：佰度瑞银行年报。

（3）银行业财务稳健性

表7—3展示了文莱银行业财务稳健性的指标。从表中我们可以看到，尽管文莱银行业目前执行的是巴塞尔协议Ⅱ，但其资本充足率指标已达到并远超过了巴塞尔协议Ⅲ的要求。与我国银行业的资产质量与盈利水平相比，文莱银行业不良贷款占比偏高，而拨备覆盖率偏低。拨备覆盖率主要反映的是商业银行对贷款损失的弥补能力和对贷款风险的防范能力，理论上讲，这一比率应不低于100%。但文莱银行业的拨备覆盖率近2年在60%左右，计提不足表明存在准备金缺口。从盈利能力看，总资产收益率处于较高水平，但净资产收益率表现一般，这可能是由于文莱银行业的杠杆率不高所致。从流动性指标看，文莱银行业具有非常充足的流动性，这也是其未能形成活跃的货币市场原因之一。

表 7—3 　　　　　　 **2014—2015 年文莱银行业财务稳健性指标** 　　　　 单位:%

	2014	2015
资本充足率指标		
监管资本/风险加权资产	21.4	21.1
一级资本/风险加权资产	21.8	22.5
资产质量指标		
不良贷款占比	4.9	4.6
拨备覆盖率	53.8	62.8
盈利能力指标		
ROA（税前）	1.4	1.4
ROE（税后）	10.2	9.5
流动性指标		
流动资产/总资产	53.8	45.6
流动资产/总存款	62.7	54.4
流动资产/储蓄存款	121.9	93

资料来源：文莱金融管理局年报。

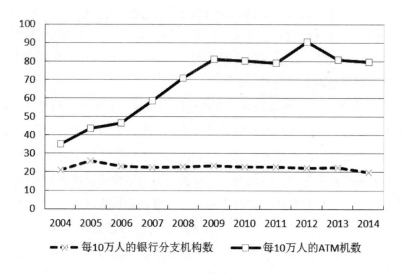

图 7—17　2004—2014 年文莱银行分支机构及 ATM 机覆盖情况
资料来源：世界银行。

（4）金融服务可及性

金融服务可及性，也就是人们获得金融服务的便利程度，反映了金融基础设施建设情况。图7—17展示了文莱近年来银行分支机构以及ATM提款机在文莱全境的覆盖程度，从图中我们看到，每10万成年人的银行分支机构数近十年来几乎没变，略有下降可以忽略不计，而每10万成年人的ATM提款机数量却大幅度增加。从中我们得知，正如全球近些年的变化，自助终端逐渐替代了大量人工的部分，说明随着全球电子化信息时代的到来，文莱在这方面也紧跟时代的步伐，仅从金融服务便利度和可及性的角度讲，文莱金融基础设施的覆盖面在逐渐扩大，普惠程度在不断提高。

2. 保险业的发展及其结构

相对于资本市场而言，文莱的保险业，尤其是伊斯兰保险业较为发达。截至2016年8月，文莱共有13家保险公司、1家保险公估公司及1家保险经纪公司（见表7—4）。在13家保险公司中，传统保险公司9家，占比69.23%，其中寿险公司3家，非寿险公司6家；伊斯兰保险公司4家，占比30.77%，其中从事家庭保险和一般保险业务各2家，这4家伊斯兰保险公司事实上隶属于两家母公司，其可以通过独立的子公司分别经营财产和寿险业务。

表7—4　　　　　　　　文莱保险公司名录

序号	公司名称	公司性质	传统/伊斯兰保险
1	友邦保险有限公司	寿险	传统保险
2	大东方人寿保险有限公司	寿险	传统保险
3	东京海上人寿保险新加坡有限公司	寿险	传统保险
4	奥德利保险私人有限公司	非寿险	传统保险
5	Etiqa保险有限公司	非寿险	传统保险
6	MBA保险私人有限公司	非寿险	传统保险
7	国家保险有限公司	非寿险	传统保险
8	标准保险私人有限公司	非寿险	传统保险
9	东京海上保险新加坡有限公司	非寿险	传统保险

续表

序号	公司名称	公司性质	传统/伊斯兰保险
10	伊斯兰泰益一般回教保险私人有限公司	一般保险①	伊斯兰保险
11	伊斯兰泰益家庭回教保险私人有限公司	家庭保险	伊斯兰保险
12	文莱一般回教保险私人有限公司	一般保险	伊斯兰保险
13	文莱家庭回教保险私人有限公司	家庭保险	伊斯兰保险
14	迈凯轮（B）私人有限公司	特许保险公估公司	传统保险
15	韦莱保险经纪（B）私人有限公司	特许保险经纪公司	传统保险

资料来源：文莱金融管理局网站。

2015 年末，文莱保险业资产总额为 13.66 亿文莱元（约合 9.94 亿美元），同比增长了 2.14%，增速比上一年提高了 1.3 个百分点，从 2007 年到 2015 年，保险业总资产增加了 0.35 倍。2015 年全年文莱保险业实现保费收入 3.18 亿文莱元（约合 2.31 亿美元），同比增长了 3.45%，增速比上一年提高了 3.25 个百分点，从 2007 年到 2015 年，保险业保费收入增加了 0.8 倍，保险深度为 1.96%，保险密度为 762 文莱元（约合 554 美元）。

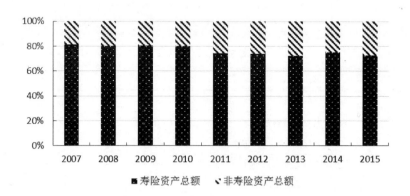

图 7—18　文莱保险资产结构分布 I

资料来源：文莱金融管理局年报。

---

① 在 AMBD 的统计中，伊斯兰保险中的一般保险（General Takaful）和家庭保险（Family Takaful）分别对应于传统保险中的非寿险和寿险。

（1）保险业资产结构

2015 年文莱寿险资产总额为 9.94 亿文莱元（约合 7.23 亿美元），占比 72.77%，非寿险资产总额 3.72 亿文莱元（约合 2.71 亿美元），占比 27.23%。寿险与非寿险资产比例变化如图 7—18 所示。从图中可以看出，人寿保险资产总额在全部保险资产中占绝对主导地位，占比近 80%，近年来，随着一般保险产品种类的增加，非寿险资产占比有逐年增加的趋势。

与资产分布类似的，在文莱保险产业中，传统保险公司资产与伊斯兰保险资产分布如图 7—19 所示。从图中可以看出，伊斯兰保险近年来发展势头迅猛。

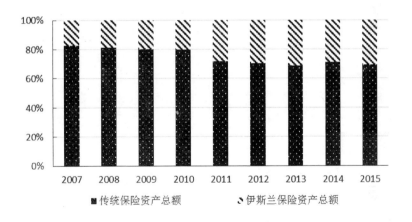

图 7—19　文莱保险资产结构分布 Ⅱ

资料来源：文莱金融管理局年报。

（2）保险业收入结构

图 7—20 所显示的是保险业的收入结构。柱状图表示的是寿险与非寿险业务的保费收入，折线图表示的是传统保险与伊斯兰保险保费收入。可以看到，从 2007 年到 2015 年，寿险与非寿险保费收入逐年增加，二者所占的份额相对保持稳定，分别占保费总收入额的 40% 和 60% 左右；而传统保险与伊斯兰保险的保费收入结构则呈现出逆转，伊斯兰保险保费收入以非常高的增长速度在 2012 年超过了传统保险业务的保费收入。

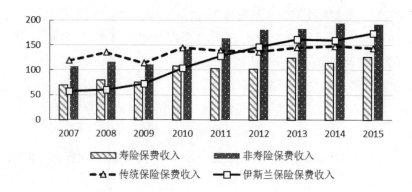

图 7—20   文莱保险业保费收入结构（单位：百万文莱元）

资料来源：文莱金融管理局年报。

二　金融市场结构

文莱既没有发达的资本市场，也没有活跃的货币市场，亦缺乏金融市场的完整统计，因此对于其金融市场结构的分析大体上只能停留在直观的认识和分析上。

（一）货币市场

文莱的金融业格局决定了其没有自己的银行间同业拆借市场。首先文莱银行的数量很少，不能形成规模，其次监管当局对银行业没有过高的监管要求，因此各个银行的流动性相对而言非常充足，没有资金拆借需求。但是历史上，文莱的银行曾经通过新加坡同业拆借市场进行过短期资金融通。20 世纪末，由于汇丰和渣打两家银行在文莱境内各设有 7 家办事处、文莱国民银行设有 10 家办事处，而其他各银行仅设有一至二家办事处，汇丰、渣打和文莱国民等三家银行所吸收的定、活期存款额就占文莱全国定、活期存款总额的绝大部分。为同这三大银行竞争，其他银行就不得不提高存款利率或者向新加坡的银行同业市场借款，以应贷款的需要。这三大银行为避免其他银行同其竞争，宁可将盈余资金转存于新加坡的银行，也不愿意拆放给其他银行同业，这是文莱并无银行同业拆放市场的重要原因之一。[①]

---

① 陈臻：《文莱金融初探》，《南洋问题研究》1989 年第 2 期，第 87—94 页。

此外，文莱目前的金融业格局可以较好地满足国内企业和居民部门的资金需求，因此，其对于发展建立多元化的金融体系动力稍显不足。除了没有同业拆解市场外，文莱的票据市场、短期债券市场发展都较为落后。目前只有伊斯兰债券市场通过发行短期债券进行资金融通。

（二）资本市场

文莱的资本市场发展不甚完备。如前所述，其股票市场正处于筹备阶段，尚未启动，债券市场目前只有政府发行的短期伊斯兰债券。然而尽管文莱的资本市场不发达，但是自从国家开始逐渐意识到经济转型的重要性和紧迫性以来，其也在进行着各方面的准备和尝试。文莱目前有 6 家持有资本市场服务牌照的公司，他们可以在文莱颁布的《证券市场条例 2013》和《证券市场准则 2015》的约束下开展投资咨询等合规业务。2015 年这些投资顾问管理的资产达到 457.6 万文莱元（约合 332.86 万美元），较上一年增长了 19.26%。

此外，文莱目前拥有 14 项集合投资计划（Collective Investment Scheme，CIS），而在其中，有 13 项是公开的，仅有 1 项是私募的。在公开的 13 项集合投资计划中，7 项是采用伊斯兰金融方式运作的基金，其余 6 项则是传统概念中的运作模式。从图 7—21 中可以看出，尽管传统金融仍占据主导地位，然而伊斯兰 CIS 的份额在逐年增加。

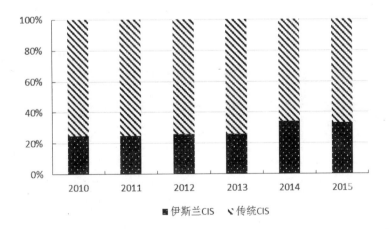

图 7—21　文莱集合投资计划中伊斯兰方式与传统方式运作所占的市场份额

资料来源：文莱金融管理局年报。

（三）短期伊斯兰债券市场

文莱目前的债券市场指的是政府发行的伊斯兰债券市场。文莱金融管理局作为文莱政府的代理，负责伊斯兰债券的发行和管理，且伊斯兰债券只有发行而没有交易市场。2006 年 4 月 6 日，文莱政府首次正式推出完全符合伊斯兰教义的短期伊斯兰债券，也称回教债券。该债券是以产业买卖及租借的方式，来让投资者受惠，其不涉及任何利息，完全符合伊斯兰教义。为了有效地发售回教债券，文莱政府成立了文莱伊斯兰债券控股实业公司以及文莱伊斯兰债券公司。文莱政府将透过土地局，把国家一些资产转移给文莱伊斯兰债券控股实业公司，而后者将把有关产业的受益权转让给文莱伊斯兰债券公司。该公司将把有关的产业再转租给政府，而所收到的租金，则会分发给投资者。

第一批伊斯兰债券发行额为 1.5 亿文莱元（约合 0.94 亿美元），利率为 3.4%，期限为 91 天。自 2006 年伊斯兰债券在文莱首次发行，到 2015 年，文莱政府共发行了 98 只伊斯兰债券，累计筹资 92.55 亿文莱元（约合 67.32 亿美元）。随着文莱政府财政状况从盈余转向赤字，伊斯兰债券的发行规模也在逐年上升，但 2015 年有所下降，从 2014 年 15 亿文莱元降至 10.25 亿文莱元，同比下降 31.67%（见表 7—5）。截至 2015 年底，市场上未清偿的债券总额为 5.25 亿文莱元（约合 3.82 亿美元）。

表 7—5 　　　　　　　　文莱政府伊斯兰债券发行情况

年份	债券发行数量				债券发行总额（BND Million）	平均收益率（%）			
	91 天	182 天	273 天	364 天		91 天	182 天	273 天	364 天
2006	4	—	—	—	570	3.375	—	—	—
2007	6	—	—	1	450	2.506	—	—	2.3
2008	10	—	—	2	374	0.831	—	—	1.325
2009	16	—	—	2	617	0.339	—	—	0.475
2010	14	—	—	1	649	0.3	—	—	0.34
2011	11	—	—	1	991	0.181	—	—	0.35
2012	14	—	—	1	1500	0.18	—	—	0.28
2013	12	1	2	1	1579	0.171	0.18	0.195	0.2
2014	7	4	3	1	1500	0.17	0.215	0.313	0.25

续表

年份	债券发行数量				债券发行总额 （BND Million）	平均收益率（%）			
	91 天	182 天	273 天	364 天		91 天	182 天	273 天	364 天
2015	4	3	2	2	1025	0.698	0.873	0.695	0.915
数量小计	98	8	7	12	9255				
发行额小计	6998	800	700	757					

资料来源：根据文莱金融管理局年报、网站数据整理计算。

随着伊斯兰债券发行量不断扩大，所发行的债券品种期限更加丰富，但全部发行的债券均为一年期以下的短期债券，其中以三个月债券发行量最大。图 7—22 展示了各期限品种的伊斯兰债券的发行额的比例。同时我们也注意到，文莱政府发行的伊斯兰债券利率波动较大，某些年份甚至出现利率倒挂的现象。

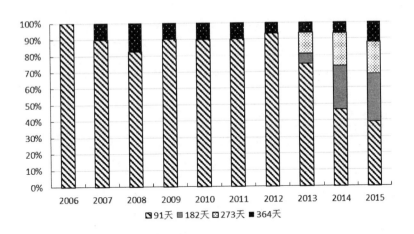

图 7—22　文莱各期限种类的伊斯兰债券发行额分布

资料来源：根据文莱金融管理局年报、网站数据整理计算。

三　金融资产结构

（一）金融资产总体结构

如图 7—23 所示，截至 2015 年底，文莱金融业资产结构总体分布极不平均。其中，货币性金融资产占比高达 94.46%，是金融资产的绝对主体；非货币性金融资产中，证券类金融资产和保险类金融资产各占3.45%和2.09%；货币性金融资产是非货币性金融资产的17倍之多，并且这种资产分布近年来并没有发生太大变化（表7—6），货币性金融资产在全部金融资产中占比始终在近95%的高位。

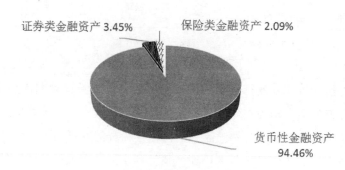

图7—23　2015年文莱金融资产总体结构分布

资料来源：根据文莱金融管理局年报整理计算。

表7—6　　　　　　　　　　**文莱金融资产总体结构**

	2011	2012	2013	2014	2015
货币性金融资产	94.78%	94.69%	94.61%	93.55%	94.46%
证券类金融资产	3.40%	3.39%	3.34%	4.48%	3.45%
保险类金融资产	1.82%	1.92%	2.05%	1.97%	2.09%

资料来源：根据文莱金融管理局各年年报相关数据整理。

（二）货币结构

图7—24展示了文莱近年来M0（流通中的现金）、M1（狭义货币）、QM（准货币）占M2（广义货币）的比重。根据文莱金融管理局货币统计的口径，狭义货币M1等于银行体系外的现金与私人部门活期存款之和，准货币QM是定期存款、储蓄存款与其他存款之和，广义货币M2是狭义货币M1与准货币QM之和。如图7—24所示，文莱的货币结构近年来一直处于相对稳定的状态，M0/M2没有明显波动，除2011—2012年略微升高外，几乎呈一条水平线，且这一比值长期以来处于比较低的水平表明现金流通处于稳定状态。而M1/M2、QM/M2两个指标呈现对称走势，在2010年后也几乎持平。文莱政治社会、经济社会近年来一直处于稳定

状态,人民生活富足,因此在没有外部因素冲击的情况下,货币需求和货币结构保持在稳定的态势。而近年来,文莱经济发展势头一向良好,2008年美国次贷危机后,尽管全球都面临经济不景气的困扰,然而文莱凭借自身的资源优势和努力,依然保持不错的经济发展水平。因此,文莱的货币结构一直保持较为稳定便在情理之中。

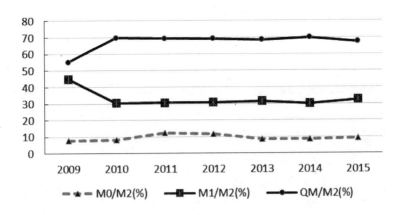

图 7—24 文莱的货币结构

资料来源:文莱金融管理局年报。

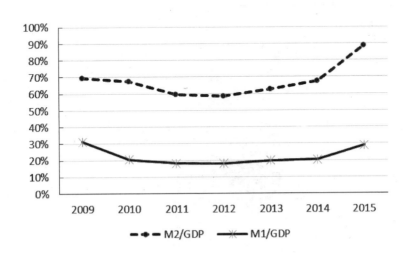

图 7—25 文莱货币总量占 GDP 比重

资料来源:文莱金融管理局年报。

图7—25 展示了文莱货币总量占 GDP 的比重。M2/GDP 这一指标的应用始于 Mckinnon（1973），它实际衡量的是在一国全部经济交易过程中金融深化的程度。从图 7—25 中可以看出，以货币为媒介进行交易的比重较低，2015 年底 M1/GDP 为 28.89%，说明狭义货币化程度较低；而广义货币化 M2/GDP 的比例为 88.7%。总体上看，文莱的货币量相对而言较少。这是因为文莱是一个高福利国家，长期以来奉行"高福利、低工资"的政策，本国居民的很多福利并不体现在货币中。但是，2013 年以来其货币量有所升高，这与伊斯兰金融业务的兴起和发展有较大关系。

四 金融开放结构

文莱是一个开放程度很高的国家，其银行业、保险业金融机构中大多数为外资参与，外资进入文莱开展各项业务没有任何限制。同时，文莱对货币流动完全不加限制，实现完全自由。

（一）货币汇兑的区域结构

图 7—26 为 2015 年文莱向境外汇兑目的地的规模。图中显示，文莱境内向境外汇兑的主要目的地包括印度尼西亚、菲律宾、印度、马来西亚、孟加拉国、泰国等国家。其中，向印度尼西亚汇兑量占比最高，达到 35%，其次是菲律宾和印度，分别占比 25% 和 12%。

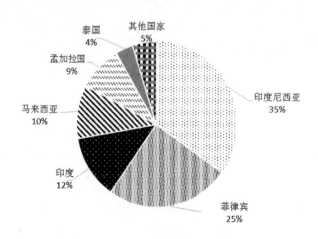

图7—26 文莱汇兑市场情况

资料来源：文莱金融管理局年报。

(二) 资本市场开放结构

在文莱资本市场的集合投资计划中，外资也占有重要的地位。图7—27 显示，近年来外资在 CIS 中所占的比重越来越大，2015 年超过 70%。

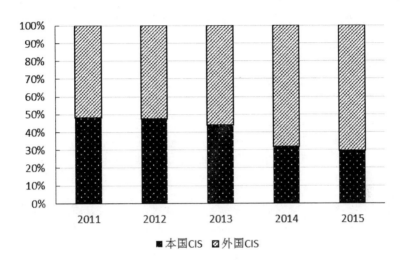

图7—27　文莱本国与外国集合投资计划的比例结构

资料来源：文莱金融管理局年报。

第四节　文莱金融结构的主要特点与影响分析

文莱的金融结构受到其独特的经济结构和文化特征的影响，形成了鲜明的以银行为绝对主导、传统金融与伊斯兰金融并驾齐驱的特点。作为一个政教合一的伊斯兰国家，伊斯兰金融有其发展的绝佳土壤；同时，受到单一经济结构以及伊斯兰教义的制约和影响，文莱国内对于多样化的金融产品和服务没有过高的追求。虽然文莱目前的金融结构能够较好地适应其经济社会发展，但在未来，对于处于经济结构转型中的文莱而言，其金融结构还需要根据国家产业规划进行调整和完善，这对其将是一项具有挑战性的任务。

一　文莱金融结构的主要特点

基于前述数据事实和分析，文莱金融的结构主要表现出来鲜明的银行主导特征，具体而言主要有以下几点：

第一，银行业在其金融业中占绝对主导地位。文莱的银行业资产在金融业中的份额高达 90% 以上，其余的 10% 为保险业及其他。银行体系的相对发达使得其能够很好地为本国居民和企业提供便利的金融服务，即使在资本市场相当不完善的情况下，银行体系依然可以满足公众的金融需求。并且，文莱金融管理局对于本国的银行监管并未设定大量复杂的监管条款，然而我们却关注到，文莱银行业的流动性和稳定性均相对较高，同时盈利能力也并不弱，这值得我们深入思考。

第二，货币资产占主导地位，但整体货币化水平偏低。尽管文莱的金融资产中，货币性与非货币性金融资产在量级上差别悬殊，前者占比高达 95% 左右，但若以 M2/GDP 来衡量其金融深化水平，则这一指标相对较低。金融市场的不发达导致其非货币资产没有过度膨胀。文莱当前的货币化水平与其自身的经济发展内在要求基本契合。正如前文所述，受文莱的"泛福利"社会制度和伊斯兰教教义的影响形成了如今的金融业格局。同时我们也看到，近年来，M2 的增速渐渐快于 M1，说明在面临经济结构转型和发展金融市场的压力下，货币量的扩张已经给出了相应的讯号。

第三，伊斯兰金融发展态势良好，渐与传统金融并驾齐驱。作为一个政教合一的伊斯兰国家，伊斯兰金融具有良好的发展土壤和先天条件。自从 2008 年次贷危机以来，伊斯兰金融便受到人们的广泛关注，其与传统金融业务的理念和运作模式完全不同，但其在金融危机中的经营稳定性却令人刮目相看。近年来伊斯兰金融在文莱的表现也说明了这一点，无论是伊斯兰银行还是伊斯兰保险及其他伊斯兰金融业务，在文莱都开展得有声有色。这对于当前学术界研究伊斯兰金融的适用性具有重要的研究和借鉴价值。

第四，传统金融主要由外资主导，伊斯兰金融由本国主导。由于历史原因，大量外资银行进驻为文莱搭建现代银行业格局做出了重要贡献。同时，由于石油开采等几个行业几乎是荷兰壳牌公司等外资公司垄断，因此文莱经济中外资金融机构数量较多。然而随着文莱经济的发展，文莱本国金融机构渐成气候，尤其是提供伊斯兰金融业务的银行、保险、金融公司。随着西方外资银行逐渐缩减在文莱业务以及伊斯兰金融业务的繁荣，未来其本国银行在其银行体系中将发挥更重要的作用。

二　文莱金融结构形成与演变的主要原因

文莱的金融结构有其独特之处。以世界上主流发达国家金融发展的眼光来看，其金融体系结构单一，并且发展相对不完善，市场化发达程度很低。但是在调研中我们看到，文莱的金融体系能够较好地满足其现有的市场需求，并且具有较好的稳定性。分析其金融结构形成的原因，主要有以下几点：

一是，伊斯兰教教义的影响使得金融市场发展及创新动力不足。文莱大部分的国民都是虔诚的伊斯兰教徒，而根据伊斯兰教教义，对于利息和金钱的欲望本身就是不被提倡并禁止的，这也使得文莱国民对于资本市场的逐利性并不热衷甚至排斥，相反促使了伊斯兰金融在文莱的发展。

二是，"高福利、低工资"的社会制度使得民间货币存量较低，对多样化的金融产品和服务需求不足。在文莱高福利政策下，人民的住房、医疗、教育等方方面面都可以享受政府的优待，当地百姓生活成本很低，货币工资数量不多，闲置资金数量不大，加之地处东南亚，热带的气候条件造就了国民生活节奏较慢的特点，人们不注重货币财富的积累，也就没有大量的资金寻求金融投资，因此更没有旺盛的需求推动金融市场的创新和发展。

三是，现有金融体系格局已能很好地满足当地对金融服务的需求。作为一个人口仅有40余万的小国，金融需求总量不大。同时，单一的能源型经济结构无须庞大的金融市场提供服务支撑。以文莱目前的经济发展状况来看，其经济结构较为简单，文莱本国的企业大多是合资企业，总体数量不多，通过银行体系融资的竞争并不是很激烈，因此现有的银行体系已经可以较好地满足社会对于资金融通的需求。

三　文莱金融结构的功能与效率分析

整体而言，若以现代金融体系的观点和理论来审视文莱，那么它的金融体系功能并不健全。但结合其经济发展路径和金融需求来看，文莱现行的简单金融结构却能够较好地满足本国的金融需求，为本国经济社会提供需要的金融服务，能够适应经济发展的要求。

目前在文莱的国民经济运行中，金融体系尤其是银行体系为其提供了必要的支撑。一方面，虽然资本市场十分不发达，但现有银行体系能够很好地为企业提供间接融资渠道的资金支持；另一方面，现有的金融体系提供了便捷的货币清算服务、汇兑等服务，为本国进出口贸易、海外劳工提供了必要的金融服务。对于其居民而言，文莱公民的主要金融需求就是存贷款，而银行体系在满足基本金融需求的同时，也没有滋生引发新的问题，金融资源分配较为合理、顺畅，金融体系的稳定性也相对较高，没有发生大的危机。从这个意义上讲，文莱现行的金融结构能够很好地保障其金融功能的发挥。

然而，文莱的经济发展正面临转型，近海油气开采的存量下降和成本上升使得文莱面临相关产业的调整。在转型的过程中，文莱一方面需要继续开拓油气深加工，另一方面大力发展建筑、交通运输、旅游等行业，在这个过程中，必要的金融支持至关重要，需要根据国家经济结构的调整进行金融产业格局的重构。如果在文莱的经济转型中，其金融体系不能紧跟其步伐，则将有可能成为文莱经济发展的掣肘。

第五节　中文金融合作现状及未来展望

作为"一带一路"战略沿线国家之一，文莱具有得天独厚的地理资源优势，同时其政治稳定、环境开放，未来中文合作具有重要的战略意义。目前两国金融合作刚刚起步，未来在人民币结算、伊斯兰金融、资本市场业务等多方面都有进一步合作的空间和可能。

一　中文金融合作现状

中国与文莱目前在金融方面的合作正在逐渐加强。此前，花旗银行、香港汇丰银行基于自身战略调整的需要，已陆续宣布逐渐退出文莱市场。紧接着，中国银行将于 2017 年 9 月在文莱开设分支机构。中国银行文莱分行将是在文莱开设的第一家中国大陆金融机构。

此外，中国与文莱方面的其他金融业务上的合作正在逐渐推进。2009年 11 月，文莱香港汇丰银行与中国交通银行完成了首单人民币贸易结算业务，人民币结算业务是中国政府与东盟国家、中国香港及澳门之间开展人民币结算业务的试行计划之一，该业务的启动为两国贸易结算提供了极大便利，减少因美元汇率波动导致的损失，促进双边贸易的发展。2010年，中国银联与花旗银行、汇丰银行和渣打银行达成合作协议，实现了银联卡在文莱 ATM 的受理。2011 年，文莱最大的信用卡收单机构佰度瑞银行（Baiduri）发行了该国第一张银联卡，覆盖了文莱主要的高端零售店、酒店、餐馆等银联卡持卡人经常光顾的商户，为当地居民提供了新的支付产品选择。2014 年 2 月，中国证监会与文莱金融管理局签署了两国证券期货管理合作谅解备忘录。该备忘录是文莱与外国金融与证券管理机构签署的第五份类似文件，标志着文莱金融机构可向中国证监会申请合格境外机构投资者资格并进入中国市场投资。

二　中文金融合作的空间与可行性分析

在"一带一路"沿线国家中，文莱因其体量太小，经济结构单一，常常被人忽略。然而，这个独立的王国却有着特有的优势。其政治稳定，社会有序，资源丰富，开放程度高，这些都将为两国合作打下良好基础。中文两国金融合作才刚刚起步，根据对文莱金融结构的分析可以看出，两国未来金融合作方面空间和潜力巨大。

首先，文莱作为一个经济结构急需转型的能源型国家，面临着巨大的转型压力和合作需求，同时，其金融体系也要面临转型和完善。对于没有多元化产业支撑的文莱经济结构而言，转型中如有大国力量对其施以援手，将会事半功倍。改革开放以来，我国取得的成就举世瞩目，但是我国目前也处于经济转型和结构优化的阶段当中，需要与友邻合作谋求新的发展。中国的高铁技术正在走出去，亚投行的建立也在"一带一路"国家中进行基础设施建设布局，而随之而来的金融服务则非常必要。两国互设金融机构，可以为基础设施的建设、经济结构的调整提供必要的资金支持和便捷的金融服务，为两国长效的经济合作提供保障。

其次，文莱作为一个贸易顺差国家，在出口石油天然气的同时，其大量的农产品、日用品等产品也都必须通过进口满足本国人民需求。贸易活动需要有结算便利作为支持。中文两国长期以来一直保持友好的经贸往来，未来更可以通过增加对文莱直接投资等方式帮助其完善其服务业的发展，同时也可以向文莱出口粮食、生活用品，并从文莱进口其优势产品以帮助鼓励其民族工业发展。而现在，人民币和文莱元尚不能自由兑换，开通人民币结算业务将为两国经贸合作提供有力的支持。

再次，文莱金融业中发达国家的外资金融机构逐渐撤离，西方金融集团开始逐渐缩减亚洲业务量，而我国作为亚洲地区经济大国，既给我们提供了进驻的契机，也为文莱带去了新的伙伴合作空间和可能。中国银行已于 2016 年率先在文莱开设分支机构，然而这不应该仅仅是东盟十国战略布局中的一环，更该是中文两国深入金融合作的开端。

此外，文莱的伊斯兰金融业务发展将为我国带来重要的借鉴意义。我国曾在新疆、青海一带进行过伊斯兰金融业务试点，至今收效甚微。文莱虽然经济规模小，但其伊斯兰金融业务发展较好，规模、业务种类相对比较齐全，尤其是其伊斯兰保险的运作，在实际运行中表现出了非常好的安全性和稳定性，值得我国保险行业借鉴。

最后，文莱华裔虽然不像在菲律宾、印尼等国一样众多，但人数也不少，从财富管理的角度，中资企业和金融机构入文将会为华裔提供更好的金融服务。

三　对中文金融合作的未来展望与建议

中文两国的金融合作，要依托实体经济稳步推进，立足区域长远发展和互惠互利，建立畅通稳定的合作机制和模式。具体而言，可以从以下几个方面着手：

第一，推行人民币结算业务，推动双边贸易发展。目前国内人民币与文莱元不能直接兑换，这并不利于中文两国的贸易往来。随着我国"一带一路"政策的实施，与文莱的经贸合作将更上一个新的台阶，中文两国合作开展人民币跨境结算业务，有利于为两国双边贸易提供便利。一方面，文莱正面临经济结构转型，目前文莱正大力发展建筑业和旅游业，而这方面中资企业可以发挥其核心优势，在文莱推行人民币结算业务，可以极大地促进两国经贸合作，帮助文莱实现经济结构战略转型；另一方面，文莱作为"一带一路"节点上的国家，推行人民币结算业务也有利于我国"一带一路"政策的实施，同时对于人民币国际化将起到助推作用。

第二，互设金融机构，发挥各自传统金融与伊斯兰金融业务优势，探讨加强金融体系稳定性的新模式。我国虽不是伊斯兰国家，但是在我国西北部新疆、青海一带，却存在为数不少的信仰伊斯兰教的百姓。我国近年来也在西部地区推行伊斯兰金融业务试点，但是进展不尽如人意。在 2008 年金融危机中，伊斯兰金融表现出了良好的稳定性和普惠性，使得其越来越受到全球范围内理论界和实务界的关注。伊斯兰金融是文莱金融的一大特点，无论是伊斯兰银行还是伊斯兰保险业务，其表现都可圈可点。文莱具有发展伊斯兰金融良好的先天条件和后天成果，对于我国探索伊斯兰金融服务，建立完善、稳定的金融体系有重要的借鉴意义。同时，我国作为一个银行主导型国家，在传统商业银行业务的发展上拥有较丰富的经验，中文两国合作，可以通过互设金融基础设施、开展相关业务实现优势互补。

第三，资本市场业务合作，帮助两国实现新经济形势下的转型与反思。我国资本市场虽然也处于发展阶段，但近几十年的发展可谓是经验与教训并存，目前已具备一定的金融市场规模，金融品种、金融业务种类相对较为齐全，金融创新渐渐活跃。文莱虽然是伊斯兰教国家，但其传统金融业务与伊斯兰金融业务并驾齐驱，文莱也把发展资本市场作为其未来转型中的国家发展重要战略目标之一，因此，两国合作可以帮助文莱建立起完善的现代资本市场，同时在探讨文莱资本市场发展路径的过程中也有利于我们对自身进行反思。

参考文献

[1] Ali A. S. H. M., "Brunei Darussalam Country Report", *General Information*, 2013.

[2] Bashir M. S., Mail N. H. H., "Consumer Perceptions of Islamic Insurance Companies in Brunei Darussalam", *International Journal of Emerging Sciences*, Vol. 1, No. 3, 2011, 285 – 306.

[3] Ebrahim M. S., Tan K. J., "Islamic banking in Brunei Darussalam", *International Journal of Social Economics*, Vol. 28, No. 4, 2001.

[4] 陈臻：《文莱金融初探》，《南洋问题研究》1989 年第 2 期。

[5] 黄瑛、罗传钰、黄琴：《文莱经济社会发展与"一带一路"建设的互动分析》，《东南亚纵横》2015 年第 11 期。

[6] 刘仁伍：《东南亚经济运行报告》，社会科学文献出版社 2009 年版。

[7] 马金案：《文莱经济社会地理》，世界图书出版广东有限公司 2014 年版。

[8] 聂德宁：《中国与文莱贸易往来的历史考察》，《中国社会经济史研究》2008 年 2 月。

[9] 饶亮亮、黄涛：《浅议文莱战略文化》，《东南亚之窗》2014 年 2 月。

[10] ［文莱］伊斯梅尔·杜拉曼、阿达尔·阿米·约·哈希：《文莱：以自己的方式发展》，徐斌译，《南洋资料译丛》2000 年 1 月。

［11］文莱 Baiduri 集团网站（http：//www. baiduri. com. bn）。

［12］文莱 BIBD 集团网站（http：//www. bibd. com. bn）。

［13］文莱金融管理局网站（http：//www. ambd. gov. bn）。

［14］文莱首相府网站（http：//www. pmo. gov. bn/）。

［15］中华人民共和国驻文莱达鲁萨兰国大使馆经济商务参赞处网站： （http：// bn. mofcom. gov. cn）。

第 八 章

越南金融发展中的结构特征
及其与中国的合作

越南是东盟十国中欠发达的国家,农业是其国民经济的支柱产业。近年来,越南宏观经济总体趋势向好,经济总量保持较高增速,产业结构不断得到优化,对外经贸合作的广度和深度均有显著提高,但其银行和金融业仍处在严格的管制中。

第一节　越南经济当前发展概况

2000 年以来,越南的国民经济呈现了递增性增长的势头。国民经济增长的主要推动力是消费和投资的增长,出口市场不断扩大,非国有经济发挥了重要的作用。30 年来,越南经济步入上升通道,年均国内生产总值增长 6.5%。2015 年人均 GDP 为 2109 美元,仍然属于欠发达经济体。

一　越南社会经济发展的主要历程

越南长期属于世界不发达的国家之一,经济基础非常薄弱。1986 年,越共"六大"会议召开,越南经济改革全面拉开,总体而言,可以革新开放作为分水岭,将越南的经济发展划分为两个阶段。

第一阶段(1976—1985),国家统一后经济严重困难以及经济变革过渡时期。越南因为长期受战争破坏,经济以及工业基础相当薄弱,而且越南是一个传统农业国,第一步无疑是大力发展农业。面对严峻的经济形势，越共逐步调整经济政策，通过一系列的改革措施，越南经济改革取得了一定的成效，尤其是农业和工业得到了较大的提升。但是，越南高层在试行改革的过程中没有长远的战略计划且高估了改革的成效，最终导致严重通货膨胀。

第二阶段（1986年至今），正式革新开放时期。通过贯彻实施改革措施，越南取得了瞩目的经济成果。但是好景不长，受1998年亚洲金融危机爆发以及自然灾害的影响，越南对外经济贸易和农业均遭受了打击。加之国内经济结构仍存在不合理现象，对农业和工业的支持力度不够，过多的资金被投入到第三产业领域当中。越南受亚洲金融危机的影响进一步恶化，经济增速放缓。

面对亚洲金融危机所带来的负面影响，越南认识到在对外开放、大力吸引外资的同时"必须加强国营企业的效率，并对区域货币危机采取更加全面的对策"。为此，越南政府颁布了一系列措施，鼓励国内企业发展；加强对国内经济基础设施如：交通、码头、电力等的资金投入；开发国内尤其是农村市场的潜力；颁布《银行法》并配套加强对信贷业的管控，提高银行系统抗风险能力，提高中长期贷款比重；等等，该阶段取得了较为明显的成果：服务业和制造业是越南国内外私人投资的主要集中点，在国民经济中所占有的比例持续上升；国家财政收入稳定增长；社会投资活跃，在社会投资方面中国内地投资的比例不断增长，摆脱了过度依赖外资的局面；对外贸易持续增长，2003年已经超过了400亿美元。

二　越南经济发展与结构现状

（一）越南经济规模现状

革新开放为越南带来了飞速的发展。根据 Wind 数据显示，越南的国内生产总值从1986年的263.37亿美元增长到2015年的1935.99亿美元。在这31年中，越南经济平均增长幅度为6.5%。越南中央银行年报显示，2015年越南经济增长幅度为6.68%，较2014年上升0.7%。物价水平方面，2012年以来逐渐趋于稳定。

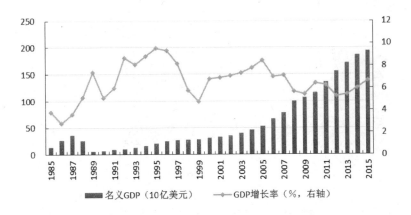

图8—1　1985—2015年越南经济规模与经济增长

资料来源：Wind 资讯。

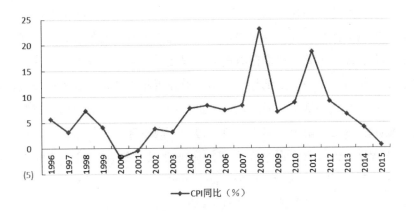

图8—2　1996—2015年越南 CPI 增长情况

资料来源：越南统计局网站。

（二）越南经济结构特征

农业在越南经济中仍占较高比例，但近年来随着工业化的发展，农业在经济中的比重逐渐下降。2014 年农业仅占 GDP 的 18.1%。越南粮食作物以水稻为主，其他粮食作物包括玉米、马铃薯、番薯和木薯等，经济作物主要有咖啡、橡胶、腰果、茶叶、花生、蚕丝等。越南越来越多地依赖经济作物来进一步发展经济。政府很重视提高农业生产效率，但是农业生产设施和肥料的缺乏已阻碍了进一步的增长。

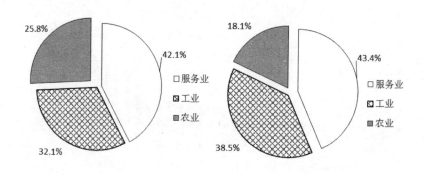

图8—3 1997年（左）与2014年（右）越南产业结构
资料来源：World Bank.

工业总产值占国民经济总产值的 38.5% 左右，轻工业和手工业产值占其一半以上。重工业主要集中在北方，北方拥有丰富的有色金属矿、煤矿和水力资源，主要工业部门有电力、煤炭、冶金、机械制造、化工、采矿、建筑材料、纺织、造纸等。越南工业在近年来获得了较大的发展，原油、钢铁、水泥、纸张等的产量都呈上升趋势。工业区有河内、海防、太原、鸿基、越池、南定、胡志明市、边和、岘港等。

在渔业、畜牧业方面，江河和沿海渔业较发达，年均捕鱼约 100 万吨。海鱼有 2000 种，虾类 70 种，海藻 650 种，淡水鱼 200 种。近年来，越南政府除增加建设鱼苗场和养殖场以外，还鼓励家庭养殖。越南的牲畜主要是水牛和黄牛，家畜主要是猪。越南北部、西北山区和西原地区气候温和，草木丰盛，有大片的天然牧场，成为畜牧业的主要基地。

在种植业方面，越南的热带水果较多，主要有香蕉、菠萝、杧果、荔枝、龙眼、椰子、榴莲、青龙果、杨桃、槟榔、柑橘、柚子等。现在越南有大量的农户家庭种植果树，其中 25 个农场专门种果树，主要是菠萝和柑橙。

越南是发展中国家，交通设施相当落后，严重制约着国民经济的发展。革新开放以来，越南政府正在采取积极措施，加紧对交通设施进行改造，争取尽快改变交通落后的状况。

（三）中越经济合作情况

众所周知越中双方都在南海主权争议方面表现得态度强硬，但紧密的经济需求使一度激烈的情绪逐步消散，两国关系又重新回到正常轨道上来。越南统计局公布的数据显示，2014年越南从中国进口商品总价值达438.7亿美元，与2013年同比增长18.7%；与此同时，越南对中国的贸易逆差达到289.6亿美元，与2013年同比增长22.2%。这些数据意味着中国仍旧是越南最大的进口市场。

越南与中国地缘相近、交通便利，贸易上的优势非常明显。越中边境线长1450公里，有8个国际口岸、13个主要口岸及多个附属口岸和边贸市场。中国已经连续多年成为越南第一大贸易伙伴，越南的大米、煤炭、天然橡胶第一大出口市场是中国，后者同时也是越南机械设备、纺织原料、建材、家电、汽车和农资产品的主要进口来源地。在这样的背景下，越南如果想对中国持更强硬的政治立场，就不得不考虑其在经济上对中国贸易、投资的需要。越中经贸交往的活跃为两国百姓带来了实惠，也有利于两国关系不会彻底破裂。事实上，近年来不仅仅是中国的各种商品对越南形成了巨大的影响，越南的荔枝、火龙果等已经深入中国各地，为广大中国消费者所熟悉。

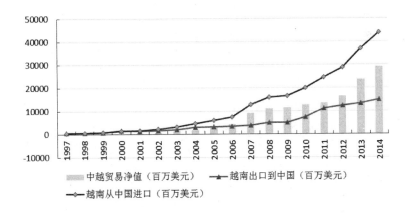

图8—4　1997—2014年越南对中国贸易情况

资料来源：亚太发展银行。

第二节 越南金融发展状况

一 金融发展历史回顾

20 世纪 80 年代中期越南开始进行金融体制改革。1987 年越南建立了商业银行，又于 1988 年成立了股份银行，随后相继成立了包括工商、外贸、建设以及房地产在内的专业银行。

为了打破"大锅饭"体制，越南金融体系从投资、利率、汇率制度及提供资金方式等方面分别加强了改革，以更好地服务于越南经济体制改革的需要。改革后各方面取得了积极的成效，并一跃成为经济增长快速、市场活跃的地区。特别是 1997 年金融危机以来，越南政府为了刺激经济的发展，采取了高投资的措施，使得 GDP 在一定时期内实现了快速增长。同时越南政府还加大吸引外资力度，其人均 FDI 远远超过中国及其他发展中国家。

虽然越南经济融入世界，但在市场控制方面仍跟不上世界的脚步。越南参与资本市场的 100 多个上市公司中，以政府投资型公司、资源型公司居多，反映了其市场结构的失衡。因此，建立一个健全、完善的金融服务组织体系将成为越南未来经济发展的必然要求。

二 越南现行金融管理的制度安排与特征

（一）中央银行

越南国家银行，是越南的中央银行。

越南国家银行是越南中央政府的一个部级机构。董事会是国家银行最高决策机构，其成员由行长与副行长组成。行长以下设有若干位副行长分别负责领导各分工单位，国家银行共设有 27 个分工单位，其中 20 个为分工部门，7 个为所属国有非生产性单位。越南国家银行行长属于越南政府内阁的成员之一。

（二）货币政策

从货币供应量角度看，越南央行对货币供应量尤其是基础货币供应量的控制能力比较差。20 世纪 90 年代中期以前，越南央行投放基础货币的主要渠道是对金融机构的贷款，但由于金融监管水平的局限，商业银行往往利用信贷扩张来强制央行增加贷款，在调控能力被削弱的情况下，越南在银行基础货币投放方面十分被动。

从利率角度看，虽然短期利率在作为货币政策中介目标方面存在很多灵活操作的优势，但对于越南来说，该中介目标的应用条件尚不充分，主要是因为在不同的经济环境下，由于货币政策的外在时滞，其最终作用效果往往很难实现预定目标，因此对于缺乏充分的成本控制和效益优化的越南而言，其作用效果很难控制。此外，由于货币政策受到对未来预期变动的影响，单纯的利率调整对存款的调节作用也是有限的。

虽然越南国家银行对通货膨胀目标调控具有一定兴趣，但业内普遍认为，越南的当前状况并不支持传统的通货膨胀目标调控机制框架。目前，越南国家银行通过市场化间接调控工具执行相关货币政策的能力还十分有限，虽然长期以来其对该目标的实现进行着积极探索，但限于金融市场发展的相对薄弱（政府债券市场相对零散并缺乏流动性）以及政策作用的局限性，越南国家银行的探索道路仍较为漫长。并且从政府层面看，越南并不希望完全根据通货膨胀目标调控机制来制定货币政策的基本目标，与快速可持续性增长等社会经济目标相比，通货膨胀调控目标不再不具有先决性。在越南央行缺乏货币政策独立性的情况下，即便认识到控制通货膨胀对可持续增长的必要性，越南国家政府领导者也不愿意牺牲增长或就业目标来换取通货膨胀调控目标的实现。

以汇率作为货币政策中介目标是指，对于开放性程度较高的经济体而言，由于国际贸易在经济总体构成中占较大比重，因此可通过使汇率在合理区间内变动来影响进出口的变动和生产要素的国际流动从而实现经济体的内部均衡和外部均衡，对于汇率目标制而言，国际收支的动态平衡是其核心目标要求，实际操作中，在设定一个合理的汇率浮动区间基础上，通过公开市场业务等政策工具对货币供应量、利率等指标进行调整，从而将汇率波动维持在合理的区间范围之内，由于汇率目标制的上述特性，因此对于小型开放经济体而言是值得探索实践的。

三　越南金融总量的现状

越南货币增长和经济增长都较快，但通货膨胀率较为严重。图8—5展示了越南1997—2014年经济增长、广义货币量增长和通货膨胀率的变化趋势。在这 17 年间，越南经济发展迅速，一直保持了 5% 以上的经济增长，国内生产总值最高甚至达到 8.2%。与经济高速增长相伴随，越南通货膨胀日益加剧。2007 年以后越南通货膨胀愈演愈烈，2008 年 5 月份越南消费物价指数同比上涨竟达到了 25.2%，增速为 1997 年以来最快水平，成为亚洲通货膨胀最严重的国家。越南通货膨胀主要是货币投放增长较快、本币贬值、经济持续过快增长以及自然灾害频繁发生等因素造成的。在越南政府采取适度降低经济增长、实施紧缩的货币和财政政策、限制部分产品出口、实行限价等综合调控政策后，越南通货膨胀将有所缓解，但在 2011 年 CPI 再次达到 18.7%。根据最新的数据显示，越南现在的通胀维持在 4% 左右。

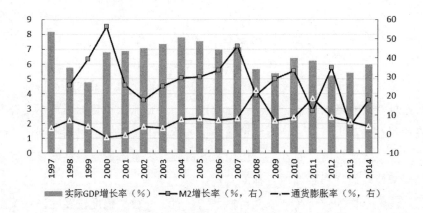

图 8—5 1997—2014 年越南实际 GDP 增长率、广义货币增速和通货膨胀率
资料来源：亚太发展银行，Wind 资讯。

越南广义货币量增长十分迅速。如图 8—6 所示，广义货币量从 1997 年的 815580 亿越南盾增长到 2014 年 51792160 亿越南盾（约 2437.7 亿美元），17 年间扩大了 63.5 倍。

越南经济货币化水平提高较快。如图 8—6 和 8—7 所示，在银行体系不断开放的过程中，经济货币化水平也不断提高。2007 年以前，越南的广义经济货币化比率 M2/GDP 一直在快速攀升；而自 2008 年以后，该指标虽有所反复，但总体仍呈上升趋势。截至 2014 年，M2/GDP 已达到 131.5%；与此同时，狭义经济货币化比率也达到了 117.2%，经济货币化水平明显提高，反映出越南金融发展水平得到了显著提高。

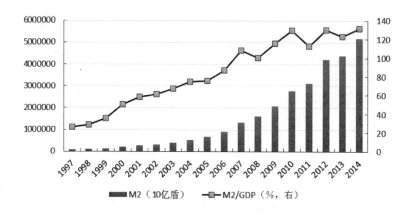

图 8—6　1997—2014 年越南广义货币 M2 的变化趋势
资料来源：亚太发展银行。

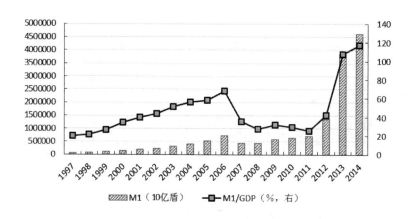

图 8—7　1997—2014 年越南狭义货币的变化趋势
资料来源：亚太发展银行。

越南存、贷款增长较快，金融深化水平大幅提高。如图 8—8、8—9 所示，2014 年，越南商业银行存款同比增长 21.6%，达到 38922320 亿越南盾，约合 1832 亿美元。商业银行贷款同比增长 12.8%，达到 27323468640 亿越南盾，约合 1286052 亿美元。

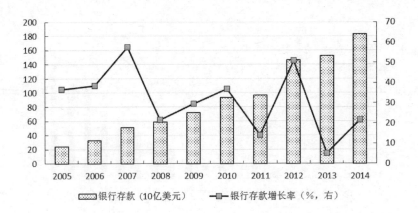

图8—8 2005—2014年越南存款总量及其增长率

资料来源：亚太发展银行。

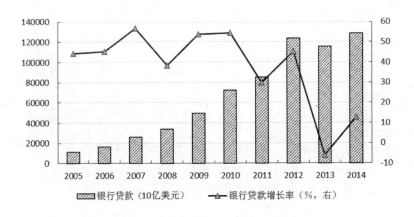

图8—9 2005—2014年越南贷款总量及其增长率

资料来源：亚太发展银行。

第三节 越南金融结构描述与分析

概括起来当今越南金融结构的主要特征有以下几点：

（1）在金融产业结构中，银行业居于主体地位，根据越南央行2015年资料显示，银行业占金融机构总资产的84%，且国有银行处于寡头垄断地位；金融产业区域结构的二元性特征明显，以湄公河三角洲的代表城市胡志明和以红河三角洲的代表城市河内为中心呈辐射状向周围分布，各类金融结构的业务结构比较简单，收入结构也单一。

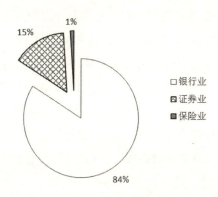

图 8—10　2015 年越南金融产业结构

资料来源：越南央行。

（2）在金融市场结构中，货币市场和资本市场是越南规模最大的两个市场；货币市场中以银行间债权市场和银行同业拆借市场为主体，其他市场发展较为缓慢；资本市场以股票市场为主体，国债发展迅速；股票市场中又以场内交易市场为主体，场外交易市场滞后；上市公司以国有控股企业为主。

（3）在金融资产结构中，货币性金融资产占有很大比重，成为越南金融资产的主体；非货币性金融资产，尤其是保险类金融资产近几年呈迅速增长之势。

（4）在融资结构中，居民部门是最主要的融出主体，但近几年来居民部门融入的资金量日见增多；企业部门是资金最主要的融入主体，外源融资是企业最重要的资金来源，其中外源融资中又以间接融资为主。

（5）在金融开放结构中，以外资金融机构进入为主体。

一　以银行业为主导，证券保险快速发展的金融产业结构

（一）银行业集中度过高的市场份额结构以及存贷比过高的业务结构

越南银行业高度集中。2015 年银行业全系统总资产达 7300 万亿越南盾（约合 3333 亿美元），比上年增长 12.35%，在整个金融业中占比 84%。

目前越南已形成了一个多层次的银行业结构。截至 2014 年末，越南当地共有 5 家国有商业银行、1 家社会政策银行、1 家开发银行、33 家商业股份银行、47 家外资银行分行、4 个合资银行、5 家独资银行，除此外还有 1145 家信用社，主要集中在河内和胡志明市。相对于市场规模，现有银行数量已经过剩，因此央行对于新增外资银行持非常谨慎的态度。高度集中的银行结构目前还是适合越南经济发展的需要，类似中国的体制，国有四大银行有带动其他商业股份银行的支柱作用，确保国家对金融市场的绝对控制。总资产方面，国有商业银行占比 44%，商业股份银行占比43%，合资银行总资产占比 11%，而其他银行金融机构占比只有 2%。

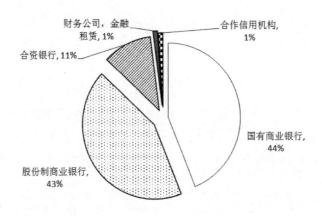

图 8—11　2015 年越南不同性质银行资产占比

资料来源：BVD 数据库。

越南的银行业集中度太高，图 8—12 反映了越南前三大银行的总资产占整个银行业总资产的百分比，图中不难发现银行集中度从 2005 年开始到 2012 年总体呈下降趋势，随着 2012 年央行出台的关于减少越南银行数量、提高银行质量的政策以及越南商业银行的并购重组，2013 年越南银行业集中度首度达到峰值，2014 年随着引入外资银行，很多合资银行的兴起让银行集中度又有了近 4% 的降幅。不过总体而言，越南银行业的集中度一直保持着较高的水平，这体现了越南银行业资产分配不均的事实以及越南在未来很长一段时期仍是以国有银行为主导的市场份额结构。

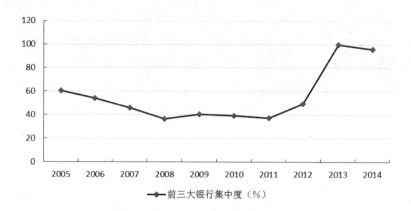

图 8—12 2005—2014 年越南前三大银行集中度

资料来源：World Bank.

宏观上看，越南货币银行资产占其 GDP 的比重较高，波动不大，总体呈上升趋势。从时间序列来看，除了 2010—2012 年有短暂的下降以外，总体来说该比例稳定在 60%—100% 之间。

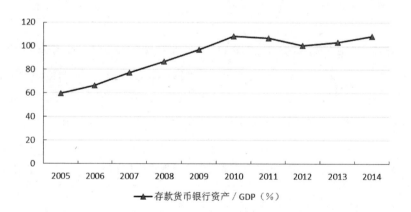

图 8—13 2005—2014 年越南存款货币银行资产占 GDP 比重

资料来源：World Bank.

越南银行存贷比（银行信贷/银行存款）波动幅度很大，存贷严重不均衡。银行存贷比是衡量一国银行信贷扩展程度的重要指标，从银行盈利的角度讲，存贷比越高越好，因为存款是要付息的，即所谓的资金成本，如果一家银行的存款很多，贷款很少，就意味着它成本高，而收入少，银行的盈利能力就较差。从银行抵抗风险的角度讲，存贷比例不宜过高。从越南的数据来看，银行信贷在 2005—2007 年保持稳定，2008—2011 年该比率陡然上升，最高值甚至达到了接近 900% 的水平，严重降低了越南银行业抗风险能力。2011 年以后存贷比逐渐下滑，但依然维持在 600% 的水平。

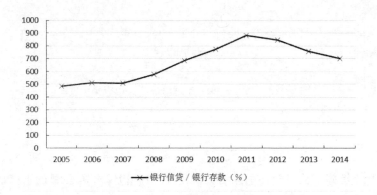

图 8—14　2005—2014 年越南银行信贷与银行存款之比

资料来源：World Bank.

越南现有 5 家国有商业银行，分别为越南农业与农村发展银行（Agribank）、越南工商银行（Vietinbank）、越南外贸银行（Vietcombank）、越南投资与发展银行（BIDV）、湄公河三角洲房屋开发银行（MHB）。表 8—1 是越南 5 家国有商业银行的自有资本持有情况：

表 8—1　　　　　　　越南五大国有商业银行自有资本持有情况　　　　单位：亿越盾

银行名称	2010	2011	2012	2013	2014
Agribank	247490	264910	345190	405530	430730
Vietinbank	181700	284910	336250	540750	546020
Vietcombank	207370	286390	415470	423860	432480
BIDV	242200	243900	264940	320400	320480
MHB	32160	31870	32690	35350	36000

资料来源：越南国有商业银行的报告。

在 2000 年越南两家大型国有商业银行是工商银行和外贸银行。二者在进行股份化以前,国有商业银行普遍进入高坏账的状态,甚至可能会破产,为了改善这种情况,国有商业银行通过增加资本规模,专注处理不良债务进行重组计划,同时使用利益收入的资金补充自有资金。这就是为什么国有商业银行的资本相比过去已经显著增加。

表 8—2 是 2010—2014 年 5 家国有商业银行的资本充足率,从 2010 年 10 月 1 日起,根据 13/TT－NHHN 的通知,越南商业银行的资本充足率必须达到 9%。截至 2014 年 10 月 31 日,国有商业银行系统的资本充足率达到 9.89%。

表 8—2　　　　　　　越南国有商业银行资本充足率　　　　　单位:%

银行名称	2010 年	2011 年	2012 年	2013 年	2014 年
Vietinbank	8.02	10.57	10.33	13.17	13.2
Vietcombank	9.00	11.14	14.63	13.13	12.0
BIDV	9.32	11.07	9.65	10.23	9.0
Agribank	6.09	8.00	9.49	9.11	9.1
MHB	13.9	22.1	16.0	16.0	16.95

资料来源:国有商业银行报告。

表 8—3　　　　越南国有商业银行的不良贷款占贷款总额比例　　　单位:%

银行名称	2010 年	2011 年	2012 年	2013 年	2014 年
Vietinbank	0.66	0.75	1.35	0.82	1.77
Vietcombank	2.83	2.03	2.4	2.73	2.61
BIDV	2.53	2.96	2.92	2.37	1.97
Agribank	3.75	6.1	5.8	5.6	6.54
MHB	1.9	2.31	2.99	2.72	2.65

资料来源:国有商业银行的年度报告。

越南银行业的主要问题是整体规模比较小,金融风险抵抗能力不强。特别是四大国有商业银行仍然依赖政府提供自有资金,一些商业股份银行自有资金还不能抵制金融风险;越南银行业在一定程度上仍然存在着一定的弊端，其银行在资产质量、信息披露、公司治理等方面具有一定的缺陷，越南政府对银行业的监管力度也稍显薄弱，近年来，越南政府试图通过调整其最大的数家商业银行资本结构来弥补现有不足，但是效果不显著，同时越南中央银行操作能力有明显的滞后性，财政预算透明度有待加强。

（二）证券市场具有分工明确的主体层次结构

虽然经历了中国经济和证券市场剧烈震荡、汇率突变、国际资本外流、油价下滑等世界经济事件的冲击，但 2015 年越南证券市场相对稳定，与地区其他国家相比仍然是吸引间接投资的亮点。截至年末，总市值已达 1325 万亿越盾（约 3818 亿元人民币），相当于 GDP 的 34%。交易日平均成交量 4.964 万亿越盾（约 14.3 亿元人民币）。

自 2016 年初以来，越南证券市场快速复苏并成为年初以来全球增长速度最快的 5 个证券市场之一，也是 2016 年第二季度东南亚各国收益率最高的证券市场。仅在 2016 年 7 月，越南证券指数的增长率达到自 2008 年 3 月以来最高水平 649.87 分，比 2015 年年底增长 12.2%，市值达 1570 万亿越盾（约合 704 亿美元），比 2015 年年底增长 15.5%，相当于国内生产总值的 37.4%。

与其他的证券市场一样，越南证券市场同样有其特点。越南证券市场的结构包括品种结构，投资者结构、主次层次结构等多个方面。

越南证券市场的两个交易所分工明确，形成了越南证券市场的主体层次结构。越南证券市场主要有主板市场和中小企业板市场两个层次，分属于胡志明证券交易所和河内市证券交易所。胡志明市证券交易所是主板市场，上市的资本门槛要求高，主要满足规模较大企业的上市融资和交易；河内市证券交易所是中小企业板市场和场外市场，上市的资本门槛较低，主要服务于较小规模企业的上市融资与交易，也服务未上市企业的场外股票交易。

越南债券市值最高，股票市值次之，基金市值占比最小。越南证券市场交易品种主要有股票、债券、基金，其中的股票又包括国有企业股票和私企股票，债券则包括国债和企业债券，基金则是证券投资基金。越南证券市场的交易产品主要以股票和债券为主，基金数量较少，其中债券的数量占比最高，但是股票数量增速很快。从股票的流通性来看，越南证券市场中的股票可以全流通，股东持有的小部分库存股虽然没有上市交易，但也具有流通性，可以随时进入市场交易，很多股东为了公司的控股权不愿交易。

越南证券市场虽然发展经历时间较短，但是开放度不低，从一开始就允许外国的个人和机构参与交易。因此，越南证券市场的投资者结构除了划分为通常的机构投资者与个人投资者之外，还存在本国投资者与外国投资者的结构化分。当然，越南证券监管当局对于外国投资者的监管要求与对国内其他投资者是不一样的，存在持股比例限制和开放审查限制。

表8—4　　　　　　　　越南国内证券公司基本情况

证券公司名称	公司简称	注册资本（亿盾）	主办机构	经营业务
保越证券公司	BVSC	430	越南保险总公司	1、2、3、4、5
越南投资与发展银行证券公司	BSC	430	越南投资与发展银行	1、2、3、4、5
ACBS证券公司	ACBS	430	越南亚洲商业股份银行（ACB）	1、2、3、4、5
西贡证券公司	SSI	60	股份制	1、5
第一证券公司	SFC	430	平阳Becamex公司	1、2、3、4、5
升龙证券公司	TSC	90	军队股份银行	1、4、5
越南工商银行证券	IBS	550	越南工商银行	1、2、3、4、5

经营业务：1. 经纪；2. 自营；3. 承销发行；4. 投资账户管理；5. 证券投资咨询

资料来源：根据胡志明市证券交易中心公布资料编译整理。

如表8—5所示，2016年第一季度越南证券经纪市场份额领先的十家证券公司均为越南本土的证券公司，累计占据整个市场份额的68.73%，表明在越南证券市场上，本土证券公司实力较强，在市场扩展方面居于领先地位。同时，从另一个角度看，外资证券公司的母公司实力也较为雄厚，但却未在越南证券市场上占据主导地位，说明很多外资证券公司并没有把越南市场作为一个重点战略目标，在资金、技术、管理等方面的投入相对较少。

表 8—5　　　　　　　越南证券经纪市场份额领先的前十家证券公司

No.	公司名称	缩写	市场份额（%）
1	Saigon Securities Incorporation	SSI	13.96
2	Hochiminh City Securities Corporation	HSC	13.67
3	VietCapital Securities Joint Stock Company	VCSC	10.18
4	Vndirect Securities Corporation	VNDS	5.41
5	MB Securities Joint Stock Company	MBS	5.23
6	ACB Securities Company Ltd.	ACBS	4.31
7	KIS Vietnam Securities Corporation	KIS	4.16
8	Saigon Hanoi Securities Joint Stock Company	SHS	3.99
9	BIDV Securities Joint Stock Company	BSC	3.92
10	FPT Securities Joint Stock Company	FPTS	3.90

资料来源：胡志明证券交易所（http：//www.hsx.vn/）。

（三）发展程度虽低但竞争激烈的保险业

越南保险市场发展仍处于初级阶段，深度和密度处于较低的水平。2015 年保险深度较东盟平均水平（3.4%）低了 2 个百分点，保险密度较东盟平均水平（132 美元）低了 109 美元。越南民众的保险意识还不够强，投保率比较低。据统计，越南寿险的投保比例仅为 4.5%，摩托车强制保险的投保比例也只有 29%。2015 年越南保险市场营业收入约达 68.374 万亿越盾，同比增长 21.9%，创 5 年来新高。越南政府高度重视保险业发展，成立保监局，颁布《保险法》，完善保险业监管法律法规；开放保险市场，推进保险业国际合作及并购等。2015 年底，东盟经济共同体（AEC）的建成将为越南保险业带来重大的发展机遇，越南有望引进大量高素质的保险业人才。目前，外资在越南保险业的持股比例上限为 49%。

越南保险市场竞争激烈，竞争主要为手续费和人才的竞争。越南财政部规定，经纪人佣金率不得高于 15%，代理人手续费率根据险种不同也有相应比例的限制，但实务中突破比例上限的情况普遍存在，部分经纪公司还向投保人返佣。此外，越南保险人才培养的速度跟不上保险公司的增长速度，造成公司间人才争夺激烈，人力成本增长较快，人员跳槽频繁。营销员留存率较低，一年留存率仅为 20% 左右。

截至 2015 年底，越南保险市场共有 29 家财产险公司，16 家寿险公司和 2 家再保险公司。2015 年，越南保费收入 47.7 万亿越南盾（约合22.74 亿美元），同比增长 16%。财产险和寿险的比例为 51∶49。尽管增速较快，越南的保险深度和密度仍处于较低水平。2015 年保险深度为1.4%，保险密度仅为 23 美元。

二　金融市场结构

（一）货币市场发达，但结构单一

越南的货币市场中只有同业拆借市场较为发达，票据市场和债券回购市场所占份额很小。

货币市场是短期资金市场，是金融市场的重要组成部分。由于该市场所容纳的金融工具，主要是政府、银行及工商企业发行的短期信用工具，具有期限短、流动性强和风险小的特点。

表8—6　　　　　　　　　越南货币市场　　　　　　单位：十亿越南盾

年份	2010	2011	2012	2013	2014
狭义货币（M1）	640959	705998	1371842	3851531	4613262
流通中现金（M0）	337949	370992	465634	506739	624832
可交易用存款	303010	335006	906208	3344792	3988431
准货币	2148225	2419962	2845359	549161	565954
广义货币（M2）	2789184	3125960	4217200	4400692	5179216
外币存款（净值）	266567	300823	593223	612697	825954
国内信贷	2689527	3062086	3721441	3876350	4479804
政府部门债券	213991	232362	351953	406668	530128
私人部门债券	475535	2829723	3369488	3469683	3949676
其他金融机构债券	—	—	—	—	—
其他（净值）	−166909	−236948	−97464	−88355	−126542

资料来源：亚洲发展银行。

一个有效率的货币市场应该是一个具有广度、深度和弹性的市场，其市场容量大，信息流动迅速，交易成本低，交易活跃且持续，能吸引众多的投资者和投机者参与。

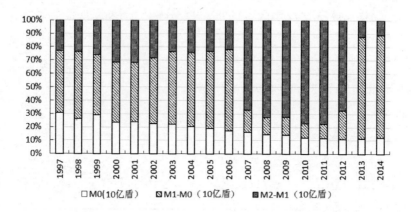

图 8—15 1997—2014 年越南现金、活期存款、定期存款和储蓄存款之比
资料来源：亚洲发展银行。

如图 8—15 所示，流通中现金所占比例逐年递减，而准货币占 M2 的比例由 2006 年之前的平缓波动到 2007 年的极具陡增并一直维持到 2012 年，体现了这一时期 M2 的增速远快于 M1 的增速，虽表明了投资和中间市场活跃，但也暗示了投资过热，需求过旺，有危机风险，这与 2008 年金融危机越南高度通货膨胀有密不可分的关系。

从利率角度来看越南的金融市场结构，1997—2001 年市场整体价格开始由高位向下滑落，从 2002 年开始到 2007 年无论是存款利率还是贷款利率均有所提高，但是波动幅度不大。2008 年受金融危机影响存贷、款利率陡然上升，随后受政府政策和市场的影响，存贷款利率在 2009 年又分别陡然跌至 8% 和 10%，之后的三年间存贷款利率又逐年增加，2011 年达到各自的峰值，推测越南政府为了控制恶性通胀从而提高市场利率而逐年调整。2011 年之后的五年间，存贷款利率逐年下降。从图上不难发现，近 10 年间存贷款利率之差一直保持着恒定的水平（见图 8—16）。

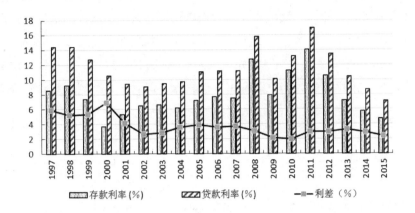

图 8—16　1997—2015 年间越南存款利率、贷款利率及利差

资料来源：越南央行。

（二）资本市场起步虽晚，但发展迅速

过去十年间，在越南经济改革开放的推动下，越南建立了以银行信贷市场为主、股票市场和债券市场为辅的越南资本市场。

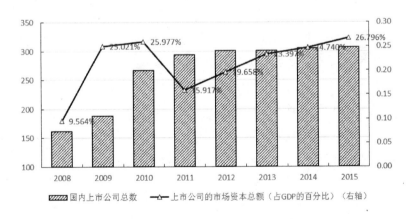

图 8—17　2008—2015 年间越南国内上市公司总数以及上市公司市场资本总额

资料来源：wind 资讯。

1. 发展曲折的股票市场

越南的资本市场发展较晚，证券市场刚起步，规模较小，经历了狂涨、狂跌、反弹、横盘等阶段，股市起伏不定。但随着上市公司不断增加和外资关注日益加深，越南证券市场正以较快的速度发展。如前所述，越南现有两家证券交易所，胡志明证券交易所和河内证券交易所。图8—17展示了2008年以来股票市场上市公司数目及其资本总额占GDP百分比的变化趋势，该比重虽与其他国家相比仍较低，但对于一个刚刚起步的证券市场而言，已经是相当不错的成绩。

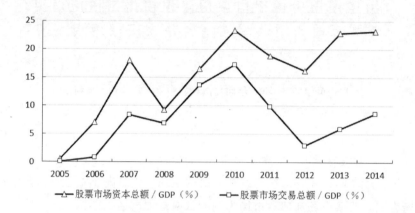

图8—18　2005—2014年间越南股票市场资本总额/GDP及股票市场交易额/GDP
资料来源：GFDD.

2011年越南证券市场不景气，全年河内综合指数下跌48.6%，越南综合指数下跌27.5%。股票交易萎缩，平均成交量下降，部分股票市值缩水达80%。2012年以来，越南证券市场有所恢复，河内综指和越南综指均有不同程度上升。从图8—18不难看出，近10年来越南上市公司的市场资本总额占GDP的百分比一直在显著提高。

2. 以政府债券为主的债券市场

从发债的主体来看，越南债券市场主要由国债、政府担保债券、组合式债券和公司债券构成；从债券的计价单位来看，越南债券可分为本币计价债券和外币计价债券。

政府债券主导越南债券市场。越南国债、政府担保债券和组合式债券一般统称为政府债券。越南政府债券发行流动量占越南债券市场总值的90%。目前，越南政府债券仅通过承销发行，在河内证券交易中心上市交易形成投标价。越南政府债券市场总值仅占越南 GDP 的 14%。

大型国有商业银行市政府债券的主要持有者，并且所持有的债券基本不会流转至二级市场。目前，越南最大的 4 家国有商业银行持有约 65% 市场总值的政府债券。由于越南大型国有商业银行持有政府债券的目的主要是基于长期投资、收益需求和流动性管理的需要，因此一般是持有债券至到期日，这也导致政府债券在二级市场的流动性很低。此外，债券市场还缺乏做市商和专业的机构投资者。

越南公司债券起步晚并且缺乏透明性。受限于越南政府 1994 年颁布的 Decree No. 120/1994/ND - CP 决议中对国有企业发债做出的相关规定，2006 年之前越南企业极少发行公司债券。自 2006 年越南公司法、越南证券法实施后，公司债券发行日益活跃，其中一个主要原因就是公司债券发行主体不再局限于国有企业和国有商业银行。公司债券发行主体扩大到私营企业和外资公司。同时，受银行业金融机构最低资产规模提高的政策影响，商业银行不断扩大债券规模，从而拉动了债券市场的发展。

虽然越南公司债券市场发展迅速，但市场规模还是非常小，如何平稳发展仍然面临着很多挑战。首先，根据目前的规定，绝大多数公司债券以非公开的私募形式发行，由于相关制度或机制缺位，难以保证债券交易信息披露和透明。其次，越南国内没有信用评级机构，因此绝大多数没有信用等级的越南公司债券在二级市场上缺乏流动性。最后，发行公司债券受宏观经济和货币政策情况的影响很大，越南经济发展的不确定性在一定程度上制约了公司债券市场的发展。

三 融资结构

（一）严重依赖内源融资，内外源融资结构无明显变化趋势

从融资结构的角度，我们可以把企业融资分为内源融资和外源融资，外源融资又可分为直接融资和间接融资。越南的金融发展水平较低，企业对内源融资的依赖程度更强。由于越南微观企业数据较少，我们采用 BVD 亚太企业数据库中的四家越南企业数据进行测算。图 8—19 展示了这四家企业的内、外源融资情况。企业的留存收益是利润的一部分，主要用于企业的持续经营，是企业内源融资的主要组成部分。折旧费用是企业按照会计准则计提的用于资产性支出的资金。由于计提折旧的资金将在较

长的一段时间内留存在企业内部，可供企业使用，故也属于内源融资的一部分。由于缺乏企业留存收益的数据，我们采用企业税后净利润与折旧费用之和作为内源融资的代理变量。由于缺乏企业在资本市场融资的数据，我们用总负债作为外源融资的代理变量，其中包括了企业贷款、票据等。

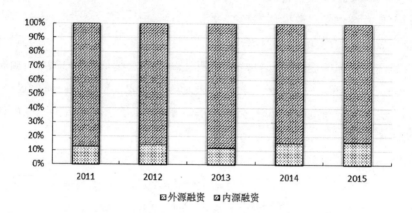

图 8—19　2011—2015 年越南外源融资与内源融资情况
资料来源：BVD 数据库。

如图 8—19 所示，2011—2015 年间，越南企业的内源融资数量总是远高于外源融资的数量，反映了越南严重失衡的融资结构。随着金融业的不断开放和发展，内源融资占比虽有所增加但增幅很小，意即内源融资一直是越南最主要的融资方式。

（二）直接融资与间接融资

金融体系结构即股票市场与银行的相对关系，从宏观视角反映了企业的融资结构。根据 Levine（2002），有两种方式来度量金融体系结构：金融结构的活动指标（银行信贷/股票市场交易额）和金融结构的规模指标（银行信贷/股票市场市值）。图 8—20 分别展现了这两个指标的变化情况。

由于越南股票市场成立的时间较短，我们无法观察到其存在稳定的趋势性变化。但是，从其相对大小关系，我们可以得到以下两点结论：（1）越南的金融体系仍然是以银行为主导的，无论是金融结构的规模指标还是活动指标，取值都远大于世界平均水平（约 1.5）；（2）股票市场交易额相对其规模较小，反映了越南股票市场的活跃程度较低。因此，从总体而

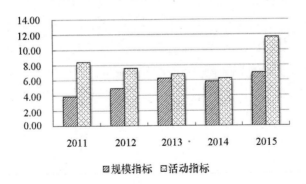

图 8—20　2011—2015 年越南直接融资和间接融资情况

资料来源：BVD 数据库。

言，越南的资本市场得到了较快的发展，但是其银行信贷为主的资源配置方式，和落后的金融市场仍是不争的事实。

（三）私人部门信贷占主导地位

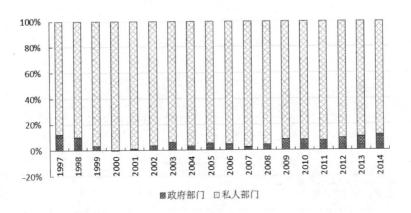

图 8—21　1997—2014 年间越南政府部门与私人部门信贷情况

资料来源：越南统计局。

如图 8—21 所示，越南在近 20 年的发展中仍然是以私人部门信贷占据主导，其中私人包括居民和企业。我们知道，越南是国有经济比重相对较高的社会主义国家，因此银行信贷中对国有部门和私有部门的支持结构，是分析越南经济改革的重要指标之一。如图所示，无论是私人部门从整个金融体系中获得的信贷支持，还是商业银行对私人部门提供的信贷支持，都呈现出显著的上升趋势。也就是说，随着金融体系改革的不断深入，越南的信贷资源流向私有部门的比重在不断上升，信贷配置效率趋于改善。越南的金融体系改革取得了显著的成效，资金更多地流向了相对更加高效率的私人部门，对经济增长的贡献较大。

四　金融资产结构

金融资产的总体结构是指货币性金融资产、证券性资产、保险保障性资产、黄金白银、在国际金融机构的资产及其他资产在全部金融资产中的比重，用以衡量金融资产的多元化程度。此处使用图 8—22 所列出的2015 年底的数据，对目前越南金融资产的总体结构进行描述。

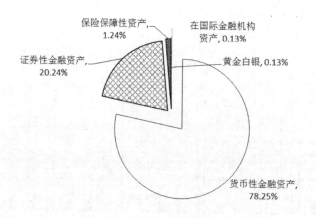

图 8—22　2015 年越南金融资产结构

资料来源：亚洲发展银行。

由图 8—22 直观地看，目前各类金融资产的数量分配极不平均。货币性资产和有价债券类资产共占全部金融资产的 98% 以上，两者构成了金融市场的绝对主体。其中，货币性资产就占全部金融资产的 78% 之多，近乎是有价证券类资产的 4 倍，成为第一大类的金融资产，而保险类资产仅占 1.24% 左右。由于目前世界各国普遍实行了不兑现信用货币制度，因而黄金白银不再是货币发行的必要条件，仅是一国政府国际储备的一部分，所以越南的黄金白银在全部金融资产中占极小的一部分，这和各国的情况基本是一致的，可认为是正常现象。

（一）货币性金融资产结构

货币结构按层次划分可分为 M0、M1 和 M2。其中 M0 表示流通中的现金，狭义货币（M1）表示流通中的现金和支票存款以及转账信用卡存款之和，广义货币 M2 则是 M1 和储蓄存款包括活期和定期储蓄存款的加总。

M1 反映着经济中的现实购买力；M2 不仅反映现实的购买力，还反映潜在的购买力。若 M1 增速较快，则消费和终端市场活跃；若 M2 增速较快，则投资和中间市场活跃。中央银行和各商业银行可以据此判定货币政策。M2 过高而 M1 过低，表明投资过热、需求不旺，有危机风险；M1 过高 M2 过低，表明需求强劲、投资不足，有涨价风险。

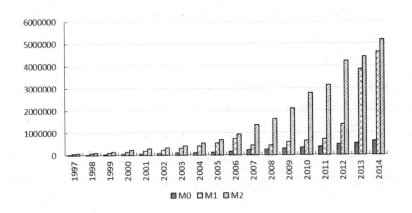

图 8—23　1997—2014 年间越南 M0、M1 及 M2 变化趋势

资料来源：亚洲发展银行。

在 1997—2014 年这 17 年间，越南各层次货币供应量均有大幅度上升。越南货币供应量的增长可以大致分为两个阶段：第一阶段是 2006 年以前，越南货币供应量的曲线相对比较平稳；在第二阶段即 2006 年之后 M0、M1、M2 都进入一个高速增长阶段。

现金和活期存款是金融资产中流动性最强的两部分，其主要职能是在商品和劳务的流通中进行支付和结算。随着经济商品化和货币化程度的提高以及现代意义商业银行的出现和不断繁荣，人们更多地采用活期存款转账的方式进行结算。转账结算使得流通费用下降，结算速度提高。因此M0/M1反映了全社会的结算效率，一般而言该值越低，说明结算效率越高。由图中不难看出2006年之前该比值一直呈现较为平缓的下降趋势，2006年之后由于M1的陡然降低使得该指标达到历史新高并且维持到2011年，2011年之后由于ATM机数量的增加人们更多地使用转账的方式进行结算，因而该指标陡然降到了一个较低的水平。

M1/M2表明狭义货币供给相对于广义货币供给的比重。M1由流通中现金和可开支票的企业活期存款构成，代表了社会的现实购买力，它对应着较强的交易动机，因而流动性较强；准货币QM由企业定期存款、储蓄存款和其他存款构成，它对应着较强的谨慎动机和财富贮藏动机，代表了潜在的购买力，因而流动性较弱。M1/M2是货币的流动性比率，它的高低说明货币流动性的强弱。当M1/M2的值增大，意味着货币流动性增强，对消费、物价的冲击作用强烈；反之，则意味着社会购买力增长的减缓。

（二）存、贷款结构

越南银行业存贷款总额增长迅速。从2001—2015年，存贷款增长速度均在30%左右。从2003年至2007年，存贷款增长速度是最快的，均值为存款37.5%及贷款35.8%。增长速度在2007年达到高峰，为存款51.49%、贷款53.89%，银行主要贷款给投资不动产和证券市场的投资者。虽然在2011—2013年，越南不动产市场冻结，但不动产信贷仍占主导。

越南信贷增长过快，有爆发金融风险的隐患。过度的信贷增长通常被认为是金融业未来有严重问题的征兆。根据Schularick & Taylor的研究（2009年），结论是信贷扩张是金融危机的一个明确预测。对于很长一段时间，越南的信贷增长水平是GDP增长的4—5倍。

在越南，商业银行总是占据存款及贷款市场份额的霸主地位（始终超过80%），使其他信用机构只为剩下的小份额而竞争。然而在最近几年有一个明显的趋势就是越南国有商业银行正在逐渐失去市场份额，市场逐步倾向于越南股份制商业银行。这也是商业银行股份化的过程中出现的一般趋势。

越南商业银行存贷款利率趋向稳定。在越南，自2004年以来，银行利率已经发生了许多变化，特别是2007年至2011年间。2004年全年平均存贷款利率从 6.2% 和 9.7% 的低位上升到 2011 年的 14% 和 17%。存款利率和贷款利率并不总是平行移动，使得平均利润率介乎 1.9% 至 3.9%。随着政府的努力，通过调整银行利率，规定的上限利率，再融资利率，贴现率以稳定经济发展，此利率走势似乎更稳定。

越南商业银行信贷结构正在逐步优化。根据客户结构，各项贷款余额近年来已经越来越平衡。国有企业的贷款比例逐渐下降，非国有企业则相反，这是一个改善银行业的标志；从行业结构来看，最近十几年贷款总是优先以工业、商业、运输和通信。贷款的比例虽没有太大的变化，但增加了分配给农业、林业以及其他服务。这些行业现在经营比较好，在一个艰难的营商环境中表现出弹性。因此，延长贷款给这些行业其实对商业银行更有利。从期限结构来看，现在根据期限分解银行贷款为短期贷款（59%）、中期贷款（14%）及长期贷款（27%）。越南商业银行筹资主要通过个人和经济组织的存款。

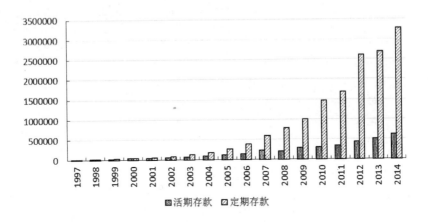

图 8—24　1997—2014 年间越南活期存款及定期存款变化趋势
资料来源：越南央行。

图 8—25 中不难发现越南无论是国内储蓄还是国民储蓄，在 GDP 中都占有很高的比例。

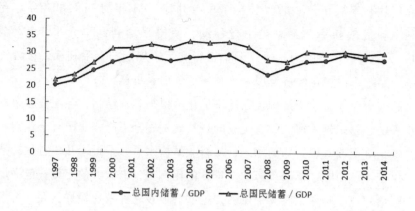

图8—25　1997—2014年间越南总国内储蓄和总国民储蓄占GDP比重（单位:%）
资料来源：越南央行。

五、金融开放结构

（一）资本账户开放结构

Chinn - Ito 指数（KAOPEN）是一个衡量一个国家的资本账户开放程度的指数。该指数是由 Chinn 和 Ito（2006）最先引入的，该指数是根据国际货币基金组织跨境金融交易限制统计表整理而成，介于 0 和 1 之间。Chinn - Ito 指数越接近于 1 则表明一国资本账户开放程度越高，越远离于 1 则表明一国资本账户开放程度越低。从越南数据来看，1970—1974 年其

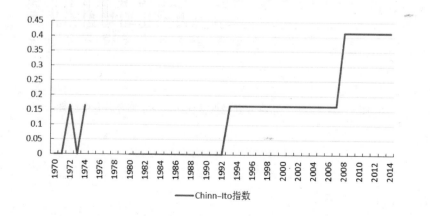

图8—26　1970—2014年间越南 Chinn-Ito 指数
资料来源：国际公布的 Chinn-Ito 指数。

资本账户开放程度很不稳定，随后近 20 年间资本开放度均为 0，1992 年资本重新开放，并一直维持 0.16 左右的水平直到 2008 年。在次贷危机前金融市场泡沫横行的 2008 年初，越南开放程度有一个大跳跃，其 Chinn - Ito 指数达到 0.41 并一直持续到 2014 年。

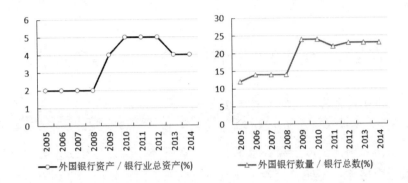

图 8—27　2005—2014 年越南外国银行资产/银行业总资产及外国银行数量/银行总数
资料来源：越南统计局。

（二）股票市场开放结构

外商直接投资（FDI）是国际资金往来的一种重要形式，也是一国利用外资的重要方式。数据显示，1996 年以前，越南外商直接投资呈逐年增

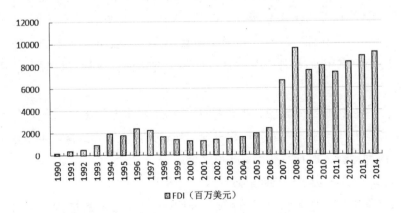

图 8—28　1990—2014 年越南外国直接投资变化趋势图
资料来源：亚洲发展银行。

长趋势，并在 1996 年达到小高值——2200 百万美元，在亚洲金融危机后外商直接投资急剧下滑，在 2001 年达到最低约 1100 百万美元。2002 年后，随着危机消散与世界经济复苏，外商直接投资额又重新上涨直到 2008 年次贷危机。但耐人寻味的是，在经历 2011 年小低谷后，FDI 又逐年开始增加，这部分说明全球投资者对于越南投资环境及市场的一种认可。

第四节   越南金融结构的主要特点与影响分析

一   越南金融结构的主要特点

(一) 金融体系较为完善，但是发展不均衡

东南亚国家受限于经济水平、人口素质等原因，往往金融发展水平较低，金融体系不完善。与其他东南亚国家不同，越南国家拥有较为完整的金融体系，自 20 世纪 90 年代初越南实行市场化的经济改革以来，银行、证券、保险各个行业都得到了飞速的发展，金融市场具有较强的活力。

越南金融业以银行为中心，建立了多样化的银行体系。近些年来越南重建银行系统，逐渐放开对外国投资、国有银行的股份化和私有化，增加银行的资本，这些都得益于越南积极参与国际合作的积极态度。

除了有较为完整的银行体系之外，越南证券市场的快速发展也不容小觑。虽然证券市场刚起步（2000 年胡志明证券交易所才开业），规模较小，经历了狂涨、狂跌、反弹、横盘等阶段，股市起伏不定。但随着上市公司不断增加和外资关注日益加深，越南证券市场正以较快的速度发展。

越南保险业发展较晚，但近些年来寿险和非寿险迅速增长。总的来说，保险业规模小，寿险公司数目少，外资大量介入导致保险市场竞争激烈。险种创新，现有险种达 600 种之多。

(二) 银行业是金融体系的核心

越南银行业是越金融业的核心，90 年代初，银行数量几乎占到所有金融机构的 70%。随着越南金融行业的发展，多种金融机构持续发展，银行数量占全部金融机构数量有所下降，但仍在金融行业占据主要位置。

银行体系作为越南金融体系中最重要的体系，银行业资产额占到全部金融机构资产的80%以上。

与大多数新兴市场一样，越南金融业亦存在风险。其中最为严重的是银行呆坏账和不良贷款的问题。就如过去的中国一样，这些久经囤积的"烂账"，已成为经济急速发展的必然副产品。目前，在越南银行市场上，国有银行、外资银行、私营银行三者鼎足而立。外资银行将集中于最富有和风险最少的贷款身上，国有银行则会把业务向下移，提供更多小额户口、信用卡及中小企贷款业务。私营银行的处境则最为严峻。越南银行业仍存在相当的风险。资产质量、信息披露及公司治理方面仍存在不少弊端。越南政府正试图通过加强对银行业监管及调整该国最大几家银行的资本结构来弥补现有的不足。

（三）国有金融机构占主导地位

截至2015年底，越南国家银行在全国七大银行中，持股约113万亿越盾（约合51.4亿美元），相当于全国金融机构资本金的25%。其中，占农业银行（资本金的100%，相当于13亿美元；占投资与发展银行（BIDV）资本金的95.3%，相当于13.6亿美元；占外贸股份商业银行资本金的77.1%，相当于9.3亿美元；占工商银行资本金的64.5%。同时，越国家银行新购入其他三家银行资本金4.55亿美元。此外，越国家银行还持有西贡商信银行、进出口银行部分股权的不可撤销委托。

越南的外资金融机构在与越南国有金融机构的竞争中也大多处于劣势，越南国有金融机构已经绝对主导了越南大多数金融市场。

（四）金融监管严格

越南信用机构分为银行信用机构和非银行信用机构，非银行信用机构包括金融租赁公司、融资公司等。越南国家银行作为越南的中央银行依法执行履行国家制定实施的货币政策，并依法对银行和非银行信用机构的经营活动进行监督管理。

越南信用机构对信用机构准入和退出机制都做出了规定。在准入机制方面，信用机构在法定资金额度上需满足最少额度规定，且法定资金额度的变更需要向国家银行报告。越南国家银行对信用机构的资本金、自有资金、流动比率、中长期贷款以及贷款总量实行了严格的监管。此外，越南国家银行对外资银行也实行了严格的监督。除非获得越南国家银行的审批，否则外资银行不能使用越南国外的会计制度，需统一实行越南国内的会计制度。

　　近年来，越南逐渐放宽对越南保险公司准入的规定，国内保险机构发展迅速，随着对外资保险机构的市场准入不断放宽，越来越多的外资保险公司进入越南保险市场。

二　金融结构形成与演变的主要原因

　　任何一个国家金融结构的形成都与其社会、政治、经济有着密切的联系，往往受到众多影响因素的综合影响。而东南亚各国由于其地理区位、社会结构等方面极其类似，东南亚各国具有相似的金融结构和形成原因。例如东南亚国家的居民高储蓄率和低经济发展水平，导致大多数国家金融结构都是以银行业为主导，因此本节将主要分析越南所具有的、独特的、对金融结构的形成和演变有重要影响的因素。

　　（一）政治局势稳定

　　越南作为一个社会主义国家，在经济发展模式上紧跟中国。越南的经济改革几乎与中国同步。2001 年越共"九大"最终出台了越南的"社会主义定向的市场经济"概念；2006 年越共"十大"则标志着政治体制改革的开始。2010 年基本成为现代的工业化国家，实现"民富国强，社会公平、民主、文明"目标，并争取到 2020 年基本实现工业化、现代化，建立"民富国强、社会公平、民主和文明"的社会主义国家。

　　目前，越南国内宏观政治经济环境稳定。政府坚持把国家的稳定放在首位，并不断重申坚持革新开放的政策，加强同地区和全球经济的融合。

　　政治局势稳定带来的政策平缓变化，使得越南金融结构不会因为政策变化而无法持续，稳定的政治环境以及越南的社会主义性质决定了越南金融结构以国有为主导。

　　（二）社会问题严重

　　在世界舆论聚焦北非和中东的时候，我们不能忽略身边的越南，其内部聚集的矛盾正在逼近爆炸的临界。概括起来今天越南社会存在五大问题：一是政改失败；二是经济改革搁浅；三是社会分裂，阶层、民族矛盾日趋尖锐；四是来自外部势力的颠覆；五是对外战略失败，恩将仇报，终致在国际上孤立无援。

越南的经济改革是从模仿中国开始的:第一步,分田到户;第二步,发展私营经济;如今是第三步,变卖国企。前两步走得很好,也算成功。越南政府急于求成,恨不能一口吃个胖子,为了吸引外资,一步到位的放开了金融市场。

由于各种历史遗留及政府治理问题,越南社会问题十分突出,主要的社会问题包括:贫富差距极大、社会治安较差、基础设施落后、反政府武装活跃等。社会问题直接决定了金融的需求端,从而深刻地影响金融结构。

(三) 亚洲金融危机影响

1997 年亚洲金融危机给菲律宾经济带来了很大的损失,同样也对越南金融的发展产生了巨大的影响。在亚洲金融危机期间,越南经济进入迟滞、通胀压力增大,越南盾大幅度贬值、国家财富损失惨重,投资受到打压、债务负担加重,企业经营困难、出口减缓。越南的银行体系在 1997 年亚洲金融危机中遭到巨大打击,作为经济稳定器的银行业不仅没有在金融危机时帮助国家经济渡过难关,众多小型商业银行在危机中纷纷倒闭,使经济形势进一步恶化。

在此之后,越南政府加强了对银行体系的改革和监管,更加谨慎地对待金融自由化,把握本国汇率主导权,警惕国际投机资本的流动。1997 年亚洲金融危机作为东南亚遭受的最为严重的经济危机,对越南金融结构产生了深远的影响。

第五节 中越金融合作现状及未来展望

1995 年 7 月 28 日第 28 届东盟外交部长会议在文莱召开,越南正式加入东盟,并成为该组织的第七个成员国。这是越南融入地区社会和本地区合作互联互通的伟大里程碑。2016 年 7 月 28 日是越南加入东盟 21 周年之纪念日。21 年来,越南为推动本地区互联互通,维持和平稳定,将东盟建设成日益紧密的组织做出了贡献。追溯到 1995 年,我们认为这是在国家和地区层面上具有重大意义的决定。本节将就影响老挝与中国的金融合作进行探讨和分析,以进一步深入研究越南的金融结构。

一 中越金融合作现状

中国和越南比邻而居，两国经贸合作正稳步发展。2015 年，中越双边贸易额为 958.19 亿美元，同比增长 14.6%，占中国对外贸易总额 2.4%。中国连续 12 年成为越南第一大贸易伙伴，也是越南第一大进口来源地和第四大出口市场，越南则成为中国在东盟仅次于马来西亚的第二大贸易伙伴。中越经贸合作亮点频现：一是贸易规模迅速扩大；二是中越贸易不平衡状况逐步改变，2015 年中越贸易增长 14.6%，其中中国对越南出口增长 3.8%，而越南对中国出口增长 49.1%，越南对中国出口增幅是从中国进口增幅的近 13 倍；三是贸易结构加快优化，越南技术、资本密集型产业快速发展，在中越贸易中渐成"骨干"；四是边境贸易扮演重要角色，中越边境贸易是双边贸易不可或缺的重要组成部分，对兴边富民、促进两国关系发展具有重要意义。

自从 1991 年中越关系正常化以来，两国在经济领域的合作得到迅速恢复和发展。在 2011 年越共总书记阮富仲访华期间，中越领导人在进一步推进双方经济领域合作的问题上保持高度一致，两国签署了《中华人民共和国政府和越南社会主义共和国政府 2012—2016 年经贸合作五年发展协定的议定书》，这个具有顶层设计意味的五年规划表明中越高层真正将对方视为这一时期本国发展的重要伙伴，并且在实质上推进两国的全面战略合作。

在两国间直接投资方面，目前主要集中于中国对越投资，且尚处于起步阶段。根据中国商务部统计，2014 年中国对越南直接投资流量为 3.33 亿美元。截至 2014 年末，中国对越南直接投资存量为 28.66 亿美元。中国对越南直接投资在总体上持相对平稳的增长态势，之前投资项目主要是中小项目，近年来大型项目逐渐增加，如中国南方电网以 BOT 方式投资 20 亿美元兴建的永新 1 电厂项目。考虑到中越间经济交往的日渐频密、中越两国经济结构的互补性以及越南大力吸引外资的利好政策，越南具有极强的吸引中国资本的潜力。

二 中越金融合作的空间与可行性分析

关于中国"一带一路"倡议与越南"两廊一圈"发展规划的对接，

"一带一路"是习近平主席提出的重大合作倡议，是促进全球发展合作的中国方案，也是新时期中国对外开放和经济外交的顶层设计。2015 年 11 月，习近平总书记访问越南，两党最高领导人就发展中越全面战略合作伙伴关系达成重要共识，其中一项重要内容就是，双方共同努力实现中方"一带一路"倡议与越方"两廊一圈"规划的战略对接。目前，双方有关部门内部正按照分工，加紧研究制定具体合作内容，分解任务方案，尽快就战略对接工作进行磋商和落实。

中国对越出口商品主要是机械设备、纺织业布料辅料、电子产品及配件，考虑到目前中国国内经济增长放缓，制造业对于原材料、机械设备需求不振的大环境，制造业发展迅速的越南成为中国相关企业新的市场。同时，中国从越南进口商品主要是农产品与矿产，这是中国在长时间内所需求的资源。以农产品为例，2015 年前 10 个月，越南对华出口果蔬 9.9 亿美元，同比增长 268.8%，占越南果蔬出口总额中的 65%。随着中国经济水平的发展，民众对于生活质量要求提高，越南的热带水果、海产品、优质稻米等农产品对华出口将保持稳步增长。2013 年 10 月，李克强总理访问越南期间，中越双方一致同意在平等互利的基础上，进一步深化陆上合作、金融合作和海上合作，争取到 2017 年两国贸易额达到 1000 亿美元，同时两国签署多个合作协议，包括建立跨境经济合作区的谅解备忘录、同意开设贸易促进办事处；在 2015 年 4 月越共中央书记阮富仲访华期间，中越两国发布的联合公报中提出双方将正式商签《中越边境贸易协定》（修订版），中越两国充分利用地理位置接近的优势，双边贸易额有望在今后一段时期内保持高速增长。

近年来，越南经济发展保持着较快速度，根据越南国家统计局最新发布的经济数据显示，越南在 2015 年经济增速达到了 6.68%，超过了政府制定的 6.2% 的目标，为近 5 年来的最高水平。越南 2015 年出口额增长了 8.1%，进口额增长了 12%，外来投资猛增 17.4%，达到了创纪录的 145 亿美元。世界银行在 2015 年 12 月 2 日发布的《越南经济发展情况最新情报》显示，越南中期经济发展态势良好，预计在 2016 年经济增长率将会达到 6.6%。除了宏观经济的利好趋势外，越南加入 TPP 协定也是吸引外企的一剂强心针。TPP 协定成员国之间大幅削减，甚至免除关税，对于出口市场面向美、日等协定成员国的中国企业具有极大诱惑性。中国目前处于经济结构升级转型的关键时期，依靠廉价劳动力的低收入经济产业逐渐被淘汰，这些行业中的企业面临着极大的生存考验。越南拥有丰富且廉价的劳动力资源，这是越南吸引中国劳动密集型产业的优势所在，当这一优势嵌入有效规避针对中国企业的贸易壁垒、免除进口关税的优越的国际规则中时，可以说越南是中国企业"走出去"的首选目标国之一。越南政府也采取了一系列措施改善外商投资环境，中国企业认为越南投资环境在税收、与工业区对接的政府部门服务质量已经明显改善。

三　对中越金融合作的未来展望与建议

当前，中越两国经济领域的合作存在着一定的问题，应该进行相应的政策调整，降低两国经济合作中负面因素的掣肘，推进两国经济关系的不断发展。

1. 维护两国友好关系的大局，完善沟通协调机制，尽最大努力管控领土争端

两国政府要为中越经济合作塑造良好的环境，首要在于两国政治关系的稳定发展。中越南海争端问题复杂，牵涉到中越两国共产党的执政地位、国家利益、民族尊严。在短期内难以解决的客观现实下，要争取与越南达成共识，在领土问题上保持克制，避免单方面行动或将南海问题国际化等不利于问题解决的行为。同时，完善对越信息投送渠道，消解越南对于中国崛起的疑惧，避免由于信息缺失造成的越南方面对华战略误判。

2. 对接中越两国发展战略，在寻求自身利益的过程中与越南分享中国的发展红利

在经济全球化的大潮下，各国经济发展要结伴而行，整合域内资源、发挥各自优势以形成合力。中国的"一带一路"倡议与越南的"两廊一圈"蓝图同样是在平等互利、合作共赢理念下推进区域经济一体化的构想，在很多方面存在一致性，完全可以相互对接。此外，中越经济合作可能受到两国贸易关系不平衡状态的影响。因此，中方应该为越南商品提供较优惠的政策，鼓励中国民众和企业购买越南具有竞争力的商品，减少越南对华贸易逆差额，同时进一步提升中国在越南对外经济格局中的地位，增加越南在制定针对中国的贸易壁垒时所承受的成本，促其谨慎行之。

3. 加强中越两国执政党间的交流，创新影响越南决策层的传统渠道

中越两国都是社会主义国家，执政党都是坚持马列主义的共产党。熟络的党际交往和友好的两党关系有利于两国关系的发展及面对争端与矛盾时的"软着陆"。作为中越接触的传统方式，中国应该在新的形势下创新对越政党外交手段，扩大与越共在各个层级的交流机制建设，特别是要抓住越共"十二"大以后越南政局发展的新走向。

4. 大力开展对于越南的公共外交，鼓励中国地方政府与越南地方政府在经济、文化、人员层面的交流，改善越南民众对中国的认知

在中越南海争端加剧的背景下，越南民众对中国持有敌意，中国开展对越外交应注意保持与"国家身份"的距离。公共外交针对越南民众，应加重宣传中越经济交往所取得的成就、中国对越南经济的贡献，使越南民众认识到中越关系的复杂性和积极的一面；同时"地方交往"主要关注的是经济问题，政治色彩不浓，更易获得越南民众的接受和认可，从而可以潜在地改变对华传统印象。

参考文献

[1] 埃斯里·德米尔古克—肯特、罗斯·莱文：《金融结构和经济增长：银行、市场和发展的跨国比较》，黄纯纯译，中国人民大学出版社 2006 年版。

[2] 范方志、张立军：《中国地区金融结构转变与产业结构升级研究》，《金融研究》2003 年第 11 期。

[3] 阮氏秋河：《越中金融体系比较研究》，硕士学位论文，广西大学，2012 年。

[4] 潘永、昌建：《越南证券市场发展状况的系统性研究》，《东南亚纵横》2010 年第 8 期。

[5] 朱氏乔（CHU THI KIEU）：《越南国有商业银行竞争力提升研究》，硕士学位论文，吉林大学，2015 年。

[6] 赵鸿鑫：《中国对越南、老挝和缅甸的投资机遇分析》，硕士学位论文，云南大学，2015 年。

[7] 邢振：《新兴的越南股票市场研究》，硕士学位论文，厦门大学，2009 年。

[8] 陈秀莲：《中国—东盟服务贸易一体化与服务贸易壁垒的研究》，硕士学位论文，西南财经大学，2011 年。

[9] 郑磊：《中国对东盟直接投资研究》，硕士学位论文，东北财经大学，2011 年。

[10] 刘亮：《东亚区域货币合作研究》，硕士学位论文，武汉大学，2013 年。

[11] 郑永祥：《中越经济走廊对越南经济的影响》，硕士学位论文，复旦大学，2014 年。

[12] 李健：《论中国金融发展中的结构制约》，《财贸经济》2004 年第 8 期。

[13] 李健：《中国金融发展中的结构问题》，中国人民大学出版社 2004 年版。

[14] 李健、贾玉革：《金融结构的评价标准与分析指标研究》，《金融研究》2005 年第 4 期。

[15] 李健、范祚军:《经济结构调整与金融结构互动:粤鄂桂三省(区)例证》,《改革》2012年第6期。

[16] 李健、范祚军、谢巧燕:《差异性金融结构"互嵌"式"耦合"效应——基于泛北部湾区域金融合作的实证》,《经济研究》2012年第12期。

[17] 李健:《结构变化:"中国货币之谜"的一种新解》,《金融研究》2007年第1期。

[18] 林毅夫、姜烨:《经济结构、银行业结构与经济发展——基于分省面板数据的实证分析》,《金融研究》2006年第1期。

第九章

老挝金融发展中的结构特征
及其与中国的合作

老挝是东盟中经济发展水平较低的国家，农林、采掘、贸易和零售是其支柱性产业。老挝金融发展水平相对较低，但金融部门发展迅速。在越南、韩国、法国、泰国、中国等外资的支持下，老挝形成了以"超级央行"为主体的一元监管体系，以商业银行为主体、小微金融为补充的二元金融体系。其资本市场初步形成，对外开放程度相对较高，外资是主要的参与主体。中资金融机构进一步进入老挝，支持老挝证券业、保险业的发展，是未来可行的、理想的中老金融合作方向。

第一节 老挝经济发展概况

老挝于 1945 年独立，1975 年废除君主制度成为共和国，1997 年加入东盟。老挝自 1986 年实行革新开放以来，政局稳定，经济发展取得巨大成就。十余年来，老挝经济步入上升通道，年均国内生产总值增长7.7%，尤其是 2006 年老挝党"八大"后，积极实行"资源换资金"战略，大力吸引外资，经济快速增长。2015 年，根据世界银行统计，老挝人均 GDP 为 1812 美元，仍然属于欠发达经济体。

一 老挝经济发展历程

老挝长期属于世界不发达的国家之一，经济基础非常薄弱。1975 年老挝人民革命党执政，开始实行社会主义制度。在经历了 11 年的封闭发展之后，1986 年，老挝开始进行经济改革，并取得了较大的成绩。总体而言，可以将老挝的经济发展划分为三个阶段。

第一阶段，1975—1978 年，老挝人民革命党开始执政。由于战争的原因，老挝国内经济处于崩溃的状态，国内经济基础设施瘫痪。因此，新的人民政权制定了新的经济发展目标：第一，整顿生产关系，确立农业产业的核心主导地位；第二，确立科学技术是生产力提升的重要手段，并派出老挝留学生到其他社会主义国家去学习科学技术与经济管理经验。但是，由于老挝新政权刚刚建立，经济基础较为落后，经济结构不太稳固，加之新政权所掌握的国际资源有限，老挝经济在这一阶段基本处于停滞并有下降的趋势（如图 9—1 所示）。

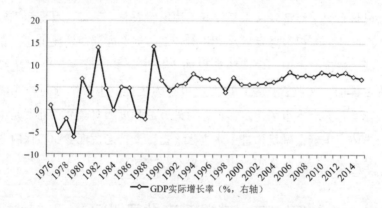

图 9—1　1976—2015 年老挝改革前后的经济增长

注：图中垂直的点横线表示改革前后的分水岭（1986 年）。

资料来源：1976—1984 的经济增长率数据来自保健云（2007）①，1985—2015 年的经济增长率数据来自世界银行 WDI 数据库。

第二阶段，1979—1986 年，老挝人民政权开始对经济发展进行新的探索。由于在经济发展的第一阶段实行了一些偏离实际的经济政策，造成了经济停滞，老挝政府在第二阶段开始进行政策调整，涉及农业、商业、贸易以及银行等方面。1979 年，老挝扩大地方基层经济单位的自主权，同时鼓励对外贸易和国内的商品流通。1980 年，老挝政府停止了在国内

---

① 保建云：《"革新开放"以来老挝经济增长特点及与中国和越南的比较分析》，《经济问题探索》2007 年第 10 期，第 183—187 页。

进行的农业合作运动，开始对农业生产进行调整，不再强制农民加入农业合作社。同时，推出承包责任制，将老挝境内的 2696 个农业合作社缩减合并为 1943 个。老挝经济增长于 1981 年达到了 12.4% 的增长幅度。

1982 年，老挝人民革命党允许私人经济出现。1984 年，老挝人民革命党制定了新的经济管理机制和工业体制改革，提出将经营生产权交给基层企业，实行企业层面的核算和财务独立。这一系列的改革扩大了老挝企业的自主经营权。同时允许私人投资开立企业，并允许雇佣工人，允许自由买卖商品等自由化措施。不仅如此，老挝政府还加大财政制度改革，对农业基础设施进行投资，改造老挝的水利灌溉系统，还改革了农业的税收制度。在进行国内经济改革的同时，老挝开始逐步调整外交政策，在与社会主义阵营国家保持经济合作、争取援助与贷款的同时，开始与西方国家进行接触，逐渐放宽对于西方国家的各种限制。经过这一阶段政策调整，老挝经济处于波动上升的状态，基本实现了粮食的自给自足。然而，由于本次改革依然在计划经济管理体制之下进行，改革政策并未对经济发展模式造成根本影响。

第三阶段，1987 年至今，老挝人民政权开始全面进行革新开放。由于前两阶段老挝的经济发展并不稳定，除了国有企业受到较小影响之外，老挝的民营企业几乎处于崩溃的边缘。老挝计划经济时期的经济波动较大，主要受到政治体制因素的影响。在这种情况下，老挝政府不得不开放对于国内商品流通的限制，开始制定和实施"革新开放"政策，摆脱计划经济体制的束缚，逐步归还充公的土地，增加国有企业的自主经营权，开放固定汇率限制。

老挝在农村实行了土地承包制度，促进农业经济发展。由于老挝是一个农业国家，农业从业人员达到 90% 以上，长期以来老挝农村经济一直属于自给自足的自然经济。在实行土地承包制度后，老挝农民拥有长期使用土地的权利，能够买卖、租赁土地。在农村进行土地改革的同时，老挝开始向市场经济进行转轨。1987 年到 1993 年间，老挝政府不断推出的改革措施使老挝 90% 的国有企业得到了经营机制的改革。

1987 年，老挝政府实行自由浮动的商品价格，并承认市场决定价格的基础作用，取消价格的双轨制，鼓励市场供求决定价格，对经营较差的国有企业进行分拆或私有化。1988 年，颁布法律以保护国外投资者在老挝投资的权益，外国投资逐渐增加。1997 年，老挝融入区域经济体系之内，成为东盟成员国之一。老挝的对外开放重点在于引入外国投资、技术以及管理经验。老挝政府承诺不干涉外资企业的日常经营，允许其汇出所有利润，且免税 5 年。同时，老挝也积极争取国家外援，并开发经济特区，积极融入世界经济一体化进程。

在金融开放方面，老挝在开放汇率限制的同时建立了多种货币的兑换体系，并于 1995 年开放了本币基普与所有货币的汇率限制，实行浮动汇率制度。在银行部门方面，老挝政府主导合并了 4 家国有银行，开放成立合资银行，同时允许外资银行在老挝成立代表处。自此，老挝的经济增长水平有所提高，并且宏观经济运行的稳定性也在逐步提升。

二 老挝经济发展与结构现状

（一）老挝经济规模现状

革新开放为老挝经济带来了飞速的发展。根据世界银行 WDI 数据显示，老挝的国内生产总值从 1986 年的 16.84 亿美元增长到 2015 年的 104.58 亿美元。在这 31 年中，老挝经济平均增长率 6.44%。老挝中央银行年度报告显示，2015 年老挝经济增长幅度率为 7.5%，较 2014 年下降 0.3%。平均通胀率从 1.3% 进一步降低到 1.1%，这主要是由于燃料价格持续下降所致。

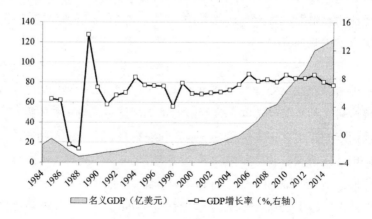

图 9—2　1984—2015 年老挝经济规模与经济增长

资料来源：世界银行 WDI 数据库。

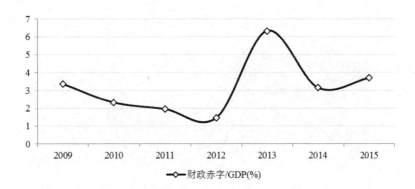

图 9—3　2009—2015 年老挝财政赤字率变化趋势

资料来源：世界银行 WDI 数据库。

在财政政策方面，老挝的财政赤字率相对较低，反映了老挝较强的财政可持续性。图 9—3 展示了老挝 2009—2015 年的财政赤字率。其财政赤字占 GDP 比重在 2012 年以前持续下降，已下降到国际共识的 3% 的警戒水平之下。但是，2013 年老挝财政赤字率陡然上升到 6.33%，财政可持续受到挑战。随后，2015 年，财政赤字率 3.7%，累计赤字约占 GDP 的65%，均位于安全警戒线附近。财政收入保持持续性稳定，但其占 GDP 的比重从 2014 年的 24.1% 略微下降到 2015 年的 23%，主要是因为大宗商品的价格下降，造成了矿产等行业的税收下降。与此同时，在工资总额与公共支出的严格控制下其占 GDP 的比重从 2014 年的 28% 下降至 2015 年的 26.6%。

在货币运行方面，近年来老挝严控基普兑换美元的汇率，基普兑换其他东盟国家的货币保持着升值的态势。汇率稳定已经成为老挝央行最重要的货币政策目标之一。为了刺激信贷规模的扩张，老挝央行降低了贴现利率，并推出了与通货膨胀率挂钩的存款贷款基准利率。老挝央行调降了利率水平，有效地增加了信贷规模，截至 2015 年 12 月，老挝信贷规模较2014 年同期有了 17% 的增幅。但老挝银行部门的整体信贷质量处于恶化趋势。

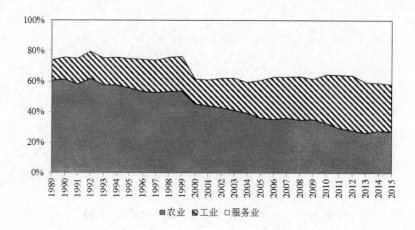

图9—4 1989—2015年老挝经济结构变化

资料来源：自世界银行WDI数据库。

（二）老挝经济发展结构

随着经济体制改革的不断深入，老挝从以农业为主体的经济结构逐步转变为三大产业相均衡的结构。老挝是传统的农业国，改革初期，农业是国民经济支柱。如图9—4所示，1989年，农业、工业、服务业占GDP比重分别为61%、13%和26%。从图中我们可以看到，37年间，老挝农业占比持续平稳下降，工业占比和服务业占比都缓慢增加，三大产业结构趋于平衡。截至2015年，农业占比仅为27%，工业占比上升到31%，服务业占比上升到42%。

在过去十年中，资源部门（主要是水电和矿产）对老挝经济的持续增长做出了重要贡献。老挝积极实行"资源换资金"战略，大力吸引外资，经济快速增长。在矿产方面，2014年矿产产值13.14万亿基普，合16.39亿美元，约占当年GDP的13%。其中，混合金产量30吨，铜板产量87吨，精铜矿产量33.8万吨，煤炭产量2.4万吨，钾肥产量23.6万吨。2014年，老挝国内外共有69家矿业公司从事矿业开采，总占地面积约27.5万公顷。在水电方面，2014年全年发电154.69亿度，同比增长10.44%，出口电力124.74亿度，占发电总量的81%，收入约6.1亿美元，约占当年GDP的5%。全国1兆瓦以上电站25座，总装机324.4万千瓦，境内输变电线路全长 47242 公里。老挝国家电力公司下属电站 10 座，装机约 39 万千瓦，占总装机 12.04%；私人投资电站 15 座，装机 285.4 万千瓦，占总装机 87.96%。

在对外贸易方面，2014 年老挝进出口贸易额 81.35 亿美元，同比增长 5%，其中出口 35.82 亿美元，同比下降 1.75%，进口 45.53 亿美元，同比增长 11.4%，贸易逆差 9.71 亿美元，同比增长 6%。贸易逆差的主要原因是出口减少的同时进口增加，老挝进口产品主要为基础设施建设物资及消费品，出口产品主要为金、铜等矿产品，直接受到国际价格影响。不过，尽管近年来全球大宗商品价格处于低迷的态势，但老挝矿业的成本依然低于国际价格水平。

在投资方面，2014 年老挝吸引国内外投资金额 97.23 亿美元，同比增长 216.7%。其中特许经营项目 29 个，金额 9.4 亿美元；一般投资项目 2011 个，金额 84.3 亿美元；经济特区和经济专区类项目 33 个，金额 3.49 亿美元，政府投资金额 7.8 亿美元，同时也获得了金额 4.71 亿美元的国际无偿援助。2015 年，老挝贫困家庭的比例已经降低到了 6.59% 的水平。近年来，强劲的国际资本流入使得老挝的电力行业和房地产行业有了强劲的增长。尽管老挝的经济基础薄弱，但是制造及零部件出口增长显著。同时，入境旅游人数也依然表现强劲。

在基础设施建设方面，老挝于 2015 年 11 月在中国发射了"老挝一号"人造卫星，为老挝提供卫星电视转播、互联网以及国际通信等服务。2015 年 12 月，老中铁路开始建设，铁路预计耗资 387 亿人民币，全长 427.2 公里，预计 2020 年建成。

（三）中老经济合作

中国是较早进入老挝投资的国家之一。在 1989 年中老关系恢复正常之后，中资企业即进入老挝设立企业。起初，中国投资仅限于餐饮、服装进出口、蔬菜种植等行业，年均投资规模仅有 20 万美元左右，投资企业主要来自邻近老挝的云南、广东两省。20 世纪 90 年代初，随着中国政府鼓励企业向海外发展，投资行业开始向农业开发、酒店经营、机电产品生产等领域拓展，赴老挝投资企业也扩展到中国上海、北京、广西、四川、辽宁等省市，每年投资额基本保持在 600 万美元左右。即使受到东南亚金融危机的严重影响，中国对老挝的投资也未停止过，并有不同程度的增长。进入新世纪以来，随着中国"走出去"战略的实施和中国—东盟自由贸易区建设的深入推进，以及中国—东盟自贸区的成立，中国对老挝直接投资迅速增长。根据老挝计划投资部的统计，1989—2014 年，中国对老直接投资项目为 830 项，投资合同总金额为 53.97 亿美元，是老挝最大的直接投资来源国（如表 9—1 所示）。

从投资主体看，我国中央企业、地方企业和民营企业共同参与了对老挝的投资。其中，中央企业主要分布在采矿业、电力行业、制造业和建筑业，从事水电站建设、大型矿山勘探开采冶炼等资金密集型行业的投资；中小地方企业、民营企业则遍布每个行业，特别是活跃在农林牧渔业、批发和零售业、租赁和商务服务业以及制造业中的农副产品加工、家用电器摩托车贸易装配、制衣、木材加工等劳动密集型行业。

表 9—1　　　　　　　　　直接投资国家项目数量与金额

排名	国家	项目数量（个）	价值（美元）
1	中国	830	5396814087
2	泰国	746	4455364613
3	越南	421	3393802891
4	韩国	291	751072139
5	法国	223	490626243
6	日本	102	438242441
7	荷兰	16	434466484
8	马来西亚	101	382238773
9	挪威	6	346435550
10	英国	52	197863480
	总计	2788	16286926701

资料来源：老挝计划投资部。

第二节　老挝金融发展概况

金融改革是老挝经济"革新开放"的重要组成部分。30 年间，老挝金融体系经历了从"计划"到"市场"的改革历程。从"大一统"的银行体系，逐渐转变为央行、商业银行分离，银行、证券、保险三业分明的金融体系，金融效率和金融功能大幅提高。货币增长速度较经济增速较快，2014 年，广义经济货币化水平达到了 58%。

一　从"计划"到"市场"的金融改革

1975 年，老挝人民民主共和国成立。与改革开放前的中国类似，在社会主义计划经济理论的指导下，老挝也建立了"大一统"的银行体系。老挝人民民主共和国银行（Bank of Lao PDR）既是国家金融监管部门，执行中央银行职能，又是商业银行，从事各种具体的金融业务活动。全国的资金运用实行计划和配给制度。

1988 年 3 月 12 日，老挝国务院第 11 号令通过了《社会主义银行体系的经营转变》这一新的法案，老挝人民民主共和国银行不再对企业和个人办理存贷等金融业务，转变为专门从事金融管理、制定和实施货币政策的国家机构。随着老挝银行体系改革的逐步推进，老挝国家银行和老挝银行的多轮剥离、合并和重组，最终在 1995 年成立了老挝中央银行。中央银行职能和商业银行职能的分离，标志着老挝现代银行体系框架的形成。1989 年，老挝的第一家商业银行——老挝外贸银行成立。随后陆续成立了老挝发展银行和农业促进银行两家国有商业银行，老挝—越南银行和法国—老挝银行两家合资商业银行，以国有商业银行为主体的银行体系日益完善。

2010 年，在韩国政府的帮助下，老挝证券交易所成立，老挝财政部持有 51% 的股份，这是老挝资本市场发展历史的里程碑。截至 2015 年，老挝证券交易所共有 5 家公司上市交易，总市值达 12.05 万亿基普（约 14.9 亿美元），占当年名义 GDP 的 12%。

目前，老挝的金融体系框架已基本形成，从单一的"大一统"银行体系发展到中央银行与商业银行并存，国有、股份制、私有和外资等多种所有制银行并存，银行、保险公司与非金融机构并存等现代金融体系。金融资源的配置方式，也从过去纯粹的资金纵向计划分配发展到银行间接融资、货币市场和资本市场直接融资并存的格局。金融工具日益丰富，从简单的贷款工具发展到债券、股票、基金、保险等多种高级的金融工具。金融市场也日渐成熟，金融广度与金融深度都不断提升。

二 "超级央行"的一元监管体系

尽管老挝的金融发展速度较快，数十年来取得了较大的进步，但是，金融体系仍然较为单一，主要以商业银行为主，且证券业起步较晚，因此，老挝的金融监管体系也较为单一。老挝现行的是以中央银行为核心、各监管职能单位为下属的金融监管体系。

老挝中央银行主要负责老挝货币老挝基普、信贷方面的宏观管理，金融、货币法规制定；而负责商业银行和金融机构的监管，包括它们的货币、信贷执行情况以及外汇管理等，是老挝的银行结算中心。同时，老挝中央银行还负责向地方商业银行和金融机构提供贷款，负责外币申请和进口物品的审批，出具外资资金汇入的银行证明，以及负责私人货币兑换网点、地方抵押机构和信用合作社成立手续的审批等。

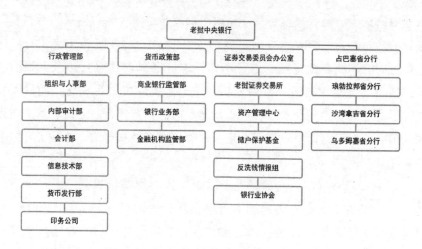

图 9—5　老挝中央银行组织结构

资料来源：老挝中央银行年报。

如图 9—5 所示，老挝中央银行下辖四类共计 21 家直属和分支机构。第一类，央行自身管理与货币发行机构，包括行政管理部、组织与人事部、内部审计部、会计部、信息技术部、货币发行部和印务公司。其中，货币发行部主要负责货币发行，印务公司负责印钞。第二类，货币政策与金融机构监管机构，包括货币政策部、商业银行监管部、银行业务部和金融机构监管部。其中，货币政策部负责货币政策的制定、管理和操作，是中央银行执行其职能的核心部门；商业银行监管部负责商业银行制度的建立和管理、商业银行风险管控等商业银行监管活动；金融机构监管部负责非银行金融机构的监管；银行业务部负责中央银行与金融机构的业务往来。第三类是下辖的职能分支机构，包括证券交易委员会办公室、老挝证券交易所、资产管理中心、储户保护基金、反洗钱情报组和银行业协会等。其中，证券交易所负责证券市场的管理，证券交易委员会办公室负责证券业及证券市场的监管和建设。第四类是央行的二级省级分行，包括四家位于不同省的二级分行。

老挝的证券市场成立时间较短，证券市场管理机构成立也较晚。2009年 5 月 25 日，为了筹备和建设证券交易所，老挝政府宣布成立老挝证券及证券市场管理委员会，由老挝政府常务副总理担任主席，老挝中央银行负责操作并指导证券市场建设运营工作。该机构后更名为证券交易委员会，目前仍然属于央行的下属机构。

较为单一的监管框架有其有利的一面。所有的金融监管事务均由央行负责，避免了多头监管问题，且能够有效地实施跨部门合作，对银行、机构和市场之间形成联合监管。对于老挝当前十分单一的金融体系和十分落后的金融制度，单一的以央行为核心的监管体系适合其金融市场的发展，是符合国情的正确选择。

三　金融发展水平较低但发展速度较快

老挝货币增长和经济增长都较快，但通货膨胀率较为合理。图 9—6 展示了老挝 1991—2014 年经济增长、广义货币量增长和通货膨胀率的变化趋势。在这 24 年间，老挝保持了较快的经济增长速度。较快的经济增长也引致了较大的金融需求。

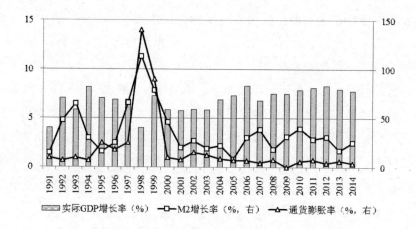

图 9—6 老挝实际 GDP 增长率、广义货币量增速和通货膨胀率

资料来源：老挝中央银行年报，世界银行 GFDD 数据库。

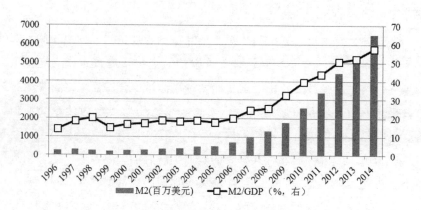

图 9—7 老挝广义货币量 M2 的变化趋势

资料来源：老挝中央银行年报，GFDD 数据库。

首先，广义货币量增长十分迅速。如图 9—7 所示，广义货币量从 1996 年的 0.25 万亿老挝基普，增长到 2014 年的 52.32 万亿老挝基普（约 64.8 亿美元），扩大了 208 倍。1998 年，亚洲金融危机爆发，老挝政府为了救助经济，大量发行货币，广义货币量增长了 113%，达到了历史最大值。与此同时，通货膨胀率也达到历史最大值（140%）。进入新世纪以来，老挝经济发展平稳，一直保持了 5% 以上的经济增长，虽然广义货币增长率仍然维持在 30% 左右，但是通货膨胀率相对货币增长率稳定一些，保持在 10% 以下。

其次，老挝经济货币化水平提高较快。如图 9—7、图 9—8 所示，"革新开放"以来，银行体系不断开放的过程中，经济货币化水平不断提高。2006 年以前，老挝的广义经济货币化比率 M2/GDP 较为稳定，保持在 15% 左右；而自 2007 年开始，该指标 M2/GDP 快速攀升，截至 2014 年，该指标已达到 58%；与此同时，狭义经济货币化比率也达到了 10%，经济货币化水平明显提高，反映了老挝金融发展水平得到了显著提高。然而，从全球范围看，老挝的经济货币化水平仍然与发达国家存在较大差距，金融发展有待进一步深化。

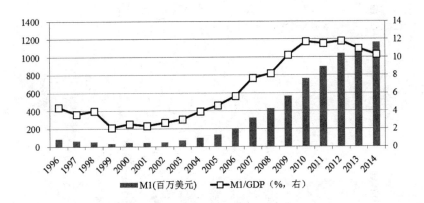

图 9—8　老挝狭义货币量 M1 变化趋势

资料来源：老挝中央银行年报，GFDD 数据库。

最后，老挝存、贷款增长较快，金融深化水平大幅提高。如图 9—9 和图 9—10 展所示，2014 年，老挝商业银行存款同比增长 20%，达到 49.8 万亿基普，约合 64.23 亿美元，占当年名义 GDP 的 55%。商业银行贷款同比增长 5%，达到 40.3 万亿基普，约合 51.55 亿美元，占当年名义 GDP 的 44%。从时间趋势上看，自 2006 年起，老挝金融规模开始快速增长，银行贷款、存款占 GDP 的比重分别从 10%、20% 水平增长到 50% 水平。这与经济货币化比率所反映的情况类似，自 2004 年起老挝经历了十年较快的金融发展过程。

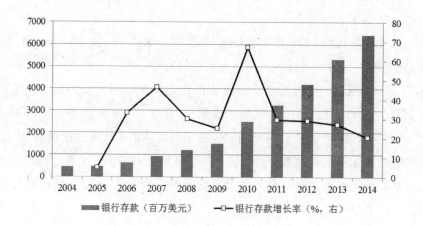

图9—9 老挝银行存款总量及其增长率

资料来源：老挝中央银行年报。

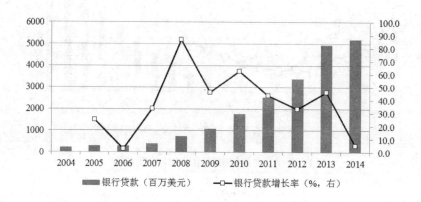

图9—10 老挝贷款总量及其增长率

资料来源：老挝中央银行年报。

第三节 老挝金融结构描述与分析

　　老挝具有鲜明的银行主导型金融结构。无论是从数量还是从规模上看，商业银行都是老挝金融体系中最主要的金融机构。存、贷款业务是商业银行的主要业务，利息收入是其最重要的收入来源，反映了老挝银行业较单一的业务结构和收入结构。金融市场起步较晚，规模仍然较

小，但开放程度较高，外资参与比例较高。货币类金融资产是最主要的
金融资产，证券类资产和保险类资产相对较少。随着老挝经济的快速增
长，政府对外部的融资依赖也逐渐下降；本币逐渐走强，本币金融资产日
渐受到青睐。

一　金融产业结构

（一）行业结构失衡，银行业占比过高

老挝是一个金融发展较为落后的国家，行业结构失衡，其金融体系主
要以银行业为主。由于数据的可得性，本章以老挝四家证券公司的注册资
本来估算证券业的规模①；以保费收入代替保险公司的规模，这样会在一
定程度上造成误差，但不会改变大致的比例关系。2014 年，在大约 97 亿
美元的金融规模中，银行业资产规模约 92 亿美元，占金融业总资产的
97%②（见图 9—11 左图），可见老挝银行业是最主要的金融产业。老挝
证券市场成立于 2010 年，经过五年的发展已粗具规模，证券市场中已有
五家公司上市交易，但其市值仍然较小。保险业虽然取得了一定的发展，
但是规模占比极小。

从金融机构数量看，银行和小微金融机构是老挝金融体系中最主
要的两类金融机构。图 9—11 右图展示了银行业、证券业、保险业三
大行业的金融机构数量比例关系图。截至 2014 年，老挝的银行机构
37 家，占金融机构总数（银行、证券、保险三大行业）的 84%。证
券业和保险业金融机构仅占 16%。此外，老挝的小微金融机构达 132
家，占有一定比重，是银行业的重要补充形式。总之，老挝的金融体
系具有行业结构失衡的特点，形成了以银行业和小微金融为主体的二
元结构。

---

① 根据老挝澜沧证券公司和老中证券公司的网站，这两家证券公司的注册资本分别为 12.5
万美元和 125 万美元。假设另外两家证券公司的注册资本规模与这两家公司相当，可以估算得到
老挝证券业的资本规模大约为 275 万美元。

② 世界银行 GFDD 数据库中老挝银行资产的数据仅持续到 2010 年。因此，我们根据老挝
中央银行年报中披露的数据计算了 2014 年的银行资产。银行资产等于以下几项之和：银行对经
济的全部信用、对政府的信用、储备金和国外资产。

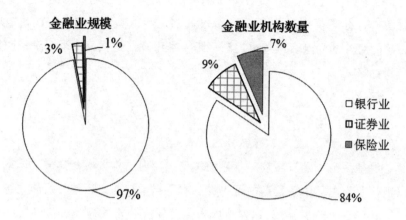

图 9—11　2014 年老挝金融体系的行业结构

资料来源：老挝中央银行年报，证券交易所网站，笔者计算。

（二）金融产业的市场份额结构：集中度与所有制结构的分析

1. 市场集中度高、以国有为主体的银行业

绝对集中度指标 CR_n 是衡量行业垄断程度的重要指标，指的是行业中前 n 家企业的资产（或收入）占全行业资产的比重。其计算公式如下，

$$CR_n = \sum_{i=1}^{n} X_i / \sum_{i=1}^{N} X_i$$

其中，X_i 是第 i 家企业的资产（或收入），N 是总企业数量；分子代表前 n 家行业的总资产，分母代表该行业所有企业的总资产。由于数据可得性的限制，仅能获得老挝最大的商业银行的数据，因此，本章采用 CR_1 作为衡量老挝银行业集中度的指标。

尽管老挝的商业银行及其分支机构达到了 37 家，但是老挝银行业的集中度仍然较高。如图 9—12 所示，老挝银行业的 CR_1 指数，在 2009 年和 2010 年达到近 80%。这家老挝最大的商业银行即老挝外贸银行（Banque pour le Commerce Exterieur Lao Public），是老挝第一家商业银行，也是唯一的上市银行。2014 年，老挝银行业资产总额为 92 亿美元，而老挝外贸银行的资产总额为 29 亿美元，占银行业总资产的 32%。尽管这一比重从 2009 年到 2015 年快速下降，但是三分之一仍然是较高的水平。由此可见，老挝的银行体系竞争程度较低、垄断程度较强，当前，仍然超过三分

之一的资源掌握在最大的国有股份制商业银行手中。

老挝高度集中的银行业有历史原因。从银行业演变的历史过程上看，老挝从"大一统"银行体系开始逐步改革，直至形成了今天的以国有大型商业银行为主的银行业结构。1975—1988 年，老挝的银行体系中仅有一家银行，即老挝银行。在"大一统"的银行体系下，银行体系的信贷配置效率较低，银行资产占 GDP 比重也较低，在 1989 年仅为 5%。随后，老挝银行业经历了一系列的改革，商业银行数量不断增加。1990—1991 年，数家保险公司相继设立，使银行不再是唯一的金融机构。因此，银行数量占金融机构总数的比例在 1990 年下降，随后又不断上升。2008 年后，非银行金融机构逐渐设立，包括证券交易所和证券公司的建立，使银行占金融机构数量的比例进一步下降。

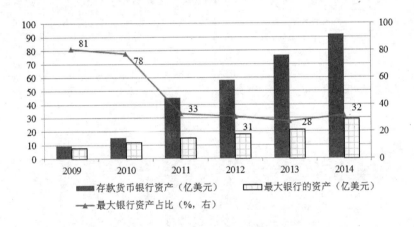

图 9—12　老挝银行资产及银行业竞争程度

注：世界银行 GFDD 数据库中老挝银行资产的数据仅持续到 2010 年。因此，我们根据老挝中央银行年报中披露的数据估算了 2011—2014 年的银行资产。银行资产等于以下几项之和：银行对经济的全部信用、对政府的信用、储备金和国外资产。统计口径不一致可能导致数据在 2011 年前后不可比较。

资料来源：Bankscope 数据库，GFDD 数据库，老挝中央银行。

2. 以合、外资为主的证券业和保险业

老挝的证券业发展较晚，截至 2015 年，仅有四家证券公司，且主要以合资和外资为主。具体而言，澜沧证券公司是 2010 年由老挝发展银行注资成立的国有独资证券公司，也是老挝第一家证券公司。BCEL - KT 证券公司是老挝外贸银行与泰国 KT - Zmico 证券公司共同成立的合资证券公司，老方占股权 70%，泰方占 30%。老中证券公司是 2013 年成立的合资证券公司，是我国在境外设立的第一家合资证券公司。这三家公司具有全牌照，能够进行财务顾问、股票承销、经纪等业务。此外，老挝还有一家全外资证券公司 APM（LAO），仅能进行财务顾问业务。正是由于老挝金融发展水平较低，自身不具备建立证券公司的技术和管理水平，从而积极引进外资，成立合资的证券业机构，为老挝证券业的发展奠定了基础。

表 9—2   老挝保险公司信息一览表

序号	银行名称	所有权性质	老挝股份	合作国家	成立年份
1	老挝国家保险公司	合资	51%	法国	1990
2	老挝越南联营保险公司	合资	—	越南	2008
3	Toko 保险公司	合资	51%	日本	2009

资料来源：老挝中央银行 2014 年年报。

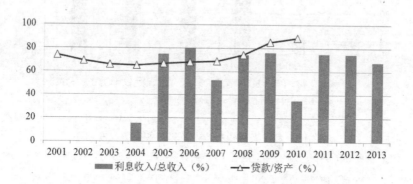

图 9—13 老挝银行业资产结构和收入结构
资料来源：GFDD 数据库。

老挝仅有三家保险公司，全部都是合资公司。与证券业类似，也是因为老挝缺乏保险业的经营管理技术，才积极引进国外投资者来提高本国的保险业发展水平。如表 9—2 所示，老挝国家保险公司是财政部与法国安联国际合资合作的保险公司。该保险公司在老挝保险市场上占有最大的份

额，并有全国的分公司和办事处。老挝—越南联营保险公司成立于 2008
年 1 月 8 日，其公司由四方代表签署：越南投资和发展银行（BIDB）、越
南 BIC 保险公司、老挝外贸银行（BCEL）和越南联营银行（LVB）。相
比于老挝国家保险公司已在老挝经营多年，老挝—越南保险公司需要在经
营策略上和险种的创新上做出更多的努力。TOKO 保险公司是 2009 年日
本与老挝合资成立的保险公司，其中老挝财政部持股占 51%。

（三）业务结构过于简单，收入结构单一

1. 以存、贷业务为主的银行业

老挝的金融发展水平程度较低，存、贷业务是老挝商业银行最主要的
业务，而利息收入是老挝商业银行最主要的收入来源。图 9—13 中的柱状
图报告了老挝银行业的收入结构。除少数年份外，老挝银行业利息收入占
总收入之比长期保持在 70% 左右。图 9—13 中的折线刻画了银行贷款与
总资产规模之比，该指标长期保持在 80% 左右，且有不断上升的趋势。
由此可见，老挝银行业的业务结构过于简单，收入结构十分单一。

表 9—3　　　　　　　　　　老挝外贸银行的收入结构

科目	金额（百万基普）	经营收入占比	毛收入占比
利息收入	1073610		75.6%
利息支出	-812970		
利息净收入	260640	43.9%	
手续费收入	171548		12.1%
手续费支出	-13314		
手续费净收入	158234	26.6%	
其他收入	175377	29.5%	12.3%
毛收入	1420535		100.0%
经营收入	594251	100.0%	
税后利润	124712	21.0%	

资料来源：老挝外贸银行 2015 年年报。

为了能够更加直观地展示老挝商业银行的业务结构，本文以老挝最大
的商业银行老挝外贸银行 2015 年年报为例，对商业银行的资产结构、负

债结构和收入结构做进一步剖析。

利息收入是老挝外贸银行的主要收入来源。如表9—3所示，老挝外贸银行2015年的毛收入为1.42万亿基普，合1.75亿美元。其中，利息收入1.07万亿基普，合1.32亿美元，占毛收入的75.6%；手续费收入0.17万亿基普，合0.21亿美元，占毛收入的12.1%。由此可见，利息收入是老挝商业银行最主要的收入来源，占总收入的比例超过四分之三。

表9—4 老挝外贸银行的负债结构

科目	金额（百万基普）	占比
客户存款	21310561	86.7%
银行间债权	2446347	10.0%
从其他银行借款	720497	2.9%
其他	217370	0.9%
总负债	24579789	100.0%

资料来源：老挝外贸银行2015年年报。

表9—5 老挝外贸银行的资产结构

科目	金额（百万基普）	总资产占比	盈利资产占比
客户贷款	10854955	42.1%	70.5%
银行间债权	1986635	7.7%	12.9%
持有至到期金融投资	1776408	6.9%	11.5%
待销售金融投资	224348	0.9%	1.5%
交易性金融资产	6046	0.0%	0.0%
关联企业投资	555418	2.2%	3.6%
盈利性资产	15403810	59.8%	100.0%
现金及央行存款	9466790	36.7%	
固定资产	391146	1.5%	
无形资产	297744	1.2%	
其他	217370	0.8%	
总资产	25776860	100.0%	

资料来源：老挝外贸银行2015年年报。

　　吸收存款是老挝外贸银行最主要的负债业务。如表9—4所示，存款是外贸银行最主要的负债，占比达到86.7%，即老挝银行主要依靠吸收存款来进行负债经营，较少发行金融债券。因此，老挝的负债业务十分单一。银行间负债头寸占总负债比重仅12.9%，反映了老挝商业银行的银行间市场还不够发达。发放贷款是老挝外贸银行最主要的资产业务。如表9—5所示，贷款是老挝外贸银行最主要的资产，也是最重要的盈利性资产，占比超过70%，而金融产品及衍生品仅占盈利性资产的16.6%。也就是说，老挝商业银行的资产业务主要是企业贷款，其次是银行间贷款和金融产品投资。

　　2. 不断增长但业务单一的保险业

　　老挝社会经济正在以较快的速度增长，社会风险意识也逐渐提高。目前老挝境内的保险公司提供的保险业务基本上能满足社会公众的需要，随着社会经济的不断变化，需要保险来保障自身的财产安全的意识就会增多，这对保险行业的发展有着重要的影响。图9—14展示了老挝保险业保费收入与GDP的比值。保险深度（即保费收入与GDP之比）类似于金融深度，衡量了保险业规模相对于经济规模的变化情况。如图9—14所示，从1995年到2014年，无论是寿险还是其他险种，保费收入都保持了快速的上涨趋势，可见保险深度水平提高较大。从结构看，寿险的保险收入明显低于其他险种（如财产保险），反映了老挝人民对人寿保险的接受程度较低。

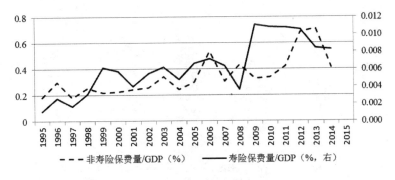

图9—14　老挝保险业发展情况

资料来源：GFDD数据库。

二 金融市场结构

（一）初步发展的资本市场

老挝的资本市场发展较晚，在第六个老挝社会—经济五年计划（2006—2010 年）中，老挝政府首次把证券交易市场的建设提上日程。过去老挝的金融市场体系是非常脆弱且不平衡的，本国经济主要依赖银行的信贷融资，这是老挝筹备证券交易市场的最主要目的之一。2007 年 9 月 19 日老挝中央银行和韩国证券交易签订了谅解备忘录，2009 年 7 月与韩国证券市场签订了建立老挝证券交易的协议，越南证券交易所和泰国证券交易所则为老挝证券交易所的顺利开业提供所需要的人力资源和必要条件。2011 年 1 月 11 日，老挝证券交易所正式成立，该交易所 51% 的股权属于老挝中央银行（出资 1020 万美元），49% 的股权属于韩国证券交易所（出资 980 万美元）。

图 9—15 展示了 2011—2015 年股票市场上市公司数目及其市值的变化趋势。上市初期，仅有两家上市公司的股票交易，一家是老挝外贸银行，另一家是老挝电力公司。这两家公司均是具有国有背景的大型企业，市值仅为 4.64 万亿基普。随后，2013 年、2014 年和 2015 年分别新增了 1 家上市公司。目前为止，老挝证券交易市场共有 5 支股票上市交易，总市值达 12.05 万亿基普（约 15 亿美元），发展十分迅速。

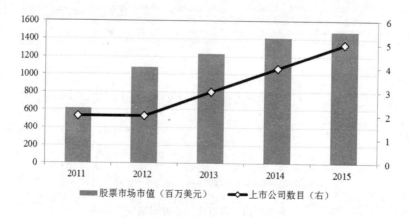

图 9—15　老挝股票市场市值及上市公司数目

资料来源：老挝证券交易所网站。

（二）筹资者结构相对合理，对私有部门支持力度大

老挝证券市场虽然发展较晚，仅有 5 家上市企业，但是其筹资者结构相对合理。表 9—6 展示了老挝 5 家上市公司的主要相关信息。不难发现，老挝的 5 家上市公司中仅有两家国有企业，可见资本市场对私有企业的支持力度较高。从行业结构看，老挝的 5 家上市公司中，有 3 家与贸易有关，2 家与能源有关，1 家金融机构，但没有制造业和高科技产业。① 这表明，老挝的资本市场还处于早期的发展阶段，只有相对具有实力、资产充盈的企业选择上市融资，资本市场对技术创新的支持不足。

表 9—6　　　　　　　　　　　老挝上市公司一览表

股票代码	BCEL	EDLGen	LWPC	PTL	SVN
公司名称	老挝外贸银行	老挝电力公司	老挝世界公司	老挝石油贸易公司	Souvanny 家装公司
业务	商业银行	水力发电	贸易会展	石油类贸易	家装类贸易
性质	国有	国有	非国有	非国有	非国有
上市日期	2011/1/11	2011/1/11	2013/12/25	2014/12/9	2015/12/11
总股数	126 百万	1679 百万	40 百万	235 百万	165 百万
流通股占比	20%	25%	10%	25.53%	15.15%
外资持有上限	10%	25%	100%	100%	100%
票面价值	5000	4000	2000	2000	2000
IPO Price	5500	4300	10200	4000	3100
ROE（2015）	10.60%	8.30%	8.50%	4.40%	4.40%
P/E	5.5	15.3	20.6	31.1	29.5
股息率	7.80%	4.40%	2.70%	2.50%	1.40%

资料来源：老挝证券交易所 2015 年年报。

此外，从表 9—6 中，我们发现，老挝对国有上市公司的保护力度较强。老挝证券市场对国有的两家上市公司分别设定了 10% 和 25% 的外资持有上限，反映了对本国重要产业的保护，也反映了对国有企业的所有制特征的保护。

---

① 其中，老挝石油贸易公司既与贸易相关，又与能源相关。

三 融资结构

（一）对外源融资依赖程度逐年增加

从融资结构的角度，我们可以把企业融资分为内源融资和外源融资，外源融资又可分为直接融资和间接融资。老挝的金融发展水平较低，企业对内源融资的依赖程度更强。由于老挝微观企业数据较少，我们采用BVD亚太企业数据库中的四家老挝企业数据进行测算。图9—16展示了这四家企业的内、外源融资情况。企业的留存收益是利润的一部分，主要用于企业的持续经营，是企业内源融资的主要组成部分。折旧费用是企业按照会计准则计提的用于资产性支出的资金。由于计提折旧的资金将在较长的一段时间内留存在企业内部，可供企业使用，故也属于内源融资的一部分。由于缺乏企业留存收益的数据，我们采用企业税后净利润与折旧费用之和作为内源融资的代理变量。由于缺乏企业在资本市场融资的数据和长期负债的数据，我们用流动负债作为外源融资的代理变量，其中包括了企业贷款、票据等。

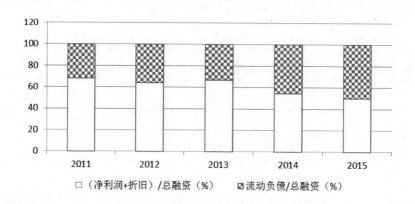

图9—16 老挝企业内、外源融资结构

资料来源：Bvd亚太企业数据库，外源融资用企业流动负债作为替代变量，内源融资用税后净利润与折旧费用之和度量。

如图9—16所示，2011—2014年间，老挝企业的内源融资数量略高于外源融资的数量，反映了老挝的金融基础较为薄弱。随着金融业的不断开放和发展，外源融资比重不断上升，到 2015 年，外源融资和内源融资各占 50%。

（二）间接融资为主体

金融体系结构[①]即股票市场与银行的相对关系，从宏观视角反映了企业的融资结构。[②] 根据罗斯·莱文的定义，有两种方式来度量金融体系结构：金融结构的活动指标（银行信贷／股票市场交易额）和金融结构的规模指标（银行信贷／股票市场市值）。[③] 图 9—17 分别展现了这两个指标的变化情况。

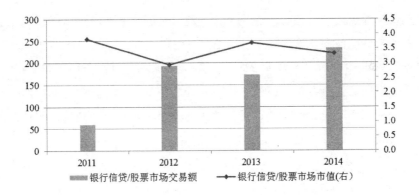

图 9—17 老挝金融体系结构—规模指标和活动指标
资料来源：老挝证券交易所网站。

由于老挝股票市场成立的时间较短，我们无法观察到其存在稳定的趋势性变化。但是，从其相对大小关系，我们可以得到以下两点结论：（1）老挝的金融体系仍然是以银行为主导的，无论是金融结构的规模指

① 王广谦、应展宇、江世银：《中国金融改革：历史经验与转型模式》，中国金融出版社 2008 年版。

② 囿于数据的可得性，我们仅能获得上市企业的直接、间接融资数据，但是，上市企业的直接融资显然高于其他非上市企业，采用上市企业分析一国企业的直接、间接融资结构将造成样本的选择性偏误。诚然，股票市场规模不等于企业的直接融资水平，但为了分析的完整性，我们对宏观层面的金融体系结构加以分析，作为融资结构分析的替代。

③ 埃斯里·德米尔古克—肯特、罗斯·莱文：《金融结构和经济增长：银行、市场和发展的跨国比较》，黄纯纯译，中国人民大学出版社 2006 年版，第 100 页。

标还是活动指标，都取值远大于世界平均水平①；（2）股票市场交易额相对其规模较小，反映了老挝股票市场的活跃程度较低。因此，从总体而言，老挝的资本市场得到了较快的发展，但是，其以银行信贷为主的资源配置方式和落后的金融市场仍然是不争的事实。

（三）银行对私营部门的支持程度不断提高

老挝是社会主义国家，也是以公有制经济为主体的国家，国有经济比重相对较高，因而银行信贷中对国有部门和私有部门的支持结构，是分析老挝经济改革的重要指标之一。如图9—18所示，无论是私人部门从整个金融体系中获得的信贷支持，还是商业银行对私人部门提供的信贷支持，都呈现出显著的上升趋势。也就是说，随着金融体系改革的不断深入，老挝的信贷资源流向私有部门的比重在不断上升，信贷配置效率趋于改善。另外，2009年以后，商业银行对私人部门的信贷支持力度超过了90%，表明老挝的国有企业主要依赖央行为其提供信贷支持和补贴。老挝的金融体系改革取得了显著的成效，资金更多地流向了相对更加高效率的私人部门，对经济增长的贡献较大。

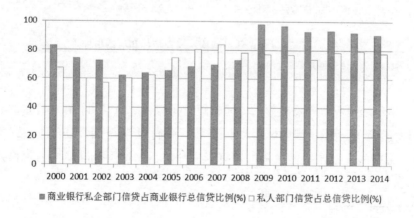

图9—18　私有部门获得信贷的比重及其从商业银行获得信贷的比重
资料来源：老挝中央银行年报。

---

① 根据罗斯·莱文的统计，全球各国金融结构—规模指标的中位数为1.73，活动指标的中位数是4.14。

（四）贷款主要流向贸易类企业，对工业企业支持较弱

从银行贷款的行业结构，可以看出银行对不同行业的贷款支持力度，也可以看出不同行业企业对贷款的依赖程度。老挝商业银行贷款主要流向了贸易类企业，对工业企业的支持力度较弱。以老挝外贸银行为例，如表9—7所示，2010—2012年，贸易类企业贷款占总贷款的比重平均达到27.7%，占比最高；其次是建筑业和服务业，平均占比24.7%和22.0%；与此形成对比，该银行对工业企业的贷款比重较低。这是由于老挝经济以贸易、水电、采掘等行业为主体，贷款结构与经济结构相吻合。从另一个角度看，老挝未来的经济发展方向是提高工业比重，银行信贷对工业企业的支持力度较低，不利于经济结构转型和经济发展。

表9—7　　　　　　　　老挝外贸银行贷款结构（按贷款行业）

行业 ＼ 年份	2010	2011	2012
贸易类企业	30%	23%	30%
建筑业企业	27%	21%	26%
服务业企业	20%	23%	23%
工业性服务企业	13%	22%	11%
其他	10%	11%	10%
合计	100%	100%	100%

资料来源：澜沧证券公司《老挝投资指南》。①

四　金融资产结构

（一）货币性资产占比过高，经济货币化进程较快

由于老挝是银行主导的金融体系，因此，货币性金融资产是老挝金融资产的主要组成部分。图9—19展示了2008—2014年货币性、证券类和保险类金融资产的构成情况。由于老挝债券市场的数据难以获得，本章

① LANEXANG Securities Public Company, Lao Investment Guide, October 2013, www.lxs. com. la。

以股票市场市值作为证券类市场的代表，用保费总额作为保险类资产的代表。如图9—19所示，2014年老挝约100亿美元的金融资产总量中，货币性金融资产占总资产的82%，证券类资产占17%，保险类资产占1%。从动态过程中看，随着股票市场的发展，老挝证券类资产的比重不断上升。

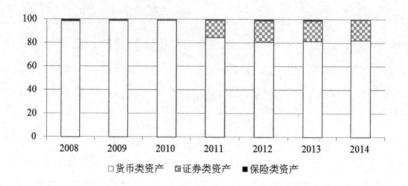

图9—19 老挝金融资产的总体结构（单位:%）

资料来源：老挝中央银行年报。

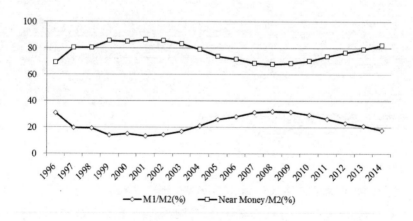

图9—20 老挝货币结构

资料来源：老挝中央银行年报。

（二）货币结构相对合理

老挝货币结构相对合理，M1占M2比重保持在20%—30%之间，准货币（Near Money）占 M2 的比重保持在 70%—80% 之间。从时间趋势上看，1996 年以来的货币结构呈现了周期性变化的趋势。图 9—20 展示了老挝 1996—2014 年狭义货币 M1 和准货币占广义货币量 M2 的比重。M1/M2 的变化趋势形成"S"形，在 2000 年附近到达谷底，在 2008 年附近到达高峰。货币结构反映了货币乘数的变化趋势，进而反映了金融体系对实体经济的资金支持力度。受亚洲金融危机影响，1998—1999 年老挝广义货币量增速超过 100%，对实体经济进行了大量的信贷刺激，因此，准货币占 M2 的比重均显著上升，大量的派生存款被创造出来。2008 年前后，全球金融危机对老挝的波及较小，2008—2014 年老挝的经济增长速度仍然稳定在 8% 以上，政府对经济的信贷刺激较小，M1/M2 保持在较为合理的水平。

（三）政府存款占比不断下降

存款结构反映了社会财富的分布情况。老挝的政府存款占比在十年间不断下降，反映了老挝政府"藏富于民"的管理思想。图 9—21 展示了 2004—2014 年老挝政府存款占银行总存款的比例情况。不难发现，2008 年政府存款占比达到 23%，随后不断下降，2012 年为 5%。一方面，这反映了随着经济改革的不断深入，老挝的社会财富更多地从政府转移到私人部门；另一方面，资金较少以存款的方式体现，也反映了政府积极投资、刺激经济发展。

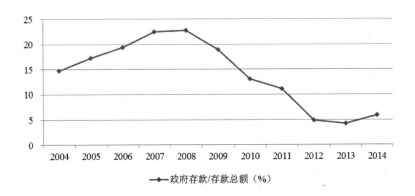

图 9—21　2004—2014 年老挝政府存款占总存款比重

资料来源：老挝中央银行年报。

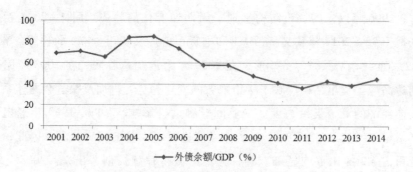

图9—22 2001—2014年老挝外债余额占GDP变化情况

资料来源：老挝中央银行年报。

五 金融开放结构

(一) 外部融资依赖程度不断下降

一国外债余额反映了该国利用外部金融资源的情况，是衡量融资开放程度的重要指标之一。图9—22展示了2001—2014年老挝外债余额占GDP的比重。不难发现，老挝外债余额占GDP比重整体呈现下降趋势，从2005年的85%下降到2014年的44%，下降了近一半。该指标一方面反映了老挝利用外部融资减少，融资开放程度下降；另一方面也反映了老挝经济发展水平上升、国力提高，从而减少了对外部融资的依赖。

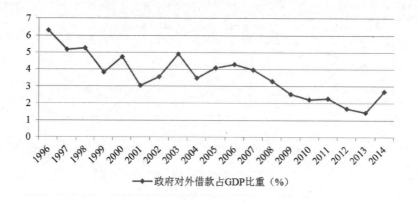

图9—23 老挝政府外部债务

资料来源：老挝中央银行年报。

　　进一步解剖外债结构，可以看出，老挝政府对外借债下降明显。如图9—23 所示，老挝政府对外借款占 GDP 比重呈现不断下降的趋势，1996—2014 年间下降了 50% 以上，截至 2014 年政府对外债务仅占 GDP 的 3%。与前面的分析类似，老挝政府债务规模相对经济规模不断下降，主要是由于老挝经济总量提高，国力不断提升。

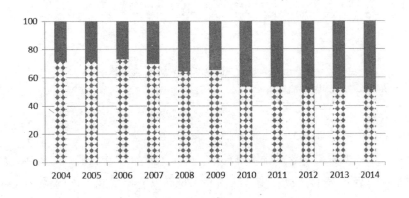

　　　　　　● 外币存款/总存款(%)　　■ 本币存款/总存款(%)

图 9—24　老挝本、外币存款结构

资料来源：老挝中央银行年报。

（二）本币存款占比较少，但逐年增加

　　由于老挝物价波动较大，通货膨胀率较高，本币地位一直较弱，但是随着老挝经济的不断发展，宏观金融的不断稳定，本币地位不断提升，本币计价的存款占比不断上升。图 9—24 和图 9—25 分别展示了老挝银行存款中外币存款的比重和外国居民存款的比重，这一方面反映了老挝银行体系的开放结构，另一方面反映了老挝本币的受青睐程度。从存款的比重看，外币存款长期位于 60% 的水平，表明老挝的银行体系开放程度较高，对外币的接受程度较强。但是，从另一个角度讲，也反映了本国货币的地位不足。当然，从时间趋势上看，这一比重正在缓慢下降，这与老挝银行体系改革和经济发展水平的提高有着密不可分的联系。如图 9—25 所示，老挝外国居民存款的比重在 10% 附近上下波动，较为稳定，反映了在老挝从事经济活动的外国居民数量较稳定，且处于相对较为合理的水平。

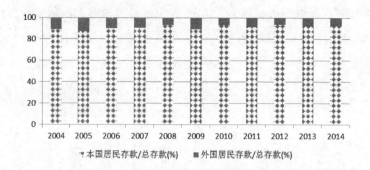

图 9—25　老挝本国居民、外国居民存款结构

资料来源：老挝中央银行年报。

（三）不断开放的资本市场

图 9—26 报告了老挝股票市场中，外国人投资者开立账户的比例，反映了老挝金融市场的开放程度。从图 9—26 可以看出，这一比例从 2011 年的 16%，平稳上升至 2015 年的 20%。由此可见，老挝证券交易市场的开放程度较高，且不断鼓励外资进入市场交易。形成这样的结构与老挝的经济发展水平有关。老挝本国居民相对财富不足，对股票市场的理财需求、风险分散需求较低，银行存款就足以满足其金融需求，因此，老挝股票市场迫切需要国外投资者的参与。流动性不足将使老挝股票市场徒有其表，引进国外投资者能够使股票市场的交易更加活跃，从而带动股票市场的健康发展。

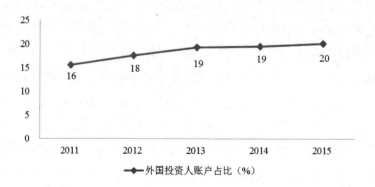

图 9—26　老挝股票市场开放程度

资料来源：老挝证券交易所网站。

　　从股票市场的交易规模看，国外投资者是老挝股票市场最主要的投资者。如图 9—27 所示，外国投资者交易规模占总交易规模的 58.46%，个人投资者占 29.40% 。由此可见，国外投资者在市场中较为活跃，以占比20% 的账户数完成了占比近 60% 的交易。国外投资者的参与程度反映了老挝资本市场的开放程度，开放程度较高有利于老挝资本市场吸引投资者，有助于资本市场的快速发展。但是，开放程度较高将使老挝资本市场易于受到国际经济走势和全球资本市场的影响，存在较大的外部风险。

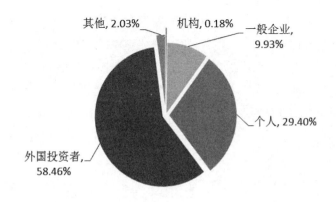

图 9—27　老挝股票市场中投资者交易规模结构

资料来源：澜沧证券公司《老挝投资指南》。①

第四节　老挝金融结构的主要特点与影响分析

　　老挝具有鲜明的银行主导型金融结构，且银行业的市场集中度较高。形成这样的金融结构与老挝所处的经济发展阶段、老挝的经济结构和老挝的经济改革过程有密不可分的关系。以采掘、农林、零售和贸易为主的经济结构，使老挝的银行业相对发达，资本市场相对落后。受到"大一统"金融体系的影响，当前的金融体系中国有大型银行仍然是金融体系的主体。老挝当前的金融结构基本满足了其自身的经济需要，但从未来发展的路径看，老挝还需进一步优化其金融结构，逐步的提高银行业竞争程

---

① LANEXANG Securities Public Company, Lao Investment Guide, October 2013, www.lxs.com.la.

度，加强资本市场的发展。

一 金融结构的主要特点

从上一节对老挝金融体系的描述可以看出，老挝金融结构相对简单，金融发展水平相对较低，银行贷款是企业的主要融资方式，银行是最主要的金融机构；而且银行集中度较高，垄断程度较高，政府对银行的控制程度较强，整体的金融开放程度不高。老挝金融结构有以下几方面的特点：

第一，金融发展水平相对较低，但发展迅速。2014 年，M2/GDP 比重仅 58%，银行资产占 GDP 比重仅 39%。与全球平均水平相比，以上两个数据反映了老挝的金融发展水平较低。老挝建国时间较短，经济发展水平较低，较低的经济发展水平决定了其金融发展水平不高。然而，老挝近十年来的金融发展速度非常快，信贷年平均增速达到了 33%，十年间银行信贷总额增长了 16 倍。2008 年的全球金融危机不仅没有对老挝经济造成影响，而且为老挝的金融发展带来了契机。

第二，鲜明的银行主导型金融结构。老挝的金融市场建立较晚，在韩国证券交易所的帮助下，2011 年才正式建立老挝证券交易所。企业主要依靠内源融资，其次是银行融资，极少依靠债券融资和股权融资。2015年，老挝银行信贷余额是其股票市值的 3 倍，是其股票市场交易额的 234倍。此外，老挝的保险业也极不发达，保费收入占 GDP 的比重仅千分之一上下，且仅有三家保险公司。因此，老挝的金融体系主要是商业银行，其经济活动主要依赖银行的支持。

第三，银行业集中度较高。银行主导的金融体系往往也具有垄断程度较高的银行业结构。老挝的第一家商业银行、也是唯一一家上市商业银行——老挝外贸银行，2015 年资产总额占全部商业银行资产的三分之一。这反映了老挝的银行业集中度极高。事实上，尽管老挝有 20 余家外资银行子行或分支机构，其银行体系中占主导的仍然是三大国有商业银行。

第四，金融体系对私营企业的信贷支持比重较高，且逐年上涨。虽然老挝是银行主导的金融体系，且银行业的集中度较高，但是老挝的银行效率并不低。从银行信贷的所有制结构看，银行体系对私有企业的贷款占总贷款的比重超过 80%，其中商业银行对私有企业的贷款比重超过 90%。

此外，股票市场中，60%的企业是非国有企业，私营部门利用资本市场进行融资的比例也较高。由此可见，老挝的金融体系较好地支持了私有经济的发展。

第五，本位币地位较低，但近年来逐渐走强。根据前文的数据统计，老挝的外币存款占总存款的比重长期超过60%，在一定程度上反映了其存款的开放度较高，但是，这也意味着其本币的地位较低。本国的通货膨胀较高，且货币增长较快，导致本币币值存在较强的贬值预期，因而本国居民倾向持有更多的外币存款。但是，2008年以来，由于老挝经济持续稳定的高速增长，通货膨胀率相对稳定（5%上下），本币存款比重开始上升，反映了本国居民对经济的信心增强，持有本币的意愿增加。

二　金融结构形成与演变的主要原因

老挝形成了如今独具特色的银行主导的金融结构，与其经济发展的阶段和过程是密切相关的。具体而言，老挝金融结构形成与演变的主要原因表现在以下三个方面。

第一，经济发展阶段和经济结构。经济发展阶段决定了金融需求，而经济结构在很大程度上决定一国的金融结构。老挝的经济发展水平较低，仍然属于经济发展的初级阶段，因而这决定了其较为落后的金融发展水平和偏向银行主导的金融体系。此外，其经济结构以农业为主，近年来工业和服务业比重才有所提升，直至2011年工业比重才首次超过农业。也就是说，从过去30年的经济发展来看，老挝是一个以农业为主导的小农经济国家，金融需求较低，金融体系的服务对于以农业为主的老挝作用较小。

随着经济的不断发展，人均收入水平的不断提高，老挝人民的财富水平提高，导致了家庭对存款需求的上升；日益工业化的经济结构，带动了经济的投资需求，从而增强了对金融体系的融资需求，推动了金融发展。然而，在早期的工业化阶段，工业的种类较为粗犷，创新程度不足，以银行为主导的金融体系足以支撑其发展，从而使老挝形成了以银行为主导的金融结构。

第二，过去"大一统"金融体系的影响。建国初期，老挝实行的是"大一统"的金融体系，全国的货币交易结算、金融资源配置全部由全国唯一的银行——老挝银行承担。这一极具"计划性"特色的金融体系对老挝现在的金融体系产生了较强的影响。尽管老挝的金融发展较快，商业银行、证券公司、保险公司等不同种类的金融机构日渐增多，但是，老挝的国有金融机构仍然在金融体系中占主导地位。以国有为主导、集中度较高的银行体系正是受到"计划性"的金融体系的影响。以国有主导的金融体系，仍然按照国家的政策意愿来进行资源配置和金融服务，而非完全的市场化运作，这在一定程度上阻碍了经济的发展。

但是，从另一个角度看，较强的政府控制程度也有两个优点：其一，以国有为主导的金融体系能够更好地抵御外部金融风险。国有银行受到国家政策的影响，不能自由地过量持有国外资产，也不会积极开展对外业务，因而较小受到外部风险的影响，金融稳定性较强。其二，以国有为主导的金融体系政策执行力较强。国有银行的管理层是国家任命的官员，能够贯彻执行国家的改革政策，使国家政策能够更加有效地推行和实施。

第三，"革新开放"政策的影响。国有主导的金融体系，垄断程度较强的银行业却仍然对私有部门的金融支持程度较高，而且这一比重还在不断上升。这在一定程度上反映了老挝的金融体系具有一定的效率。老挝的金融发展呈现如此特征，与其"革新开放"的私有化改革政策相关。

1986年"四大"的召开被学术界认为是老挝"革新开放"的起点。"革新开放"的经济改革主要表现在三个方面：国有企业改革和所有制的调整，建立把经济管理机制与生产经营机制分开、实行企业核算与自负盈亏的新体制；农业政策调整，对农业合作社进行整顿和合并，逐步推行家庭承包制，把土地授予农民使用；逐步由发展对越南、苏联、东欧的对外经济关系为主，走向全方位的对外开放。其中，最主要的就是第一个方面的改革。随着"革新开放"的不断深入，国有企业比重开始下降，私有经济比重不断攀升。与此同时，配套的金融改革使越来越多的银行信贷资源流向了私有经济，这是改革的结果。一系列的经济和金融改革使老挝的金融和经济都呈现出快速发展的趋势。尽管金融体系仍然存在着诸多的不足，但是能够良好地践行政策目标和改革措施，使私有经济不断发展，也反映出了老挝金融体系较高的效率。

三 金融结构的功能与效率分析

整体而言，老挝的金融体系功能不健全，以传统的存贷业务为主，由于银行业的垄断程度较高，因而其效率相对低下。但是，近年来，随着金融改革的不断深入，银行业效率有所提升，对私有企业的信贷支持比重不断提高。从经济增长的结果看，老挝的经济增长较快，GDP 增长率保持在 8% 左右，也从一个侧面反映了金融对经济的支持作用。

具体而言，从资本市场角度看，老挝的资本市场刚刚建立，上市公司数量仅 5 家，且以国有大型企业为主，融资功能几乎全无，而是具有象征意义的政治任务。股票市场交易量与股票市场市值之比仅为 1%，足见股票市场极为不活跃，股票流动性差。因此，老挝资本市场的功能极为低下，有待进一步发展。从银行体系看，无论是从存款、贷款还是资产来比较，老挝的三家大型国有银行都占据了银行业一半以上的份额。国有银行偏好对国有企业贷款，因此，革新开放初期，老挝银行业对非国有经济的支持力度不够，信贷配置效率也较低，没能把资源配置到效率相对更高的私营部门。但是，随着金融改革的深入，2008 年以后，私营部门获得的信贷支持已经达到了 80%，从商业银行获得信贷支持超过了 90%。银行业的效率有了较大幅度的提升。

以当前老挝的经济结构来看，银行主导的、以传统业务为主的金融体系较好地适应了老挝的经济状况。老挝是农业大国，工业刚刚起步，促进工业和林业发展是其"革新开放"所依赖的最主要的发展目标，而且其工业最主要是水利水电业。相对较低的经济发展水平和相对较低的金融需求并不适合较高的金融发展水平。水利水电业主要需要依靠政府主导的银行提供融资；而农林业负债率相对较低，以银行信贷为主的融资方式足以满足老挝当前经济发展的需要。因此，从现状来看，老挝的金融效率是相对足够的，当前的金融结构能够满足当前经济发展的需要。

但是，从动态的、发展的眼光看，老挝还将进一步推动工业化进程，工业和服务业是未来主要的发展方向。随着经济中农业占比的下降，居民生活水平的提高，经济中的金融服务需求也将逐渐增多，无论是储蓄需求还是融资需求，都将不断提升。老挝的金融发展水平还有待进一步提高，金融功能还有待进一步健全，金融工具种类也需要不断创新和发展。要满足工业的融资需求，以及创新性强、高技术产业的分散风险需求，金融市场的发展尤为重要。因此，老挝的金融结构也应当进一步朝着直接融资和间接融资相对均衡的方向发展，增加银行的业务种类，降低银行业集中度，鼓励私有银行和外资银行发展，促进银行业竞争环境的形成，提高银行效率，这是未来的长期目标。

总之，以当前的经济结构、经济发展成果来衡量，老挝当前的金融结构虽然功能不够完善、效率不够高，但是能够满足经济发展的需求；从未来的经济发展和经济结构变迁路径来看，老挝的金融体系还有待于进一步发展，金融结构亟待进一步优化。

第五节　中老金融合作现状及未来展望

老挝是一个内陆国家，与工业发达国家相比，老挝经济外交无论在规模和范围都很有限。老挝与中国、越南、泰国、柬埔寨、缅甸等国接壤，与这些国家具有良好的经贸合作基础，也展开较多的金融合作。此外，韩国、日本、法国、美国与老挝的金融合作也相对较多。本节将就影响老挝与这些国家的金融合作进行探讨和分析，以进一步深入研究老挝的金融结构。

一　中老金融合作

中老两国于1961年建交，双边关系稳定，经贸往来不断稳定。2014年，两国进出口贸易总额达到36.17亿美元，其中中国出口为18.39亿美元，进口为17.78亿美元，是中国进出口平衡的国家。2015年，中国对老挝非金融类直接投资流量突破10亿美元，达13.6亿美元，同比增长36.2%，首次超过印度尼西亚，位列新加坡之后，在东盟国家中位居第二。

（一）建立了银行双边结算网络，促进人民币区域化发展

在东南亚金融危机爆发后，东盟各国与中国都意识到：国际投机资本大规模流动寻找国家政策失误或金融防御薄弱处展开攻击，早已超出一个单独国家危机管理的能力。一旦金融危机发生，现有国际金融机构救援方式的救援条件、救援速度都不能满足实际需要。因此，为了增强各国共同

面对风险的能力，建立健全区域金融救助机制成为各国共同的需求。

中国—东盟贸易结算方式包括两种：一般国际结算方式和边境贸易结算方式。边境贸易结算方面，由于长期形成的习惯，中国同老挝大多采用现金方式，无疑制约了双方边贸规模和层次的提升，也无法适应中国—东盟自由贸易区合作的发展。为解决现金结算的不足与弊病，将边贸资金流动纳入正规银行结算渠道确保资金运行安全，中国人民银行已与老挝央行签署了双边结算与合作协定，建立银行双边结算网络，推动双边贸易快速发展。

在建立银行双边结算网络的同时，推进人民币贸易结算也在稳步推进之中。由于出口导向型的经济增长模式和美元的强势地位，中国和东盟国家外贸企业在金融危机中受汇率变动影响损失巨大。开展跨境贸易人民币结算业务可满足东盟国家企业对人民币作为国际支付手段的需求，有助于提前锁定进口企业成本和出口企业收益，规避汇率风险，缓解企业的压力。这对促进中国—东盟自由贸易区建设、提高资本配置的效率、改善贸易条件具有重要意义。同时，对于人民币国际化来说，中国—东盟人民币贸易结算能够起到良好的示范效应，对推进人民币国际化具有重要现实意义。2008 年 12 月，国务院决定中国与东盟国家间的货物贸易将进行人民币结算试点。2009 年 4 月，国务院正式批准在上海、深圳、广州、东莞和珠海五个城市开展跨境贸易人民币结算试点，境外区域范围暂定为东盟国家，7 月，跨境人民币结算试点正式启动。2010 年年中，广西南宁和云南昆明分别成为跨境贸易人民币结算的新一批试点城市。2011 年 6 月，中国工商银行中国—东盟人民币跨境清算中心在广西南宁成立，这标志着中国工商银行为双边金融服务提供了新的便利。2014 年 5 月，中国建设银行在广西南宁成立了中国—东盟跨境人民币业务中心，提升了相应金融服务水平。

（二）中老金融机构与业务合作

在货币合作方面，中国是"清迈协议"的签署国之一。在金融机构合作方面成效比较显著。在支付结算方面，2011 年 5 月中国银联与老挝外贸银行合作正式开通银联卡业务。

在银行机构设立方面，2009 年 12 月，中国农业银行云南省分行与老挝发展银行边境贸易网银结算开始业务合作，是中国商业银行首次与老挝银行进行边贸人民币银行跨境结算。2010 年 11 月，中国富滇银行在老挝设立了代表处。2011 年 11 月中国工商银行万象分行开业。2014 年 1 月中国富滇银行与老挝外贸大众银行合资成立了老中银行，该银行为首家中老合资银行。2015 年 3 月中国银行万象分行正式营业。

在证券公司方面，2013 年 3 月，中老合资证券公司成立。该证券公司是经中国证监会批准的中国证券公司走出国门设立的第一家合资公司，总投资 1000 亿基普（约合 8000 万元人民币），太平洋证券股份有限公司占股 39%，老挝农业促进银行占股 41%，老挝信息产业股份有限公司占股 20%。

老挝证券交易所成立于 2010 年 10 月，是由老挝银行与韩国交易所合资成立，其中老挝银行拥有 51% 股份，韩国交易所拥有 49% 股份。此外，老挝已与越南、泰国分别成立 2 家合资证券公司，承担老挝股票市场的买卖及发行等业务。

二　中老金融合作的空间与可行性分析

2016 年 9 月 8 日，中国与老挝签订了《中华人民共和国和老挝人民民主共和国关于编制共同推进"一带一路"建设合作规划纲要的谅解备忘录》，该备忘录是我国与中南半岛国家签署的首个政府间文件。中老双方会秉持合作、发展、共赢的理念，并围绕基础设施、产业集聚区、农业、电力建设、金融、文化旅游、商业与投资等领域开展合作。中老金融合作空间巨大，两国金融合作的可行性可以从老挝经济增长需求、老挝金融系统稳定发展需求以及人民币国际化需求来展开分析。

首先，虽然老挝整体经济增长较快，但也面临着可持续发展的巨大压力。不仅如此，老挝内部也面临区域发展不平衡以及城乡发展不平衡的局面。为了缩小老挝内部发展的差异，实现经济快速健康的发展，中国与老挝在经贸合作以及相互投资的同时，还应该进一步加强金融合作，为两国的经济合作提供多层次的服务。

其次，作为东南亚国家，巨幅的短期资本流动造成的东南亚金融危机给地区所在国家带来了巨大的灾难。因此，为了加强调控短期国际资本的流动，理应加强与地区经济强国——中国的金融合作。特别是在 2008 年由美国次贷危机爆发导致的全球金融危机爆发后，国际资本从东南亚国家的抽逃，让该地区国家的金融秩序再一次陷入了混乱之中。2016 年 9 月，随着美联储加息预期进一步强化，老挝与中国进行深入金融合作的需求进一步增强。虽然东盟国家之间进行了一些金融稳定方面的合作，但是由于地区内国家金融规模普遍较小，其在危机中的自保能力都相对较弱。一旦发生经济运行不平稳的现象，国际资本就会继续扰乱本地区的金融秩序。因此，中国与老挝的金融稳定性合作有着长足的发展空间。

最后，人民币在东盟国家的使用是人民币国际化的重要步骤。就人民币国际化与老挝加强双边金融合作关系，一方面人民币国际化能够加深双方金融合作的紧密程度，另一方面减少对美元的依赖，能够使得老挝金融系统趋于稳健。人民币国际化与中老的金融合作是相互促进的关系。

三　对中老金融合作的未来展望与建议

老挝在东盟国家中属于经济金融实力较弱的国家，与老挝的金融合作可以遵循两条主线：一方面是在中国—东盟框架下，特别是在清迈协议多边化基础上加强与老挝在货币合作、金融稳定、金融危机防范等方面的合作；另一方面是在中国—老挝双边基础上，加强官方与民间的合作。

首先，在清迈倡议多边化协议框架下的合作，可以考虑弱化清迈协议与 IMF 的直接关系，增加协议内部的借贷额度，扩大外汇储备库，考虑吸收区域外的新兴市场经济国家加入。特别是在外汇储备库方面，我国应该尝试扩大规模，并在治理结构等方面进一步完善。

其次，在双边合作方面，应从官方与民间入手。第一，应该加强双边在财政部门、中央银行、监管部门等机构的协调合作，建立起中国—老挝金融合作的官方平台机制。中国帮助老挝加强金融基础设施的建设，成为完善双边金融合作的先行条件，从而进一步在货币合作、信用体系建设以及投融资基础设施方面制定中老合作的规划。具体而言，应该加强双边货币互换的紧密程度；帮助老挝建立健全对企业和个人的征信体系，以及债券市场评级体系；运用亚投行等平台帮助建设证券市场以及商业银行融资等投融资基础设施。特别是应该根据老挝经济发展需要以及金融系统发展阶段的客观规律，尝试在资本市场方面进行合作，同时考虑目前与老挝合作密切的法国、韩国、越南等国家的影响力。此外，还应该在宏观与微观审慎监管的基础上，建立中老金融稳定协调机制。加强两国金融协调，成为两国银行、证券、保险、基金等金融机构进行跨境业务时的重要保障。帮助老挝金融行业建立行业自律组织，并持续进行合作交流。

第二，应该鼓励中资金融机构到老挝设立分支机构。随着中老经济合作的深入，中资金融机构面临的业务规模会激增。我国政府应该鼓励中资金融机构到老挝进行业务开展，促使中资银行成为老挝的主流银行。鼓励交易所、结算机构、证券公司、基金公司、保险公司、民间资本等相关机构开展业务合作，在信贷、抵押担保、托管结算等方面开展业务，进一步加强中老金融合作的紧密程度。对一些政治意义明显，但风险较高、收益不确定的项目，我国应该鼓励政策性金融机构发挥相应的作用，同时建立补贴机制吸引商业机构参与到项目中来。成立金融技术援助机构，突破老挝金融人才的瓶颈，帮助老挝改善金融基础设施。同时，也应该适当开放老挝金融机构到我国指定区域开展金融业务，增强双边业务的紧密程度。

最后，在人民币国际化方面，随着中国—东盟自贸区的建立，人民币在双边跨境结算方面有着长足的发展，但依然还留有较大的提升空间。人民币有良好的储备货币前景，我国应该进一步降低老挝交易人民币的成本，提升交易的便利程度，进一步推进人民币国际化进程。

总之，中老两国的双边金融合作将会为老挝的经济增长和金融稳定提供坚实的保障，同时也能够增强中国在区域国家内的影响力。

参考文献

[1] Allen F., Gale D., "Comparative financial systems: a survey", *Wharton School Center for Financial Institutions*, *University of Pennsylvania*, 2001.

[2] Allen, Franklin, Xian Gu, and Oskar Kowalewski, "Financial crisis, structure and reform", *Journal of Banking & Finance*, Vol. 36, No. 11, 2012, pp. 2960 – 2973.

[3] Beck, Thorsten, AsliDemirgüç – Kunt, Ross Levine, Vojislav Maksimovie, "Financial Structure and Economic Development: Firms, Industry and Country Evidence." In Financial structure and economic growth: A cross-markets, and development., eds. AsliDemirgüç – Kunt and Levine. Cambridge, M. A.: MIT press. country comparison of banks, 2011.

[4] Boot, Arnoud W. A., and Anjan V. Thakor. "Financial system architecture", *Review of Financial studies*, Vol. 10, No. 3, 1997, pp. 693 – 733.

[5] Demirgüç – Kunt, A., & Levine, R., "Stock market development and financial intermediaries: stylized facts", *The World Bank Economic Review*, Vol. 10, No. 2, pp. 291 – 321.

［6］LANEXANG Securities Public Company, Lao Investment Guide, October 2013, www. lxs. com. la。

［7］Martin, S. M. and Lorenzen, K., "Livelihood Diversification in Rural Laos", *World Development*, Vol. 83, 2016, pp. 231 – 243.

［8］Vongpraseuth, T. and Choi, C. G., "Globalization, Foreign Direct Investment, and Urban Growth Management: Policies and Conflicts in Vientiane, Laos", *Land Use Policy*, Vol. 42, 2015, pp. 790 – 799.

［9］埃斯里·德米尔古克—肯特、罗斯·莱文：《金融结构和经济增长：银行、市场和发展的跨国比较》，黄纯纯译，中国人民大学出版社 2006 年版。

［10］保建云：《"革新开放"以来老挝经济增长特点及与中国和越南的比较分析》，《经济问题探索》2007 年第 10 期。

［11］范方志、张立军：《中国地区金融结构转变与产业结构升级研究》，《金融研究》2003 年第 11 期。

［12］郭勇：《老挝金融改革与发展研究》，《区域金融研究》2011 年第 5 期。

［13］拉沙米、文淑惠：《老挝金融发展与经济增长的关系研究》，《昆明理工大学学报》（社会科学版）2013 年第 3 期。

［14］李健：《论中国金融发展中的结构制约》，《财贸经济》2003 年第 8 期。

［15］李健：《中国金融发展中的结构问题》，中国人民大学出版社 2004 年版。

［16］李健、贾玉革：《金融结构的评价标准与分析指标研究》，《金融研究》2005 年第 4 期。

［17］李健、范祚军：《经济结构调整与金融结构互动：粤鄂桂三省（区）例证》，《改革》2012 年第 6 期。

［18］李健、范祚军、谢巧燕：《差异性金融结构"互嵌"式"耦合"效应——基于泛北部湾区域金融合作的实证》，《经济研究》2012 年第 12 期。

［19］李健：《结构变化："中国货币之谜"的一种新解》，《金融研究》2007 年第 1 期。

［20］林毅夫、姜烨：《经济结构、银行业结构与经济发展——基于分省面板数据的实证分析》，《金融研究》2006 年第 1 期。

［21］刘小玄、周晓艳：《金融资源与实体经济之间配置关系的检验——兼论经济结构失衡的原因》，《金融研究》2011 年第 2 期。

［22］马树洪：《东南亚金融危机对老挝经济的影响及其走势》，《东南亚》1998 年第 2 期。

［23］南雅：《八十年代初老挝人民民主共和国的经济发展》，《国际经济评论》1985 年第 11 期。

［24］孙杰：《发达国家和发展中国家的金融结构、资本结构和经济增长》，《金融研究》2002 年第 10 期。

［25］汪慕恒：《老挝的经济发展与经济体制改革》，《南洋问题研究》1993 年第 04 期。

［26］王广谦、应展宇、江世银：《中国金融改革：历史经验与转型模式》，中国金融出版社 2008 年版。

［27］王广谦：《经济发展中的金融化趋势》，《经济研究》1996 年第 9 期。

［28］王广谦：《现代经济发展中的金融因素及金融贡献度》，《经济研究》1996 年第 5 期。

［29］于臻：《中国因素于老挝对外经济影响的综合分析》,《广西民族大学学报》（哲学社会科学版）2011 第 06 期。

［30］张瑞昆：《老挝经济结构——老挝经济探析之一》,《东南亚纵横》2004 年第 1 期。

第 十 章

缅甸金融发展中的结构特征
及其与中国的金融合作

    中缅两国地理相邻，自 1950 年 6 月 8 日正式建交至今，两国在长期的交往中相互影响，经济金融、政治文化交流不断深入。20 世纪 90 年代，随着内政趋于稳定和经济的持续发展，缅甸逐渐走进国际视野，成为亚洲各国的经贸合作伙伴，并被视为重要的潜在市场。1997 年 8 月缅甸加入东盟，成为中国—东盟自贸区建设的核心国之一，也为中缅两国的多方合作、发展提供了历史性机遇。在中缅经济合作持续拓展的同时，两国的金融领域合作也逐渐展开。植根于本国历史、经济、政治土壤，缅甸形成了以银行为主导的金融体系，金融市场建设刚起步，加之政府开始尝试放松金融业管制，为中缅两国未来金融合作提供了空间。

    本章尝试在了解缅甸经济发展与历史沿革的基础上，对缅甸的金融发展与金融结构特征进行分析，深入探讨缅甸金融结构形成的内在原因及其运行效率，寻求中缅两国在金融领域的合作空间，为推动中缅两国金融合作奠定理论基础。

第一节　缅甸社会经济发展概况

    缅甸的经济发展与其政治体制改革息息相关。自独立后，缅甸在军政府的统治下先后经历了经济恢复阶段、国有化阶段和市场化改革三个阶段，不同阶段经济发展特征显著。进入 21 世纪后，缅甸经济开始出现飞跃式发展，经济总量不断提高，2015 年国民生产总值超过 600 亿美元，但目前缅甸仍属于最不发达地区之一①。本节在划分缅甸经济发展阶段的基础上对不同阶段经济发展状况、经济结构特征进行分析，并回顾了中缅两国经济合作领域、项目及合作前景，为分析缅甸金融发展中的结构特征及中缅两国的金融合作奠定经济基础。

一　缅甸社会经济发展的主要历程

自缅甸独立至今其经济发展大致经历了三个阶段，不同阶段的政府统治下政治制度、经济增长、对外关系方面差异显著。

第一阶段，18 世纪至 19 世纪中叶，缅甸长期沦为英国殖民地，政治上的不独立和经济附属地地位，严重制约了缅甸发展。1948 年 1 月 4 日，缅甸脱离英国统治，宣布独立。但长期以来，受殖民统治和二战破坏的影响，缅甸国内经济满目疮痍，秩序混乱、种族分裂、社会矛盾突出。此时吴奴政府以快速恢复经济为己任，实行了一系列改革措施，并形成了以稻谷、石油等资源出口贸易。1948—1962 年，缅甸国民生产总值年均增长率为 4.5%，经济发展比较平稳，与同期发展中国家相比属于中等水平，但经济"仍是恢复性质"（周荆展，2014②）。

第二阶段，1962 年 3 月 2 日，奈温发动军事政变推翻吴奴政府，成立"缅甸联邦革命委员会"，开始实行一党军政统治。1963 年奈温政府宣布"国有化法案"，提出"废除一切私有化行为""必须将国家生产基本手段国有化"，建立计划经济体制。该阶段缅甸政府重点支持军队控制下的生产部门，主导产业的农业领域以长期低价收购导致农业生产长期不景气。1962—1988 年，缅甸国民生产总值年均增长率低于 3%，经济增速较之前年份显著下降。在对外关系方面，奈温政府实行"自力更生、严守中立"的闭关自守政策。1962 年至 1972 年的十年间，缅甸贸易额由 4.84 亿美元下降至 2.17 亿美元，年均降幅达到 57%。1973 年缅甸通过《二十年长期计划》，经济发展有所好转，但长期赤字和大量外债给军政府造成

---

① 1987 年起，缅甸被联合国列为世界上最不发达的国家之一。
② 周荆展：《缅甸 1948 年以来经济发展的历程、特点及启示》，《云南社会主义学院学报》，2014 年第 1 期，第 330—333 页。

严重经济负担，物价上涨和通货膨胀引起了国内人民的严重不满①。在缅甸军政府执政的 40 年来，缅甸人均年收入 200 美元，被列为全世界最贫穷的十个国家之一。

第三阶段，1988 年 9 月，缅甸新军政府推翻奈温政府上台执政，建立国家法律与秩序恢复委员会（SLORC），宣布废除社会主义经济制度，实行市场经济体制，成为缅甸经济发展史上的重大转折。新军政府执政阶段缅甸进入经济快速发展时期。1992—2012 年 GDP 年均增长率约为4.8%，其中 2002—2012 年的十年 GDP 年均增长率高达 13%。在对外贸易方面，新上台的军政府遭到以美国为首的西方国家长达 20 多年的经济制裁，严格控制对缅出口，限制投资和贸易往来。但这并没有阻挡缅甸的对外开放步伐，中国、日本和东盟等成为缅甸的主要贸易伙伴。根据缅甸国家计划与经济发展部统计，截至 2013 年 1 月，外国对缅投资总额达418.42 亿美元。在缅投资前五位的国家和地区为：中国（205.59 亿美元，含香港）、泰国（95.68 亿美元）、韩国（29.79 亿美元）、英国（29.77亿美元）、新加坡（21.66 亿美元）。主要投资领域为：电力、石油天然气、矿产业、制造业和旅游业。

二 缅甸经济发展与结构现状

（一）缅甸经济规模现状

总体来看，近 50 年的发展过程中，缅甸经济一直保持持续增长态势。但早期，缅甸经济体量较小，国内生产总值一直低于 100 亿美元，2003年经济危机后，缅甸进入了经济快速发展时期。2014 年缅甸国内生产总值达到 664.78 亿美元，1970 年仅为 26.47 亿美元，45 年间年均增速达到8.8%。从经济增速来看，缅甸经济在 1986 年和 1998 年经历了大幅下降，降幅分别为 24.30%、34.47%，由此大致可将缅甸经济发展划分为三个阶段：1970—1985 年、1986—1997 年、1998—2014 年，各阶段缅甸 GDP分别由 26.47 亿美元、50.01 亿美元、59.26 亿美元增至 66.06 亿美元、90.43 亿美元、664.78 亿美元（见图 10—1）。

---

① 陈清良：《缅甸经济何以能够好转》，《世界经济》，1981 年第 6 期，第 59—62 页。

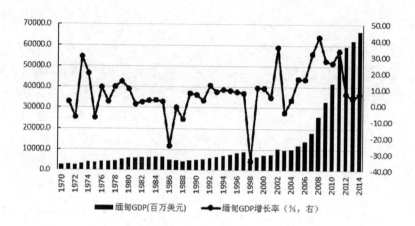

图 10—1　1970—2014 年缅甸国内生产总值

资料来源：ESCAP 亚太经济协会 2014 年年报。

（二）缅甸经济结构特征

1. 产业结构以农业为主导

产业结构是经济结构的具体表现形式，具体指各产业的构成及各产业间的比例关系。相较于传统的产业结构变迁过程，缅甸产业结构具有自身显著特征。缅甸产业划分为农业（农林牧渔）、工业（能源、矿业、加工制造业、电力建筑业）、服务业（服务和贸易）。长期以来，缅甸形成以农业为主导的产业结构，支撑整个经济发展，服务业是缅甸的第二大产业，而工业发展严重滞后，严重制约了缅甸经济增长。

从图 10—2 可见，1970 年，缅甸农业增加值占整个国内生产总值比重的 41.5%，并在之后的 25 年间不断增加，于 1994 年增至 63%。与此同时，服务业占整个经济的比重不断下降，由 1970 年的 45.2% 降至 1994 年的 28.4%。这期间，工业发展十分缓慢，占 GDP 的比重始终维持在 10%—12%。2000 年后，缅甸产业结构出现了较大变化，农业生产出现急速下降，而工业增加值不断上升。2012 年，缅甸农业增加值占 GDP 的比重为 37.4%，工业比值上升至 26.2%，两者间的差距不断缩小，工业部门的重要性不断增加。同期，服务业呈现小幅上升趋势，2012 年服务业增加值占 GDP 的比重为 37.4%。

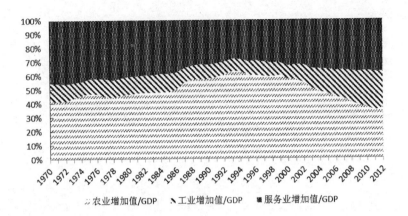

图 10—2　缅甸产业结构特征

资料来源：世界银行经济发展数据库。

2. 进出口贸易涉及各领域，由顺差向逆差转变

1988 年新军政府上台后受到欧美国家经济制裁，整个 20 世纪 90 年代，缅甸进出口总额一直维持在较低水平，且增速缓慢。1990 年，缅甸进口额为 2.7 亿美元，出口额为 3.25 亿美元，2004 年后，进出口实现快速增加，进出口额分别由 22 亿美元和 24 亿美元上升至 2012 年的 92 亿美元和 89 亿美元，进出口额增速达到 318.2%、270.3%。该阶段，缅甸政府要求通过出口获得的美元资金存入中央银行并用于出口贸易，为此强调保持贸易顺差。受该政策影响，此阶段缅甸进口额始终大于出口额，实现盈余。2012 年缅甸贸易政策放开，其进出口额均实现快速增长，且进口总量超过出口总额达到 28 亿美元，开始出现贸易赤字（见图 10—3）。

缅甸对外贸易辐射市场主要为东盟国家及中国、日本、韩国等部分亚洲国家。其主要出口商品有天然气、大米、玉米、各种豆类、橡胶、木材和宝石等，主要进口商品有燃料、工业原料、机械设备、五金产品和消费品等。截至 2014 年 3 月底，共有 33 个国家和地区在缅甸的 12 个领域投资了 685 个项目，总投资额达到 462.26 亿美元，其中电力投资、石油和天然气投资占到整个投资额的 80%（见图 10—4）。

图 10—3 1990—2014 年缅甸进出口总额

资料来源：ESCAP 亚太经济协会 2014 年年报。

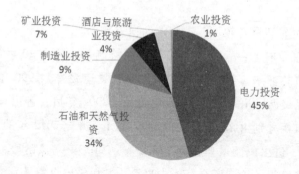

图 10—4 2014 年外资在缅甸投资项目

资料来源：2014 年《世界投资报告》。

三 中缅经济合作情况

自中缅两国于 1950 年建交以来，经济合作实现快速发展，经济合作涉及基础贸易、自然资源、工业制造、旅游等多方面。数据显示，自 2000—2014 年以来，中缅外贸进出口额持续增长，由 2000 年的 6.1 亿美元增至 2014 年的 246.43 亿美元，年平均增长速度达到 33.74%（见图 10—5）。2014 年，中国已成为缅甸第一大贸易伙伴、第一大出口市场和第一大进口来源地，在整个中国对东盟的进出口总额中占比 5.25%，位

列东盟十国中的第六位（见表10—1）。中国对缅甸主要出口机电、纺织
原料及制品、贱金属及制品、车辆及部件、化工品等五大类工业制成品，
占对缅甸出口总额80%左右；从缅甸主要进口木材及木制品、植物产品、
矿产品、塑料制品和水产品等五大类原材料和初级产品，占从缅甸进口总
额80%以上。

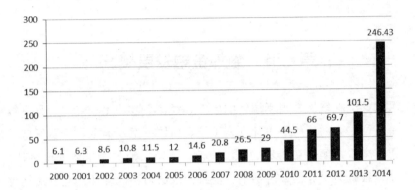

图 10—5　2000—2014 年中缅外贸进出口总额（单位：亿美元）

资料来源：中国统计年鉴，商务部网站。

表 10—1　　　　　　　　**2014 年中国对东盟十国进出口总额**

项目 ＼ 国家	马来西亚	越南	新加坡	泰国	印度尼西亚	菲律宾	缅甸	老挝	柬埔寨	文莱
外贸进出口总额（亿缅元）	999	794	774	707	636	433	246	38	38	19
占东盟进出口总额的比例（%）	21.33	16.95	16.52	15.10	13.58	9.24	5.26	0.82	0.80	0.41

资料来源：中国统计年鉴，商务部网站。

　　目前，围绕"一带一路"战略构想，我国已援助支持缅甸实施一批
公路、铁路、港口项目；中缅油气管道建成通气；云南连接缅甸光缆传输
系统已建成，与缅甸电力联网、电力贸易和电源建设积极推进；中方承担
了 2014 年在缅甸举办的第 27 届东南亚运动会开闭幕式技术合作项目；
2013 年中资企业在缅甸新签承包工程合同 77 份，合同额 9.19 亿美元，

完成营业额 12.61 亿美元。

此外，从缅甸商务部调研了解到，在缅甸商业银行不被允许从事进出口业务，政府也没有成立专门的进出口银行，并禁止为进出口贸易提供融资服务，进出口企业只能通过使用自有资金或非正规融资渠道获得资金支持，严重制约了缅甸对外经贸规模的扩大和发展。因此，为进出口企业提供资金支持是未来中缅两国经济、金融合作可能的关键领域之一。

第二节 缅甸金融发展概况

缅甸的金融发展植根于缅甸的历史、经济、政治土壤之中，具有鲜明的改革特征，先后经历了由计划到市场、由国有垄断向混合经营发展的过程。总体来看，缅甸初步建立了以银行、保险、证券为主体的金融体系，形成了以银行为主导的金融结构，但缅甸政府对不同主体的金融活动界定严格，对外开放程度较低，金融发展水平有待进一步提高[①]。

本节简要介绍了缅甸金融发展历史，金融总量及金融深化程度，并对缅甸货币政策、监管制度和汇率制度的安排和设计予以概述，为对缅甸金融结构分析奠定研究基础。

一 缅甸金融发展历史回顾

（一）从"计划"到"市场"的金融业改革

缅甸的金融体系发展具有鲜明的政治变迁特征。殖民统治时期，缅甸银行和保险业蓬勃发展，私人机构与外资机构广泛参与金融业务，一时间金融机构在各地区出现蓬勃发展态势。当时，缅甸共有 24 家私人银行、上百家外资保险公司在缅甸境内从事保险业务，成为外资金融机构在缅甸发展最兴盛时期。

1962 年，奈温政府执政，成立社会主义国家，并宣布将私人银行和保险公司收归国有，建立了"大一统"的银行体系，由中央银行及其分支部门管理全国金融业务，既是金融监管部门，执行中央银行职能，又从

---

① Nehru V., Banking on Myanmar: A Strategy for Financial Sector Reform, 2014.

事各项金融业务，履行商业银行功能。建立了国有联邦保险局，垄断全国保险业务，并在之后将其纳入央行体系，由中央银行统一管理。计划经济体制下缅甸中央权力高度集中，全国资金运用实行计划和配给，金融体系在中央政府的严格控制下发展缓慢。

1988 年，奈温政府被推翻，新政府建立的国家法律与秩序恢复委员会开始在国内推行市场化改革，并在之后 30 多年的发展中逐步放开对金融体系的限制，打破了国有垄断局面，银行业实现快速发展。但是，缅甸银行业市场化进程并未完成，在放宽了银行业的准入限制、允许建立私人银行后，缅甸政府对私人银行的经营范围进行了严格限制。国有银行与私营银行的非均衡发展形成了缅甸国有银行独大局面。该阶段，保险业发展仍由政府垄断，直到 2013 年，缅甸财政部宣布允许私人部门建立保险公司，开始了保险业私有化进程。缅甸证券业发展刚起步，2015 年底缅甸证券交易所刚成立，市场建设仍处于探索阶段。

总体来看，受缅甸经济体制和政治体制变迁制约，缅甸金融体系发展相对缓慢，主要表现为国家主导了整个缅甸金融体系改革。基于此，对缅甸金融体系的分析，要深入其内在原因，关注其发展背景特点。

（二）金融发展水平、金融深化程度较低

Mckinnon（1973）最早在金融深化理论中提出使用广义货币 M2 占 GDP 的比值作为衡量金融深化程度，并沿用至今。该指标实际衡量的是在全部经济交易中，以货币为媒介进行交易所占的比重，该比值越大，则说明金融深化程度越高。

缅甸货币增长速度较快，在缅甸，广义货币供应量呈持续增长态势，但相较于经济发展水平，货币供应量增速相对较低，广义货币供应量占国内生产总值的比重波幅较大，阶段性特征显著。如图 10—6 显示，1966 年，缅甸 M2/GDP 值为 30.40%，波动上升至 1986 年的 40.29%，增速达到 32.53%。但此后的 15 年该比值出现下降，并在 30% 的附近波动，受 2003 年国内金融危机影响，该值在 2004 年下降了 20.42%。此后，缅甸金融深化程度不断加深，2011 年该比值达到 41.29% 的最高值。由此可见，相较于 90 年代，新世纪缅甸金融开始复苏，金融在经济发展中的作用不断加强。

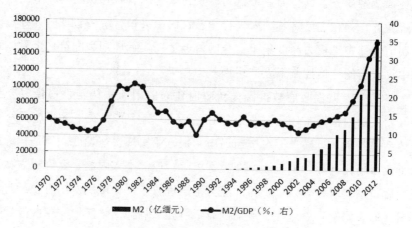

图 10—6 1966—2013 年缅甸 M2 占 GDP 的比重

资料来源：世界银行数据库与亚太经济协会年报。

二　缅甸现行金融管理的制度安排与特征

缅甸中央银行是银行业的监管者，负责制定和实施本国的金融政策。1990 年《缅甸中央银行法》授权中央银行作为国内通货发行的唯一主体，赋予央行独立干预货币市场；稳定汇率；建立符合国际管理的支付系统；独立建立和运行货币政策；设立金融监督机构和资本市场的自主权，同时开展海外支付和结算等职能。同时确定中央银行的基本目标是建立有效的银行支付清算系统和保证流动性、清偿性、稳定的金融体系，培育良好的货币、信贷和金融环境，促使经济平衡和持续的发展。本节主要对缅甸央行货币政策、监管制度和汇率政策进行介绍。

（一）货币政策：严格的利率管制制度

缅甸央行规定缅甸的货币政策主要通过利率、存款准备金率和公开市场业务等工具进行。长期以来，缅甸存贷款利率受到央行严格管制，央行规定了存贷款基准利率，并主要根据国家实体经济发展景气程度和通货膨胀率对存贷款利率进行调整，各金融机构在允许浮动的范围内自由浮动。2013—2014 财年[①]，缅甸国内通胀率为 5.70%，央行基准利率为 10.0%，存贷款利率分别为 8.0%、13.0%（见图 10—7）。近期，缅甸央行副行长宣布缅

---

① 财年指财务年度，即今年 3 月至次年 3 月。

甸有望放松存贷款利率，讨论施行利率自由化政策（经济智库，2014）。

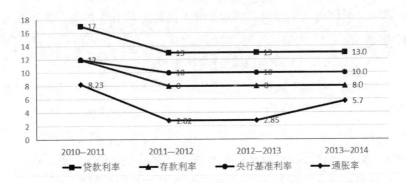

图 10—7　2010—2014 各财年缅甸央行利率和通胀率（单位:%）

资料来源：缅甸银行业发展报告（2015）。

（二）监管制度：尝试与国际监管制度接轨

1988 年缅甸成立银行监管委员会，主要通过场内和场外两种方式对金融机构进行监管以维持金融稳定。场内监管是指监管银行的金融业务活动和内部管理，分析银行交易和金融条件以确保其各项业务达到法律、监管条款要求。场外监管主要指被监管主体按规定要求和规定期限向中央银行提交监管报告，同时，中央银行也定期向公众发布法定存款准备金率、资本充足率、流动性、风险管理和评估等报告。此外，缅甸央行规定各银行要对未偿还贷款和垫款提取 20% 的准备金，并针对 5 级贷款分类提出特殊监管政策如表 10—2。

表 10—2　　　　　　　　缅甸中央银行不良贷款监管制度

贷款分类	标准（超过贷款期限）	超额准备金率
正常贷款	0 天	0%
关注贷款	31—60 天	5%
次级贷款	61—90 天	25%
可疑贷款	91—180 天	50%
损失贷款	超过 180 天	100%

资料来源：缅甸央行年报（2012）。

目前缅甸尝试对存款准备金率、资本充足率等按照国际标准实施，但现行条件下，新巴塞尔协议仍难以推行。金融监管合作方面，在东盟的合作框架下，强调东盟金融管制的放松和金融部门的合作协商，进而推进金融自由化。

（三）汇率制度：逐步放开固定汇率制度

长期以来，缅甸军政府统治时期实行着官方、半官方、非官方和黑市四重汇率。官方汇率制度下，缅币与国际货币基金组织的特别提款权货币篮子挂钩，然而，官方汇率与黑市价格差距往往能达到上百倍。从1977年开始，缅甸数次政权更迭，但汇率政策一直没有变更。吴登盛政府执政后对缅甸汇率制度进行修改，自2012年4月1日起开始施行有管理的浮动汇率制度，缅甸将每天公布外汇汇率指导价，设定基准汇率和浮动区间，这些都由本土银行完成，没有外资银行参与，这一政策自实施以来造成缅元大幅度贬值。表10—3为参考Magud等（2011）、周建华（2013）对缅甸各阶段的汇率制度进行整理。

根据1947年颁布的《外汇管理法》和1957年施行的《外汇管理手册》，作为政府财税部门的机构，缅甸中央银行对外汇进行管理，中央银行授权三家国有银行涉及外币业务，这三家银行分别是：缅甸外贸银行（MFTB）、缅甸投资和商业银行（MICB）、缅甸经济银行（MCB）。其次，为了更好地对外汇进行管理，缅甸中央银行于1993年发放外汇券（FECs），面值分别为1、5、10和20，可以在缅甸国内进行流通和结算支付，按照标价1单位外汇券等于1美元，外汇券在缅甸被旅游者和投资者广泛接受。此外，缅甸中央银行与财税部和计划与发展委员会进行每一年度的外汇的收支预算，外汇的进口支出应该与出口收入相称。

表10—3 缅甸汇率制度史

日期	分类：主要的/次要的/第三类的	备注
1937年4月1日—1943	盯住英镑	缅甸的卢比开始实行
1943—1945	盯住日元	
1945—1952年7月	盯住英镑	
1952年7月—1972年7月	盯住英镑	缅币代替缅甸卢比

日期	分类：主要的/次要的/第三类的	备注
1972 年 8 月—1974 年 7 月	盯住英镑/自由浮动/多重汇率制	购买英国标准纯银和美元的税金
1974 年 7 月—1975 年 1 月	自由浮动/盯住美元/平行市场	
1975 年 1 月—1976 年 2 月	自由浮动/盯住美元/平行市场	缅币官方的汇率与特别提款权有关
1976 年 3 月—1983 年 4 月	盯住美元/平行市场	（－5%，＋5%）范围浮动
1983 年 5 月—1986 年 3 月	管理浮动汇率制/平行市场	官方汇率盯住特别提款权。平行市场的差价震荡在 20%—35% 范围内
1986 年 4 月—1988 年 3 月	盯住美元/平行市场	官方的汇率盯住特别提款权
1988 年 4 月—1991 年 5 月	自由浮动/盯住美元/平行市场	（－5%，＋5%）范围浮动，平行市场的差价45%—90% 相差一倍。尽管 1977 年开始了通货膨胀，但官方对特别提款权的汇率一直没有贬值
1991 年 6 月—1992 年 12 月	盯住美元/平行市场	（－5%，＋5%）范围浮动，官方的汇率盯住特别提款权
1993 年 1 月—1994 年 1 月	自由浮动/盯住美元/平行市场	（－5%，＋5%）范围浮动
1994 年 3 月—1996 年 7 月	盯住美元/平行市场	（－5%，＋5%）范围浮动，官方汇率盯住特别提款权
1996 年 8 月—1999 年 1 月	自由浮动/盯住美元/双重市场	官方的汇率继续盯住特别提款权。平行市场的差价持续在 100% 以上，在 1997 年 7 月达到 294%。非官方的平行市场同样存在
1999 年 2 月—2012 年 4 月	双重市场/自由浮动	官方的汇率盯住特别提款权。非官方的平行市场同样存在，之间的差价接近 1000。官方的统计低估了通货膨胀

资料来源：引自 Magud 等（2011）、周建华（2013）。

第三节　缅甸金融结构描述与分析

经历多个发展阶段，缅甸金融发展从一无所有到粗具规模，形成以银行为导向的金融体系结构，无论是机构数量还是机构规模，商业银行都是缅甸金融体制中最主要的金融机构。缅甸银行业以存贷款业务为主，利息收入是银行业业务收入主要来源，功能单一。缅甸保险业私有化进程和金融市场建设刚起步，具有较大的发展空间。整体来看，缅甸金融发展程度、对外开放程度均较低，金融工具种类较少，仅以满足国内传统融资功能和需求为主。

本节基于历史发展的视角，从金融产业结构、金融市场结构、金融资产结构、融资结构和金融开放结构五个方面厘清缅甸不同层次金融结构特征，形成对缅甸金融结构的整体认识。

一　金融产业结构

金融产业是经营金融商品的特殊行业，主要包括银行业、保险业、证券业、信托业等行业。多年的金融发展，缅甸形成了以银行为主导的金融结构体系，相较于银行业发展，缅甸保险业和证券业发展刚起步。从各类金融机构数量来看，2015 年缅甸内资银行共有 28 家，占整个金融机构数的 53%，其次为保险公司和从事相关金融业务的金融公司，分别为 13 家和 11 家，缅甸证券业刚成立不久，目前仅有一家证券公司，金融产业内不同金融机构呈非均衡发展，行业结构失衡严重。

（一）银行业的发展及其结构

1. 从"国有垄断"到"混业经营"的银行业发展历程

殖民统治时期，缅甸共有 24 家私营银行，其中 14 家来自国外，10 家为缅甸国内私营银行。1962 年，奈温政府执政，宣布将 24 家私营银行国有化，统一以"人民银行"命名并编号，不同编号对应具体的业务功能。1970 年奈温政府再次调整银行体系，将 24 家人民银行同其他金融机构合并，建立"缅甸联邦人民银行"，兼中央银行、商业银行、保险公司等职能于一身。1975 年，又将"缅甸联邦人民银行"划分为缅甸中央银行和三家功能性银行：缅甸经济银行、缅甸农业银行和缅甸对外贸易银行，统一由国家计划部指导运营。

1988 年缅甸推行市场化改革，银行所有制由国营、国家与私人联营、私营与外资合营组成，打破了国家垄断银行的局面。具体的银行业改革主要包括以下三方面：第一，改革国有银行。政府重新改组国有银行，按功能和服务领域将"缅甸联邦人民银行"分解为 6 家银行：缅甸中央银行、缅甸外贸银行、缅甸投资商业银行、缅甸农业发展银行、缅甸经济银行和缅甸小额贷款公司。第二，建立私营银行。1990 年 6 月《缅甸金融机构法》颁布，该法案允许私人银行提供除外汇兑换业务外的所有传统银行业务，并允许外资银行在缅甸开设代表处。1992 年缅甸第一家私人银行——缅甸公民银行正式成立，约有 50 家外资银行在缅甸设立代表处。第三，允许私人银行从事外汇业务。2011 年吴登盛总统上台，批准了 11家私人银行在缅甸开展与外国银行间的贸易与汇兑业务，打破了自 1963年以来国有银行垄断外汇交易的限制。

以银行信贷占 GDP 的比重作为衡量缅甸银行业发展状况的指标，如图 10—8 显示，20 世纪 70—80 年代，银行部门信贷总额占 GDP 的比重持续上升，在 1987 年达到 78.86% 的峰值，而自 90 年代至今，该比重逐渐下降。结合对缅甸经济发展状况分析可见，市场化改革在推动缅甸经济不断增长的同时，其银行业发展相对较慢，金融对实体经济的支持力度较低，银行业融资功能有待进一步发挥。

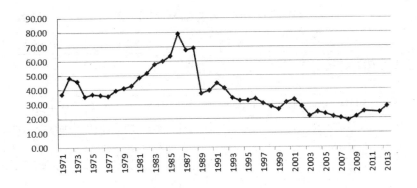

图 10—8　1971—2013 年缅甸银行信贷占 GDP 比重（单位：%）
资料来源：世界银行数据库。

2. 银行业资产高度集中，国有银行占据统治地位

缅甸银行体系变迁历经由单一所有制向多种所有制结构转变，截至2015 年底，缅甸共有 4 家国有银行、24 家私营银行、11 家金融公司、10

家外资银行分支机构，49 家外资银行和金融机构代表处①。虽然缅甸银行体系所有制结构日益多元化，但不同类型银行所能从事的业务范围差异巨大：国有银行涉及业务范围最广，几乎没有限制；私营银行主要从事私营企业存贷款业务，尚不能对居民个人发放贷款；外资银行受限最为严格，仅能为外资企业提供贷款、结算业务，而不能在缅甸国内从事基础业务。

目前，缅甸虽仅有 4 家国有银行，但其规模庞大，国有银行资产占整个银行体系的 64.3%，为私人银行体系资产总额的近两倍。缅甸银行业高度集中，据统计：2010 年至 2012 年，缅甸前 5 大银行集中度分别为 99.21%、97.73% 和 94.18%②。2012 年，缅甸前五大私人银行（按总资产排序）占整个私人银行市场份额的 80.78%，它们掌握了整个私人银行体系 80.91% 的存款总额和 84.74% 的负债总额。私人银行中，KBZ 银行规模最大，其资产总额达到 1.77 万亿缅元，占私人银行资产总额的 38.29%，除总资产外，KBZ 银行存贷款总额分别为 1.58 万亿缅元和 1.02 万亿缅元，占前十大私人银行比重的 40.17% 和 39.04%，占整个私人银行体系的 36.97% 和 35.64%（见表 10—4）。

表 10—4　　　　　2012 年缅甸前十大私人银行市场份额　　　单位：百万缅元

银行	总资产		实收资本		存款总额		贷款总额	
	总量	占比(%)	总量	占比(%)	总量	占比(%)	总量	占比(%)
KBZ	1774444.86	38.29	61025.00	22.39	1580206.11	40.17	1026401.39	39.04
MWD	732786.29	15.81	48077.50	17.64	610981.83	15.53	469648.46	17.87
CB	563134.99	12.15	28126.34	10.32	480615.68	12.22	325926.16	12.40
MLFDB	397370.22	8.58	26079.50	9.57	296455.00	7.54	243049.20	9.24
MAB	275867.19	5.95	25000.00	9.17	214257.07	5.45	162777.01	6.19
INNWA	245094.28	5.29	19135.00	7.02	215229.33	5.47	91335.72	3.47
AGDB	209720.27	4.53	24138.10	8.86	177139.84	4.50	102205.21	3.89
AYWB	197655.56	4.27	24000.00	8.80	165651.34	4.21	111188.96	4.23

---

① 缅甸央行网站。

② 世界银行全球金融数据库。

续表

银行	总资产		实收资本		存款总额		贷款总额	
	总量	占比（%）	总量	占比（%）	总量	占比（%）	总量	占比（%）
SIBIN	119322.76	2.58	2000.00	0.73	110209.28	2.80	34626.76	1.32
MIDB	118341.40	2.55	15000.00	5.50	82605.17	2.10	61834.79	2.35
总量	4633737.82	100.00	272581.44	100	3933350.65	100	2629029.66	100
行业总量	5126387.51	90.39	340362.23	80.09	4273480.81	92.04	2879801.50	91.29

资料来源：2013 年缅甸中央银行年报。

3. 利率严格管制，利息收入是银行业收入的主要来源

缅甸金融体系结构以银行为主导，银行业收入是整个金融业收入的主要来源，以下是对缅甸银行业收入来源、结构进行的分析。

传统存、贷款业务是缅甸银行业的主营业务，也是银行业收入的主要来源，其收入规模主要取决于存贷款规模和存贷款利差大小。缅甸银行业利率由央行制定且受到严格管制，存贷款利率在一定年份内维持稳定。由图 10—9 可见，1978 年至 1989 年，银行存、贷款利率分别为 1.5% 和 8.0%，存贷差达到 6.5%，自 1994 年至今，存贷款利率均高于前期水平，但存贷款利差所有下降，近 20 年间缅甸存贷款利差始终保持在 4.5% 到 5% 之间。

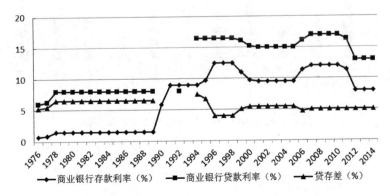

图 10—9　1976—2014 年缅甸商业银行存、贷款利率

资料来源：世界银行全球金融发展数据库。

　　除利息收入外，缅甸银行业非利息收入也逐渐成为银行业收入的主要来源之一。据统计，2004年至2014年的十年间整个银行体系非利息收入占总收入的比重均值为48.35%，非利息收入已成为银行业的主要收入之一，但该比值的波幅较大，2009年，该比值高达92.23%，而在2011年最低时该比例仅为21%，银行业非利息收入极不稳定（见图10—10）。据了解，贸易政策变化是造成缅甸银行业非利息收入高度波动的主要原因。

　　此外，根据缅甸银行央行年报可知，2007—2008财年，私人银行利息收入为847.61亿缅元，2011—2012财年利息收入为4311.56亿缅元，五年间增长超过5倍，同一时期，非利息收入由232.03亿上升至820.68亿缅元，增速略低于利息收入，税前利润则由23.56亿上升至1232.05亿缅元，缅甸私人银行盈利能力不断提高。但非利息收入占利息收入的比重，在2007—2008财年至2011—2012财年的五个财年中分别为27.37%、25.71%、26.42%、22.81%、19.03%，在总收入不断提升的同时非利息收入占比出现下降趋势。相较于整个银行体系而言，私人银行非利息收入远低于平均水平。

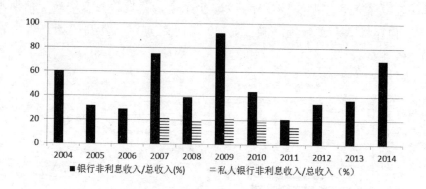

图10—10　2004—2014年缅甸银行业非利息收入

资料来源：世界银行全球金融发展数据库、2011—2012财年缅甸中央银行年报。

（二）保险业的发展及其结构

1. 保险业历史：从国有垄断到开始允许私人经营

缅甸保险业具有漫长而曲折的发展历史。在社会主义革命前，缅甸保险业蓬勃发展，近百家外资保险公司在缅甸境内提供保险业务。1952 年，缅甸第一家国有保险公司——国有联邦保险局成立，并逐步开始国有化进程。第一，1959 年所有寿险业务被联邦保险局垄断；第二，1964 年，社会主义政府废除了所有私人保险公司；第三，1969—1976 年，缅甸保险业务由人民银行保险部管理。1993 年，新政府制定了《缅甸保险公司法》，设立了产寿兼营的国家保险公司（Myanmar Insurance），从事包括再保险业务、决定费率等所有保险经营活动①。近 20 年来，国家保险公司垄断了缅甸所有保险业务。2013 年 5 月，缅甸财政部宣布允许私人部门建立保险公司，获准其从事六项保险业务：生命险、火险、汽车险、忠诚保险、现金在途和现金安全险。目前，缅甸有 12 家私人保险公司，其中 3 家人寿保险公司，9 家非寿险保险公司。虽然私营保险公司被允许，但其经营活动受到严格限制，如，所有的私营保险公司必须使用相同的保费率以避免潜在有害竞争。此外，缅甸正尝试开放外资机构进入保险市场。2015 年，有 21 家外资保险公司在缅甸设立了代表处，日本财产保险公司成为首家获准在缅甸境内开展业务的外国保险公司，随后部分外资保险公司被允许在三个特殊经济区（Thilawa、Kyauphyu 和 Dawei）试营保险业务。

保险业务在缅甸有广阔的市场。由于缺乏公共意识，缅甸保险服务仅局限于来自上层和中层阶层的小部分人口，据统计，仅有 2.3% 的缅甸人口、约 100 万人有正式保险。且缅甸保险业务缺乏熟练的劳动力、先进的保险技术和保险监管经验，迫切需要通过引进外资机构学习先进经验。

2. 保险业务结构单一，且业务量增速相对较低

对缅甸保险业险种结构的统计主要分为寿险保费量和非寿险保费量两种结构。在缅甸，非寿险保费量远高于寿险保费量，约为寿险保费量的十倍。1990—2010 年间，缅甸寿险保费量总量不断增加，但增速较慢，导致寿险保费量占 GDP 的比重由 2.84% 下降至 0.41%。同时期，非寿险保费量的下降幅度更为显著。1990 年，非寿险保费量占 GDP 的比重高达 29.66%，到 2010 年，该比重仅为 5.43%，年均降幅也达到 28.66%（见图 10—11）。无论是寿险保费还是非寿险保费占 GDP 比重的持续下降说明缅甸保险业发展持续走弱，且保险业险种结构极不均衡，未来有待进一

① 林友慧：《缅甸联邦的金融业》，《国际金融研究》1994 年第 10 期，第 54—58 页。

步提高缅甸保险行业发展。

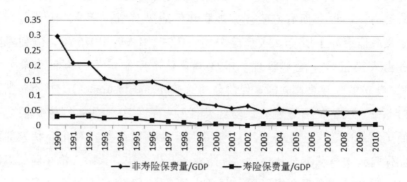

图 10—11　1990—2010 年缅甸保费量（单位：%）

资料来源：世界银行全球金融发展数据库。

（三）证券市场的初步建立

早在 2006 年缅甸首家私营股份公司——FMI 便在新加坡上市，也是缅甸国内唯一一家在国外上市企业。相较于银行业和保险业的发展，缅甸证券业发展严重滞后。2015 年缅甸仰光证券交易所由缅甸财政部下属的缅甸经济银行与日本大和证券、日本东京证券交易所共同出资 310 亿缅元成立，其中缅方占股 51%，大和证券占股 30.25%，东京证券交易所占有余下的 18.75% 股份。2015 年 5 月，缅甸选定了国内最大的民营银行 KBZ 银行为仰光证券交易所的结算银行。2015 年 12 月 9 日仰光证券交易所开业，并有六家企业①获准于 2016 年 3 月正式开盘交易，但目前仅允许本国国民进行证券交易。

二　金融市场结构——货币市场规模增加，二级市场流动性较差

缅甸国债市场建立于 1993 年，并于当年开始发行 3 年期和 5 年期国债，年利率分别为 9.0% 和 9.5%，2010 年开始发行 2 年期国债，年利率

---

① 分别为：第一私营有限银行（First Private Bank）、缅甸农业综合有限公司（Myanmar Ag-ribusiness Public Co. Ltd）、缅甸人民有限银行（Myanmar Citizens Bank）、缅甸迪拉瓦有限公司（Myanmar Thilawa Public Company）、缅甸第一投资公司（First Myanmar Investment）和 Great Hor Kham 有限公司。

为 7.5%。据统计，2007—2008 财年至 2011—2012 财年，缅甸政府发行债券总额由 1685 亿缅元增加至 20219.72 亿缅元，增长了近 11 倍。同期，央行票据发行总额由 502.85 亿缅元，增长到 2687.72 亿缅元（2010—2011 财年），仅增加 4 倍，增速低于政府债券发行，并在 2011—2012 财年出现下降，降至 812.13 亿缅元（见图 10—12）。

由于国债利率与存款利率差距非常小，目前尚未建立有效的二级债券交易市场，大部分债券购买者为当地私人银行，其可将国债作为抵押品从央行以 10% 的利率借入资金。2009 年，国有银行被允许用其过剩流动性投资国债，此后，国有银行逐渐转变成国债的主要投资者（OECD，2014[①]）。此外，缅甸允许金融部（Ministry of finance）发行短期国库券，一般为 3 个月期，仅用于弥补短期赤字，由于短期国库券的利率极低，仅有 4%，所以目前央行是唯一的投资者。

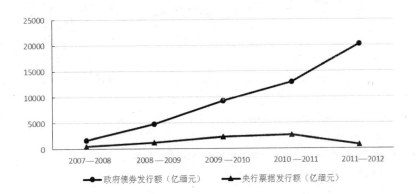

图 10—12　2007—2012 财年缅甸债券发行总量

资料来源：缅甸中央银行 2011—2012 财年年报。

三　金融资产结构——货币结构日趋合理

货币结构也叫货币流通结构，指流动性较高的货币与流动性较低货币余额之间的比率。图 10—13 显示了缅甸近 50 年来的货币供给状况及其比率。随着缅甸经济的持续快速发展，其货币供应量一直保持上升趋势，特别是进入 2000 年后，广义货币供应量（M2）大幅增加，由 2000 年的 8

---

① OECD Investment Policy Reviews：Myanmar 2014.

千亿缅元上升至 2013 年的 21.5 万亿缅元，年均增速超过 30%。同一时期，狭义货币供应量（M1）的增速相比较为缓慢，仅由 4.6 千亿增至 9.6 万亿。且由狭义货币供应量占广义货币供应量的比重（M1/M2）可见，其占比波动大致分为三个阶段：第一，20 世纪 60—70 年代，M1 与 M2 大致保持 1:1 的比重增加，70 年代至 80 年代，两者的比例出现先升后降的特征，到 21 世纪初，该比例大致保持在 7% 左右。但近年，该比例出现了显著下降的趋势。广义货币与狭义货币供应量差额被称为准货币，主要履行贮藏手段职能。准货币的不断增加表明缅甸在商品货币经济条件下，人民对财富的持有呈现日益债权化趋势。

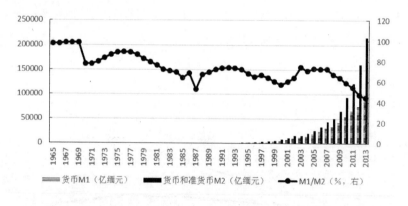

图 10—13　1960—2012 年缅甸货币结构（单位：缅元；%）
资料来源：世界银行全球发展数据库。

四　融资结构——以非正规金融为主，私人信贷占比不高

缅甸企业融资方式有着自身鲜明的特点，由于多数企业规模较小、自有资金不足，外源融资成为缅甸企业获取资金的主要来源，且受正规金融体系不发达的约束，企业外源融资主要以民间融资等非正规金融为主。

援引 OECD – UNESCAP – UMFCCI Business Survey（2014）调研结果，从图 10—14 可以看出，第一，缅甸企业融资结构中外源融资与内源融资①之比达到 9:1，两者差距较大。在缅甸，大多数企业规模较小，内

---

① 在 OECD-UNESCAP-UMFCCI Business Survey（2014）中仅将 Retained earnings 作为内源融资。

部资本积累速度缓慢，企业运行主要依赖所获得的外部融资。第二，在企业外源融资中有超过80%来自于非正规金融，其主要表现为个人储蓄（Personal saving）和个人信贷（Personal loan），仅10%的外源融资为银行信贷资金，而私人储蓄和私人信贷属于直接融资，银行信贷属于间接融资，则缅甸企业直接融资与间接融资的结构比大于8∶1。

区别于一般国家直接融资中债券与股票发行为主，缅甸在非正规金融体系下的直接融资活跃充分暴露出其整个金融体系发展不足的问题，正规银行体系未有效满足缅甸企业的融资需求，加之金融市场极不发达使得企业只能通过民间借贷获取资金。目前，缅甸的企业中有27%未参与银行业务活动，50%的企业也仅开设了活期存款账户。而在针对企业融资需求的调查中显示，约50%的企业表示存在融资困难，且融资成本高达13%，有5%的企业甚至面临30%的借款成本①，融资难、融资贵也是缅甸企业面临的主要问题之一。

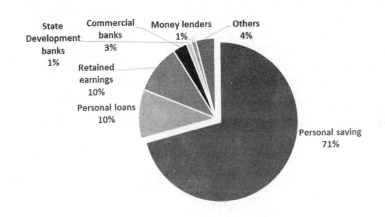

图10—14 2014年缅甸企业融资结构

资料来源：OECD-UNESCAP-UMFCCI Business Survey，2014.

进一步分析商业银行信贷内部结构，私人信贷②占信贷总额的比重大致可划分为三个阶段：1988年私有化改革之前，私人信贷占信贷总额

---

① OECD – UNESCAP – UMFCCI Business Survey，2014.

② 私人信贷指商业银行对私营企业贷款规模。

的比重呈不断下降趋势；1988年私有化改革后，私人信贷占比实现了快速上升。2003年，受本国金融危机和银行挤兑影响，该比重直接由2002年的36.72%下降至18.95%，并在此后较长时间维持在低于20%的水平。从2010年起，私人信贷水平再次出现高涨趋势，2011年、2012年该数值达到41.35%和48.07%（如图10—15）。可见，随着缅甸经济的快速发展，私营企业从银行渠道所得到的信贷规模、可获得性有所提高。但相较于经济增长对融资需求的不断增加，整个银行对企业的融资仍然占比非常小，缅甸企业从正规金融机构、金融市场所获得的融资仍十分有限，融资方式单一，这都成为制约缅甸发展的重要因素。

图10—15 1971—2011年缅甸信贷结构

资料来源：世界银行全球金融发展数据库。

五　金融开放结构——以长期外债为主，且高度集中于公共部门

外债结构是指外债的各构成部分在外债总体中的排列组合与相互地位，这里主要对缅甸的外债期限结构和外债债券结构进行分析。自1971—1988年缅甸外债总额持续增加，由1.48亿缅元上升至40.7亿缅元，年均增速高达22.56%，1989—2013年外债年均增速有所下降，仅为18.35%。在外债总额中按照偿还期限划分，中长期债务由于偿还期限较长，通常根据国家社会经济发展需要，统筹用于国家建设的长期项目，相

较于长期外债，短期外债大部分形成于企业、公司的贸易结算中，同期在出现国际收支逆差时，往往需借入短期外债以弥补逆差。自 1971 年至 1976 年，长期外债占全部外债总额的 100%，从 1977 年起，开始借入短期外债，当年短期外债总额仅为 3 万缅元，而时至 2013 年，短期外债总额增至 9.02 亿缅元，35 年间短期外债年均增速高达 387.83%。2013 年短期债务占外债总额的比重达到 12.24%。由此可见，缅甸外债期限结构中，长期外债占外债总额的比重不断下降，而短期外债总额占比上升，债务期限结构趋于合理。

外债债券结构主要指按债务来源的不同划分债券结构，也即债券发行者主体的构成。现有数据中汇报了缅甸长期外债中的私营部门外债和公共部门外债结构（见图 10—16）。1985 年前，长期外债全为公共部门外债，1986 年，私营部门外债仅为 2129 万缅元，而公共部门外债达到 30.49 亿缅元，公共部门外债为私营部门外债的 140 倍，虽然私营部门外债不断增加，但占长期外债总额的比重极低，时至 2013 年，私营部门外债总额为 1.2 亿缅元，占公共部门外债的比重仅为 2%，公共部门仍是外债发行主体。

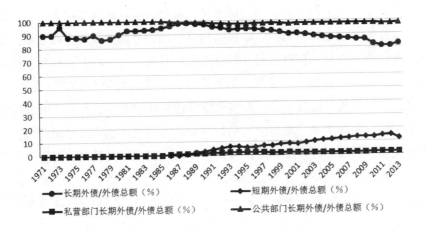

图 10—16 1971—2013 年缅甸外债结构

资料来源：世界银行数据库。

第四节　缅甸金融结构的特点与效率分析

由上节对金融结构的刻画可见，缅甸具有鲜明的银行主导型金融结构特征，该结构的形成根植于缅甸经济、政治、历史发展。缅甸经济发展水平较低，以农业为主导的经济结构对资金的需求量较小，未形成对金融市场和多元化金融工具的需求。在由国有垄断向市场化改革的进程中，缅甸逐步放开对金融业管制，开始允许私营建立金融机构，并尝试实行对外开放。总体来看缅甸金融体系能基本满足自身经济需求，但随着经济改革推进，仍需不断优化金融结构，提高金融体系的功能和效率。

本节在总结缅甸金融结构的具体特征的基础上，尝试从多方面分析缅甸金融结构的形成原因，并对现行金融结构的功能和效率进行评价，明确缅甸金融结构的优势与不足，为中缅两国基于金融结构耦合视角的合作寻求空间。

一　缅甸金融结构的主要特点

（一）银行为主导的金融结构体系下，金融层次结构单一

历经半个世纪的发展，缅甸形成了以银行为主导的金融结构体系，银行业支撑整个金融体系运行，层次结构单一。一方面，缅甸银行业结构变迁过程中逐渐由单一国有银行垄断过渡至国有银行与非国有银行并存的局面，银行业发展取得一定成效，但银行数量较少，且银行资产高度集中，对私营和外资银行经营管制导致整个银行体系效率低下；另一方面，受缅甸中央银行监管限制，缅甸银行仍以传统业务为主要经营，且品种单一，银行业功能欠缺。在贷款方面，缅甸银行业一般只提供担保、短期和定期贷款，对中长期、免担保和其他融资品种则几乎没有涉及，这表明金融部门没有很好地支持新建企业、对企业长期发展支持不足和没有满足多元化的融资需要。

（二）金融市场发展刚起步，尚未建立有效的直接融资渠道

缅甸金融市场刚建立，目前尚未建立卓有成效的直接融资渠道，金融市场和金融工具极不完善，企业正规融资渠道极少，难以满足企业有效融资需求。一方面，缅甸证券市场刚成立，上市公司仅六家，其中两家为本

土银行，一家投资公司，股权融资规模小，加之公众对证券市场的认可度不高，参与者主要为企业，股权融资尚不能调动社会闲散资金以满足实体经济融资需求。另一方面，缅甸目前并不允许企业通过发行债券融资，仅有中央政府可发行政府债券弥补财政赤字，但由于缺乏有效的二级债券市场，债券参与主体大多为私人银行，居民的金融投资方式非常少。反之，也说明缅甸资本市场发展前景广阔。

（三）金融体系对外开放程度较低，一定程度上制约了金融发展

缅甸金融体系对外开放程度较低，各金融行业均对外资进入具有严格限制。银行业方面，缅甸允许外资进入建立私人银行，对其从事的业务有严格限制，大多数外资银行主要为本国在缅甸企业提供汇兑和清算业务，或仅建立办事处；保险业方面，缅甸政府尝试在近期逐步放开保险业，允许外资机构参与并设立保险公司，以学习其先进经验，但目前为止尚未有具体实施方案出台；此外，缅甸的资本市场和债券市场刚建立或尚未建立，不存在开放的可能性。总体而言，缅甸整个金融体系尚不成熟，未来有待逐步放开。

二　缅甸金融结构形成与演变的主要原因

（一）经济因素：经济发展需求是缅甸金融结构形成的基础

作为全球最不发达国家之一的缅甸，经济发展水平相对落后，长期以来以农业为主导的产业结构形成了缅甸自给自足的经济特征，经济主体对资金的需求量较小，且对金融功能的需求主要以资金融通为主，因此，该种经济发展方式下形成了以银行为主导的金融体系，能够有效满足缅甸经济主体的融资需求。此外，缅甸人均收入水平很低，当地居民的闲置资金较少，且主要以储蓄的形式存入银行，并没有形成对一定规模的金融投资，因而没有形成金融工具创新需求，也未形成可供交易、流通的二级市场。缅甸经济发展水平和经济发展方式成为其金融结构形成的基础。随着缅甸经济发展水平的不断提高、经济发展方式向工业产业转型，其对金融机构、金融工具的需求也日益多样化，逐步推动缅甸金融结构的丰富和完善。

（二）政治因素：政府主导是缅甸金融结构形成的关键

缅甸金融结构的形成与其军政权统治下的体制变更密切相关，政治因

素主导了整个缅甸金融体系的发展。从殖民统治独立后，缅甸确立起社会主义制度，将所有私人金融机构收归国有，并建立中央银行统一管理全国金融业务。该阶段高度集权下的缅甸金融结构单一，虽在初期一定程度上促进了本国经济发展，但长期金融抑制导致缅甸金融结构单一、金融体系仅能提供最基本的资金融通功能，制约了金融体系发展。多次政府更迭造成缅甸金融发展极不稳定，新军政府执政后开始实行市场化改革，但军队统治特性使得金融改革极为缓慢，国家始终掌握着整体金融体系发展命脉。

（三）市场因素：市场化进程是缅甸金融结构改革的动力

在由计划经济向市场经济改革的过程中，缅甸经济发展形成了对多元化金融体系的需求。1988 年缅甸开始推行市场经济体制改革，打破了原有计划和指令性安排，私营经济开始得到发展，形成了对金融的新需求。在经济改革的推动下，缅甸政府逐步放开金融业，具体包括：允许私人建立银行和保险公司，参与金融业；中央银行逐渐独立于政府管制，自主制定金融政策；尝试利率和汇率制度改革，建立证券市场，加速金融自由化改革等。但受缅甸政府更迭的影响，金融改革缓慢，政府对外资和民营金融机构的严格限制使得传统银行机构在缅甸金融体系中仍占据主导地位。

三　缅甸金融结构的功能与效率分析

功能和效率是体现和评价一国金融结构发展状况的主要方式，对一国金融功能和效率的评价要与其所在的国家经济水平、政治体制等特征相联系。在缅甸 60 多年的发展过程中逐渐形成以银行为主导的金融体系，为缅甸经济发展提供了一定的支持作用，但相较而言，缅甸的金融发展仍处于初级阶段，银行业并未充分发挥金融的投融资功能，非正规金融成为缅甸企业获得外部资金的主要来源。此外，金融机构和金融市场的不发达成为阻碍金融体系充分发挥其功能、提高效率的制约因素。

一方面，缅甸银行业发展滞后，银行信贷在企业外源融资中占比极低，民间非正规金融是企业外部借贷的主要形式。而在整个金融体系中，银行和市场发展严重不均，虽然在经济发展初期，银行贷款是企业最有效、最传统的融资方式，但其难以满足不同企业的融资需求，在经济发展达到一定程度后，不均衡的金融结构将严重制约企业发展，形成金融资源错配。在银行体系内部，缅甸银行业集中度过高，无论国有银行还是私营银行，资金均集中于少数几家银行，行业内部缺乏有效竞争，降低银行业整体运营效率。另一方面，缅甸金融体系几乎完全限制外资进入，外资银行仅允许在缅甸从事外资企业资金清算等传统业务，而不能参与缅甸国内任何业务，保险市场和证券市场尚未对外资开放。基于此，缅甸无法通过引进外资学习国外先进经验，进而导致缅甸整体金融发展的技术水平、管理经验、员工能力均远远滞后，这是造成缅甸金融结构体系效率低下、功能不完善的重要原因之一。此外，市场化改革后缅甸经济发展实现较快发展，规模庞大的小微企业成为推动金融发展的重要力量之一，而金融体系发展滞后于经济改革，银行业难以为小微企业提供充足的资金支持，降低了金融业整体发展效率。

但应该看到，缅甸正积极努力加快金融业发展，特别是市场化改革以来，缅甸政府通过多项政策推动金融业改革，目前已建立了证券市场，并计划逐步开放银行业和保险业，未来缅甸金融发展空间巨大，有利于进一步提高金融结构的功能和效率。

第五节 中缅金融合作现状及未来展望

中缅金融合作是未来两国进一步交流和发展的核心领域，如何以互利互惠方式推动两国金融合作是研究的核心。现阶段两国金融合作主要以政府为主导，集中在货币互换、人民币结算、设立分支金融机构等业务，未来两国应拓宽金融合作主体、合作内容和合作方式。

本节在对中缅两国金融合作历史和现状介绍的基础上，分析了两国金融合作的空间和可行性，并为两国未来金融合作方向提供参考建议。

一 中缅金融合作现状

作为一衣带水的邻邦，中缅两国交往已久，双方金融合作衍生于两国经济、政治、文化交流过程中。两国的金融合作最早可追溯到唐代，历史上两国金融交往主要局限于伴随物资贸易产生的货币交换。现阶段两国的金融合作主要包括政府层面、机构层面和民间层面三种。政府层面，我国中央银行与缅甸中央银行在政策引导性方面进行了广泛合作，主要涉及金融安全、金融协调和金融监管等。2011 年 1 月 25 日，中国人民银行加入东南亚中央银行组织，并以此为合作平台，与缅甸中央银行签订了合作协议和备忘录，以加强两国政府层面交流。机构层面，中缅商业银行之间的合作是两国金融合作的主要方式，其合作形式包括（具体业务见表 10—5）：（1）边境地区互开人民币存款以及边境贸易人民币结算业务，创建人民币现钞跨境调运与回流机制；（2）挂牌缅币汇率，经营人民币与缅币兑换业务和跨境金融支付服务；（3）设立金融机构代表处，建立分支机构。民间层面，非正规金融合作是中缅两国民间层面金融合作的主要形式，主要表现为在两国边境地区设立私人货币兑换点、地摊银行或板凳银行等。中缅著名口岸城市瑞丽有 30 多家地摊银行主要集中在华丰商场及附近街区，从事人民币兑换业务。

表 10—5 中缅金融合作一览表

时间	具体业务
1996 年	佤邦银行开始经营人民币业务
2009 年 9 月 17 日	工商银行云南省分行、建设银行云南省分行、农业银行云南省分行与缅甸经济银行开立人民币结算账户协议
2015 年	缅甸首家中资银行中国工行仰光分行举行开业典礼
2012 年 5 月	云南瑞丽市将于中缅边境附近设立跨境人民币金融服务中心
2010 年 9 月	工商银行德宏分行与缅甸经济银行木姐分行和腊戌分行签署了人民币结算合作协议
2011 年	工商银行在缅甸设立了代表处
2015 年	缅甸环球财富银行和富滇银行瑞丽分行在洽谈中达成以下 4 项重要合作意向：环球财富银行木姐支行在富滇银行瑞丽分行开设人民币结算账户；富滇银行瑞丽分行将择机赴环球财富银行木姐支行开设缅币结算账户，实现双边账户互设；富滇银行将着手研究，双方将致力于总行等更高层级、更深入、更全面的合作
2014 年 4 月	银联商务有限公司云南分公司对缅甸首个非现金支付跨境使用业务正式启动，瑞丽边境缅甸境内可凭银联卡刷卡购物、结算，主要投放在与瑞丽口岸毗邻的缅甸木姐市区

续表

时间	具体业务
2015 年 3 月 24 日	瑞丽市人民政府批准成立中缅货币兑换中心，全国首个中缅货币兑换中心在德宏挂牌成立，形成"瑞丽"指数。瑞丽大通、瑞丽台丽、云南亚盟、天津渤海通汇 4 家企业，可从事经常项目下人民币与缅币兑换和个人项目下人民币与其他挂牌币种的兑换
2015 年 1 月	建行云南省分行与缅甸合作社银行签署跨境人民币清算合作协议
2016 年 1 月 21 日	AGD 银行宣布正式推出缅甸首个 MPU – UnionPay（缅甸支付联盟—中国银联）联名借记卡 Co – brand Debit Card，中国银联卡开始在缅使用，开启了缅甸支付联盟和中国银联之间合作的新篇章

资料来源：根据中华人民共和国商务部网站资料整理所得。

二　中缅金融合作的空间与可行性分析

（一）中缅两国合作基础

中缅两国经济、政治、文化交流历史悠久，奠定了良好的合作基础。第一，中缅两国地理临近，缅甸与我国云南、西藏两省（区）接壤，两段国界线长达 2184 公里。地理上的毗邻使得两国边贸交易来往频繁，2014—2015 财年，中缅双边贸易额达到 102 亿美金，其中缅甸对我国出口 46 亿美元，进口 56 亿美元。目前中国已成为缅甸最大投资国和贸易伙伴，为两国金融合作奠定了良好的经济基础。第二，中缅两国风俗习惯相似，在缅甸的仰光、曼德拉等地有大量华侨商人长期居住，并在相互交往过程中形成了坚实的群众基础。第三，除经常项下的商品、服务贸易外，中缅双方在资本项下也常有合作，如政府层面，中方为缅方提供优惠贷款、直接投资、政府援助等，且两国金融机构之间也已经开展了汇兑、结算等交易，并在合作过程中形成了相对成熟的交易规则和合作方式，是未来两国实现长期金融合作的前期基础。

（二）中缅两国合作机制与合作空间

中缅两国在中国—东盟框架下建立了良好的贸易合作机制、利益协调机制、互动对话机制。中缅两国的金融合作建立在两国全面战略合作伙伴关系的基础上，双方金融合作形成以政府为主导、机构为主体、民间为辅的合作机制，是一种自上而下的合作机制。在中缅合作机制中，主要通过高层互访机制以及加强两国高层领导人之间的沟通进行合作的切商，通过政府间的互通互联构建两国金融合作的顶层设计，并以此不断推动金融机构间的相互合作，扩大合作空间和合作方式。民间自发式合作较为松散，主要服务于公众的金融需求，大多集中于中缅边境地区。缅甸金融体系发展路径与我国的发展具有一定的相似性，均是在计划经济体制向市场经济体制转变过程中金融体系逐步由国有银行垄断转向国有银行和私人银行共同发展，但相较于我国金融体系，缅甸资本市场发展、保险市场发展、对外开放严重滞后，未来缅甸金融市场将逐渐开放，这也为两国之间的金融合作提供了广阔空间，可以从技术、人才、产品设计、管理经验、资金支持等多方面互通有无。

三　对中缅金融合作的未来展望与建议

中缅金融合作是近期两国交往合作的重要内容之一，也是中缅两国经济合作取得初步成功后的下一项重要合作。在经济合作基础上，两国金融合作基础夯实、合作空间巨大、前景明朗，可以从合作主体、合作内容、合作方式等多方面进行新的尝试。

第一，合作主体方面，应从政府层面不断向下发展，加强金融机构、实体企业乃至民间的金融合作，强化自下而上的推动力量。在由政府统揽合作全局、制定合作规划的同时，应充分了解缅甸当地在贸易融资和小微融资方面的有效需求，在缅甸逐渐放宽外资金融机构准入的条件下，通过互设金融分支机构开展投融资活动，为两国金融结构寻求海外发展新的利润增长点，加强两国金融机构层面合作。[①]

第二，合作内容方面，以往两国金融合作主要为边境贸易提供汇兑和结算业务，合作范围较窄。未来，两国在加强原有合作的基础上，实现从传统的银行业务逐渐扩展到其他金融领域，包括金融市场、金融制度建设、金融安全合作等。缅甸金融市场建设刚起步，市场发展和制度建设迫切需要具有相似国家提供借鉴经验。我国作为缅甸邻邦，在经历计划经济向市场化改革的过程中积累了丰富经验，金融体系发展历程与缅甸具有一定的相似，可在一定程度上为其金融改革和制度建设提供帮助。此外，中

---

① 汪巍：《亚洲金融合作方式的新探索》，《新金融》2011 年第 3 期。

缅由于其边境线较长，且接壤地区经济发展水平相对滞后，可能存在"非法"、"不规范"资金跨境流动问题，两国加强边境监管的合作有利于维护两国边境的安全，也是中缅金融合作重要领域之一。

　　第三，合作方式扩展到人才培训、技术支持、管理经验。除政府、机构和制度层面的金融合作外，如何有效帮助缅甸快速建立与其发展水平相适应的金融体系中最为核心的是人才交流。在缅甸引进金融机构的同时，为其提供优质人才，通过培训、实习的方式加强中缅两国人员交流，以帮助缅甸培育优秀金融人才，快速学习先进技术，建立现代管理体系，促进两国不断拓宽金融合作深度、广度和可持续性，夯实金融合作基础，取得突破。

参考文献

[1] 周荆展：《缅甸 1948 年以来经济发展的历程、特点及启示》，《云南社会主义学院学报》2014 年第 1 期。

[2] 陈清良：《缅甸经济何以能够好转》，《世界经济》1981 年第 6 期。

[3] Nehru V. Banking on Myanmar, A Strategy for Financial Sector Reform, 2014.

[4] Magud N. E., Reinhart C. M., Vesperoni E. R., Capital Inflows, Exchange Rate Flexibility and Credit Booms, Mpra Paper, March 2012, pp. 415 – 430.

[5] 林友慧：《缅甸联邦的金融业》，《国际金融研究》1994 年第 10 期。

[6] OECD Investment Policy Reviews, Myanmar 2014.

[7] 汪巍：《亚洲金融合作方式的新探索》，《新金融》2011 年第 3 期。

[8] 周建华：《中缅金融合作研究》，学位论文云南师范大学，2013。

第十一章

柬埔寨金融发展中的结构特征
及其与中国的金融合作

柬埔寨全名柬埔寨王国（The Kingdom of Cambodia），旧称高棉，位于中南半岛东南部，国土面积 18.1 万平方公里，在东南亚 11 个国家中面积居第 8 位。自 1953 年 11 月正式独立至今，柬埔寨经济建设虽然取得了相当的成就，2015 年 GDP 总额达到 182 亿美元，人均 GDP 1159 美元，但总体上依然没有摆脱贫穷和落后的总体状况，目前仍是典型的落后农业国，经济发展水平位于世界上最不发达的国家行列。

柬埔寨金融发展起步晚，但发展速度相对较快，在国际金融机构的帮助和支持下，自 20 世纪 90 年代以来，柬埔寨政府进行了一系列金融改革，逐渐确立并巩固了以银行体系占据绝对主导、小微金融形成有效补充、证券及保险行业共同发展、开放程度较高的金融体系，但是，货币市场尚未形成，资本市场刚刚起步。

第一节　三足鼎立的柬埔寨经济产业结构

一　经济发展的主要历程

柬埔寨经济以农业为起点和支撑点，长期以来一直是一个落后的农业国家。近年来，随着外资企业在柬埔寨的发展，原有的农业人口在自然资源丰富的土地上从事农业劳动，而部分劳动力则进入大中城市从事制造业、建筑业和服务业等方面的工作，经济结构正悄然发生着改变。

（一）不断升级的传统农业

作为一个传统的农业国家，柬埔寨一直致力于农业的发展，始终把农

业发展作为国家经济发展战略计划的重中之重，传统农业多样化形态不断
升级。柬埔寨农业升级发展大概可分为两个阶段：

第一个阶段是 1993 年至 2000 年，这个阶段是柬埔寨大选后，各项农
业制度逐渐确立，并基本实现粮食自给自足的过程。1993 年 5 月大选后，
人民党和奉辛比克党联合政府把经济建设作为工作重点，使柬埔寨经济进
入了新的发展时期。1993 年 9 月颁布的新宪法规定，柬埔寨政府在农村
实行经济自由化政策，将所有耕地全部分给农民耕种。1994 年 8 月，柬
埔寨政府在所颁布的《投资法》中将农产品加工和农村发展项目列为政
府鼓励投资的重点领域。同时，政府还专门制订了农业发展的五年计划，
在 1996—2000 年第一个五年计划期间，柬埔寨农业生产平均每年增长
8%，基本上解决了粮食自给问题。

第二个阶段是 2000 年以后到现在，是柬埔寨持续挖掘农业潜力，促
进农业产业多样化，实现农产品出口的过程。2001 年和 2006 年，柬埔寨
政府制订了农业发展的第二、第三个五年计划，并相应制定了诸如贯彻执
行农业水利政策、确保耕地安全、鼓励外国投资者投资农业和养殖业等政
策，保障了农业发展计划的顺利实施。2003 年，柬埔寨加入世贸组织后，
政府提出了柬埔寨农业发展的十年规划，旨在继续保持种植和养殖业在农
业发展中的优势地位外，大力发展香蕉、棕榈油、棉花、烟草、甘薯等种
植业。2004 年，柬埔寨第三届联合政府成立后，提出"四角战略"，农业
作为其中一角，其宗旨是提高农业生产力，努力使农业成为经济增长和减
轻贫困的主要动力。2008 年以来，柬埔寨政府一直把大力发展农业作为
国家发展战略计划的重要组成部分，把大米作为重点发展项目，并在
2010 年颁布了《促进稻谷生产和大米出口政策》，农业在 GDP 所占比率
不断提高，农业出口量也稳步上升。

（二）相对薄弱、体系不完善的工业发展

柬埔寨工业发展起步较晚，基础薄弱，门类单调，主要是食品加工业
和轻工业，出口海外市场。柬埔寨工业发展大致可分为两个阶段：

第一个阶段是 1993 年大选后至 2000 年。柬埔寨政府为加快本国的工
业发展，设立柬埔寨发展理事会（CDC），颁布了相关的优惠投资政策。
包括将工业推向自由市场领域，颁布新的外资法，重点扶持能源、建材、
纺织、成衣、食品加工及化工等产业。这一阶段，柬埔寨工业主要是以加

工型和手工业型产业为主，支撑其工业主体的是成衣纺织业和从事原料加工的出口贸易，而制造加工业主要服务于交通运输、建筑等相关的维修加工，其他如水泥、钢材、五金电料、上下水和装饰材料等均依赖进口。经过几年的发展，柬埔寨工业得到了一定的发展，建成了一些中小型企业，工业产值占 GDP 的比重也从 1994 年的 16.26% 上升到了 2000 年的 23.0%。但柬埔寨这一阶段发展起来的只是处于初级阶段的加工业，还不能称其为真正的工业。

第二个阶段是进入 21 世纪以后。2001 年，柬埔寨通过了新的《投资法》，鼓励国内投资和外商投资，并对赴柬埔寨投资的外商给予一定的优惠待遇，给予外国投资者充分的保障和信心。在此期间，成衣制造业和建筑业增长强势，成为拉动柬埔寨工业前行的引擎，柬埔寨工业发展也取得了较大增长。但实际上，柬埔寨工业基础依然薄弱，对成衣制造业和建筑业高度依赖，企业规模相对较小，且多以劳动力密集型企业为主，工业体系和工业结构并不完善。

（三）旅游业带动下的服务业发展

虽然柬埔寨整体经济较为落后，但其服务业的发展却快于其他产业，尤其是旅游业及在旅游业蓬勃发展带动下的酒店、餐饮等行业。柬埔寨服务业发展大致可分为两个阶段：

第一个阶段是 1993 年至 2000 年。这一阶段，柬埔寨国内政治局势稳定，安全程度大幅提高，柬埔寨开始逐步依靠自身所具备的资源恢复经济和开展重建工作，其中以旅游业为首；同时，柬埔寨拥有大量的廉价劳动力，这为其第三产业的发展带来一定竞争优势。

第二个阶段是 21 世纪以后，这一阶段，柬埔寨的第三产业经历了 21 世纪初的低谷之后逐渐稳步发展，得益于缅甸基础设施的改善和国内交通、信息服务系统的扩展，柬埔寨的旅游、酒店、交通运输及信息业等稳步发展。同时，金融业、公共管理、房地产等行业也实现了快速增长，并表现出巨大的增长潜力。

图 11—1 是柬埔寨典型产业的产值比较，结合图中数据以及上述分析，总体来看，近 20 年来，柬埔寨三大产业均得到了不同程度的快速发展，农业多样化形态持续加深，产业地位得到巩固；工业增速较快，但主要为成衣制造业和建筑业的增长；服务业增速高于其他产业，服务业体系

不断完善，增长潜力巨大。

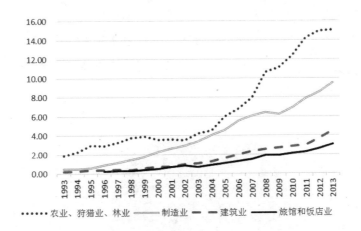

图 11—1　1993—2013 年柬埔寨典型产业产值比较（单位：百万美元）
资料来源：联合国。

二　柬埔寨经济发展与结构现状

（一）高速增长的经济规模

经过 20 余年曲折但高速的发展，柬埔寨经济规模取得了突破性发展。如图 11—2 所示，1993 年至 2015 年的 22 年间，柬埔寨 GDP 平均年复合增长率达到 9.34%，2015 年 GDP 总量达到 180.50 亿美元。

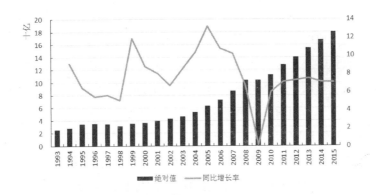

图 11—2　1993—2015 年柬埔寨国内生产总值〔单位：美元、%（右）〕
资料来源：世界银行。

（二）三足鼎立的经济结构

从产业结构上来看，柬埔寨 GDP 构成中，服务业增加值基本平稳保持在 40% 左右；而农业增加值逐渐缩减，由 1993 年的 50% 左右下降到 2015 年的不足 30%；工业增长明显，基本达到 30%。总体看来，柬埔寨农业、工业、服务业比重为 3:3:4，基本形成三足鼎立、并驾齐驱的经济结构格局（见图 11—3）。

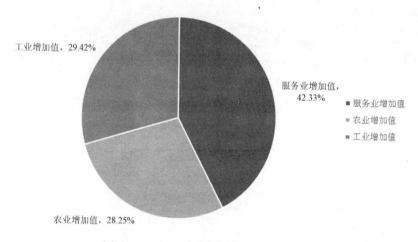

图 11—3　1993—2015 年柬埔寨产业结构

资料来源：世界银行。

具体来看，柬埔寨农业一直在做促进产业多样化的努力，逐步形成了以种植和养殖业为引领，大力发展橡胶、棕榈油、棉花、烟草、甘薯等种植业的农业产业结构。工业则仍以劳动密集型产业为主，并逐步形成了以成衣制造业和建筑业为主导的工业结构，虽然近年来柬埔寨也开始着力发展化工和电子机械产品，但柬埔寨工业部门结构依旧较为单一、工业种类较少，技术落后，制约柬埔寨的经济发展。服务业上，一方面，柬埔寨服务业的发展以旅游业为中心，逐步带动酒店和餐饮业的发展；另一方面，金融业、信息业、房地产业成为柬埔寨服务业深入发展的积极环节，这些产业不仅扩展了柬埔寨经济发展的版图，而且成为柬埔寨经济发展的新生力量。

从柬埔寨经济规模与结构来看，一方面，经济的持续快速增长必然内生相关的金融服务需求，而柬埔寨本身的金融发展落后，因此存在极大的金融需求缺口，柬埔寨经济亟待得到金融发展的支持来维持长久的增长动力；另一方面，从经济结构上看，无论家庭生产式的农业发展还是规模较小的企业发展，都存在资金需求小、分布广、频次高的特点，相应的金融服务供给是柬埔寨金融供给的基本特色，而旅游业发展在实现产业自身增长的同时，又会带来大量外国游客支付、换汇等日常金融需求，需要以此为基础提供有针对性的金融服务，并将形成柬埔寨金融发展的独有特色。

三　高速发展的中柬经济合作

1979 年以前，中柬贸易额最高的年份（1978）为 5244 万美元。之后直到 1991 年由于战乱，中柬贸易中断。1991 年 10 月关于政治解决柬问题的巴黎协定签订以后，中柬两国经贸合作关系得到迅速恢复和发展。1992 年以来，双边贸易额持续高速增长，增幅高于我国对外贸易增长速度，每年都创历史新高。1996 年，两国签订了《贸易协定》和《投资保护协定》，并于 2000 年成立两国经济贸易合作委员会。2002 年 11 月 4 日，中国与柬埔寨、老挝和缅甸在金边签署了中国政府向三国政府提供特别优惠关税待遇的换文。2012 年 6 月时任中共中央政治局常委、中央纪委书记贺国强访柬期间与柬埔寨首相洪森共同见证了《6 号公路二期扩建优买贷款协议》、《马德望多功能水坝优买贷款协议》等 7 项双边经贸合作协议，共同出席了新舟 60 飞机交接仪式和西哈努克港经济特区揭牌仪式。此外，柬埔寨和中国政府还制定了到 2017 年双方贸易额要达到 50 亿美元长期贸易合作目标。

近年来，中柬两国经贸关系发展势头良好，合作领域不断拓宽，中国成为柬埔寨第三大贸易伙伴。中方主要出口产品为纺织品、机电产品、五金和建材等，从柬埔寨主要进口橡胶、木材制品和水产品等。数据显示（见图 11—4），最近 10 年，中柬双边贸易总量不断增长，从 1995 年到 2015 年，中柬进出口总额由 0.57 亿美元上升到 44.32 亿美元，20 年间增长近 80 倍。2015 年全年，柬埔寨自中国进口总额为 37.65 亿美元，向中国出口总额为 6.67 亿美元，针对中国的进出口结构不平衡问题较为严重。

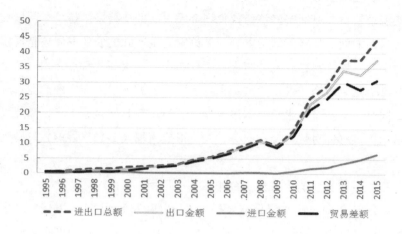

图11—4 1995—2015年中柬双边贸易情况（单位：亿美元）

资料来源：海关总署。

而从另外一个角度来看，近年来中国大陆入境柬埔寨的人数也在不断增多，且在年内表现出较大的波动，每年的第一季度人数明显高于其他季度，这一方面表明中柬两国社会经济交流在不断加深，另一方面也表明中国大陆入境柬埔寨的人中以游客居多，故在柬埔寨旅游旺季表现出明显的上升。

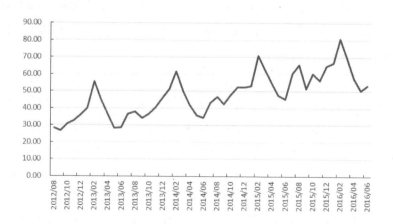

图11—5 2012—2016年各季度中国大陆入境人数（单位：千人）

资料来源：柬埔寨旅游部。

由此看来，目前中柬之间的经济合作主要体现在双方贸易规模的不断扩大和贸易水平的不断加深，以及旅游人口所带来的日常需求上。未来中柬金融合作应该首先着力于商品和旅游贸易需求，并以民间合作为基础和突破口，在此基础上结合柬埔寨金融结构现状和金融需求特征，创造更广阔的金融合作空间。

第二节　柬埔寨金融发展概况

柬埔寨金融发展起步相对较晚，但在发展过程中得到了国际金融组织的支持，并充分汲取了各国金融发展的经验，发展过程中由战略失误或决策错误造成的曲折和弯路较少。柬埔寨金融体系以中央银行为监管主体，银行业发展迅速，并已初步建立了较为完备和高效的银行体系，证券业和保险业发展相对滞后，规模较小。经过了一定时间的高速发展后，柬埔寨金融规模迅速扩大，但占 GDP 的比重仍然较小。

一　以柬埔寨国家银行为主导的金融监管体系

（一）以中央银行为主的监管主体

柬埔寨国家银行是柬埔寨的中央银行，是柬埔寨的货币发行和金融监管机构。柬埔寨国家银行的目标为：确定和引导货币政策，保持价格稳定，从而促进柬埔寨当前经济和金融政策框架下的经济发展。柬埔寨国家银行与皇家政府磋商并考量柬埔寨的经济和金融政策框架，在此背景下执行货币政策。作为货币当局，柬埔寨国家银行是本国货币瑞尔的唯一发行者；作为监管当局，柬埔寨国家银行有权对柬埔寨的银行和金融机构进行许可、取消许可、规范和监督，形成对柬埔寨商业银行的有效监管控制。此外，柬埔寨国家银行还负责定期进行经济和货币分析、出版多种刊物、监督全国支付体系、建立国际收支平衡以及参与对外债务债权管理等事务。

在操作层面，柬埔寨国家银行共设置五个部门负责执行日常的中央银行业务，这五个部门分别为：秘书处、中央银行理事会、银行监督理事会、现金总监以及监察总监。这五个部门下设有 21 个子部门，在行长和副行长的监督下实现柬埔寨日常金融货币政策的执行与监督。其结构如图

11—6 所示。

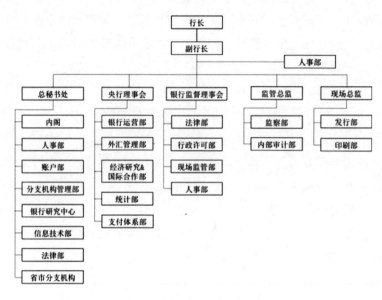

图 11—6　柬埔寨国家银行组织结构
资料来源：柬埔寨中央银行。

（二）现场与非现场结合的监管制度

柬埔寨国家银行履行其作为监督管理机构的职责，监管银行体系，确保柬埔寨银行体系业务的透明、安全和稳健，提升公众对柬埔寨银行系统的信心。柬埔寨国家银行主要通过非现场和现场监督来实行基于规则和基于风险的监管方法。

一方面，通过周期性审查、监控、信息分析和要求商业银行定期报告，柬埔寨国家银行定期对商业银行进行非现场监管。同时根据实际需要，柬埔寨银行也会开展特别监督。另一方面，无论是全范围还是针对性的检查，柬埔寨国家银行都会进行每年一次的现场检查，并根据实际需要随时安排特殊的现场检查。现场监管涉及基于骆驼评级的银行和金融机构的评估，包括资本充足率、资产质量、管理、净资产、流动性和敏感性，同时侧重于包括战略风险、信贷和市场风险、操作风险和流动性风险在内的关键风险。

(三) 有管理的浮动汇率政策

柬埔寨国家银行的汇率政策是柬埔寨国家银行货币政策的关键工具之一。汇率政策的目标是维持价格稳定。柬埔寨国家银行持续通过实行有管理的浮动汇率制度来干预外汇市场，以维持和确定与目标一致的汇率水平。

柬埔寨国家银行官方汇率为柬埔寨国家银行与第三方机构交易其货币瑞尔的买入价和卖出价，该外汇汇率为私营部门的基准。柬埔寨国家银行决定汇率的机制如下：汇率由柬埔寨国家银行官方汇率决定委员会确定，委员会由来自发行、银行运营、外汇管理、统计以及经济研究和国际合作部等相关部门的人员组成。委员会每天通过对内外部数据进行分析，从而在每日晨会上确定官方每日汇率。该汇率将在央行总经理的批准后的每个工作日公布。当汇率波动并超出确定范围内时，委员会会召开紧急会议讨论新的策略和方法。

(四) 本币与外币区别对待的准备金要求

准备金要求是柬埔寨国家银行为了控制信贷增长速度而使用的货币政策之一。目前，柬埔寨国家银行对外币存款（尤其是美元）和本国货币的准备金率采取区别对待的方法。外币存款和本币存款的准备金率分别为12.5%和8%。柬埔寨国家银行对4.5%的外币存款准备金支付利息，对剩余的8%则不支付利息。此外，柬埔寨国家银行对本国货币存款准备金也不支付利息。

二 银行业发展迅速，证券、保险业相对滞后

1993年柬埔寨重建后，为了保持国家正确的经济发展道路，在国际金融机构的帮助和支持下，柬埔寨政府进行了一系列重大的经济改革，即由计划经济模式转变为以市场为导向的经济模式，并且重新建立了与国际金融业的联系，以保证金融业的稳定发展。经过一段时间的发展，柬埔寨逐渐确立并巩固了以银行体系占据绝对主导、小微金融机构形成有效补充、证券及保险行业共同发展的柬埔寨金融体系。

柬埔寨重建初期，公众对银行体系的信心很低，金融体系的宏观调控作用非常有限，基于此，柬埔寨政府持续促进法律和规章的改革、能力的建构、标准的改善、金融透明化与主要金融基础设施的建立，以强

化柬埔寨的银行体系。通过加强金融改革和金融市场整顿、强化央行的监控，柬埔寨银行业取得了一定的进展，形成了目前较为完备和高效的银行体系。

柬埔寨保险业起步较晚，目前仍处于发展的初期阶段，但发展速度较快。截止到 2016 年，柬埔寨共有 11 家保险公司，其中 7 家是普通保险，另有 4 家是人寿保险。柬埔寨保险业由国家保险公司和私营保险公司组成，购买保险的主体由初期在柬国际机构或非政府组织逐渐过渡到柬埔寨普通民众，保险正受到越来越多民众的认可。

从柬埔寨证券业来看，早在 1995 年，柬埔寨就在财政部的领导下建立了证券工作小组，起草证券市场规章，准备建立证券交易所。但由于1997 年 7 月柬埔寨国内发生了政治动荡和武装冲突及持续的经济衰退，导致此项工作被中断。2012 年 4 月 18 日，柬埔寨证券交易所第一只股票——金边税务局正式上市，标志着柬埔寨证券市场从无到有的建立，从此，柬埔寨证券市场开启了由小到大的进程，但进展并不是很顺利，柬埔寨市场规模和交易量发展都相当缓慢。

三 金融总量较小但发展较快

近年来，柬埔寨金融总量及其在 GDP 中所占的比重一直处于上升状态，其广义货币 M2 不断提高，占 GDP 的比重也由 1993 年不足 10% 提升至 2014 年的 60% 以上，柬埔寨经济货币化水平不断提高，反映出柬埔寨的金融发展水平得到了显著提高（见图 11—7）。然而，从全世界范围来看，柬埔寨的经济货币化水平仍然与发达国家存在较大差距，金融发展有待进一步深化。

从金融产业产值来看，柬埔寨金融产业产值增速相较于经济货币化速度及第三产业产值整体增速较缓，且其在 GDP 中所占比例仍然较低。2013 年，柬埔寨金融业产值为 1014229.96 百万瑞尔（约合 202.85 百万美元），较 1996 年增长近一倍，但占 GDP 的比重仅为 1.64%（见图 11—8）。

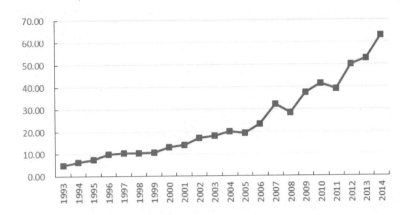

图 11—7 1993—2014 年柬埔寨广义货币 M2 与 GDP 的比重（单位:%）

资料来源：联合国。

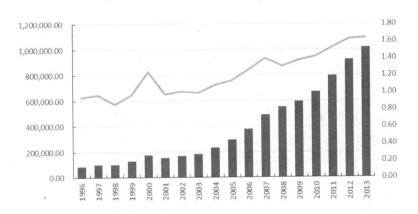

图 11—8 1996—2013 年柬埔寨金融业产值及占 GDP 比重（单位：百万瑞尔）

资料来源：联合国。

第三节 柬埔寨金融结构描述与分析

柬埔寨具有鲜明的银行主导型金融结构，银行体系完备，效率较高，无论从数量、规模上看，还是从对经济体系的支持作用上看，银行体系都是柬埔寨金融体系最重要的组成部分，银行体系分为商业银行、专业银行和小微贷款机构，均具备一定的存贷款功能。而证券业和保险业起步晚，规模较小，在金融体系中发挥的作用尚待进一步加强。金融市场发展极其不发达，货币市场、资本市场、衍生产品市场均处于发展的起步阶段，股票市场规模小，交易不活跃，且发展处于停滞状态。高度美元化造成了柬埔寨存款以美元存款为主，社会各部门愿意持有更多外币存款，美元存款是居民财富的主要储藏方式，而贷款则主要流入了非金融机构的私人部门，集中于零售业、批发业和农林渔业，对工业支持力度较小。此外，柬埔寨金融结构高度开放，外国资本对柬埔寨金融体系的发展影响巨大。

一 金融产业结构

（一）银行体系占据绝对比例

总体来看，柬埔寨银行体系功能完备，开放程度深，效率较高，由多种所有制构成的商业银行、专业银行及小微贷款机构之间相互促进，互为补充，资产总量和存贷款规模不断增加，形成了对柬埔寨经济发展的有效支撑。

1. 功能完备，开放程度较深的银行体系

随着柬埔寨银行体系不断得到发展和优化，柬埔寨银行业发展迅速，目前已经形成了以商业银行、专业银行、外国银行的分公司或办事处以及一些小型金融机构为主体的银行业结构体系。截至 2015 年末，柬埔寨共有 47 家银行机构，包括 36 家商业银行和 11 家专业性银行，同时也有 100 多家小额信贷机构和其他金融机构。柬埔寨银行体系占据了金融系统超过 90% 的总资产。

柬埔寨金融业开放程度较深，形成了国有、民营、内资、中外合资、外资独资等多种所有制共同存在的银行体系。其中，商业银行包括 7 家由本国 100% 出资的银行，5 家合资银行和 24 家外国银行子公司或分支机构。专业银行包括 1 家 100% 本国出资银行、3 家中外合资银行和 7 家外资银行。

值得关注的是，在柬埔寨央行的定义中，将其小额信贷机构以及包括租赁公司等在内的其他金融机构也纳入银行体系的范畴内，这主要是从这些金融机构提供信贷支持等间接融资职能的出发点来考虑的。

柬埔寨银行体系结构如图 11—9 所示。

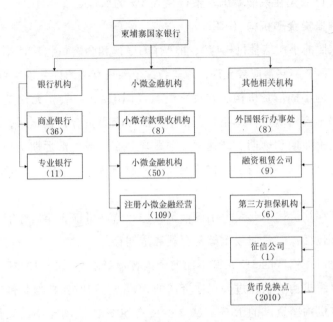

图 11—9　柬埔寨银行体系结构

资料来源：柬埔寨中央银行。

商业银行

根据法律对银行和金融机构的要求，银行所开展的日常业务包括：①价值评估，信贷业务包括租赁、保证和承诺，当然这些信贷业务都需要签署确认后才能够生效；②公共非预留保证金的收取；③支付给客户的处理方式规定，支付手段为本货币和外汇。任何单位或组织开展以上三种业务都视为从事银行业务。

根据有关利率设定自由化的规定，银行有自行设定存贷款利率；及外币兑换利率的权利。

专业银行

根据中央银行公布的银行业的行业规定 PRAKAS，银行许可批准对资本的要求，如果专业银行在当地注册，其中至少有一个有影响力的股东在银行或金融机构的评级为投资级，并且评级机构需要有一定的信誉。此外，必须有最低资本 KHR10000000000（100 亿柬币）。对于股份制专业银行则必须有至少 KHR30000000000（300 亿柬币）最低资本。商业银行需要立账户需先在柬埔寨国家银行存入5%的保证金。

小额信贷金融机构（MFI)

有执照的小额信贷机构应只办理有关银行和金融机构法律第2条规定的业务。信贷和储蓄应被允许，除非与这个项目有关的许可条款明令禁止。

所有的小额信贷机构、非政府组织（NGO）、协会，无论是否授权或注册，都不应当从事：①租赁，衍生产品和交易黄金，贵金属，原材料和商品，无论即期和远期。②通过支票账户、交换或外汇远期交易提供支付服务。有执照的小额信贷机构应具有最低注册资本 KHR 250000000 （2.5亿柬币）。

小额存款机构需要获得小额信贷机构经营许可证3年后才能运营。其经营要求包括：①只能收集储蓄存款和定期存款；对个人客户的储蓄额不得超过公司净资产的3%；②不能向个人客户贷款超过公司净资产的2%，不能向组织机构贷款超过公司净资产的3%；③随时保持偿付能力充足率不低于该机构净资产的15%；④至少要有50%的流动比率；⑤机构应永久存入至少10%的注册资本作为资本保证金。

图11—10显示近年来存款货币银行资产占国内生产总值的比重越来越高，表明以商业银行、专业银行、小微信贷金融机构为主体的存款货币银行在柬埔寨经济中的重要性越来越明显。

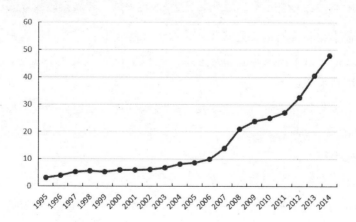

图11—10 1995—2014年柬埔寨存款货币银行资产占国内生产总值比重（单位:%)
资料来源：世界银行。

2. 外资银行市场份额较大，资产集中度逐渐降低

表 11—1 银行结构市场份额

市场份额	资产		贷款		存款		资本	
	Dec-14	Dec-15	Dec-14	Dec 15	Dec-14	Dec-15	Dec-14	Dec-15
商业银行（Commercial Banks）								
外资	54.49%	54.29%	50.40%	51.58%	52.72%	51.44%	62.68%	60.99%
本国	44.11%	44.23%	47.89%	46.76%	47.25%	48.54%	32.11%	31.44%
专业银行（Specialized Banks）								
外资	0.64%	0.74%	0.94%	1.02%	0.00%	0.00%	2.71%	4.02%
本国	0.66%	0.74%	0.77%	0.64%	0.03%	0.01%	2.50%	3.55%
总计（TOTAL）								
外资	55.23%	55.03%	51.35%	52.60%	52.72%	51.45%	65.39%	65.01%
本国	44.77%	44.97%	48.65%	47.40%	47.28%	48.55%	34.61%	34.99%
总计	100%	100%	100%	100%	100%	100%	100%	100%

资料来源：柬埔寨中央银行。

通过所有权分类的柬埔寨银行机构市场份额（见表 11—1）可以看出，在柬埔寨银行体系市场份额中，外资银行机构在资产、贷款、存款以及资本等方面都占据着 50% 以上的比例，尤其是在商业银行市场份额中，外资银行优势明显。这一方面反映了柬埔寨高度开放的金融体系，对外国资本的限制较少；另一方面也体现了外国资本在柬埔寨银行体系中不可或缺的作用。这种现象是由柬埔寨恢复独立前外国金融机构对柬埔寨援助较多的历史原因及柬埔寨恢复独立后开放的金融政策造成的。

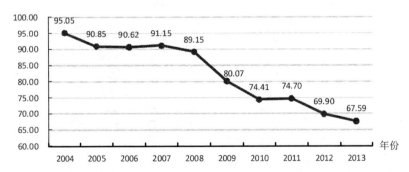

图 11—11 2004—2013 年柬埔寨前五大银行资产集中度（单位：%）

资料来源：世界银行。

从柬埔寨前五大银行的资产集中度（见图 11—11）来看，柬埔寨银行业资产集中度比较高，但在逐年趋低，基本处于一个良好的竞争状态，银行体系效率处于不断提高的状态。

3. 银行资产和存贷款数量持续高速增长

截至 2015 年，柬埔寨银行资产达到了 808486.9 亿瑞尔，同比增长23.21%，相当于柬埔寨 GDP 的 107.89%；客户贷款和存款总数分别达到475545.2 亿瑞尔和 463460.3 亿瑞尔，相当于 GDP 的 63.46% 和 61.85%。2015 年全年，为提供更好的金融服务，提高金融服务效率，扩大金融服务可获得边界，柬埔寨银行体系共新开设了 57 家分支机构，发放 3808 台新 POS 机及 178 台新 ATM 终端。

表 11—2 　　　　　　2011—2015 年柬埔寨银行业整体表现

指标	2011 年	2012 年	2013 年	2014 年	2015 年
资产增长	24.40%	37.30%	16.90%	27.10%	23.21%
信贷增长	33.50%	35.10%	25.76%	27.11%	25.65%
存款增长	20.40%	29.70%	12.24%	28.95%	17.38%
资产占 GDP 比重	62.70%	76.60%	82.78%	98.33%	107.89%
负债占 GDP 比重	34.10%	41.00%	47.74%	56.71%	63.46%
存款占 GDP 比重	41.00%	47.30%	49.09%	59.16%	61.85%

资料来源：柬埔寨中央银行。

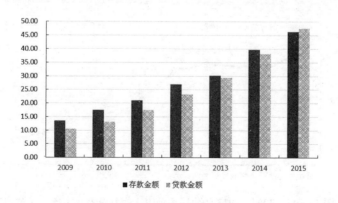

图 11—12　2009—2015 年柬埔寨银行业存贷款金额（单位：百万瑞尔）
资料来源：柬埔寨中央银行。

最近几年来，柬埔寨银行业存贷款人数和存贷款金额保持同步稳定增长，且贷款金额在 2015 年首次超越存款金额，反映了公众对银行体系的信用程度不断增强，银行体系对经济发展的支持作用越来越强。

而从银行贷款质量来看，柬埔寨银行机构不良贷款率整体较低，且处于持续下降阶段，表明柬埔寨银行业经营效果较好。

图 11—13　2009—2015 年柬埔寨银行不良贷款率

资料来源：柬埔寨中央银行。

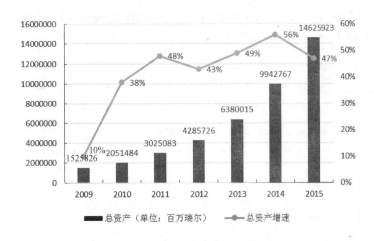

图 11—14　2009—2015 年柬埔寨小微信贷机构资产总量

资料来源：柬埔寨中央银行。

4. 小微金融机构形成银行体系的有效补充

在银行机构迅速发展的同时，柬埔寨小微金融机构也保持了高速的发展。如图 11—14 所示，2009 年至 2015 年间，柬埔寨小微金融机构总资产由 15258.26 亿瑞尔增长至 146259.23 亿瑞尔，6 年间增长近 10 倍，年平均复合增长率达到 45.7%，形成银行体系强有力的补充。

小微金融机构贷款总额也保持较高速度的增长，到 2015 年达到 122443.57 亿瑞尔，不良贷款率却保持较低水平，2015 年只有 0.77%，远低于同期商业银行不良贷款率水平（见图 11—15）。

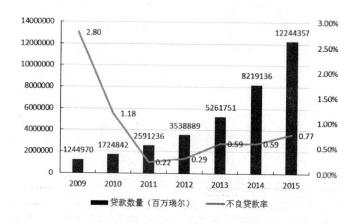

图 11—15　2009—2015 年柬埔寨小微金融机构贷款数量及不良贷款率
资料来源：柬埔寨中央银行。

此外，租赁公司也从无到有、从小到大逐渐发展起来，无论是从总资产、总贷款、所有者权益，还是从员工人数、顾客数量来讲，初期的增长较快，逐步成为银行体系的新补充（见表 11—3）。但同时也要看到，随着业务的开展，租赁公司的不良贷款率也迅速上升，需要紧密关注。

表 11—3　　　　　2012—2015 年柬埔寨租赁公司发展情况　　单位：百万瑞尔

	2012	2013	2014	2015
总资产	13.92	37.44	186.33	410.35
总贷款	0.59	16.40	147.60	344.97
不良贷款率	0%	0%	3.16%	5.31%

续表

	2012	2013	2014	2015
所有者权益	(1.22)	7.89	34.36	44.04
员工人数	74	212	545	857
顾客数量	122	2638	18683	43413

资料来源：柬埔寨中央银行。

5. 利息收入为主要收入来源，存贷款利差大

在柬埔寨以银行为主导的金融体系结构中，银行收入构成了柬埔寨金融收入的主要组成部分。而银行的存贷款业务收入，又构成了银行收入的主要部分。由图11—16可知，柬埔寨信贷规模占银行存款的比例经历了两个阶段，第一个阶段是1993年柬埔寨重建后至2003年这十年间，柬埔寨银行信贷占银行存款的比重逐渐下降，这主要是由于柬埔寨重建后，以银行为主导的金融体系逐渐建立，银行业发展迅速，公众对银行的信任程度不断加深，造成银行存款的爆发式增长，而信贷规模增速较存款规模增速而言较低，从而导致信贷规模占存款规模的比重逐渐降低。第二个阶段是2003年至今，银行信贷规模占存款规模的比重持续升高，到2014年底已经接近100%，伴随而来的是利息收入占比持续提升，非利息收入占总收入的比重不断下降，由2001年的50%逐渐下降到2013年的20%左右。

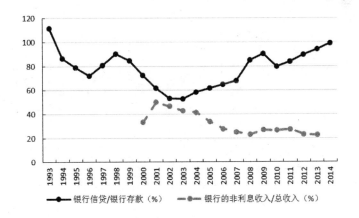

图11—16　1993—2014年银行信贷及非利息收入占比

资料来源：世界银行。

　　从柬埔寨美元存贷款利差和瑞尔存贷款利差来看（见图11—17和图11—18），二者都保持着较高的水平，美元12个月期存贷款利差近年来有所下降，基本稳定在7%左右的水平；瑞尔12个月存贷款利差在2011年以来有所下降，又经历了13年的向上调整后，基本维持在了10%左右的水平。较高的利差水平对柬埔寨银行业利息收入形成了有力支撑，但同时也反映出了柬埔寨间接融资成本较高，银行体系效率有待进一步提高的问题。

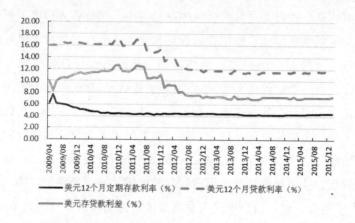

图11—17　2009—2015年柬埔寨美元存贷款利率及利差

资料来源：柬埔寨中央银行及笔者计算。

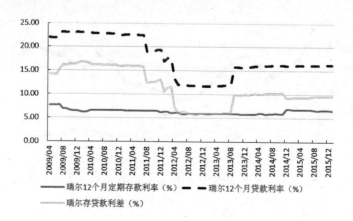

图11—18　2009—2015年柬埔寨瑞尔存贷款利率及利差

资料来源：柬埔寨中央银行及笔者计算。

可见，尽管柬埔寨银行体系发展较为完备，但仍存在一定问题：存贷款利差较大，企业获取资金的门槛较高，偿债压力较大；业务结构单一，过度依赖利息收入。从长期发展来看，这将成为制约柬埔寨金融效率提升的一大障碍。

6. 分布广泛的货币兑换点

在柬埔寨主要城市的街边行走，随处可见的是各种形式的货币兑换点，街边兑换点和 ATM 机大多支持银联、VISA 卡和 Mastercard，为游客提供便利的货币兑换服务，且货币兑换损差较小，便捷地满足了游客的货币兑换需求，形成了柬埔寨金融体系的一大特色。

（二）保险业历经波折，发展较快

柬埔寨保险业发展历经波折，自 20 世纪初才步入正轨，保险业规模小，财险市场和寿险市场均处于起步状态，但发展速度较快，正得到越来越多人的认可。柬埔寨政府制定了一系列法规，形成了保险业健康发展的有力保障。

1. 发展及结构

柬埔寨保险业的发展大致可以划分为三个主要阶段。

第一个阶段始于殖民地时期，当时法国保险公司占据了整个柬埔寨保险市场。自 1956 年起，伴随着柬埔寨独立，柬埔寨国内保险公司逐渐取代外资保险公司，占据了保险市场；而 1970 年开始的柬埔寨内战，导致了柬埔寨经济活动停滞不前，保险业也基本失去了作用，这种状态一直持续到 1992 年柬埔寨内战结束。

第二个阶段是 1992 年内战结束后，柬埔寨重建经济秩序，柬埔寨保险业发展步入了正轨，同年，国家保险公司成立，这一阶段一直到 20 世纪末，柬埔寨保险业经历了一定程度的发展，但因为民众对保险缺乏认识、保险行业发展缺少必要的法律规范支持等，保险业发展速度相对缓慢。

第三个阶段是 2001 年至今。2001 年，柬埔寨开始市场经济体制改革，政府部门重组并制定了各种法律制度，《保险法》正式开始实施，第一家民营财产保险机构获批准成立，柬埔寨保险业开始了现代化进程。2002 年，国营再保险公司成立。2005 年，柬埔寨财险协会正式成立。2012 年，第一家寿险公司成立，寿险市场开始进入高速发展阶段。

从结构来看，柬埔寨财险市场起步早，发展快，截止到 2014 年底（见表 11—4），柬埔寨财险市场共有 6 家财险公司开展业务，另有一家再保险公司。

表 11—4　　　　　　　　柬埔寨财险公司 2014 年经营情况

公司名称	市场份额	保费收入（万美元）	概要
Forte Insurance Plc	38.1%	1581.15	柬埔寨最大财险公司，有新加坡资本背景
Infinity General Insurance	17.0%	705.5	隶属于柬埔寨王室的金融财团
Campubank Lonpac Insurance	14.8%	614.2	柬埔寨当地最大银行与马来西亚保险公司的合资公司
Asia Insurance Plc	14.3%	593.45	泰国亚洲保险集团与 MS & AD 集团出资成立
Combodia National Insurance Company（CAMINCO）	8.1%	336.15	曾经为国营公司，现在为 75% 的民间资本公司
Combodia-Vietnam Insurance Plc（CVI）	7.7%	319.55	柬埔寨投资与发展银行与越南银行共同出资成立

资料来源：《中国保险报》。

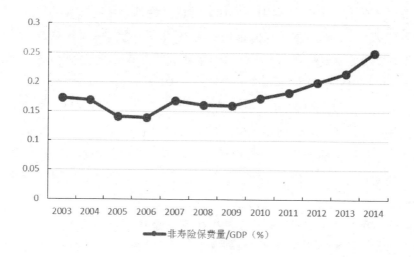

图 11—19　非寿险保费量占 GDP 比重

资料来源：世界银行。

总体上看，柬埔寨财险市场仍属于发展的初级阶段，能够坚持续保的企业和个人较少，市场上购买商业保险的客户主要是外资公司和居住在柬埔寨的外国人，其相对于银行业来说体量较小，尽管近年来取得了一定的发展，但非寿险保费量占 GDP 的比重仍然只有 0.25% 左右，未来仍有极大的增长空间（见图 11—19）。

而寿险市场自 2012 年才开始起步，起步较晚，但发展速度较快。到 2016 年，柬埔寨共有 4 家人寿保险。2016 年上半年，柬埔寨保险收入高达 5600 万美元，较去年同期的 4090 万美元相比增长了 37%。其中，增长最多的是人寿保险，增长率为 113.2%，其次是普通保险，增长率为 16.2%，其他还有火灾保险、车辆保险等均保持增长。

近年来柬埔寨保险业的迅速发展，主要有两大因素，一是鉴于国家的政治稳定和经济迅速发展，越来越多的国外投资商涌入柬埔寨进行投资，同时民众的经济收入也有所提高，国外投资商和收入较好的民众形成了柬埔寨保险的主要购买者，构成了柬埔寨保险发展的基础；二是柬埔寨民众对保险知识的了解有所提升，逐渐认识到了保险的重要性并愿意购买保险。

2. 监管措施

法规方面，柬埔寨政府在 2001 年开始施行《保险法》，此外还有针对保险业下达的各种部长令，包括《保险公司以及外国保险公司设立资格令》、《保险公司、保险代理公司、经纪公司设立资格令》等。2007 年，柬埔寨又颁布了三个关于营业执照、偿付能力以及公司治理方面的重要规定。

监管机构方面，柬埔寨保险业的监管职责由财政部负责，由下设的金融产业局保险年金部负责具体实物操作。

市场准入方面，柬埔寨保险牌照可分为四类：一是财险公司，二是寿险（含健康险）公司，三是综合保险公司，四是小额保险公司（偿付能力要求较低，但只允许经营小额保险业务）。财险、寿险公司的资本要求是价值 500 万的特别提款权（SDR）。

偿付能力监管方面，最低偿付能力为上一年保费的 30% 与 60 亿柬埔寨瑞尔（约合 120 万美元）两者中较高者，对小额保险公司，最低偿付能力为 4 亿柬埔寨瑞尔（约合 8 万美元），必须存入认可的银行。总体来看，柬埔寨的偿付能力监管模式约和欧盟 Solvency I 前期水平接近。

投资监管方面，除境外投资不得超过 25% 这一限制外，柬埔寨在保险资金投资方面没有任何要求。

（三）证券市场规模小，发展处于停滞状态

柬埔寨是亚洲最后一个建设证券市场的国家。柬埔寨王国政府计划于 1995 年建立证券市场，但由于 1997 年 7 月柬埔寨国内发生了政治动荡和武装冲突及持续的经济衰退，该计划也随即被推迟。

到 2006 年左右，在柬埔寨经历了连续十年的高速增长之后，柬埔寨政府意识到当前国内众多企业资金解决途径过于局限，融资成本过高，不能满足国内经济持续高速发展的需求，建立证券市场的计划再一次被提出，同年 11 月，柬埔寨财政部就与韩国证交所共同开发柬埔寨证券市场签订了备忘录。备忘录约定，柬埔寨财经部和韩国证券交易所通力合作，共担风险，计划于 2009 年在柬埔寨建立证券交易所。但由于国际金融危机影响，2008 年，这一计划又被推迟。

经过多年的筹备，由韩国证券交易持股 45% 和柬埔寨持股 55% 的柬埔寨证券交易所（Cambodia Securities Exchange，CSX）于 2011 年 7 月正式成立，旨在通过资本市场促进资本积累来实现经济的持续高速增长。2012 年 4 月 18 日，柬埔寨第一支股票金边税务局正式上市交易。2014 年，台资制衣厂昆州（柬埔寨）股份有限公司上市交易。2015 年，金边港集装码头在证券交易所正式挂牌上市，公开发售股票。2016 年，金边经济特区正式上市。在这四家企业中，有两家国营企业、两家私营企业。

然而，从正式成立起，柬埔寨证券市场的上市公司数量、股票总市值、股票账户数量、股票交易数量等发展都极为缓慢。2014 年全年，证券市场上交易量仅为 4020 股，交易总额不到 4500 美元，这意味着柬埔寨证券市场目前仍处于停滞不前的局面，市场规模小，难以发挥证券市场应有的作用。

2016 年 8 月，柬埔寨正式启动股票交易平台，规定股票承销商可以开展股票直接交易，旨在促进股票交易的活跃程度，交易平台启动后，柬埔寨 7 家股票承销商开展股票直接交易，直接用自己的账户出售和购入账户，交易价格由交易双方协商确定。这意味着柬埔寨证券交易所在经历了多年的停滞不前后，正在逐步放开股票交易市场，完善股票市场的建设。

　　柬埔寨证券市场发展缓慢是多方面因素综合作用的结果：其一，柬埔寨本国民众知识水平和专业技能相对落后，投资素质较低，收入也较低，且对证券投资和证券市场认识较少，缺乏对证券的基本信任，故投资股票的普通民众极少。其二，从股票投资价值的角度看，要想做到股票投机，则需要在一个相对不成熟的市场上，股票有大起大落的特征。而柬埔寨股票市场上不仅股票数量少，交易少，且长期保持不活跃状态，难以通过股票价格波动来获得较高的资本利得；而要想长期持有股票获得股利分红收入和股票成长收入，则至少需要满足投资收益高于资金的机会成本，但柬埔寨经济在私人放贷的年回报率都可以高达15%的背景下，长线持有依靠股利分红和股票成长并非明智之选。其三，对于一些外国人而言，由于柬埔寨股票市场中公开披露信息以柬文为主，英文信息较少，极大地降低了柬埔寨股票对于外国人而言的信息透明度，成为阻碍外国人投资柬埔寨市场的又一大阻力。

二　金融市场结构

　　柬埔寨金融市场极不发达，货币市场、资本市场及衍生品市场均处于发展的起步阶段。

（一）尚未形成的货币市场

　　柬埔寨尚未形成严格意义上的货币市场，短期政府债务市场、票据市场、回购协议市场等均尚未建立。柬埔寨货币市场仍然处在发展初期阶段主要原因包括：（1）缺乏可以为银行间市场发展铺路的政府债券等可交易工具；（2）缺乏做市商和中介机构网络；（3）缺乏证券发行时定价的基准利率。

　　由于上述原因，柬埔寨国家银行于2010年10月15日发布部门规章B－5－010－183《柬埔寨国家银行发行可交易证券的有关规定》，设立了一个银行间市场开发项目。银行间市场开发项目的目标为：在担保的基础上促进银行间同业拆借；为实现货币政策和汇率政策目标提供更高效的工具；再分配金融机构间的金融资源，促进金融市场间的资金融通；满足市场投资临时过剩流动性的需求。

（二）发展停滞的资本市场

　　柬埔寨的资本市场处于起步阶段，以柬埔寨证券市场为主，但其体量相对于银行体系而言极小，仅存在 4 家上市公司，且交易极不活跃，2014 年全年交易总额不到 4500 美元，基本无法发挥资本融通的作用。可见，柬埔寨政府希望以其作为企业融资渠道重要补充的最初设想并未达成，其存在更多是一种象征意义。

（三）初步建立的金融衍生品市场

2016 年 8 月 15 日，获得柬埔寨证券委员会审批发出专职"中央对手方"（central counter party）营业执照的金融公司——金边衍生品交易所（Phnom Penh Derivative Exchange，PPDE）正式在柬埔寨首都金边市成立。金边衍生品交易所提供在柬埔寨及其他国家的衍生品电子平台交易服务，是柬埔寨史上首家认可的衍生产品交易所，商品种类涵盖现货黄金、白银、外汇期货等多种金融产品。其成立旨在使柬埔寨衍生品金融交易步入一个新境界，促进柬埔寨当地经济发展，并实现与世界外汇金融交易的接轨。但其在金融市场中究竟能发挥出怎样的作用，还有待时间的进一步检验。

三　柬埔寨金融资产结构

柬埔寨 M2 规模不断扩张，占 GDP 比重也持续上升，经济货币化程度不断加深。作为世界上美元化程度最高的国家之一，柬埔寨社会各部门更愿意持有更多外币存款（在这里主要是美元存款），美元存款在存款总量中的比重长期保持在 95% 以上。从贷款结构来看，贷款主要集中于私人部门，批发业、零售业、农林渔业贷款总量相对较大。

（一）经济货币化程度不断加深

货币结构也叫货币流通结构，指流动性较高的货币与流动性较低余额之间的比率。图 11—20 反映了柬埔寨 1993 年以来广义货币占 GDP 比重的变化情况。随着柬埔寨经济的持续快速发展，经济规模不断增大，其货币供应量也相应一直保持上升趋势。尤其是进入 2000 年后，柬埔寨广义货币供应量（M2）大幅增加，由 2000 年占 GDP 比重的 13.00%，迅速发展到 2015 年占 GDP 比重的 66.87%，增速极大，但与其他发达国家相比仍然处于较低水平，说明在货币化方面柬埔寨还有很大的空间。

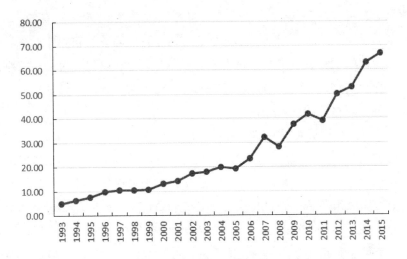

图 11—20　1993—2015 年柬埔寨广义货币占 GDP 比重（单位：%）

资料来源：联合国。

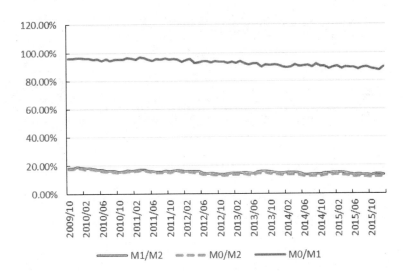

图 11—21　2009—2015 年柬埔寨货币层次结构

资料来源：联合国。

　　而从柬埔寨货币层次结构来看（见图 11—21），可以明显看出，狭义货币（M1）占广义货币（M2）的比重相对较小，只有不足 20% 的比重。

这之间的差额被称为准货币，主要履行贮藏手段职能；同时，也可以明显观察到，流通中的现金占狭义货币比重相当大，达到90%左右的水平。这两者结合，反映出了柬埔寨居民持有定期存款、储蓄存款和外汇存款较多，现金及短期存款较少，且在现金和短期存款中，以现金为主，短期存款比重极小。这主要是因为柬埔寨美元化程度极高，居民资产更多以美元存款这种外汇存款的形式存在。

（二）美元存款成为财富贮藏的主要方式

存款结构在一定程度上可以反映社会财富的分布情况，柬埔寨的存款结构可以在很大程度上反映出柬埔寨的美元化水平现状：社会各部门更愿意持有更多外币存款（在这里主要是美元存款），美元存款在存款总量中的比重长期保持在95%以上。尽管随着柬埔寨经济发展水平的不断提高，社会对柬埔寨货币的信心有所提升，外币存款比例有所下降，但这一降幅相对较小，外币存款在柬埔寨存款总量中仍占据着94%以上的比例。

图 11—22　2009—2015 年柬埔寨本外币存款结构

资料来源：柬埔寨中央银行。

进一步来看柬埔寨外币存款结构（见图11—23），在柬埔寨外币存款中，既包括用于满足日常流动性支付的活期存款，也包括用于价值贮藏的储蓄存款和定期存款等，进一步说明了美元在柬埔寨金融体系中扮演着完全货币的职能。

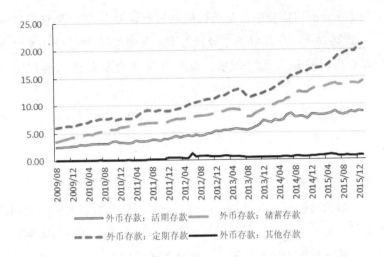

图 11—23　2009—2015 年柬埔寨外币存款结构（单位：万亿瑞尔）

资料来源：柬埔寨中央银行。

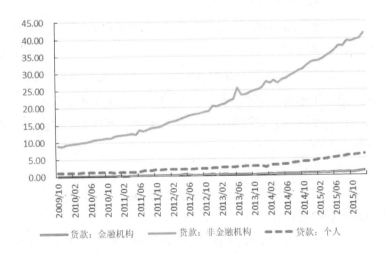

图 11—24　2009—2015 年柬埔寨信贷结构

资料来源：柬埔寨中央银行。

（三）贷款以非政府部门非金融机构为主，对私人部门支持力度大

柬埔寨的信贷主要以非政府部门为主，政府部门债权长期保持在
2704 亿瑞尔，占信贷总额比重几乎可以忽略不计，且若结合政府在银行

存款来看，金融机构对政府净债权为负。

在非政府部门信贷中，金融机构对国有企业信贷总量极低且逐步下降，并于 2014 年 10 月以来，降低至 0。柬埔寨国内信贷几乎全部集中于非政府部门的私人部门领域，表明柬埔寨对私营部门发展支持力度较大。

在对私人部门信贷中，对金融机构和个人贷款总量较小，主要集中于非金融机构，表明柬埔寨银行体系对实体经济发展的贡献较大。

四　融资结构

融资结构是指企业在筹集资金时，由不同渠道取得的资金之间的有机构成及其比重关系，可以分为由企业内部留存收益形成的内源融资，以及来自外部投资者投入的外源融资；而外源融资的投资者又可以分为以商业银行为代表的间接融资金融机构体系以及服务于直接融资的金融市场体系。

（一）外源融资为主要融资渠道

鉴于柬埔寨企业微观数据较少，难以找到准确的微观企业年度财务数据，此处仅以截止到 2015 年底在柬埔寨证券交易所上市的三家企业：金边水务局、昆州（柬埔寨）股份有限公司、金边港集装码头这三家企业为对象，研究柬埔寨上市企业的融资结构，作为柬埔寨上市最早的三家企业，这三家企业所从事的行业分别为公共事业、制造业和运输业，研究其融资结构，具有一定的代表性。

鉴于数据的可得性，本文采用公司流动负债与长期负债之和作为外源融资的代理变量，该指标刻画了企业从外部得到的资本支持，用税后损益作为内源融资的近似代替。

如图 11—25 所示，2012—2015 年间，柬埔寨企业的外源融资数量始终远远高于内源融资，所占比例一直高于 85%，这反映了柬埔寨上市企业以外源融资为主的融资结构。同时值得注意的是，随着柬埔寨银行体系的不断深化发展，在政府的大力支持下，小微信贷机构放贷规模持续扩大，柬埔寨企业外源融资所占比例将会进一步有所提高。

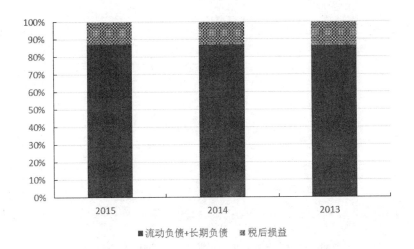

图 11—25　2013—2015 年柬埔寨上市企业内外部融资结构

资料来源：亚太企业数据库。

（二）间接融资占据绝对地位

柬埔寨政府发展证券市场的本意是希望通过证券市场来解决国内众多企业融资途径过于局限、融资成本过高的问题，促进柬埔寨企业发展。但柬埔寨证券市场自 2012 年建立以来，发展极为缓慢，几乎处于停滞状态，上市股票数量、股票总市值、股票账户数量、股票交易数量等都极低，难以发挥出证券市场应有的直接融资功能。此外，柬埔寨也缺乏公司债、企业债、银行市场票据等其他直接融资债务工具，导致柬埔寨直接融资和间接融资规模比例极不平衡，形成了柬埔寨以银行间接融资占有绝对比例、直接融资可以忽略不计的融资结构。

（三）贷款主要流向贸易业和农业，对工业支持相对较小

从银行贷款的行业结构中，可以看出银行机构对不同行业的贷款支持力度。从图 11—26 可以看出，柬埔寨非金融机构信贷结构中，批发业、零售业、农林渔业贷款总量相对较大，在 2016 年 1 月末分别达到 90713 亿瑞尔、77643 亿瑞尔和 50655 亿瑞尔，是贷款的主要流向，而制造业和建筑业相对较少。也就是说，贷款主要流入了贸易业和农业，对工业的支持力度相对较小。

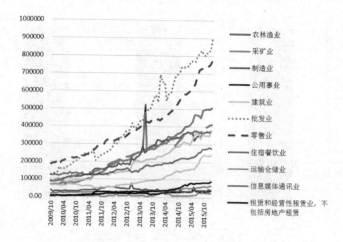

图 11—26 2009—2015 年柬埔寨非金融机构信贷结构（单位：十亿瑞尔）
资料来源：柬埔寨中央银行。

（四）小微金融机构支持作用逐渐凸显

不容忽视的是，柬埔寨小微信贷机构和非政府组织对于完善柬埔寨银行体系，弥补银行在居民、乡村、社区等小额贷款上的供给缺失方面发挥了至关重要的作用。到 2015 年底，小额信贷机构和非政府组织贷款发放贷款 2322780 笔，包括向居民发放 2149180 笔，向乡村地区发放 141514 笔，向社区发放 27510 笔，向市区发放 4576 笔，余额共计 123650 亿瑞尔，形成了对银行体系的有力补充。

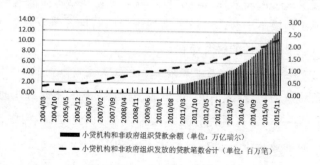

图 11—27 2004—2015 年柬埔寨小额信贷机构和非政府组织发放贷款
资料来源：柬埔寨中央银行

综上，在目前柬埔寨金融市场发展滞后、金融工具极为单一的背景下，柬埔寨企业融资主要依靠外源融资，外源融资中又以银行信贷形式的间接融资始终占据且将在未来较长时间内持续占据主要地位。柬埔寨资本市场和直接融资工具亟待发展。此外，小微金融机构的迅速发展也将形成柬埔寨各经济部门外源融资的有限途径。

五　柬埔寨金融开放结构

柬埔寨重建后，确立了较为开放的金融政策，并以法律法规的形式保障了国外资本进入柬埔寨金融领域的权利，外国资本进入形成了对柬埔寨国内金融体系的有力补充。

（一）外部融资以长期外债为主

外债结构是指外债的各构成部分在外债总体中的排列组合与相互地位，这里从外债偿还期限的长短期来将外债分为长期外债和短期外债。长期外债是指偿还期限相对较长的债务，这类债务通常根据国家社会经济发展需要，统筹用于国家建设的长期项目；而短期外债偿还期限较短，通常形成于企业、公司的贸易结算中，同时在出现国际收支逆差时，往往需借入短期外债以弥补逆差。

图11—28　1993—2014年柬埔寨外债结构（单位：亿美元）

资料来源：世界银行。

柬埔寨的外债主要以长期外债为主，自 1993 年以来主要经历了两个阶段，第一个阶段是从 1993 年至 2007 年金融危机前后，这一阶段柬埔寨外债规模呈现稳步增长的态势；第二个阶段是自 2007 年金融危机以后，在经历了金融危机造成的 2007 年外债规模收缩后，柬埔寨外债规模迅速增长，且增幅远超前一阶段，到 2014 年时已接近 70 亿美元。

（二）外国资本进入形成柬埔寨金融体系的重要组成

柬埔寨开放的金融政策形成了内资、外资、柬外合资等多种所有制共同存在的金融体系，外国资本进入柬埔寨金融体系中，对国内金融体系形成了强有力的补充作用，在柬埔寨金融体系中发挥着举足轻重的作用。

按所有权分类的银行体系金融机构数量分布明细如表 11—5 所示。

表 11—5 银行体系金融机构数量分布

类别	2012 年	2013 年	2014 年	2015 年
商业银行（Commercial Banks）				
本国银行（本国控股）	6	7	7	7
本国银行（外国控股）	6	5	6	5
外国附属银行	11	14	12	14
外国分支银行	9	10	11	10
小计	32	36	36	36
专业银行（Specialized Banks）				
国有专业银行	1	1	1	1
本国控股专业银行	3	4	4	3
外国控股专业银行	3	3	6	7
小计	7	8	11	11
小额信贷机构（Microfinance Institutions）				
吸收存款小额信贷机构（MDIs）	7	7	7	8
小额信贷机构（MFIs）	28	29	32	50
注册小微信贷实体	32	35	38	109
小计	67	71	77	167
租赁公司（Leasing Companies）				
租赁公司总数	1	2	6	9

类别	2012 年	2013 年	2014 年	2015 年
办事处（Representative Offices）				
外国银行办事处总数	4	6	7	8

资料来源：柬埔寨中央银行。

可见，无论是商业银行还是专业银行，均有外国资本进入，外资金融机构与本国金融结构一起，共同组成了柬埔寨金融体系，都是柬埔寨金融体系的重要组成部分。

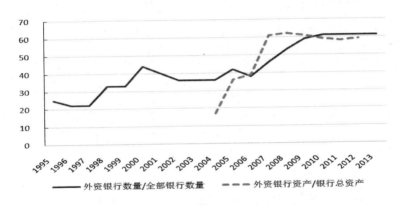

图 11—29　1995—2013 年柬埔寨外资银行市场份额

资料来源：世界银行。

不仅如此，由图 11—29 可以明显看到，自柬埔寨独立以来，得益于柬埔寨对外开放的金融体系及对外国资本的充分保护，外资银行无论从数量还是资产总量角度都取得了明显的发展，由 1995 年不足 20% 到 21 世纪逐步超过 50%，并在近几年稳定在 60% 的水平上。

（三）资本账户开放程度较高

Chinn - Ito 指数是一个衡量一个国家的资本账户开放程度的指数。该指数是由 Chinn 和 Ito（2006）最先引入，根据国际货币基金组织跨境金融交易限制统计表整理而成，介于 0 和 1 之间。Chinn - Ito 指数越接近于 1 则表明一国资本账户开放程度越高，1 则说明该国资本账户完全开放，相反越接近 0 则表明一国资本账户开放程度越低。从柬埔寨数据来看，

2001 年到 2006 年，柬埔寨资本账户开放程度不断提高，达到 0.72，此后一直保持在此水平，表明其资本账户开放程度在世界范围尤其在发展中国家范围内处于较高水平。

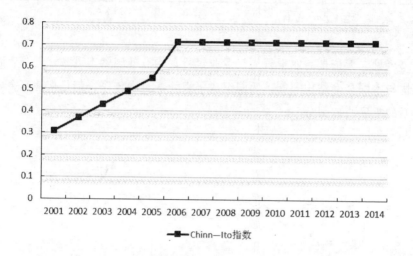

图 11—30   2001—2014 年柬埔寨 Chinn – Ito 指数

资料来源：世界银行。

第四节   柬埔寨金融结构的主要特点与影响分析

柬埔寨具有鲜明的银行主导型金融结构，银行体系在金融结构中占据着相当重要的地位，金融市场发展滞后，金融工具极其匮乏，企业融资以外源融资为主，外源融资中间接融资占据主导地位。同时，柬埔寨金融体系高度开放，外国资本对柬埔寨金融结构的形成和发展发挥了重要影响。

这样的金融体系是多方面原因综合作用的结果。柬埔寨三足鼎立、以小农经济和小微经济为主的经济结构，是柬埔寨银行业发展迅速、间接融资占据主导的根本原因，也使得资本市场发展滞后。相对落后的经济发展水平和居民素质较低、诚信意识缺失，又进一步制约了资本市场及其他金融市场的发展。同时，政府的政策选择及国际非政府组织对柬埔寨的援助历史，是造成柬埔寨对外开放程度较高的主要原因。此外，高度的美元化既是柬埔寨金融结构的重要特点也是其金融结构形成的重要原因。

一　柬埔寨金融结构的主要特点

（一）银行体系占据绝对主导，保险、证券业相对弱势

经过十余年的发展，柬埔寨金融体系形成了以银行体系占绝对主导地位，保险业和证券业同步发展但起步晚、速度相对较慢的金融产业结构。银行体系中商业银行、专业银行和小微贷款机构发展稳定，在柬埔寨金融体系中发挥着愈加重要的作用，而保险、证券业在金融体系中的地位尚需提高，尚未发挥出应有作用。

（二）完全开放的金融体系和金融结构

作为一个高度开放的国家，柬埔寨对金融方面的监管几乎不存在任何限制。柬埔寨实行外汇自由兑换政策，外资可以自由进出柬埔寨，除土地投资外，对包括金融业在内的其他投资，基本不受投资比例的限制，外商既可以直接投资设立新的金融机构，亦可以入股现有的金融机构。这种开放包容的政策环境，形成了柬埔寨当前多种所有制共同存在的金融机构体系，多元化主体的金融机构，共同构成了柬埔寨金融体系，为柬埔寨金融发展注入活力。

（三）金融市场发展滞后，金融工具极其匮乏

在柬埔寨银行体系占据绝对主导的金融体系中，金融市场发展滞后，货币市场、资本市场、外汇市场、黄金市场、衍生品市场均处于萌芽起步阶段，尚未形成基本规模，且金融工具极度匮乏，企业、居民缺少可供选择的投资工具。

柬埔寨直接融资市场极度落后，股票市场发展停滞，直接债务融资市场也尚未发展，未形成可以有效调节资金余缺的资本市场，企业和居民的资金需求和供给也难以通过合理的金融工具体系形成有效匹配，企业融资成本较高。

（四）高度的美元化

作为整个东盟乃至全世界美元化进展最快的国家之一，高度的美元化是柬埔寨金融结构体系的又一大重要特征，柬埔寨的美元化程度接近95%，而本国货币瑞尔仅仅作为美元的补充。柬埔寨存贷款结构中，美元始终占据着95%以上的比例，美元在柬埔寨金融体系中扮演着完全的货

币职能。尽管柬埔寨政府为了脱离美元化，强调本国货币瑞尔的地位，并推出了多项举措来提高瑞尔的使用范围，但鉴于柬埔寨当前高度开放的经济政策，柬埔寨国家在较长时间内仍无法脱离美元化。

二　柬埔寨金融结构形成与演变的主要原因

（一）以银行体系为主导的金融产业结构形成与演变的主要原因

一方面，从柬埔寨产业经济结构来看，三足鼎立、大规模企业较少、以小农经济和小微经济为主的经济结构决定了柬埔寨金融需求具有小额、高频的特点，小农经济和小微经济主体难以进行直接融资而只能选择间接融资，直接促进了银行体系的发展；另一方面，柬埔寨重建初期，金融体系脆弱，公众对银行体系的信心很低，金融体系的宏观调控作用非常有限。基于此，柬埔寨政府持续促进法律和规章的改革、能力的建构、标准的改善、金融透明化与主要金融基础设施的建立，以强化柬埔寨银行体系，通过加强金融改革和金融市场整顿、强化央行的监控，使得柬埔寨的银行体系迅速发展，并逐渐占据了主导地位。

（二）完全开放的金融体系形成与演变的主要原因

柬埔寨历史上受国际援助较多，国际非政府组织在柬埔寨的金融活动成为柬埔寨金融体系的最初基础。1993 年柬埔寨重建后，为了保持国家正确的经济发展道路，在国际金融机构的帮助和支持下，柬埔寨政府进行了一系列重大的经济改革，包括采取较为开放的金融发展政策，试图通过加强与国际金融体系的联系，实现国内金融体系的快速稳定建立，而这一方针政策也逐渐产生了效果，各种外国资本进入的同时带来了较为先进的人才、理念和技术，极大促进了柬埔寨金融体系的快速建立。开放的金融体系也因此保留下来，并且开放程度逐渐加深，形成如今完全开放的金融体系。

（三）金融市场发展滞后的主要原因

柬埔寨金融市场起步晚、发展慢，主要归结为两个原因：一是由于以银行为主导的金融体系的建立，对维护柬埔寨金融体系稳定起到了良好的促进作用，且现阶段企业对金融市场的需求尚未释放，使得其金融市场发展的动力不足；二是柬埔寨缺乏相关领域的人才基础，也缺乏相应投资于金融市场工具的投资者基础，再加上本来有的金融市场发展计划受到多种客观原因阻碍，导致了金融市场发展的严重滞后。

（四）高度美元化的主要原因

柬埔寨高度美元化的原因，可以概括为两个方面：一是从货币供给角度看，自 1979 年柬埔寨人民共和国成立后，美元开始流入柬埔寨，其开端是联合国和 NGO 重新进入柬埔寨，重新开始国际援助。在 1991—1993 年联合国柬埔寨临时权力机构（UNTAC）管理柬埔寨期间，美元化得到了迅速发展，流通的美元总额达到近 20 亿美元，相当于 1993 年柬埔寨 GDP 总额的 75%。而 1999 年的柬埔寨银行危机，导致人们对银行和瑞尔的信任度降低，从而加速了美元化发展。二是从货币需求角度看，90 年代中期以后，在柬埔寨开放的经济政策下，外资企业、工厂迅速增加，在这些外资企业工作的职工以美元领取工资。同时，为避免汇率变动风险，减少交易成本，纺织品原料的进口以及加工后成品的出口均以美元结算。这些都不同程度地加速了柬埔寨美元化程度。

三　柬埔寨金融结构的功能与效率分析

柬埔寨经济结构中，农业、工业、服务业比重为 3：3：4，其中，工业体系相当落后，主要以纺织业和建筑业为主，而服务业以旅游业为主，经济结构的特点决定了其绝大多数企业等经济实体经营规模相对较小，在资本市场上难以形成良好的信用评价，直接融资成本高。而以银行体系为主导的金融体系，为柬埔寨金融结构的稳定创造了一定条件的同时，也随着其发展而不断扩宽了支持范围，为这些规模相对较小的企业及个人资金需求者提供了一定的融资支持，尽管仍存在服务边界小、服务范围窄、难以有效满足全部资金需求且融资成本过高的问题，但相对于直接融资来讲仍然具有无法比拟的优势和可行性，能够适应柬埔寨的经济结构，对柬埔寨经济发展形成一定支持。而未来随着柬埔寨经济结构的不断发展完善，大力促进直接融资，将成为其必然选择。

高度的美元化，一方面有利于柬埔寨国内企业及居民可以使用较为稳定的美元，从而避免汇率风险，降低交易成本，促进柬埔寨与国际接轨，但另一方面也严重制约了柬埔寨货币政策的独立性和有效性，使得柬埔寨经济受美国经济波动的影响较大。但总体而言，就对柬埔寨经济发展的支持来讲，高度的美元化与柬埔寨开放的经济金融政策相适应，形成了柬埔寨经济快速发展必不可少的有力支撑。

　　总体看来，目前柬埔寨以银行为主导的间接融资体系能较好适应柬埔寨经济结构和经济发展，短期内小微金融机构的进一步发展能进一步满足柬埔寨经济发展的金融需求。因此，当前柬埔寨的金融结构是与柬埔寨的经济发展相适应的，基本满足了经济发展对于金融的需要，金融结构的效率是比较高的。

　　而从更长期、动态的战略角度来看，目前柬埔寨工业基础薄弱，其工业需求还将持续释放，工业化进程将进一步推动，且其当前经济货币化水平还有较大提升空间，金融发展水平还有待进一步提升。随着未来经济的不断发展和经济结构的持续升级，金融市场和金融工具多元化发展的重要性将逐步凸显。因此，在当前进一步发展银行体系、提高银行体系效率的同时，柬埔寨仍应继续推动其金融市场的建立，完善金融结构，以适应长期经济增长需求。

第五节　中柬金融合作现状及未来展望

　　近年来，随着中柬贸易、投资的不断深化，中柬双边金融合作也不断发展，未来中柬金融合作有很大的空间。

一　中柬金融合作现状

　　通过中国与东盟各成员国共同参加的区域金融合作机制［东南亚和新西兰以及澳大利亚央行组织（SEANZA）］、东南亚央行组织（SEACEN）、东亚及太平洋央行行长会议组织（EMEAP）、东盟央行论坛、亚太经合组织财长机制、东盟财长机制、亚欧会议财长机制和"10＋3"财长机制等8个组织的大背景下，中柬金融合作取得了较大进展。

　　此外，中国国内的银行与柬埔寨国内的银行也保持着密切的沟通和联系。自2010年开始，在中国—东盟银行联合体框架下，中国开发银行与柬埔寨成员行开启了授信及金融合作，为柬埔寨农业发展提供了信贷支持。同时在2010年，中国银行金边分行由柬埔寨中央银行核发营业执照，开始经营柬埔寨国内及国际所有商业银行产品及服务，主要从事公司金融、贸易金融、个人金融及全球市场业务等。此外，中国工商银行金边分行也于2011年11月正式开始对外营业。这不仅促进了中柬两国的金融合作，也给柬埔寨的金融业发展带来了新的金融产品和专业知识，促进了柬埔寨的金融进步和经济发展。

另外，作为"一带一路"下中柬合作的新典范、"21世纪海上丝绸之路"的重要沿线和中柬产融结合重要合作项目的西哈努克港经济特区建设项目，目前已经成为柬埔寨境内规模最大的经济特区，并逐步呈现出国际工业园区的雏形。该项目实现了中国企业迫切"走出去"的意愿和柬埔寨经济发展阶段性需求的有效对接，极大促进了中柬两国贸易，也带动了中柬两国金融合作的深化。在中柬双边贸易中，柬埔寨政府提出的如鼓励人民积极持有人民币进行结算等促进两国金融发展的举措，极大促进了中柬两国金融合作的不断深化。

二　中柬金融合作的空间与可行性分析

未来五至十年间，在当前经济环境背景下，中柬金融合作的不断深化将成为一种必然趋势和不可逆转的潮流，并具有较大的合作空间和较强的可行性。

其一，中国与柬埔寨经济增长率周期波动较为一致，两国间贸易、投资规模持续扩大，为中柬两国的未来经济发展奠定了良好的基础；其二，作为柬埔寨最大的援助国、最大的投资国和第一大侨国，中国与柬埔寨有着深厚的历史基础和合作基础，为未来深化合作提供了有力保障；其三，在全球化浪潮下，各区域成员逐渐意识到了加强区域合作的紧迫性，纷纷寻求开展金融合作路径，且中国也在区域金融合作方面摆出了较为积极的姿态，形成合作的一大助力；其四，中柬间金融合作对于促进中柬两国自身经济发展、维护自身金融稳定具有重要意义，自政府至民间都有强烈的动力去推动两国间金融合作；第五，支付宝作为全球领先的移动互联支付手段已经在柬埔寨国内逐渐涌现，未来将成为支撑自下而上的中柬金融合作的强大助力；第六，柬埔寨工业体系中，建筑业占据较大比重，且建筑业具有前期投入资本多、投资回收周期较长的特点，而中国资本丰富，甚至存在过剩现象，二者结合，将创造出巨大的合作空间。

三 对中柬金融合作的未来展望与建议

未来中柬合作，可以民间合作为基础和突破，结合柬埔寨金融结构现状和金融需求特征，创造更广阔的金融合作空间。

（一）继续加大中柬两国双边贸易投资合作

金融领域的合作与实体经济领域间的合作是相辅相成的，贸易与投资的合作往往能够促进金融合作，而金融合作的发展又会进一步带动贸易和投资的融合发展。在当前我国企业有强烈"走出去"意愿，柬埔寨国家基础设施不完善、资金缺口较大，中柬两国双边贸易不断发展的背景下，要继续加强对柬埔寨的投资和贸易往来，为进一步深化金融合作提供着力点。

（二）自上而下，丰富中柬两国金融合作主体构成

中柬两国的金融合作，既有政府间宏观战略上加强两国金融联系、推动金融经济体系一体化、建立联动机制的需求，又有微观金融机构间加强合作、提升金融服务能力的需求，还有民间经营主体便利贸易投资结算、促进经济交流的要求。因此，要重视各主体在深化两国金融合作中的作用，既要形成政府主导自上而下的合作机制，又要强化民间机构对两国金融合作的助推作用，多主体共同发力，深化中柬两国金融合作。例如，根据调研发现，支付宝在柬埔寨国内已经得到越来越多的使用，未来可以以其为重要突破口，利用支付宝在民间生活支付场景中的强大渗透力，依托其开展金融合作。

（三）扩大金融合作范围，扩展金融合作广度和深度

目前中柬两国的金融合作范围较窄，主要以贸易投资基础上的金融合作为主，局限于两国金融间的货币互换，其他金融合作相对较少。随着中柬两国贸易投资的不断发展，金融合作可随之扩大范围，探索更加丰富和多元化的金融合作模式，创新金融产品和服务，开发适合中柬金融市场的金融工具。包括开展双边股权合作、银团贷款、融资代理等合作，提升金融服务水平。同时，积极拓展跨境人民币业务，加大人民币在两国间的直接结算比例，促进中柬两国贸易投资的便利化。

（四）树立大国心态，加强中柬两国功能性金融合作

要树立大国心态，立足于中柬两国长期发展，加强功能性金融合作，

利用我国在金融发展中积累的经验和资本，帮助柬埔寨弥补不发达的金融业在支持实体经济发展方面的不足，并以具体问题为切入点展开金融合作，以点带面，从而降低合作成本，减少合作阻碍。

参考文献

[1] 周南成：《柬埔寨银行业结构优化研究》，硕士学位论文，广西大学，2013年。

[2] 胡列曲、孙兰、丁文丽：《大湄公河区域国家经济金融一体化实证研究》，《亚太经济》2011年第5期。

[3] 祝森：《柬埔寨小额信贷发展探究》，《亚太经济》2011年第5期。

[4] 王志刚：《开放经济下的高增长奇迹：重建后柬埔寨经济评析》，《东南亚研究》2015年第4期。

[5] 梁薇：《柬埔寨：2015年回顾与2016年展望》，《东南亚纵横》2016年第2期。

[6] 徐新：《中国与柬埔寨金融合作研究》，《中国市场》2016年第24期。

[7] 蒋玉山：《柬埔寨：2011—2012年回顾与展望》，《东南亚纵横》2012年第3期。

[8] 克瑞德：《柬埔寨吸引外商直接投资优惠政策之探究》，《世界经济研究》2007年第12期。

[9] 李坚：《大湄公河次区域各国的金融业概况》，《时代金融》2010年第10期。

[10] 高怡松：《柬埔寨经济特点与中柬合作的机遇》，《东南亚纵横》2011年第11期。